ar drywydd

Meic Stevens

Y SWYNWR O SOLFACH

Cyflwynir y gyfrol i bawb gaiff
eu cyffroi i ganu caneuon Meic Stevens.

'O mor lân oedd y dŵr.'

ar drywydd

Meic Stevens

Y SWYNWR O SOLFACH

Hefin Wyn

Dymuna'r awdur ddiolch i Lenyddiaeth Cymru am nawdd
i'w alluogi i dreulio cyfnod yn canolbwyntio ar baratoi'r gyfrol.

Diolch i bawb a fodlonodd roi o'u hamser i sôn am Meic Stevens
ac sydd wedi bodloni i'w sylwadau gael eu dyfynnu.
Diolch i Meinir Wyn Edwards yn y Lolfa am lywio'r gyfrol drwy'r wasg.
Diolch i nifer o bobl am eu caniatâd i gynnwys eu lluniau.

Diolch yn benodol i'r gwyddoniadurwr ar ddwy droed o Giliau Aeron,
Aled 'Bont' Jones, am fy arwain i sawl cyfeiriad yn nirgel ffyrdd ymchwilio.
Ond mae'r diolch penna, wrth gwrs, i Meic ei hun, wel, am fod yn neb ond Meic.

Argraffiad cyntaf: 2015

Dymuna'r cyhoeddwyr gydnabod cymorth ariannol
Cyngor Llyfrau Cymru

Llun y clawr: Emyr Young
Cynllun y clawr: Y Lolfa

Rhif Llyfr Rhyngwladol: 978 1 78461 161 3

Cyhoeddwyd, rhwymwyd ac argraffwyd yng Nghymru gan
Y Lolfa Cyf., Talybont, Ceredigion SY24 5HE
gwefan www.ylolfa.com
e-bost ylolfa@ylolfa.com
ffôn 01970 832 304
ffacs 832 782

'Bydde fe'n dod draw i'r Sloop ym Mhorth-gain man'co wedyn siwrne siawns, ar Ŵyl y Banc fynycha. A dod draw yn ginnar. Bydde'r gitâr 'da fe. Bydde fe'n crafu draw at y bwthyn i aros 'da fi dros nos wedyn. Brecwast mowr tranno'th yn wye a bacwn a tost a bant ag e. Ymhen rhyw bythefnos falle bydde cnoc ar y drws a Meic yn galw gyda llond bag o wye a bacwn. Wedd e'n hael iawn yn ei ffordd.'

Alun Davies

'Pan fydd Meic yn canu'i ganeuon ma pob datganiad yn wahanol, yn dibynnu ar ei hwylie ar y pryd. Dim ond Meic sy'n gallu canu caneuon Meic Stevens. Ma fe'n credu'n llwyr yn ei allu ei hunan. Pan ma fe'n dda ma fe'n arbennig o dda, ond pan ma fe'n wael ma fe'n ffantastig. Mae'n dibynnu pwy ma fe'n gyfarfod ar y ffordd i gìg. Os wês tancad ynddi, wel, 'na fe. Os wês blas cas yn ei thin hi, wel, 'na fe.'

John Lloyd

'Gall rhywun fod yn berchen ar lais godidog ond dyw hynny ddim yn golygu ei fod yn gallu dweud stori ar gân gydag argyhoeddiad chwaith. Y noson honno fe ddeallais i bod gan Meic y gallu prin hwnnw. Yn anffodus, am nad oes gen i fawr o Gymraeg, dwi ddim yn gallu dweud a yw'n medru creu'r un awyrgylch wrth ganu ei ganeuon Cymraeg. Os yw e, wel, mae cynulleidfaoedd sy'n rhugl yn yr iaith yn freintiedig. Fedra i ddim talu teyrnged uwch na hynny.'

Graham Williams

'Mi fydd yn cydio yn y gitâr a dechra chwara beth bynnag sy'n cymryd ei ffansi. Dyna pryd mae o ar ei wirioneddol ora. Mae ei ben o fel jiwc-bocs. Bydd o'n chwara caneuon Leadbelly neu Guthrie a llawar o rai nad ydw i erioed wedi'u clywad o'r blaen. Gall chwara am oria pan fydda rhywun arall yn falch o roi'r gitâr yn ei ches wedi gìg.'

Marc 'Cŵn' Jones

'Gallai'r awyrgylch fod yn elyniaethus yn Llunden o'i gymharu ag awyrgylch llawer mwy cartrefol 'nôl yng Nghymru. Mae gan y Bwdhydd ddywediad fod y cadno coch wastad yn cofio'r bryncyn lle cafodd ei eni. Doedd Meic ddim yn un o'r rhain oedd am gefnu ar Gymru. Roedd yna dynfa 'nôl at y bryncyn.'

Bernie Holland

'Dwi bob amsar yn meddwl mai yn Llydaw mae ei galon o. Ma'r ffordd o fyw yno yn ei siwtio. Canu a chwara a mwynhau yn y barie am ei fwyd a'i ddiod. Mi oedd hynny'n rhoi mwy o blesar iddo na'r gigio o flaen torfeydd, dwi'n meddwl. 'Dan ni wedi colli hynny yng Nghymru, yn do?'

Hefin Huws

'Ond wedyn desum i ddeall bod y cwmpo mas yn rhan o'r hwyl. Wen i wedi sefyll lan iddo fe, beth bynnag, a wedd e'n gwbod na alle fe ddim mentro gormod. Wedd e'n gwbod bo fi'n neud 'y ngore drosto. Rhyw "Blydi hel, Hubert sy 'ma heno 'to", o'dd hi wedyn. Wedd hi wastad yn fater o drwm neu ysgawn gyda Meic. Lot o nonsens weithie ond bryd arall, pan o'dd e ar ei ore, yn enwedig pan fydde'r Cadillacs yn cyfeilio iddo, wedd e'n ffantastig. Sdim gair arall amdani.'

Hubert Mathias

'Dwi'n sicr fod Meic yn ymwybodol o ddatblygiad gyrfa Bob Dylan. Ac ma hynny'n naturiol oherwydd pwy na chafodd ei ddylanwadu gan Dylan? Dyw hynny ddim i ddweud fod Meic yn ei efelychu. Ma Meic yn berfformiwr ac yn gyfansoddwr yn ei hawl ei hun, a tebyg na fedrai Dylan fod wedi sgwennu rhai o'i ganeuon gorau, byth bythoedd. Ar ôl dweud hynny, dwi'n siŵr fod yr arddull a'r naws ar ddwy o ganeuon *Gitâr yn y Twll dan Stâr* yn adleisio caneuon cyfnod *Street Legal* Dylan.'

Emyr Huws Jones

'Bydde ei sylwade yn od a rhyfedd ar adege mewn modd hynod o graff a deallus. Ystyriwn hynny'n nodwedd unigryw Geltaidd... a phan oedd yn canu, bydde ei lais yn llawn naws dyddie fu – roedd yna adlais iddo, rhyw naws hynafol, fel petai wedi byw nifer o fywydau eisoes mewn oesoedd cynt.'

Peter Swales

'Tydi fy nghof i a chof Meic am ein perthynas ddim cweit yr un fath, rywsut. Pan ddaru ni gyfarfod, roedd y ddau ohonom wedi ein clwyfo gan gariad. Roedd o'n dal mewn cariad â Gwenllïan ac yn yfed dipyn ar y pryd. Ers gwahanu mi ydan ni wedi cadw mewn cysylltiad. Bues i yn ei barti pen-blwydd yn 50 a 60 ac wedi methu mynd i'w barti pen-blwydd yn 70 oed. Felly, tydi ein perthynas ddim wedi diffodd yn llwyr.'

Suzy Slade

'Er gwaethaf popeth, dwi yn caru Meic ac ydw, dwi'n ei wirioneddol garu fo. Dwi'n dal i ganu ei ganeuon, dwi'n ei edmygu a dwi'n poeni amdano. Wrth gwrs, mi anfonais nodyn pan glywais am ei salwch er ni chysylltodd â mi. Dwi wedi cadw mewn cysylltiad â'i ferched er mwyn clywed sut y mae'n dod mlân. Ni fyddaf byth yn anghofio am Meic.'

Heather Jones

'Bydde gwynt y marijuana arno mor gryf nes gwneud i minne deimlo'n gysglyd. Dwi'n credu mai yn Llanelwy oedden ni pan ddechreuodd Beryl Davies chwifio ei ffon a gweiddi arno, "Come on Stevens, stop this Celtic melancholia and get on with it". Roedd gan Beryl gyflenwad helaeth o seidir Henffordd ac roedd gwrando arnyn nhw ill dau yn gomedi ynddo'i hunan.'

Eddie Davies

‘Mae o’n medru bod yn fregus, yn addfwyn, yn gariadus, yn ysbrydoledig ac yn gwmni aruthrol o dda. Mae o bob amser, yn feddyliol, mor siarp â rasel ac mae ffyliaid yn siŵr o gael eu clwyfo ganddo. Dyna’r portread safonol o’r artist mewn unrhyw gyfrwng.’

Jim Perrin

‘Rhaid sylweddoli fod Stevens yn ŵr o athrylith ramantaidd arbennig sy’n dinoethi ei hun yn emosiynol drwy gyfrwng y broses greadigol o gyfansoddi a pherfformio. Mae nifer helaeth o ganeuon Meic Stevens wedi cyrraedd y statws o fod yn anthemau, emynau a chaneuon gwerin ein cyfnod ac mae ôl myfyrio dwys a fflachiadau o ysbrydoliaeth gyfrin ar lawer ohonynt.’

Dafydd Rhys

‘Dwi’n ymddiddori yn niwylliant fy nhadau. Dyna pam euthum i weld Meic yn Putney. Roedd e’n cynrychioli rhyw fath o eicon chwedlonol i fi. Serch hynny, roedd y gìg yn anniben tost. Doedd e ddim i weld fel tase fe mewn llwyr reolaeth o’r sefyllfa. Oedd e’n feddw? Roedd e’n gyndyn i ganu yn Gymraeg er i nifer o’r gynulleidfa weiddi arno i wneud hynny.’

Martin Wilding Davies

‘Dwi’n cofio gofyn i Meic flynyddoedd wedi diwedd y berthynas pam oedd o mor frwnt tuag ataf, a dyma fo’n deud, “Achos ’mod i’n dy gymryd yn ganiataol”. Wel, mae hyd yn oed y gwannaf yn medru gwingo. Mae Meic a finne’n dal yn ffrindie ond mae lot o deimlade clwyfus o dan yr wyneb ar fy rhan i a dydi o ddim yn cymryd llawer i ddod â’r holl deimlade poenus yn ôl.’

Gwenllïan Daniel

‘Does yna erioed drefniant ffurfiol wedi bod rhyngom. Galwad ffôn fydd hi, yn gofyn a ydw i ar gael i gyfeilio iddo yn rhywle neu’i gilydd. Mae’n anodd bod ar eich gorau wrth gyfeilio iddo am fod rhaid gwylio'r newid cyweirnod yna. Mae'n haws chware yn y bar wedyn pan fydd Meic wedi peidio â bod yn Meic Stevens. Ma pawb yn ymlacio ac yn gallu bod yn fwy creadigol wedyn. Ma'r *blues* ar eu gore wedyn. Dwi'n trysori llawer o'r sesiyne hynny.'

Anthony Griffiths

'Dwi'n cofio Meic yn Abertawe rywbryd ac yn dechra tiwnio'i gitâr ac yn y diwadd yn deud "Oh, *bloody hell, man,* dwi wedi anghofio'r *words,*" ac mi gerddodd i ffwrdd! Ond ydw, ydw, dwi wedi ei weld o ar ei ore hefyd pan mae o'n medru llenwi'r gynulleidfa ag ysbryd o lawenydd a phawb wrth eu bodde yn ei gwmni.'

René Griffiths

'Roedd o'n ffigwr mor garismatig, yn cynrychioli popeth oedd ein cenhedlaeth ni yn ei deimlo am y cyfnod – gwrthryfel, diawlineb, dim parch at awdurdod, ond y mwya oedd rhyddid – roedd Meic yn sefyll dros ryddid i ni – math gwahanol o ryddid i'r un roedd Dafydd Iwan yn arddel – rhyddid personol oedd hwn, a phrawf y gallai unrhyw un wneud unrhyw beth.'

Alun 'Sbardun' Huws

'Roedd Canada yn rhy daleithiol i Meic. Yng Nghymru mae ei gartref. Ond roedd wrth ei fodd fel plentyn bach yn mynd lawr i'r traeth i gasglu wystrys fel y mynnai. Treuliodd oriau'n symud tunnelli o dywod yn chwilio am gregyn bylchog er mwyn eu berwi i wneud cawl cregyn.'

Elizabeth Sheehan

Cynnwys

Cyflwyniad

ANTURIAETH FYDDAI MYNYCHU cyngerdd gan Meic Stevens dros y blynyddoedd. Llechu yng nghefn y meddwl oedd y pryder na fyddai'n cadw ei gyhoeddiad, boed hynny'n rhan o'r fytholeg neu beidio. O'r herwydd, priodol oedd ceisio gwirio gyda'r trefnwyr neu gydnabod ychydig ddyddiau ymlaen llaw a oedd yr athrylith wedi cadarnhau ei addewid i fod yn bresennol neu beidio.

Pan fyddai'r amynedd yn brin a chithau am osgoi siwrne seithug, am fod taith hirbell yn eich wynebu a gorchwylion eraill i'w cyflawni, gellid gwneud trefniadau i holi a oedd wedi cyrraedd ar gyfer yr ymarferiad sain rhag blaen. Ond ni fyddai hynny o reidrwydd yn tycio am nad oedd y gŵr oriog o Solfach yn adnabyddus am gadw at amserlen. Rheitiach ganddo fydde treulio orig yn y dafarn agosaf i ymbaratoi yn hytrach na thrafferthu gyda'r offer sain. Gorau oll, felly, pe bai'r gìg wedi'i threfnu mewn tŷ tafarn.

Pam, felly, fyddai cymaint ohonom mor awyddus i'w glywed yn perfformio? Weithiau byddai'r profiad yn artaith. Tebyg yw'r profiad o gloddio am aur. Does dim ond ffrwcs yn y badell waeth faint gaiff ei ridyllu. Ond yn y pen draw fe ddaw yna gnepyn i'r golwg, waeth pa mor bitw, a fydd yn troi'n gyffro. Parod fyddai'r mwyafrif ohonom i ddygymod â'r gwamalrwydd a'r aflonyddwch am y gwyddem am yr hyn a allai ddeillio o'r wythïen. Ni chawsom ein siomi bob tro oherwydd fe gafwyd yr eiliadau eithriadol hynny a fynnant lynu yn y cof, eiliadau sy'n brawf i ni fod yng nghwmni dawn amheuthun.

Bwriad y gyfrol hon yw ceisio cipio rhai o'r eiliadau hynny gyda chymorth cydnabod ac edmygwyr, gan wybod mai'r eiliadau hynny fydd byw; yr eiliadau bythgofiadwy sydd wedi cyfoethogi ein profiad. Ar yr un pryd, ni fedrwn anwybyddu'r hyn a wnaeth y swynwr yn sgadenyn hallt hefyd wrth iddo droedio'r eangderau yn rhith y Brawd Houdini.

SGADENYN

(y syniad yw llefaru'r gerdd i gyfeiliant sacsoffon)

Daethost i'n plith fel aderyn drycin
yn nhrymder nos
yn chwilio am noddfa rhag stormydd geirwon,
llechen ar graig, hollt mewn clogwyn,
yn aelwyd i'th gynefino â
gwynt yr heli,
sigl y tonnau
ac awelon croeswyntoedd,
i'w harllwys weithian
i drai a llanw dy ganeuon.

Oet fab y trwste,
yn crynhoi gwymon afrad
ar draeth gwyn anobaith.

Awo-bopbop-alula-bidi-bwdibw-dum-bap-bap
Bi-bwdi-bw-dum-dum-da-da-alelwwwia

Yng nghwch brau dy fachgendod
mentraist y tu hwnt i'r Gribyn a'r Gewni
gan ollwng angor ar y Greithen Werdd
i fwrw cilwg yn ôl ar drwêd y cawr
yn sathru Solfach dy ddireidi.
Fe'th hudwyd
gan guriade aflonydd
syne'r rhyddhau o huale
ymhell bell draw dros y don
y tu hwnt i'r Gaseg a'r Greithen Ddu.

Dyheaist am gefnu ar bangfeydd marwolaeth
Anghydffurfiaeth ffurfiol dy dade,
poeraist y pulpud lleddf
o'th ymysgaroedd
a chofleidio pob perygl

heb ofni'r niwed.
Iraist dy ben â phenrhyddid.

Chwys y perci cotwm
a'r rheidrwydd
i fynegi pob ing ar gân
oedd yn dy ddenu. Gwelaist
urddas yng nghanol gorthrwm y duon
a dihangfa yn eu salme.

Mynnaist hwylio ar node'r awel
o afael caethiwus
lledr a last Soli'r Crydd.
Ni hidiaist am donic sol-ffa'r Ysgol Gân
mwy na 'Rhodd Mam' y Gobeithlu.
Wfftiaist barchusrwydd
rhagrithiol.
Codaist ddau fys ar Galfaria.

Y tu hwnt i darth y bore,
Afallon dy freuddwydion
ddisgwyliai amdanat,
yn diferu o addewidion.
Parod oeddet i beintio dy ddyheade
ar gynfas bywyd, yn un stribyn
o liwie llachar. Dy frws oedd
llinynne'r gitâr.

Awo-bopbop-alula-bidi-bwdibw-dum-bap-bap
Bi-bwdi-bw-dum-dum-da-da-alelwwwia

Yfaist o'r un ffynnon fywiol â
Hendrix, Beiderbecke a Howlin Wolf
wrth eithrio cwsg a byw yn y wawr
yn bendramwnwgl.
Yn ôl y chwedl
Dylan roes ei fendith
ar Ynys Wyth.
Fe'th hudwyd dros dro
i fyd yr *Outlander*

nes i'th ddieithrwch
brofi nad oeddet gysurus
yn unlle. Gwag oedd
dy wely a thristwch
yn ei bluf.

Yn nisgo Barbarellas dy fabinogi
unwyd broc môr y docie â
Thrystan a Charys Haf y chwyldro
yng nghuriade ffrwydrol dy roc a rôl.
Yn swae'r nos
dawnsiai Vic Parker y cysgodion
law yn llaw â Dafydd Iwan y priffyrdd.
Ti oedd y mab darogan cerddorol
yn ddysg a dawn gynhyrfus.

Mentraist yn borcyn i bysgota am leisiaid.
Cydient yn dy abwyd fel
mellten wrth garreg,
yn hollti'n gywrain.
Ni ddiflannodd yr un o'th gewyll
heb eu trawsnewid
yn alawon gwydn
i'w haeddfedu yn y gwynt.

Awo-bopbop-alula-bidi-bwdibw-dum-bap-bap
Bi-bwdi-bw-dum-dum-da-da-alelwwwia

Dychwelaist i Gaerforiog
i greu rhythme troellau'r ffatri wlân
yn gymysg â lliwie'r eithin a'r rhedyn,
wedi'u cannu
yn niniweidrwydd ieir bach yr haf,
nyddaist adenydd cwiltog i'th ganeuon
trwy rym mwg spliffin melys.

Rhoest hergwd i fois y bilwg a'r cryman;
yn driawd rhoddwyd bonclust
i ferfeidd-dra.

Daeth donie'r ddinas
i greu cynghanedd fantach yn nheyrnas Laca Li
wedi'i mireinio yn ewyn tonnau gleision.

Diddanwyd hen genedl
na oddefaist ei cheidwadaeth;
ceisiaist ei dadebru i gofleidio
oriogrwydd
trwbadwriaid yr Oesoedd Canol.
Agoraist y ffinie heb weld na ddeuai'r rhelyw
trwy'r bwlch i'th ganlyn.
Gwthiaist dy anwadalwch i'r eithaf nes
cau llidiarde'n glep
yn dy wyneb.

Awo-bopbop-alula-bidi-bwdibw-dum-bap-bap
Bi-bwdi-bw-dum-dum-da-da-alelwwwia

Troest yn alltud yn Llydaw
ar drywydd Fest Noz dragwyddol
yn llifeiriant ffynnon Bacchus.
Gwlychaist dy draed yn nŵr heli'r bae
wrth i heuliau wenu a llwêrau wynnu
tra yfid y *chouchen* melys.
Hen wareiddiad
yn cyffwrdd â'r newydd
nes ei ysgwyd at fêr ei esgyrn
yn sŵn telyn a thympan a bombard
Alan Stivell Couchevelou.
Clywaist chwibanu'r cornicyllod ar y rhostir
yn gymysg â sgegan gwylanod ar hyd y creigie
yn adleisio'r cryd yn dy lwynau.
Cydganwyd 'Bwthyn Fy Nain',
yn ernes o'r cwlwm a ddeil,
wrth rannu seidir *bouché*
a fale daear
wedi'u rhostio
yn lludw marwydos y nos
tra cylchynai'r ddawns ddiddarfod.

Sgipiaist ar hyd y *Rue Saint Michel*
yn droednoeth, a'th wallt yn y gwynt
tra byrlymai'r gwaed trwy dy wythienne.
Doedd dim modd dy gorlannu.

Awo-bopbop-alula-bidi-bwdibw-dum-bap-bap
Bi-bwdi-bw-dum-dum-da-da-alelwwwia

Pan ddychwelaist
baeddaist sawl cambren
gyda'th Cadillacs a'th amynedd prin
tra swynaist drachefn
yn rhith y gwcw lon na chadwai bob oed.
Ni'th welwyd ymhob gìg.
Codaist wrychyn ceidwaid llys,
tramgwyddaist gynheiliaid
dy awen a noddwyr dy friwsion.
Dibynnaist ar ambell berl achlysurol o'r newydd
ymhlith y ceinion cyfarwydd;
yng nghanol y be-bop-a-lula'r delyn aur,
seren y dafarn oedd Catrin Mair.

Pan nad oeddet yn cnoi bara seguryd
gogleisiai dy fysedd alawon
o lysoedd y tywysogion
i'n hudo yn gymysg
â'th eiddo yr un mor hirhoedlog dy hun;
oll yn dawnsio fel pelydre haul
ar wyneb y dŵr.

Er dy urddo'n wyrdd
cedwaist dy le ar gyrion y sefydliad
heb yr un ffrwyn i'th unioni
na'r un ffrewyll i'th rwystro
rhag pystylad yn eofn ar bob pentir.
Ni chodaist ddŵr o'r un pistyll
am yn hir heb ei sarnu.
Moelyd wnâi breuddwydion
wrth i waywffyn hollti'r galon
yn yfflon.

Oet adyn ar gyfeiliorn, yn athrylith anwadal
ymhlith ystlumod yr hwyr.
O yeah, o yeah, o yeah.
Bi bidi bw, bidi bw, bidi bw,
Bidi bw bw bw, bidi bw

Awo-bopbop-alula-bidi-bwdibw-dum-bap-bap
Bi-bwdi-bw-dum-dum-da-da-alelwwwia

O dan wlith y sêr
ym mhafiliwn steddfod dy gynefin
â'r dorf ar gledr dy gitâr,
daethost adre i glwydo'n
fuddugoliaethus;
lliwie'r enfys yn dy lais,
yn lapis lazuli dioglyd;
golchwyd dy ganeuon yn un â'r llanw
wrth loetran ar draeth a pharrog
cyn eu taflu ar greigie unig
ein hynysoedd serch.

Deil Georgia ar dy feddwl
yn gymaint â Thryweryn a Dic Penderyn,
wrth i ti gylchu'r ynys ar dy olaf dro,
pob cilfach a chidel, pob ogof a cheudwll
o Garnwchwn i Borthmynawyd,
wedi'u sgwrio'n loyw yn rhyferthwy'r storm.

Hoeliaist dy gân
fel gwadne gwlân ar weiren bigog,
yno, i ninne ei lloffa a'i nyddu o'r newydd
wrth dramwyo'r llwybre cyfarwydd
yn pendilio pentigily
rhwng oerni gwacter a gwres angerdd.

Wyt fab y daran. Wyt sgadenyn hallt.
Wyt eryr a cholomen ddof.
Wyt yn un â'r glêr. Wyt artist.
Wyt wyfyn yn ein hiraeth.

Awo-bopbop-alula-bidi-bwdibw-dum-bap-bap
Bi-bwdi-bw-dum-dum-da-da-alelwwwia

Lleisiaist ein gwayw a’n cyfyngder
yn gymysg â’n gorfoledd a’n golud.
Dy sbectol dywyll yng nghysgodion
cwm y pren helyg
yn ein gwatwar a’n gwastrodi
wrth baratoi i hwylio ar y tarpan olaf.
Dy het gantel lydan mor ddu ag eboni,
yn goron ar dy ben mewn urddas cyntefig,
wrth i ti gyfeillachu â phlant Rhys Dwfn
yn y dyfnderoedd. Y gwylanod ddônt
yn llateion môr o gariad
pan lithri ’nôl i ddüwch yr oesau.
Y morgwn ddônt i’th hebrwng
i selerau ein hymwybod.

Ninne, ymdrybaeddwn
mewn hafau diderfyn ar ynys calondid,
yn sawr gwymon a heli,
yn finegr a mêl,
wrth shinglingloffan i sigl y tonnau,
a’r ewyn ffraeth yn puro ein heneidiau
nes sgleinio fel bore’r atgyfodiad
pan na ddiffydd dy alaw
a gyfyd o’r eigionau.

Awo-bopbop-alula-bidi-bwdibw-dum-bap-bap
Bi-bwdi-bw-dum-dum-da-da-alelwwwia
Awo-bopbop-alula-bidi-bwdibw-dum-bap-bap
Bi-bwdi-bw-dum-dum-da-da-alelwwwia

1

"Meic, dwi ar gyffurie 'chan!"

DYNA FYRDWN CYFARCHIAD Dai Evans pan darodd ar ei hen bartner bore oes, Meic Stevens, ar achlysur dathlu pen-blwydd y canwr yn 70 oed yng ngwesty'r Royal George yn Solfach eu cynefin ym mis Mawrth 2012. Prysuraf i nodi nad y cyffuriau anghyfreithlon hynny nad yw hi'n gyfrinach fod Meic wedi'u defnyddio'n helaeth yn ystod ei yrfa oedd gan Dai Tŷ Capel mewn golwg. Doedd ei gyffuriau yntau ddim yn deillio o berci Afghanistan ond, yn hytrach, o gownter fferyllfa Tyddewi. Nid marijuana na ganja, ond parasetamols ac asbrin.

Am fod ei gorff bum mlynedd yn hŷn nag eiddo Meic roedd y cymalau gymaint â hynny'n stiffach. Rhaid wrth ddyrnaid o gyffuriau presgripsiwn bob dydd i leddfu poen. A rhaid wrth ddyrnaid arall i godi'r ysbryd a chodi hwyl rhag gafael y felan fawr. Ond rhag fy mod yn rhoi portread o gyflwr iechyd Dai, gan roi'r argraff ei fod yn hen groc clymhercyn, gadewch i mi gyflwyno'r gŵr go iawn, gŵr a ddisgrifir gan Meic fel 'Arglwydd Faer Prengast', a gŵr a fu'n dysgu melltith iddo pan oedd yn grwt, nid bod angen llawer o anogaeth i'r cyfeiriad hwnnw.

Byr fu arhosiad Dai yn y parti. Mater o wely cynnar beunos oedd hi iddo bellach. Straffaglodd i lawr y rhiw i Solfach Isa' gan fod y cluniau dolurus yn chwarae'r bêr ag e. Tebyg y cofiai am ddyddiau gwell, a'r miloedd o droeon y gwthiodd whilber lan a lawr y rhiw fel rhan o'i waith yn sgubo'r ffordd ar ran y cyngor. Cymerodd y swydd honno ar ôl rhoi'r gorau i swydd a dalai gyflog gwell fel trydanwr yn safle'r awyrlu ym Mreudeth, fel mater o gydwybod. Ofnai y byddai'n ofynnol iddo ddelio ag awyrennau cario arfau niwcliar ryw ddiwrnod. Fyddai ei argyhoeddiadau ddim yn caniatáu iddo i wneud hynny.

Rhaid crybwyll fod Dai Tŷ Capel yn aelod brwd o'r Ymgyrch dros Ddiarfogi Niwcliar yn ei ddyddiau cynnar. Bu'n cymryd rhan yn rhai o deithiau Aldermaston. Ymfalchïa iddo dreulio deg diwrnod yn canfasio dros Michael Foot, ei arwr mawr, pan enillodd y Sosialydd sedd Glynebwy mewn isetholiad yn 1960 yn dilyn marwolaeth Aneurin Bevan. Trefnodd rali gwrth-niwcliar yn Solfach gan wahodd Waldo Williams i fod yn un o'r areithwyr. Doedd hynny ddim wedi plesio'r Blaid Lafur yn lleol na'r Aelod Seneddol, Desmond Donnelly, a oedd yn gwrthwynebu'r CND yn chwyrn. Daliodd Dai ei dir gan ddangos o ba radd y bo'i wreiddyn. Ond cyn iti fynd i glwyda nawr dywed rhywbeth am felltith dyddie bachgendod Dai.

"Wel, dwi'n cofio bachan o'r enw Frank. Wedd 'dag e sied nes lawr na'r tŷ. Bydde fe'n mynd mas fan'ny bob hyn a hyn i lifio pren i'w ddodi ar y tân. Falle bydde hyn erbyn nos a bydde cannw'll 'dag e i weld beth o'dd e'n neud, yn dyfe. Wel, elen i miwn ato fe i fusnesan ond gan wneud yn siŵr fod rhai o 'mhartners y tu fas. Bydden nhw wedyn wedi casglu cwpwl o gerrig mowron at ei gily'. Yn sydyn byddwn i'n rhoi cic i'r bocs o'dd yn dal y gannw'll a rhedeg mas a chau'r drws. Bydde'r partners wedyn yn rowlo'r cerrig yn erbyn y drws. Am mas wedd y drws yn agor ch'wel," meddai Dai, gan syllu arna i fel petai ddim yn siŵr ai dwrdio neu gymeradwyo fyddai fy ymateb. Ysgwyd fy mhen a wneuthum a rhyw ebychu 'Wel, wel' anghrediniol.

Roedd y stori a glywais yn ddigon o dystiolaeth i ddeall sut fagwraeth gafodd Meic wrth redeg yn rhydd ar hyd y pentre. Roedd yn ddigon o dystiolaeth hefyd i ddeall pam y byddai rhai'n ddigon parod i ddisgrifio'r Meic ifanc fel 'crwt diened'. Synno Dai'r hen lanc wedi colli ei ddireidi chwaith. Er gwaetha'r 'cyffurie', deil llygedyn o sbarc yn yr hen gorpws. Gyda chau llyged Dai Evans am y tro olaf fe dderfydd talp o Solfach.

"O, dwi'n bartners â Meic. Bachan ffein yw Meic. Gesum i ei gwmni ar y bws i Hwlffordd y dwarnod o'r blân. Wdw, wdw, dwi'n nabod Meical, ch'wel. Dwi'n nabod ei deulu a'i dylwyth. Wên i'n falch fod popeth wedi mynd yn iawn yn y consert hwnnw wedd yn y Steddfod Genedlaethol fan hyn. Wên wir. Wên i 'na, ch'wel. Geson ni ein magu 'da'n gily', ch'wel."

'Nôl yn y Royal George, mae'r parti'n dechrau ffrwtian. Sgyrsia Meic â'r arlunydd Osi Rhys Osmond a'i wraig, Hilary, am yn ail â bwrw golwg ar y poteli gwin a adawyd ar y bwrdd fel anrhegion pen-blwydd. Ymddengys fod rhai'n plesio ac eraill yn cael eu hystyried yn ddim gwell na phlonc neu biso cath.

Trawaf ar Edward Hughes, y masiwn o Ben-câr, wrth y bar. Fel finnau, mae'n canolbwyntio ar ddrachtio'r awyrgylch. Does dim ffurfioldeb. Mae pawb yn mynd a dod p'un a ydyn nhw'n wahoddedigion i'r parti neu beidio. Gwelwn fod llwyfan a meicroffon wedi'u gosod yn y gornel, a Siôn Dom yn ffidlan â'r offer sain. Ond eistedd o gwmpas y byrddau a wna haid o gerddorion yn chwarae alawon ar amrywiaeth o offerynnau. Clywn y gitâr a'r banjo yn asio â'r ffidil a'r organ geg.

Gwn fod gan Edward ei straeon a'i edmygedd diamod. Prin fod yna berfformiad o eiddo Meic unrhyw le yn Sir Benfro na fydd Edward yn bresennol yno. Teithiodd ymhellach droeon yn unswydd, gan gynnwys tywys ei deulu i glywed ei arwr yn y Drwm yn y Llyfrgell Genedlaethol yn Aberystwyth ar un achlysur. Nid yw'n anarferol iddo chwaith gynnal ambell noson ei hun yn canu caneuon Meic.

"Wel, dwi'n cofio euthum i glywed Meic rywbryd yng Nghlwb Rygbi Llanybydder. Wên i a Hedydd, fy ngwraig, ddim wedi'i glywed e ers sbel. Ffeindon ni mas ei fod e yn Llanybydder a lan â ni. Ar ddiwedd y noson ma fe'n gweiddi mas dros y meic a wedd rhywun ym mynd 'nôl i gyfeiriad Tyddewi. Wel, dim ond ni o'dd 'na o'r ardal. Da'th e getre 'da ni a wedd e'n ffaelu dyall ein bod ni wedi dod lan yr holl ffordd yn unswydd i'w glywed e. Wedd hi siŵr o fod yn un o'r gloch arnon ni'n gadel i fynd sha thre.

"Cynigon ni iddo aros dros nos 'da ni ym Mhen-câr. Ond, na, wedd rhaid iddo fynd i Dyddewi, medde fe. Siwrne o 18 milltir arall i ni wedyn. Ond ffaelodd e'n deg a cha'l ateb yn lle'r o'dd e'n gobeitho aros. Cwbwl yn dowyll. Cnoco ffenestri, gweiddi, shiglo dryse. Ond dim byd. Ma ni'n darbwyllo fe na wedd neb getre. Ma fe'n dod 'nôl i aros 'da ni wedyn, gwmint o'r nos o'dd ar ôl.

"Wedi brecwast tranno'th wedyn wedd e ishe mynd lawr i'r môr. Nawr, ma unrhyw un sy'n nabod Pen Strwmbwl yn gwbod ei bod hi'n arw 'na ar dowy ffein. Wedd hi'n imbed o stormus y bore hwn a'r môr yn clatsho'r creigie. Fuodd y ddou ohonon ni'n ishte fan'ny yn y fan am sbel. Yr holl ffordd 'nôl i Solfach wedyn wedd e'n gweud na wedd e wedi mwynhau edrych ar y môr shwd gwmint ers blynydde.

"Mwynheais ei gwmni'r bore hwnnw. Y'n ni wedi cadw mewn cysylltiad ag e byth ers hynny. Buodd e'n aros yn y bwthyn sy 'da ni am getyn yn ystod ei salwch. Wrth gwrs, sneb tebyg iddo fel canwr a chyfansoddwr," meddai Edward gydag argyhoeddiad.

Profa Edward yn gaffaeliad am ei fod yn nabod y rhan fwyaf o'r rapsgaliwns yn y stafell ac am ei fod yn barod i fy nghyflwyno iddyn nhw bob yn un. Ond does dim angen cyflwyniad i'r gŵr a saif wrth ein hymyl, hanner ar dro, wedi ymgolli yn y chwarae byrfyfyr. Pwt bach ar ei ysgwydd ac fe dry Alun Davies i'n hwynebu a'n cyfarch yn harti. Mae Alun yn un o'r ychydig o gyfoedion Meic yn y stafell sy'n barod i frowlan yn Gwmrâg nes daw'r da i odro ben bore. Mae'n ei gofio fel cyd-ddisgybl chweched dosbarth yn Ysgol Uwchradd Tyddewi.

"Wên ni'n dou'n astudio Arlunio 'da'n gily. Chelech ddim fowr o Gwmrâg mas ohono fe pwrny. Wedd hi'n ffasiynol i beido siarad Cwmrâg ymhlith bois Tyddewi a Solfach ar y pryd. Wên ni wedyn, bois ardal Croes-goch, o genol y wlad a wên nhw'n tueddu i edrych lawr arnon ni, ch'wel. Ta beth, a'th Meic bant i'r coleg yng Nghaerdydd ar ôl blwyddyn a golles i gysylltiad â fe am sbel wedyn.

"Diawch, deuthum i ar ei draws yn annisgwyl un haf wedyn

ym mherfeddion Ffrainc. Wên i draw 'na'n gweitho ar y cynhaea grawnwin mewn lle bach o'r enw Libourne ryw ddeg milltir o St Emilion yn ardal Bordeaux. Gesum i le da a chinio crand bob pnawn Sul. Ma fi'n ca'l mencyd beic un pnawn Sul i fynd mewn i St Emilion. Ar ôl ca'l glased bach ma fi'n meddwl troi sha thre bwti pedwar o'r gloch. Ond jawch, wrth fynd heibo rhyw dafarn bach, 'ma fi'n clywed canu Cwmrâg. Wel, wedd rhaid mynd i weld pwy o'dd yn cadw stŵr glei. Pwy o'dd na? Wel, Meic a bois Tyddewi – Alan Jinks, Perks a René Griffiths yn eu plith nhw. Peil ohonyn nhw.

"Wedd rhaid gillwn y beic yn y fan a'r lle. Fuodd 'na eriôd shwt beth. Rhialtwch, pidwch siarad! Pigo grawnwin wedd mlân 'da nhw 'fyd ond ar ffarm lawer mwy o faint. Dim ond rhyw bedwar o'dd ar y ffarm lle wên i. 'Na i gyd alla i ddweud wrthoch chi yw 'mod i wedi cyrradd y parc erbyn naw o'r gloch tranno'th rywsut. Ond do'dd mishtir ddim yn rhyw hapus iawn o weld 'nghyflwr i. Wedd e wedi gorfod troi tri Gwyddel bant yn barod. Cwsgu'n y rhych wedd rheiny.

"Ond dyna Meic i chi. Os wedd sbri i fod, wedd dim dala 'nôl ynddi. Bydde fe'n dod draw i'r Sloop ym Mhorth-gain man'co wedyn siwrne siawns, ar Ŵyl y Banc fynycha. A dod draw yn ginnar. Bydde'r gitâr 'da fe. Wedd e'n ypseto lot, cofiwch. Nid pawb o'dd yn lico'i fiwsig na'i olwg e – y gwallt hir nawr yn dyfe. Ond rhaid gweud wedd e'n gallid whare'r gitâr. A nid racet fydde 'dag e ond caneuon y *blues* a stwff gwerin. Bydde fe'n crafu draw at y bwthyn i aros dros nos wedyn. Brecwast mowr dranno'th, yn wye a bacwn a tost, a bant ag e. Ymhen rhyw bythefnos falle bydde cnoc ar y drws a Meic yn galw gyda llond bag o wye a bacwn. Wedd e'n hael iawn yn ei ffordd," meddai Alun.

Daw Sian Palfrey ar ein gwarthaf yn cario camera teledu a chefnder Meic, Dave Davies, yn dal y teclyn sain. Rhaid i Alun gyflwyno hanes y sesiwn yn St Emilion i'r camera a finne'n ei borthi. Fel Dai Evans, a Meic, torrodd Alun ei gŵys ei hun. Bu'n athro ysgol, yn dorrwr beddi, yn gricedwr ar lyfrau Morgannwg am gyfnod, yn labrwr, yn seti a chodi tato ar ffermydd yr ardal cyn setlo i fod yn arlunydd llwyddiannus gydag oriel yn rhan o'i fwthyn ym Mhorth-gain. Ni all neb osgoi'r oriel am fod Sean, y ci gwyn mawr Mynydd Pyrenia, yn gorwedd tu fas i'r drws.

Ta beth, wrth edrych o'i gwmpas yn y Royal George, a tholio ar y 'peth ifed' o ran ei hunan cyn troi tua thre, rhyfedda Alun fod cynifer o'r criw nid yn unig ar dir y byw ond yn edrych cystal, o ystyried bod y rhan fwyaf ohonyn nhw wedi cyrraedd oed yr addewid.

"'Na fe, ma Meic wedi dofi rhyw damed dros y blynydde. Er mae'n rhaid bod 'dag e gyfansoddiad fel ceffyl. Wedd e'n gallid yfed diod trw'r dydd. Sdim gwydred o win yn bell o'i afel e nawr chwaith. Falle mai dyna'r ateb. Y gwin hwnnw fuon ni'n cynaeafu'r grawnwin ar ei gyfer slawer dydd. Mae'n dda bod e, beth bynnag. Ac mae'n dda bod gyda ni ei ganeuon e, gwlei," medde fe'n gopsi ar ei feddylie.

Daw'n bryd mentro i'r ystafell gefn i fanteisio ar y wledd o gigoedd a baratowyd yn rhan o'r bwffe pen-blwydd gan Wizz – Isobel – merch hynaf Meic. Daw Meic ei hun heibio gan gyflwyno ei or-ŵyr, Daniel, ŵyr Bethan, ei ail ferch. Ar yr un pryd manteisia ar y cyfle i felltithio S4C a Chwmni Sain am fod gormod o Ogleddwyr yn rhedeg y sefydliadau ac nad yw am wneud dim â nhw yn y dyfodol. Nid yw'r datganiad yn mennu dim ar Elliw Iwan, merch Dafydd Iwan, un o sefydlwyr Cwmni Sain ar ddiwedd y 1960au, sy'n sefyll gerllaw o fewn clyw. Mae hithau hefyd yn gyfarwydd ag ambell frygowthad miniog o'r fath. Deil yn un o *confidantes* y canwr yr un fath.

Caf fy nghyflwyno i John Treglemais. Mae Jonathan Lloyd yn amlwg yn un o hoelion wyth y gymdeithas y try Meic ynddi pan fydd yn ei gynefin. Sieryd yn huawdl mewn Saesneg coeth, ond daw o hyd i ambell briod-ddull pert pan dry i'r Gymraeg o bryd i'w gilydd. Dilynodd Meic ar hyd y daith. Nid yw'n dal 'nôl wrth draethu. Adnabu'r deryn drycin i'r blewyn. Mae'n amlwg y byddai'n ei adnabod pe gwelai ym mhig y frân.

"Bydde Meic yn seiclo lan aton ni'n gyson pan wedd e'n grwt ifanc. Wedd e'n ca'l sawl codwm, cofiwch, am ei fod e mor fyr ei olwg. Bydde fe'n hala orie lan llofft wedyn am fod 'da ni dâp

Grundig a 'na le bydde fe'n recordio'i hun ar y gitâr. Bydde fe'n whare'r tâp 'nôl yn ddiddiwedd ac ailrecordio. Bydde fe byth yn bles. Ele Mam lan â *sandwiches* iddo fe. Menyw o Swydd Efrog o'dd Mam ond wedd Meic wedi toddi'i chalon yn llwyr. Wedd hi'n amlwg fod talent gerddorol gyda Meic wrth gwrs. Bydde fe wedi llwyr ymlâdd wedi'r sesiyne hyn. Falle mai'r blinder yn gyment â'r llyged gwan fydde'n gyfrifol ei fod e'n bwrw miwn i'r binie concrid 'ma sy'n cadw graean ar ei ffordd getre wedyn.

"Bydde criw ohonon ni'n crynhoi yn y Royal George, neu'r Bay fel y bydden ni'n ei alw fe, i wlychu'r whît yn eitha cyson wedyn. Bydde tipyn o sŵn sgiffl a'r *blues* i'w glywed. Pan fydden ni'n ca'l ein towlu mas adeg stop tap wedyn fe fydden ni'n galw yn siop Letty Page drws nesa i'r Neuadd i brynu corn bîff, powdwr cyrri ac unrhyw gigach fydde ar ga'l er mwyn gweitho cyrri yn nhŷ Meic a'i fam. Bydden ni'n byta cyrris uffernol wedi cwpwl o beints.

"Dwi'n cofio gyrru Meic yn yr Hillman Husky oedd gen i lan i Tudra'th a'r Trewern Arms yn Nanhyfer ffor 'na i gynnal gigs pan o'dd e'n dechre dod yn adnabyddus. Bydde bachan o'r enw John Griffiths 'da ni fynycha'n whare'r gitâr 'fyd. Galle hi fynd yn dipyn o halibalŵ glatsh, cofiwch. Tipyn o halibalŵ yn ddirybudd yn dibynnu ar hwylie Meic.

"Wedyn pan o'dd Meic yn byw yng Nghaerdydd wedd rhaid mynd lawr am ambell owtin. Bydden ni wastad yn mynd i ryw le o'n i'n ei alw'n Snakepit. Dim ond seidir melys a sych o'r gasgen fydden nhw'n ei werthu a botreli o oren a chwrens du. Bois bach! Bydde'r landlord wastad yn dweud bod yr enamel yn dod bant o'r bwced bob tro wedd e'n arllwys y slops. Bydden ni'n yfed siampaen wedyn yn yr Old Arcade. Bydden ni'n yfed wedyn mewn rhyw dafarn o'dd yn llawn o ddynion hoyw. Bydden ni'n rhoi'r argraff bod ganddon ni ddiddordeb ynddyn nhw er mwyn iddyn nhw brynu diodydd i ni. Ond jengyd trwy ffenestri'r tai bach fydden ni wedyn. Wên i'n ifanc pwrny.

"Wedd talent gyda Meic i dynnu llun 'fyd, er synna i'n credu ei fod e wedi cwpla'i gwrs yn y Coleg Celf yng Nghaerdydd chwaith. Fe ddechreuodd ei yrfa fel cerddor gydio yndo fe. Ond dwi'n cofio Meic yn ca'l comisiwn o £60 i beintio murlun yng ngwesty'r Grove yn Nhyddewi yn 1963. Wedd £60 yn arian da pwrny. Ond fel hyn wedd pethe'n digwydd. Bydde Meic yn gweitho'n galed am gyfnod. Wedyn *down tools* fydde hi pan ddele criw ohonon ni heibo. Bydde'r tab am y diodydd yn ca'l ei roi'n erbyn y comisiwn. Erbyn cwpla'r murlun wedd Meic mewn dyled o £10 i'r gwesty. Wedd rhialtwch yn siŵr o ddigwydd pan fydde Meic yn ganolbwynt y cwmni," meddai John.

Gadawodd John Ysgol Uwchradd Tyddewi gynted ag y medrai. Bu'n gweithio ar ffarm Trefochlyd gerllaw ei gartref am getyn cyn newid gyrfa'n gyson yn ôl ei fympwy. Bu'n dringo'r pyst teleffon am gyfnod ac yn gweithio yn y ganolfan filwrol ym Mreudeth a'r ffatri cynhyrchu cydrannau yn Nhyddewi heb fyth golli cyfle i gyfoethogi ei fywyd. Arhosodd yn ei gynefin. Ymddengys mai John Treglemais o'r holl griw o sgadan yw'r parotaf i dalu gwrogaeth i allu a buchedd Meic ond heb fod yn anfeirniadol yn hynny o beth chwaith.

"Nid caneuon protest yw rhai Meic, ond caneuon gwirionedd. Ma fe'n gallu cyfansoddi a chanu. Nawr dwi'n gallu coginio pryd o fwyd go lew a dwi'n gallu canu cân. Ond dyna ni. Dim mwy. Ma pobol yn gofyn i fi wedyn pam dwi'n prynu cryno-ddisgie o'r un gerddoriaeth gan Vaughan Williams. Wel, am fod yna arweinydd gwahanol yn arwain y gerddorfa. Yr un gerddoriaeth ond ma'r dehongliad yn wahanol. Pan fydd Meic yn canu ei ganeuon ma pob datganiad yn wahanol yn dibynnu ar ei hwylie ar y pryd. Dim ond Meic sy'n gallu canu caneuon Meic Stevens. Ma fe'n credu'n llwyr yn ei allu ei hun. Pan ma fe'n dda ma fe'n arbennig o dda, ond pan ma fe'n wael ma fe'n ffantastig.

"Mae'n dibynnu pwy ma fe'n gyfarfod ar y ffordd i gìg. Os wês tancad ynddi, wel, 'na fe. Os wês blas cas yn ei thin hi, wel, 'na fe. Ma fe'n gallu bod yn ben tost os yw e'n cydio yn rhywbeth. Rhyw farn neu safbwynt arbennig nawr. Mae'n talu ffordd i ni beidio â thrafod y mater. Gadael llonydd iddi sy ore neu fe alle fynd yn ddwrne. I ni i gyd yn wahanol a ma gyda ni i gyd rywbeth i'w gynnig. Ma mynd i hwylio yng nghwmni Meic yn brofiad. Taco sha 'nôl at y tir mowr nawr yn erbyn y gwynt ac yn mynd igam ogam. Bydd pob math o byncie'n cael eu trafod a'r rheiny'n sgyrsie eitha dwys yn amal.

"Dwi'n cofio Meic yn cael ei ddisgrifio yn un o'r papure trwm fel y 'Welsh Segovia' rywbryd. Wel, wedd hi'n anodd i ni ei ystyried mewn terme fel 'ny. Partner wedd e i ni, yn dyfe. Ond wedi ystyried y mater fe fu rhaid i Dylan Thomas fynd i America i gael ei werthfawrogi. Gwrthododd Meic fynd er iddo gael y cynnig. Ma Meic yn mynnu gwneud pob dim ar ei delere ei hunan. Ar ryw olwg, fe yw ei elyn penna. Ma fe wedi llwyddo ar ei liwt ei hunan. Sdim dowt ma fe'n dipyn o ryfeddod. Dwi'n edmygu ei allu i ddala ati. Sneb yn mynd i ddweud wrth Meic beth i wneud. Ma fe'n barod i rannu ei fywyd a ma fe'n hael iawn yn hynny o beth.

"Sdim dal pryd fyddwn ni'n cyfarfod. Dwi'n taro heibio'r Sloop ym Mhorth-gain nawr fynychaf bob pnawn. Fydden i ddim yn synnu gweld Meic yn cyrraedd yn ddisymwth ryw brynhawn, yn arllwys ei hunan mas o'r tacsi a'r gitâr yn ei law. Cyfarch pawb ac ysgwyd llaw â'i gydnabod wedyn. Dwrdio Morgan falle am ei ddewis o win. Cyn pen deng munud bydd yn cymryd dracht o win coch ac yn cydio yn y sgwrs ble bynnag fydden ni wedi'i gadel hi pryd bynnag o'dd y tro diwethaf i ni gwrdd. Cofiwch, falle bydde hi'n dân gole whap.

"Ond yr hyn dwi am ei ddweud yw hyn, pryd bynnag y dele fe miwn, o gymharu â'r miloedd o ymwelwyr a cherddwyr Llwybr yr Arfordir sy'n galw bob blwyddyn, dim ond Meic fydde'n gadel argraff barhaol. Beth bynnag y'ch chi'n credu yw ffaeledde Meic, ma'r hyn sy ganddo i'w gynnig, yn arbennig yn ei ganeuon, yn barhaol," meddai John gyda phendantrwydd.

"Oes ganddo'i ffaeledde?" mentrais innau.

"Wel, mae ei berthynas â'r merched a fu yn ei fywyd wedi bod yn dymhestlog. Falle na fydde fe'n diolch i fi am ddweud rhai o'r pethe hyn ond fe ddala i fy nhir. Ma ffrindie'n gallu siarad yn blaen am ei gilydd a synno Meic ei hun wedi bod yn enwog am frathu ei dafod. Dwi'n cofio'r panelwyr ar y rhaglen *Call My Bluff* ar y teledu rywbryd yn trafod rhyw air tebyg i 'wyffmagig'. Synna i'n siŵr o'r sillafiad. Ond yr ystyr oedd hyn, gair i ddisgrifio person a oedd yn gnawd yn gwisgo dillad ond nad oedd ganddo ddim arall, dim ysbryd, dim personoliaeth, dim gallu i ddadle na thrafod. Nawr, ni all neb ddefnyddio'r gair 'na, sy wedi sefyll yn fy nghof, i ddisgrifio Meic.

"Nawr, dwi'n cofio rhyw gyrnol wedi ymddeol i Solfach rywbryd a chriw tebyg iddo yn y Ship yn y pentre ryw brynhawn. Criw swnllyd, crachach yn llawn callineb wên nhw. Ma nhw'n treulio'r pnawn yn tynnu Meic yn bishys. Doedd ganddyn nhw ddim byd da i ddweud amdano fe na'i ganeuon. Nawr, doedd y landledi, Jean Raggett, ddim yn un i ddiodde ffylied. Ma hi'n dweud wrthyn nhw yn y diwedd bod rhaid bod 'na rywbeth obwti Meic os oedd e'n destun trafod iddyn nhw am awr a hanner. 'Fydde hi ei hun ddim yn galler eu trafod nhw am fwy na deng munud am na fydde ganddi ddim i'w ddweud' o'dd byrdwn ei sylwade. Dyna ddodi nhw yn eu lle. A dweud rhyw wirionedd am Meic 'run pryd.

"Ma 'na gryfder cymeriad yn perthyn i Meic. Uwchlaw pob dim ma fe'n driw iddo fe'i hunan. Mae ei ganeuon yn rhan ohono. Ma fe'n eu dehongli'n wahanol bob tro. Doedd Dave Brubeck byth yn ymarfer chwaith. Nid dim ond un ffordd sydd o ganu cân sy'n cyfleu gwirionedd. Wedi dweud hynny, dwi'n credu mai fy hoff gân i o eiddo Meic yw'r 'Brawd Houdini' am ei bod yn gân heulog. Roedden ni'n blant yr Ail Ryfel Byd, cofiwch. Doedd dim byd yno ar blât i ni. Rhaid cofio am gefndir teuluol Meic wedyn. Welodd e eriôd mo'i dad. Cas e amser caled 'da'i lystad. Buodd rhaid iddo fe ymladd am bob dim. Synno gwerthoedd materol yn golygu dim iddo fe.

"Dwi'n galler ei weld e nawr yn y llofft yn fy nghartre yng nghanol y tapie a'r sbŵls. Wedd e wrth ei fodd. Dwi'n galler ei weld e nawr yng Nghaerforiog pan o'dd gwynt yr hyn fydden ni'n ei smygu yn dipyn cryfach na gwynt Wdbeins. Pawb yn bwyta reis brown a Marmite ond roedd yr awen gyfansoddi yn cael ei chyffroi. Wedd Meic wrth ei fodd yn gwthio'r ffinie cerddorol. Mae ganddo gred ddiysgog ynghylch y modd y mae am fyw ei fywyd. Ma'r dynfa 'nôl i Solfach yn dal yn gryf. Ma fe'n dychwelyd yn fynych. Dwi'n siŵr mai 'nôl i fynwent Felinganol ddaw e yn y diwedd. Pan ddigwydd hynny bydd yr angylion yn rhoi eu telyne o'r neilltu ac yn dechre canu gitars," terfyna John Treglemais, gyda phendantrwydd o ddur yn y dweud.

Bron nad wyf yn gorfod sychu chwys oddi ar fy nhalcen gymaint y canolbwyntiwn ar wrando ar y traethu diflewyn ar dafod. Byddaf yn siŵr o alw heibio'r Sloop ryw brynhawn i ailgydio yn y gwmnïaeth yng nghornel y bar sy wedi'i neilltuo ar gyfer trigolion lleol. Tebyg yr ailgydiwn yn y sgwrs yn union lle gadawsom hi. Gwerthfawrogaf ei sylwade craff a threiddgar.

Hei, ma'r parti'n dechre twymo. Ma Meic ei hun ar y llwyfan, ynghyd ag Anthony Griffiths o Aberystwyth, ac un neu ddau arall sy'n cyfnewid lle bob hyn a hyn. Caiff Meic drafferth i diwnio'i gitâr. Ildia yn y diwedd. Ma Siôn Dom yn dechre aflonyddu wrth y ddesg sain. Sdim trefen. Pa ryfedd nad oedd hi'n bosib i Meic diwnio'i gitâr, meddai Siôn yn ddiweddarach, am mai "rhacsen o gitâr Woolworth wedd 'dag e a fynte â shwd gwmint o gitars da yn ei feddiant 'chan". Bant â'r cart.

Gwga Meic ar Anthony bob hyn a hyn am nad yw wedi dyfalu'r cyweirnod cywir. Mae golwg filain ar wyneb Meic. Mae strach o'r fath yn norm yng nghwmni Meic. Storom sydyn cyn i fwa'r ach ymddangos ac awyr las drachefn. Buan y clywn griw o gerddorion yn canu'r caneuon hynny a'u hudodd pan ddechreuson nhw gydio mewn offerynnau ddeugain mlynedd a mwy ynghynt.

Ofer disgwyl rhibidirês o ganeuon Meic ei hun. Rhoddodd gynnig ar ganu ei fersiwn Saesneg o 'Vic Parker' ar un adeg a llinell neu ddwy o 'Cân Walter' ond rhoes y gorau iddi. Nid dyna'r math o noson oedd hi. Doedd dim wedi'i rihyrsio. Pawb at y peth y bo oedd hi a chydymuno fel y medren nhw. Dechreuodd ambell un o'r gwragedd fentro'r *jive* lle bynnag oedd lle. Yn eu plith roedd Gwenllïan, un o gariadon pennaf Meic, a rannodd cyfnod ei fywyd yn Llydaw. Mentrodd Alan

Jenkins gyflwyno set fer o ganeuon a chefais fy nghyflwyno i 'Jinks' gan Edward.

Cafodd Alan ei eni drws nesaf i gartre Meic ger yr harbwr. Er ei fod bedair blynedd yn iau roedd yn aelod o'r un criw o ran cyflawni drygioni. Roedd yr un oed â Martin, hanner brawd Meic, ac fe dreuliodd y ddau gyfnod yn Llundain fel gweision sifil mewn siwtiau pinstreip yn ystod yr wythnos ac yna'n bysgio ar hyd Portobello Road ar benwythnosau yng nghanol y 1960au. Doedd ei rieni, er yn Gymry Cymraeg, ddim wedi'i annog i siarad yr iaith ar yr aelwyd, meddai, a byddai'n fater o banso'n jogel i gynnal sgwrs hir yn y Gymraeg erbyn hyn. Llifai'r hanesion yn haws yn Saesneg.

"Bydde mam-gu Meic yn bragu gwin reis, rhyw fath o *sake*, ond byth yn ei yfed ei hunan. Bydde hi'n ei gwato wrth Meic ond bydde fe'n siŵr o'i ffeindio fe. Fe fydden ni'n yfed peth o hwnnw wedyn cyn mynd lawr i'r Bay fan hyn. Dwi'n cofio un pnawn penderfynu mynd mas i'r môr ar gwch agored 14 troedfedd oedd 'da fi – finne, Meic, Wyndham Perkins, a symudodd i Hull wedyn, a Betty, mam Meic. Wedd y môr yn dawel. Wedd fflagons o seidir 'da ni. Erbyn i ni fynd mas o'r harbwr fe benderfynodd Betty fod rhaid iddi bisho.

"Beth nethon ni o'dd oedi wrth y Green Scar er mwyn i Betty ga'l mynd ar y graig a finne yn ei helpu. Doedd hi ddim mor hawdd iddi hi bisho dros ochor y bad fel y bydde hi i'r tri arall ohonon ni, wrth gwrs. Beth na'th y ddou arall o ran cythreuldeb o'dd mynd rownd y graig unwaith neu ddwy a jengyd gan adel Betty a finne ar y graig. Fan 'ny buon ni'n diawlo'r ddou gythrel. Wedd y seidir i gyd 'da nhw ar y bad.

"Mewn sbel fe gymerodd pâr o Henffordd oedd ar eu gwylie yn Solfach drugaredd arnon ni. Geson ni'n cario 'nôl i'r lan yn eu cwch cyflym nhw. Nawr, wedd dim byd 'da Betty i roi am ei thrâd a wedd ei bag llaw yn dal yn y cwch. Fe gyrhaeddon ni ddrws y Bay fel wedd e'n agor am whech o'r gloch fel oedden ni wedi bwriadu. Ond doedd dim arian 'da ni. Wedd rhaid agor slaten wedyn 'ny. Nawr, wên i'n gwbod na wedd lot o nerth yn injan fy nghwch i a doedd dim llawer o danwydd ynddo chwaith. Wedd hi'n amser stop tap ar Meic a Wyndham yn cyrraedd y Bay i dalu am yr holl ddiod wedd Betty a finne wedi'i yfed.

"Dwi'n credu mai Betty a finne gafodd yr hwyl fwya. Wên nhw ill dou wedi gorfod rhwyfo i Niwgwl i mofyn rhagor o danwydd. Yn hytrach na rhoi'r gymysgedd gywir yn y tanc wedyn, wedd y ddou dwpsyn wedi rhoi petrol pur a fuodd yr injan fowr o dro cyn pwdu. Buodd rhaid iddyn nhw rwyfo'r holl ffordd 'nôl i Solfach. Er, sdim dowt eu bod nhw wedi yfed y seidir wrth gwrs.

"Dro arall, wedi sesiwn pnawn yn y Bay, geson ni wahoddiad mas i dancer 4,500 tunnell wedd wedi'i hangori yn y bae ger y Green Scar. Wedd Capten Jim o Ddyfnaint ac yn hoff o daro heibo tafarne yn y pentrefi bach ar hyd yr arfordir. 'Ma ni'n ei ddilyn yn fy nghwch i am nad o'dd e'n bwriadu ein hebrwng 'nôl pan fydde fe'n codi angor. Wedd y gitars 'da ni. Clywed ni'n canu o'dd wedi'i gymell e i'n gwahodd ni i far y llong. A beth o'dd yr unig ddiod wedd ar y llong? Wel, Watneys Red Barrel Export nad o'dd yn ca'l ei werthu mewn tafarne am ei fod e mor gryf.

"Nawr, fe dda'th hi'n bryd i'r tri ohonon ni adel. Wên ni am fod 'nôl yn y Royal George erbyn whech. Fe a'th Huw Rees lawr i'r bad gynta ar hyd yr ysgol yn cario gitâr Meic. Wedd e'n dala'r bad yn weddol llonydd. Wedd e'n edrych fel matsien yn ymyl y tancer fowr. Meic wedd y nesa i fynd lawr. Dyma Capten Jim a finne'n cymryd bets ar ba un o ffyn yr ysgol y bydde mei-nabs yn cwmpo. Lawr ag e oddi ar yr ail ffon ac i'r dŵr fel llygoden fowr. Wedd Capten Jim a finne'n wherthin nes ein bod ni'n corco.

"Wedd hat cowboi fowr ar ei ben a sgidie cowboi bwti fod lan at ei benlinie. Fe dreiodd Huw gydio ynddo a'i dynnu miwn ond wedd Meic yn mynd yn fwy crac wedyn. 'Na i gyd o'dd e moyn wedd i Huw dynnu ei sgidie bant iddo ga'l mofiad 'nôl i Solfach. A wir dyna na'th e am tua hanner milltir nes iddo fodloni ca'l ei godi i'r cwch. Wên ni 'nôl yn y dafarn fan hyn yn weddol agos at whech o'r gloch. Wedd Meic yn wlyb diferol wrth gwrs, ond do'dd hynny ddim yn ei rwystro rhag yfed rhagor o ddiod," meddai Alan.

Ac os ydych chi'n meddwl mai rhyw ddigwyddiadau siwrne siawns bob rhyw leuad las oedd yr helyntion hyn, wel, gwrandewch ar yr hyn sydd i ddod.

"Dwi'n cofio mynd draw i Broad Haven rywbryd a chymryd pum diwrnod i ddod getre. Wel, fe ddethon ni 'nôl i Solfach ond geson ni ein herwgipio draw i Broad Haven liweth. Mynd draw i bysgota wedd y bwriad. Wedd potreli 'da ni ar y cwch wrth gwrs. Fe ddalon ni bwti gant o fecryll. Nawr, wên ni'n nabod rhai pobol o'dd yn byw mewn *chalets* ar bwys y Royal Hotel. Dyma ni'n rhannu'r helfa 'da nhw a dyna lle wedd Meic a finne'n byta mecryll wedi'i ffreio uwchben tân mawr agored trw'r nos.

"Wel, tranno'th, pan benderfynon ni ei bod yn bryd mynd getre wedd un o'r merched am ddod 'da ni. Dyna'r fargen wedyn, ei bod hi'n dod 'da ni yn y cwch a'i ffrind yn dod i'w moyn hi yn ei char. Ond erbyn cyrraedd Solfach a hala peth amser yn y dafarn fe berswadiwyd Meic a finne i fynd 'nôl 'da nhw yn y car. Dyna ddigwyddodd. Wel, y trydydd dwarnod wedyn do'dd dim arian 'da ni. Do'dd dim amdani ond mynd 'nôl i'r Castle Hotel, yn Little Haven, rownd y gornel, lle buon ni'n whare a chanu'r noson gynt a gofyn os gallen ni ddifyrru'r cwsmeried 'to. A cha'l ein talu tro 'ma wedyn. Y fargen o'dd £5 o dâl a chwrw am ddim.

"Ond wên ni yn yr un picil ar y pedwerydd dwarnod. Dim ffordd 'nôl i Solfach a fowr ddim arian ar ôl. Dim amdani ond perfformio 'to yn y Castle Hotel ar yr un telere. Ar y pumed dwarnod fe daron ni fargen 'da bachan lleol o'dd yn ceisio gwerthu'i gwch. Cynigon ni fynd â'r cwch draw i Solfach gan ddweud y bydde mwy o obeth o'i werthu fan 'ny. A dyna fel y deson ni getre ar y pumed dwarnod. Chafodd y cwch ddim o'i werthu chwaith," meddai Jenks.

Roedd rhaid i mi dynnu anadl, a chyn iddo ddechrau sôn am helyntion y ddau haf yn pigo grawnwin yn Ffrainc prociais Alan i sôn am ei gysylltiadau cerddorol â Meic. Soniodd fel y treuliodd ddau ddiwrnod yn ffawdheglu i chwarae gyda Meic mewn gìg yng Nghlwb y Triban, y Rhyl, rywbryd, a chymryd dau ddiwrnod i ffawdheglu adref eto. Dro arall roedd yn chwarae gyda Meic yn Theatr Gwynedd ym Mangor o flaen cynulleidfa o fyfyrwyr. Doedd y cyngerdd ddim yn dechre tan un ar ddeg ac, wrth gwrs, roedd Meic ac yntau a'r myfyrwyr wedi bod yn y bar am oriau cyn hynny. Roedd y cyngerdd i fod i gael ei recordio fel perfformiad byw gan Gwmni Sain, ond bu'n rhaid rhoi'r gorau i'r syniad hwnnw'n weddol sydyn pan ddechreuodd y ddau berfformio.

Cofia brynu *acetate* o sesiwn recordio gan Meic yn stiwdio Tony Pike yn Putney, Llundain am ddwy bunt a chweugen rywbryd gan ddwrdio'i hun ei fod wedi'i golli erbyn hyn. Byddai'r *master* wedi'i gadw gan y stiwdio wrth gwrs ond bydde'r *acetate* wedi bod yn werthfawr erbyn hyn. Cofia'r cyfle gafodd i berfformio mewn rhaglen deledu gyda Meic rywbryd. Y cerddorion eraill oedd Bethan Miles yn chwarae'r ffidl a Noddy Gape ar y gitâr fas. Cafwyd sesiwn fawr y noson gynt wrth gwrs, a'r hyn a wnaeth Meic ar ei ffordd i'r stiwdio fore trannoeth oedd prynu potel o bort, ac roedd gan Alan fflasg o whisgi i'w cynnal tra oedden nhw yn y stiwdio.

Yr hyn a gofia Alan am yr achlysur yw'r drafferth oedd y ddau'n ei gael i sefyll yn lled llonydd wrth y marciau sialc ar y llawr. Doedd y camera ddim yn gallu symud yr adeg hynny ac roedd o gymorth os oedd y dyn camera'n gallu gweld y ddau trwy'r lens. Y dyn camera, yn digwydd bod, oedd un o fechgyn Solfach, Huw 'Yachtie' Thomas, a doedd e ddim yn enwog am ei amynedd. Cymerodd hi chwe awr i recordio'r rhaglen o ganeuon gwerin.

Ond ei awr fawr fel cerddor oedd pan gafodd ei gyfansoddiad 'Rhosyn yr Anialwch' ei chanu gan Meic yng nghystadleuaeth Cân i Gymru yn 1991. Fe'i cyfansoddwyd yn wreiddiol fel 'Sands of Time' pan oedd Alan yn gweithio yn Saudi Arabia. Caiff Jenks ddweud yr hanes.

"Euthum i mas i weithio i Saudi ar gytundeb tair blynedd ond buodd rhaid i finne a 'mhartner, bachan o Fachen, ddod 'nôl cyn pen blwyddyn. Geson ni'n dal yn bragu cwrw. Er bod pawb wrthi, gan gynnwys y cyn-blismyn o'dd yn gweithio fel dynion diogelwch, cheson ni ddim trugaredd. Falle'n bod ni'n lwcus ein bod ni mas yng nghanol yr anialwch, neu falle mai jâl a gwaeth fydde hi os bysen ni yn un o'r trefi. Ond, ta beth, desum i getre, a mewn sbel wedyn dyma fi'n galw 'da Betty, mam Meic, a dyma'r ffôn yn canu. Meic, yn gofyn os galle fe drefnu cyfieithu'r gân a newid rhywfaint arni a'i hala i'r gystadleuaeth. Popeth yn iawn.

"Enillodd mo'r gân wrth gwrs, ac yn ôl Meic do'dd dim llawer o obeth iddi ennill cefnogeth y beirniaid chwaith am ei fod e wedi ypseto'r rhan fwyaf ohonyn nhw rywbryd neu gily'. Ta beth, mae wastad yn dda ca'l bod yng nghwmni Meic," meddai ei gyd-drwbadŵr.

Un arall o'r criw y byddwn yn siŵr o'i bechu pe na dorrwn air ag e yw 'Perks' neu Lyn Perkins, sydd wedi dilyn Meic yn gyson dros y blynyddoedd a bob amser yn fwy na pharod i chwarae'r organ geg. Ei berswadio i dewi yw'r gamp fwyaf pan fydd yn ei hwylie. Oedd, roedd Perks gyda'r criw pigo grawnwin, a threuliodd aml i gyfnod yng Nghaerdydd pan oedd gan Meic a Gwenllïan fflat gyferbyn â thafarn y Conway yn ardal Treganna.

"Ma 'na lot o bethe annisgwyl wedi digwydd i fi yng nghwmni Meic. 'Na beth sydd i ddisgwyl pan fyddwch yn ei gwmni. Sdim byd wedi'i gynllunio mlân llaw. 'Na chi'r tro hwnnw wên i'n ei gwmni yn y Trewern yn Nanhyfer adeg y flwyddyn newy' rywbryd. A'th hi'n dipyn o ffrae rhyngddo fe a Gwenlli. Dwi'n meddwl ei fod e wedi towlu'i ddiod drosti. Y peth nesa dyma hi'n cydio mewn *ashtray* a'i hyrddio tuag at Meic. Fe welodd Meic e'n dod a plygu'i ben. Fe darodd fi yn fy nhalcen, yn dofe. Dwi wastad yn gweud wrth Gwenlli bod plèt 'da fi 'na o hyd.

"Odi, odi ma Meic yn gallu tanio fel matsien. Dwi wedi diodde blas ei dafod ganwaith. Ond ma fe'n diffodd whap. A synno fe'n dal dig. Ma 'da fi ddyled fowr iddo fe. Dwi chwe blynedd yn ifancach. Dwi'n cofio gwrando arno fe a'r bois hynach yn whare'u hofferynne yn y Royal George a meddwl shwt allen i ymuno â nhw. Fe ddechreues i whare'r harmonica a mentro i'w plith nhw. Falle bydde Meic yn gweud 'Ca dy ben a cer i ddysgu mwy'. A fel 'ny wedd hi. Bydde Meic wastad yn rhoi pawb o dan bwyse.

"Bydde'i fam rywbeth yn debyg. Yr un elfen. Dwi'n cofio hi'n whare piano yn y Ship yng ngwaelod y pentre. Wedd drych ar ben y piano a hithe'n gallu gweld pawb o'dd yn ishte y tu ôl iddi. Wedd pethe ddim yn mynd yn rhy dda nawr y tro hwn. Dyma hi'n codi a troi i wynebu pawb a rhoi pryd o dafod inni nes bo ni'n mystyn. Pam ddyle hi wastraffu'i hamser yn whare'r piano os na wedd pawb yn gwneud ymdrech i ganu. Iysu, wedd rhaid i bawb ganu 'Calon Lân' wedyn. Wedd hi fel Ysgol Gân wedyn.

"Dwi wastad yn meddwl am Meic fel rhyw Jesse James neu Dwm Siôn Cati o gymeriad. Fe yw Bob Dylan Solfach os nad Cymru gyfan. Dyle pobol Solfach fod yn prowd ohono fe. Ond un peth synna i'n deall hyd y dydd heddi yw pam benderfynodd e ddod 'nôl i Gymru a chanu yn Gwmrâg. Ma fe wedi whare 'da'r goreuon lan sha Llunden ffor 'na. Galle fe fod yn enwog ar draws y byd o gofio am ei gysylltiade cynnar gyda labeli recordio fel Decca a Warner Brothers. Ond dyna i chi Meic. Synnoch chi byth yn gwybod beth sy'n mynd mlan yn ei ben e.

"Dwi'n cofio un tro o'dd rhaid i fi fynd i Mississippi i ddelio â mater cyfreithiol. Dyma fe'n dymuno'n dda i fi a gosod capan du Tomi Shanto ar fy mhen. Erbyn i fi ddod 'nôl ychydig ddyddie cyn y Nadolig wedd Meic wedi cymhonni'r tŷ a gosod coeden Nadolig a goleuade yn eu lle. 'Na chi groeso. 'Na chi bartner. Fel Twm Siôn Cati wedd e wedi diflannu ei hunan wrth gwrs. Ma fe wastad wedi bod yn hael gyda'i amser a'i gymwynase. Mae wastad wedi bod yn bleser clywed ei lais yn gweud, 'Hei Perks, dere lawr i ga'l sesiwn a dere â'r harmonicas 'da ti'," meddai Lyn Perkins, gan ddynwared llais ei bartner pan fyddai ar ei fwyaf cintachlyd.

Ta beth, penderfyna'r landlord ei bod yn bryd i'r nos ddod i ben wrth iddi nesu at un ar ddeg o'r gloch ar y 13 o Fawrth 2012.

Mynna arwain corws o 'Ben-blwydd Hapus'. Ond dyw Meic ddim yn rhy hapus am fod yna awr eto cyn ei bod union saith deg mlynedd ers iddo gael ei eni. Mae'n siŵr bod Dai Evans yn rhochian breuddwydio am felltith bore oes ers meitin o dan ddylanwad y 'cyffurie'. Mae'n rhaid ei fod yn dwyn falau o ardd rhywun ym Mhren'gast. Wrth fwrw golwg ar yr hynafgwr a'i hat ddu wedi'i amgylchynu gan ei deulu a'i ffrindiau bore oes, cyn ei throi hi i gyfeiriad y Preselau, cofiaf mai o odre'r Frenni Fowr y daeth ei hen dad-cu i Solfach ac yntau'n aelod o deulu hynod o lengar a cherddorol. Ai o'r fan honno yr etifeddodd Meic ei athrylith? Blas y cyw yn y cawl.

2

Ach Llanfyrnach

PED ELECH HEIBIO pen feidr Bron Heulog, neu Sunny Hill fel y cyfeirir ato gan amlaf, ar lan afon Taf ym mhentre Llanfyrnach, fe welech mai cael a chael fyddai i ganfod eich ffordd at ddrws y tŷ sy'n dal yn annedd byw. Nid drain a mieri sy'n eich rhwystro, ond yr holl dranglwns sydd wedi'u pentyrru ar ben ei gilydd a gwneud i'r iard sgrap fwyaf di-lun edrych yn gymen. Nid felly oedd hi yn nyddiau teulu Defisied y cryddion yng nghanol y bedwaredd ganrif ar bymtheg. Magodd Solomon a Mary Davies saith o ferched a dau grwt ar yr aelwyd. Perthynai doniau cerddorol iddynt oll. Ond am na chaniateid yr un cyfleoedd i rocesi'r dwthwn hwnnw, dim ond y ddau rocyn – John a Phillip – gafodd y manteision i'w hamlygu'u hunain.

Profodd John – a adwaenid yn ôl ei enw barddol 'Brynach' – ei hun yn fardd medrus yn ennill ac yn beirniadu mewn eisteddfodau, yn bregethwr cynorthwyol cyson ei gyhoeddiadau ac yn gaffaeliad yn ei gapel gyda'r Annibynwyr yn Llwyn-yr-hwrdd fel ysgrifennydd, diacon, athro ac arolygwr. Roedd ei dad, fel ei dad-cu, yn arweinydd y gân yno. Symudodd Phillip, ei frawd – Ap Myrnach – i Aber-porth lle bu'n gwasanaethu'r Methodistiaid yr un mor ddiwyd fel pregethwr cynorthwyol a'r un mor barod â'i ddawn gerddorol a llenyddol.

Amlygwyd y doniau creadigol yn gryf yn ach Soli'r Crydd, fel yr adwaenid Solomon Davies. Fe'i magwyd yntau'n un o ddeg o blant, wyth bachgen a dwy ferch, ar aelwyd bwthyn Pen-bont gerllaw. Aeth dau o'i frodyr i'r weinidogaeth, John yn Soar, Aberdâr, a Thomas ym Methania, Nant-y-moel, ac amlygodd Dafydd – Dewi Myrnach – ei hun yn gerddor o fri yn cyfansoddi tonau ac anthemau gyda'r goreuon. Dywedir i gyfansoddiad o'i eiddo guro ymgais yr Athro David Jenkins, Mus Bac, Aberystwyth, mewn un eisteddfod.

Yr emyn dôn 'Llanfyrnach', o waith Dewi Myrnach, yr arferid ei dewis i ganu emyn Maurice Davies, 'Am graig i adeiladu / Fy enaid, chwilia'n ddwys'. Ystyrid 'Pontgynon' a 'Pen-y-groes' o'i eiddo yn boblogaidd mewn Cymanfaoedd Canu. Nid oes yr un ohonyn nhw wedi goroesi i'w cynnwys yn *Caneuon Ffydd*, llawlyfr moliant cyfredol yr enwadau Anghydffurfiol. Argraffwyd cyfrol o'i anthemau rywbryd yn yr 1880au o dan y teitl *Anthemau at Wasanaeth yr Ysgol Sabothol* gan gwmni Jane ac Elizabeth Jones o Lannerch-y-medd ar Ynys Môn; cynhwysai'r gyfrol denau greadigaethau megis 'Cofia yn awr dy greawdwr' a 'Cenwch i'r Arglwydd ei saint ef'.

O ran brodyr eraill Soli, ni wyddys beth fu hynt Rees a Jason, ond symudodd William i'r 'gweithfeydd' a sefydlu ei hun fel peiriannydd mwyngloddio ym Maesteg gan arwain côr yno. Dylid nodi hefyd fod mam y bechgyn, Mary, yn un o ddeg o blant, wedi'u magu yn Ffynnonhalen, yn yr un plwyf, a bod un o'i brodyr, y Parch T. Pennant Phillips, yn cael ei adnabod fel 'telyn aur Sir Aberteifi'.

Gwyddys wedyn bod Walter, y seithfed o frodyr Solomon, wedi symud i Solfach i ddilyn ei grefft fel crydd yn yr 1870au. Dengys cyfrifiad 1871 ei fod yn dal i grydda yng nghartre'r teulu ym Mhen-bont, Llanfyrnach, lle nodir ei fod yn 28 oed. Erbyn 1881 roedd yn byw yn 7, Stryd Wilcox, Solfach, yn briod, yn dad i Rees Brynach a oedd yn ddwyflwydd, ac Edith a oedd yn flwydd. Cyflogai hefyd ddau grydd yn byw o dan yr un gronglwyd. Nodwyd mai ei oed yr adeg hynny oedd 36. Erbyn ei farw yn 1911 roedd Walter a'i briod, Ann Jenkins, o Abereiddi, wedi rhoi genedigaeth i 14 o blant. Roedd hi tua phedair blynedd ar ddeg yn iau na Walter.

Magwyd dau o blant siawns i ddwy o'u merched, yn ogystal â phlentyn amddifad merch arall hefyd. Bu farw Ann Davies o henaint yn 89 oed yn 1947 wedi byw'n wraig weddw am 36 o flynyddoedd. Gelwid hi'n 'Mam Roza' gan rai aelodau o'r teulu, a hynny mae'n debyg am mai Roza oedd enw ei merch ieuengaf. Cofia Meic amdani'n dda yn ei hen ddyddiau a rhydd ddisgrifiad cofiadwy ohoni yng nghyfrol gyntaf ei hunangofiant:

> Bydde Mam Roza, oedd yn fenyw anhygoel o ddiog, yn eistedd ar gadair trwy'r dydd yn edrych fel y Frenhines Victoria ar ei gorsedd – yn llythrennol yn troi'i bodiau ac yn danfon a gyrru pobol. Roedd hi'n deyrn, ac roedd ar bawb ei hofn hi. Edrychai fel gwrach os bu erioed, yn eistedd ger y tân mewn cegin fawr dywyll, wedi'i gwisgo bob amser mewn dillad hir, duon, cath ddu ar ei glin, a siôl besli a chanddi batrwm rhyfeddol wedi'i thaenu dros ei hysgwydde, cadwyni o fwclis jet am ei gwddwg a chapyn du â phig dros ei gwallt pleth, hir. Doedd Mam Roza ddim yn perthyn i'r oes fodern yma – roedd hi'n deillio o gyfnod cynoesol tywyllach, oedd rywfodd yn goroesi yn y presennol ynddi hi.

Ymddengys fod corachod, coblynnod, tylwyth teg a gwrachod yn dal i lechu yng nghysgodion Solfach os gwyddech ble i edrych. Dônt i'r lan fel broc môr gyda'r llanw o oesoedd a fu.

Yn ôl y disgwyl, roedd Walter yn weithgar yn ei gapel, ond gyda'r Methodistiaid yn hytrach nag Annibynwyr ei blentyndod. Hwyrach mai mater o hwylustod oedd hynny am ei fod yn byw yn Solfach Isa a'r capel Methodistiaid wrth law. Byddai'n ofynnol iddo gerdded rhiw serth i Solfach Ucha i fynychu Mynydd Seion yr Annibynwyr.

Tebyg y byddai'r holl gerdded i'r oedfaon o Lanfyrnach i gapel Llwyn-yr-hwrdd, ar hyd rhiw serth Nantyweirglodd a heibio'r Speit i gyfeiriad Tegryn, wedi ei ddanto gan wneud newid enwad yn ddewis hawdd iddo yn ei gynefin newydd. Gwasanaethodd fel pen blaenor.

Ond yn ôl Meic fe adawodd y Methodistiaid ac ymuno â'r Bedyddwyr yn Mount Pleasant, a hynny wedi iddo sefyll ar ei draed mewn oedfa a dwrdio'r gweinidog Methodistaidd am gael perthynas amhriodol gyda merch ifanc.

Ymddengys na ddatblygodd Walter ei ddawn lenyddol i'r eithaf. O leiaf dyna farn y Parch J. Tegryn Phillips amdano mewn cyfrol o'r enw *Awelon Oes,* a gyhoeddwyd yn 1925 ddwy flynedd wedi marwolaeth ei nai, Brynach. "Barddonai yn fwy naturiol, efallai, na'r un ohonynt, a gallasai, yn ddiau, pe ymroddasai, wneud gorchestion ym myd yr awen." Tybed beth ddigwyddodd? Hwyrach nad oedd magu'r fath dorred o blant yn caniatáu amser i lenydda. Hwyrach ei fod wedi colli cysylltiad â'i frodyr a heb ddod o hyd i neb o gyffelyb anian yn ei gynefin newydd. Tybed yn wir beth a'i denodd i Solfach, neu beth a'i anogodd i adael Llanfyrnach?

Tystia Ceiriosydd, yn yr un gyfrol, i wehelyth llengar Walter a'i frodyr. Heblaw am y ddau weinidog roedd yna dri arall meddai "fel tri Saul yn dalach o'u hysgwyddau na'u cymdogion yn y fro ym myd awen, cerdd a chân. Solomon am bryddest a thraethawd; Walter am englyn a chywydd, a Dafydd (Dewi Myrnach) am gyfansoddi cân, trefnu miwsig i'w hateb, ac arwain côr i'w chanu, ac yr oedd athrylith y brodyr hyn fel pe wedi disgyn yn etifeddiaeth i'r diweddar gadeirfardd Brynach. Mewn gair, yr oedd ef yn gyfuniad o dalentau disglair y teulu." Tybed, ai teg dweud, dros ganrif a hanner yn ddiweddarach, fod Meic Stevens hefyd 'yn gyfuniad o dalentau disglair y teulu' trwy ach ei hen-dad-cu a'i hen-fam-gu yn y Fron Heulog, Llanfyrnach?

Beth bynnag, trydydd plentyn Walter ac Anne oedd Blodwen, a anwyd yn 1882, ac ymhen hir a hwyr fe briododd â chrwt ddwy flynedd yn hŷn na hi, William Henry Davies o'r Garn, neu Roch, ryw bum milltir i'r dwyrain i gyfeiriad Hwlffordd. Am ei fod yn byw dan y lansker bondigrybwyll, y ffin ieithyddol ddychmygol felltith a wahanai siaradwyr Cymraeg a siaradwyr Saesneg Sir Benfro ar y pryd, roedd yr aelwyd yn ddwyieithog yn yr ystyr na siaradodd William Henry fawr ddim Cymraeg gydol ei oes er ei fod wedi'i amgylchynu gan Gymreictod naturiol ar hyd y rhan fwyaf o'i ddyddiau yn Solfach. Doedd dim disgwyl i neb ddysgu Cymraeg a newid arfer plentyndod yn y dyddiau hynny. Doedd hynny chwaith ddim yn rhwystr iddo arwain côr meibion lleol gan gyflwyno caneuon Cymraeg yn y *repertoire*.

Ymddengys fod y cysylltiad â Llanfyrnach wedi teneuo erbyn i Blodwen gyrraedd ei hugeiniau. Wel, yn y dyddiau hynny roedd pentre bach yng nghesail y Frenni Fawr ar y Preselau gyfandir i ffwrdd o Solfach. Byddai'n haws teithio i Fryste ar long nag i ardal anghysbell yn y bryniau. Hyd yn oed os oedd Walter wedi cadw cysylltiad â'i frodyr, Soli a Dafydd, tebyg nad oedd ei blant, wedi ei farwolaeth yn 1911, yn teimlo fawr o gyswllt agos â'u cefnderwyr a'u cyfnitherod yn 'y wlad bell'. Roedden nhw'n haid o bedwar ar ddeg, a chan i Blodwen fagu nythaid o saith doedd dim prinder tylwyth yn ardal Solfach.

Pan fu farw Brynach yn 50 oed yn 1923, ymddengys nad oedd tylwyth o Solfach yn yr angladd yn ôl y rhestr hirfaith o alarwyr a nodwyd yn yr adroddiad a ymddangosodd yn y *Cardigan and Tivyside Advertizer*. Cyhoeddwyd teyrngedau iddo am wythnosau wedyn. Bu'n olygydd 'Tudalen y Cymro' yn y papur am 13 blynedd, a chyn hynny'n olygydd Cymraeg y *Pembrokeshire County Guardian*. Nodwyd ei fod wedi cyfieithu nofel S Baring Gould, *Pablo the Priest,* i'r Gymraeg, ei fod yn ysgrifennydd Cymdeithas Iforiaid Blaenau Taf a'i fod wedi ennill llu o wobrau eisteddfodol, gan gynnwys dwy wobr yn Eisteddfod Genedlaethol Llanelli 1903. 'Cenhadwr diwylliant gwerin' oedd disgrifiad yr Athro Thomas Rees, prifathro'r coleg diwinyddol ym Mangor, ohono. Magwyd yr Athro yn lleol. Trefnwyd tysteb i Brynach pan oedd yn ei lesgedd olaf a chodwyd y swm rhyfeddol o bron £500.

Yr hyn sy'n ddiddorol yw fod y papur ddeufis ynghynt, ar ddiwedd mis Mawrth, yn cofnodi marwolaeth ewythr Brynach a brawd Walter, Dewi Myrnach, neu o leiaf yn cyhoeddi teyrnged iddo. Does dim gwybodaeth ynghylch union amgylchiadau na manylion ei farwolaeth. Tybir ei fod yn 78 oed yn marw os bu fyw tan 1923. Mynna Meic iddo fynd i America ar yr un fordaith â'r delynores Nansi Richards yn 1923 pan oedd hi'n 35 oed, ac na chlywyd dim mwy am ei hanes. Dychwelodd Nansi ymhen tair blynedd. Ni chyfeiria Nansi at ei hadnabyddiaeth ohono yn ei hatgofion chwaith.

Arferai'r Canon Dewi Thomas adrodd stori am Dewi

Myrnach ar sail cof plentyn ei fod yn ddyn brwysg a garw'r olwg yn ei henaint, ac iddo achub ei fam rhag cael ei sgubo gyda llif yr afon pan oedd hithau'n groten. Mynna gweddw ŵyr Dewi Myrnach – Joan Davies o Gaeriw – iddo gael ei gladdu mewn bedd digon di-nod uwchlaw beddrod Brynach a'r teulu yn mynwent Llwyn-yr-hwrdd. Ac yn wir, o wybod ble i edrych fe ddowch o hyd i'r bedd, a thrwy ddyfalu a chraffu'n ofalus fe welwch mai dim ond ei ddyddiadau a'i enw sydd wedi'u gosod arno.

Ond er tegwch â chof Meic, nid yw'r stori am jengyd i America yn gwbl ddi-sail chwaith. Dywed rhai o deulu cwmni cludiant Mansel Davies, o Lanfyrnach, sydd o bosib o'r un ach er nad yw hynny wedi'i brofi, fod yna stori am aelod o'r teulu, sydd â'i enw'n angof bellach, yn gadael ei wraig a'i blant a'i throi hi nid am America ond i Dde Affrica, er bythol warth i'r teulu cyfan. Collwyd cysylltiad ag ef.

Cyfeiriwyd eisoes at allu cerddorol Dewi. Mae'n werth dyfynnu'r hyn sydd gan y Parch J. Howard James i'w ddweud am ei allu llenyddol hefyd yn y rhifyn hwnnw o'r *Tivyside*.

> Roedd Dewi yn englynwr a bardd rhagorol. Cofiaf weled cyfres o englynion o'i waith yn *Tywysydd y Plant* ar 'Y Beibl' neu'r 'Ddau Destament'. Un tro gofynnais iddo am eglurebau ar Nadolig. 'Wel'. meddai Dewi, ' dyma ddau englyn, un yn ddigrif a'r llall fel arall'. Bu'r ddau mewn cystadleuaeth, a dyma'r feirniadaeth: 'Un yn disgrifio'r Nadolig fel y mae a'r llall Nadolig fel y dylai fod'. Rhannwyd y wobr rhyngddynt. Wele'r ddau:-
>
> Nadolig, ei gig, a'i gân, – ei bader,
> A'i bwdin lond crochan;
> Pibell lwyd mewn pabell lân
> Yn pwyntio am y pentan.
>
> Er cof am eni'r Cyfion, – Enneiniog,
> Rhown ninnau o'n calon,
> Am Nadolig ein pigion,
> Mawl i Dduw am y wledd hon.

> 'Dyna' meddai Dewi, 'mae'r llinell olaf yna yn deilwng o'r Genedlaethol – 'Mawl i Dduw am y wledd hon'.

Dylid nodi fod un o feibion Dewi yn athro beirdd heb ei ail yn ardal y Preselau. 'Owen Teiliwr', y Glôg, a ddysgodd y cynganeddion i Tomi Evans, enillydd Cadair Eisteddfod Genedlaethol Rhydaman 1970, ac i'w frawd, y Parch D. Gwyn Evans, a enillodd lu o gadeiriau, yn ogystal â'r Parch W. Rhys Nicholas, awdur yr emyn 'Tydi a roddaist'. Byddai Waldo Williams yn ymgynghori ag Owen Davies ynghylch dyrys faterion cynganeddu.

Gyda llaw, dywed Meic yn ei hunangofiant fod ganddo gadair eisteddfodol yn ei gartref yng Nghaerdydd, wedi'i hennill gan aelod o'r teulu yn un o eisteddfodau'r ddinas yn 1938, er na wyddai pwy. Ond ymddengys erbyn hyn taw'r Parch T. Cennech Davies, brodor o Langennech, a fu'n weinidog yn Solfach o 1933 tan ei farw yn 1944 oedd enillydd y gadair. Roedd ei gerdd 'Cadair Ddu Birkenhead' yn ddarn adrodd poblogaidd ar un cyfnod. Ymddengys bod y gadair wedi dod i feddiant teulu Meic ar farwolaeth ei weddw, Margaret, a oedd yn hanu o Solfach.

Dyna wehelyth Meic, ac ymddengys fod Dewi Myrnach yr un mor sicr o'i allu ei hun ag yw ei ddisgynnydd. Mae aelodau eraill o'r llinach yn medru tystio i felltith a phenderfyniad y Louis Michael James Stevens ifanc. Ymgorfforwyd y ddwy nodwedd yn ei gyfansoddiad nes eu huno a'u gwneud yn y pen draw yn rhinwedd a'i galluogodd i dorri ei gŵys ei hun. Plant ei Wncwl Ivor, brawd ei fam, yw Jean, Rita, Gail, Byron a Robert. Treuliodd y pump oriau benbwygilydd yng nghwmni Meic pan oedden nhw'n blant gan ymweld ag aelwydydd ei gilydd yn gyson. Magwyd Meic am gwlffyn hir o'i blentyndod ar aelwyd ei fam-gu a'i dad-cu. Mae yna gefndir i hynny sy'n llawn tristwch.

Pe bai pob dim wedi digwydd yn unol â'r hyn a fwriadwyd, nid Stevens ond Wright fyddai cyfenw Meic. Cyfarfu Betty Davies a Gerald Wright mewn dawns adeg yr Ail Ryfel

Byd. Hanai Gerry o Amwythig ac roedd yn ymarfer hedfan awyrennau Sunderland o faes awyr lleol. Penderfynodd y ddau briodi. Roedd hithau'n 23 oed ac yntau dair blynedd yn hŷn. Ond trodd eu bwriadau'n ffaliwch pan gafodd Gerald ei ladd mewn damwain yng Nghanolbarth Lloegr, pan losgwyd yr awyren roedd yn ei llywio yn ulw yn 1941. Collodd Betty ei chariad, a thad ei phlentyn nad oedd wedi'i eni, a chollodd rhieni Gerald eu hunig etifedd.

Roedd Betty yn nyrsio yn Ysbyty Doc Penfro ar y pryd. Dioddefodd y porthladd yn ddrwg o dan ymosodiadau awyr yr Almaenwyr. Byddai'n rhaid i Betty lochesu o dan ambell wely'n fynych pan ddisgynnai'r bomiau. Un o'i thasgau wrth ymgeleddu'r cleifion oedd tynnu gwydr mân o gorff Albanwr o'r enw James Alexander Erskine. Buan yr ymserchodd y swyddog llynges ynddi a doedd dim taw arno na wnâi hi ei briodi. Dyna a ddigwyddodd cyn diwedd y flwyddyn yng Nghasnewydd gydag Ivor, a'i dad, yn dystion i'r seremoni ar ran teulu Solfach. Roedd Betty yn dal i alaru am Gerald ac wedi bod yn Amwythig yn gweld ei rieni.

Ond och ac aw, bu James Alexander Erskine hefyd farw yng nghyflafan y rhyfel ym mis Chwefror 1942 pan darwyd ei long gan dorpido. Fis yn ddiweddarach ganwyd Meic yng nghartre'r teulu yn Nhŷ'r Harbwr yn Solfach yng nghanol storm enbyd chwap wedi hanner nos. Erbyn heddiw mae'r adeilad yn dafarn, a phrin y medrai fod yn nes at lan y dŵr. Bu ond y dim i Meic gael ei golli o fewn oriau i'w eni.

Rhoddwyd y baban yn ei grud a syrthiodd Betty i drwmgwsg wedi lludded yr esgor, nes i seithfed synnwyr ei dihuno'n sydyn. Bowndiodd at y crud a gweld y newydd-anedig yn las ddu ei gorff. Gwyddai'n reddfol fel nyrs mai'r hyn ddylai ei wneud oedd hongian y bychan gerfydd ei goesau a tharo'i gefn cyn galeted ag y meiddiai. O drwch blewyn adferwyd ei fywyd.

Ymhen pedair blynedd penderfynodd Betty ei bod am briodi drachefn. Y cymar y tro hwn oedd Donald Stevens o ddwyrain Llundain, a oedd yn aelod o'r Awyrlu ym maes awyr Breudeth gerllaw adeg y Rhyfel. Am iddo gael swydd gyda chwmni hedfan pan ddaeth terfyn ar y rhyfel fe symudodd y teulu o dri i Harrow yn Llundain. Penderfynodd y llystad fabwysiadu'r plentyn a newidiwyd cyfenw Meic o Erskine i Stevens. Yn ddiweddarach symudodd y teulu i Benfro pan gafodd Donald Stevens swydd fel rheolwr mewn ffatri frethyn.

Roedd Betty dipyn yn nes at ei theulu nawr. Cafodd Meic ddau hanner brawd, Martin ac Irving. Ond doedd hi ddim yn aelwyd gysurus. Fel y digwydd yn aml pan deimla llystad nad yw plentyn yn perthyn i'r nyth, gall cariad fod yn brin. Cydnabu'r teulu cyfan nad oedd hi'n hawdd i Meic yn ystod y blynyddoedd cynnar hynny. Disgrifia Meic ei berthynas neu ei ddiffyg perthynas â'i lystad yn gwbl agored a chignoeth yng nghyfrol gyntaf ei hunangofiant.

> Roedd 'da fi ofn y dyn 'ma trwy nhin a mas; roedd e'n oriog ac yn dreisgar iawn tuag ata i a Mam, oedd dan y fawd reit i wala. Doedd hi'n ddim ganddo fe fy wado i 'da unrhyw beth oedd wrth law – bwcwl belt, llwy bren, sosban, coes cadair weithie – ac wedyn, fe fydde fe'n fy nghloi yn y cwt glo y tu fas i ddrws y cefen. Ro'n i'n orffwyll. Bydde fe'n gwneud i fi ddarllen llyfre pobol mewn oed pan o'n i'n ddim ond yn bedair neu bump oed; Dickens, R. L. Stevenson, Daniel Defoe, Shakespeare a Mark Twain. Wedyn, bydde'n fy nghroesholi i'n galed nes oedd e'n fodlon 'mod i wedi darllen y llyfre'n iawn. Bydde fe'n trial pwno pethe fel 'Little boys should be seen and not heard' i mhen i. Roedd e wedi clywed yr ystrydebe hyn ac oedd e wastad yn brygowthan am Mao Tse Tung. Ro'n i'n rhy ifanc i ddeall y rhan fwya ohono fe, a doedd dim llawer y galle Mam ei wneud achos roedd arni hi 'i ofon e hefyd. Yr unig hoe fach y byddwn yn ei chael oedd pan o'n i'n mynd mas i chware, a byddwn i'n mynd bant am dro ar hyd y lonydd a'r caeau, ac yn aros mas cyn hired ag o'n i'n meiddio. Allwn i byth â godde gwynt y dyn ac roedd 'da fe'r traed mwya drewllyd wyntes i erioed!

Effeithiwyd ar iechyd Meic ac roedd ei waith ysgol yn dioddef. Fe'i gosodwyd yn nosbarth y plant araf. Aeth yn wanllyd nes nad oedd yn ddim mwy na llipryn. Doedd ei lystad ddim yn fodlon galw'r meddyg am yr ofnai y byddai ei drais tuag at y crwt yn dod i'r golwg, yn ôl pob tebyg. Bu'n rhaid i Betty, trwy ddirgel ffyrdd, alw ei thad a'i brawd, Ivor, i Ddoc Penfro, ac o fewn fawr o dro aed â Meic i Solfach at ei dad-cu a'i fam-gu er mwyn iddo gryfhau. Gwellodd yn ddigon da i sefyll yr arholiad 11+ i gael mynediad i Ysgol Ramadeg Tyddewi a llwyddo. Serch hynny, yn ei wely, ar orchymyn y meddyg, y safodd y fersiwn ffug o'r arholiad. Ni ddychwelodd i Ddoc Penfro, ac yn ôl ei gyfaddefiad ei hun y cyfnod hwn gyda Mam a Dada, fel y galwai ei fam-gu a'i dad-cu, oedd cyfnod hapusaf ei blentyndod.

Er na siaradai fawr ddim Cymraeg, roedd o leiaf wedi'i amgylchynu gan fôr o Gymreictod naturiol bellach. Doedd dim rhaid iddo ddioddef ei lystad yn pwnio ceinion llenyddiaeth Saesneg i'w ben. Goferai cariad ar yr aelwyd yn Stryd yr Afon lle cartrefai Blodwen a William Henry, ar hyd un o'r llwybrau cul hynny a elwir yn 'gidel' yn lleol, nid nepell o'u cartref blaenorol yn Nhŷ'r Harbwr gerllaw. Gadawodd eu hepil y nyth erbyn hynny a chollwyd un o'r bechgyn, Walter, ar y môr adeg y Rhyfel pan suddwyd ei long danfor. Digwyddodd hynny cyn i ddarpar ŵr Betty, Gerald Wright, golli ei fywyd. Byddai colli Walter yn arwain at gyfansoddi un o ganeuon enwocaf a mwyaf dirdynnol Meic yn ddiweddarach.

Erbyn hynny roedd William Henry wedi cyrraedd oed yr addewid. Ni wnâi ddim gwaith saer bellach, heblaw am bwdlan i'w blesio'i hun o bryd i'w gilydd. Golygai treialon y blynyddoedd a'r helbulon a wynebwyd gan eu hunig ferch eu bod ill dau yn barod â'u maldod tuag at Meic. Cofiai Blodwen yn dda am amgylchiadau ei eni a'r hyn a ddywedodd ar y pryd: "Fe fu'r bachgen 'na farw y diwrnod ganed e, a'i godi o farw'n fyw; dyw'r bywyd hwn ddim yn ddigon da iddo fe".

Pryder pellach oedd yr achlysur pan fu bron i Meic ei hun, ynghyd â chyfaill hŷn, Derek 'Bici Bo' John, gael eu colli yn y môr. Cael a chael oedd hi i Yorrie Thomas, athro Mathemateg yn Ysgol Uwchradd Tyddewi a physgotwyr rhan-amser, ddod o hyd iddyn nhw yn y tywyllwch a hwythau wedi diffygio heb fawr o obaith cyrraedd y lan. Er i'r ddau gael eu hystyried yn arwyr yn yr ysgol fore trannoeth, medrai'n hawdd fod yn fater o alar ar draws y fro. Byddai colli aelod arall o'r teulu mewn trychineb wedi bod yn ergyd drom i'r hen bâr. Nid rhyfedd fod yna elfen o ddwlfagu ym magwraeth Meic yn ei arddegau cynnar. Cofia Byron, y cefnder, sydd ddwy flynedd yn hŷn na Meic, y cyfnod yn dda.

"O, bydde fe'n whare whic whac byth a hefyd. Wi'n cofio'r ddou ohonon ni'n twrio mewn rhyw focs rywbryd yn llawn o ddryllie rhyfel. Ma Meic yn ffindio rifolfer 4.5 Webley a mas â ni i whare cowbois ac indians a rifolfer go iawn 'da ni. Wel, 'na le. Geson ni stŵr. Cofiwch wedd ddim bwledi yn y rifolfer. 'Nhad o'dd yn termo wedyn, nid Dada. Bydde 'nhad yn treio disgyblu Meic yn gwmws fel o'dd e'n disgyblu'i blant ei hunan. Wedd dim lot o olwg 'dag e ar Wncwl Ivor wedyn," meddai Byron.

"Bydde Meic wastad yn rhedeg ar hyd y lle, a Mam a Dada ddim yn gwbod ble o'dd e a hithe'n hwyr y nos. Do'dd e ddim yn gweld na nabod danjer ch'wel. Falle bod hynny i radde am fod ei olwg e mor wael. Ond wedd e'n gliper am ddringo llwyni'n uwch na neb arall, a'r un peth ar hyd y creigie minno. Do'dd dim ofon dim byd arno fe heblaw am y doctor, y deintydd a nadredd," meddai'r ddwy chwaer, Rita a Jean.

"Bydde fe'n dilyn ni i'r hops neu'r dawnsfeydd yn Nhyddewi ar nos Sadwrn wedyn. Wedd e wrth ei fodd yn jeifo. Ond fydde fe ddim yn ca'l dod 'da ni i Hwlffordd. Er, bydde fe'n ffeindo'i ffordd fan 'ny liweth," meddai'r ddwy wrth i Byron gofio am ddyddiau cynnar y gitâr.

"Bydden ni'n ca'l whare hanner amser yn y ddawns ch'wel. Bydde criw ohonon ni'n hala orie yn ymarfer mewn hen sied ffowls. Sgiffl wedd popeth pwrnu. Wên ni'n whare 'Midnight Special' Lonnie Donegan yn ddiddiwedd. Satellites wên i'n galw'n hunen. Ethon ni ddim yn bell iawn, wrth gwrs. Ond fe ddalodd Meic ati. Ma 'da fe'i arddull ei hunan wrth whare'r gitâr, on'd o's e?

"Dwi'n cofio mynd lan i Gaerdydd wedyn rywbryd a fynte'n mynnu mod i'n aros dros nos. Pan ddihunes i bore tranno'th fe weles i bod pump neu whech yn cwsgu ar llawr y stafell fan 'ny. Wydden i ddim byd bod nhw 'na! Codi i frecwast wedyn a Meic yn hala fi mas i moyn lla'th. Finne'n gofyn ble gelen i la'th. 'O, ma digon o flân drws mynco,' medde fe wrtha i wrth ddrychid mas trw'r ffenest yn grôs yr hewl. A finne'n ddigon dwl i fynd i moyn y botrel! Ond 'na Meic i chi.

"Sdim dal pryd fyddwn i mewn cysylltiad. Dwi wedi colli trac arno'n grwn ar gyfnode. Fe ddaw yna alwad ffôn annisgwyl weithie. Dwi'n cofio fe'n ffono o Sir Fôn yn weddol ddiweddar. Wedd rhyw dderyn diarth 'dag e yn yr ardd. Wedd e'n gwbod bod dileit 'da fi mewn adar. Dwi'n meddwl ma rhyw fath o hebog o'dd e yn ôl disgrifiad Meic. Dro arall 'ma ni'n cwrdd rywle, a fynte'n gofyn shwd oe'n i a wedyn yn gofyn shwd ma'r ddwy wrach 'na yn Solfach? Finne'n pwslo tamed bach cyn sylweddoli bod e'n cyfeirio at Rita a Jean. Wên nhw ddim yn bles pan wedes i wrthon nhw," meddai Byron.

"Meddyliwch ei fod e'n dweud shwd beth, mynte'r ddwy. Cofiwch, mewn sbel wedyn wedd gŵydd dew tu fas drws ar gyfer Nadolig i ni. 'Na chi Meic. Cythrel o grwt. Gas e'i sbwylio gan Mam-gu. Achosodd e dipyn o ofid iddi. Mynd a dod yw ei hanes e wedi bod dros y blynydde wedyn o ran ei gysylltiad â Solfach, minno. O'dd dim dal o ble fydde fe'n hala cardie post aton ni – o Llydaw neu Portiwgal falle. Ddim yn clywed dim byd wedyn am sawl blwyddyn falle.

"Pan dda'th Wncwl Hayden 'nôl o Awstralia i weld y teulu wedyn yn 1995 fe ballodd Meic yn deg â chanu a whare'r gitâr y nosweth hynny. Wedd e wedi pwdu ar ôl ffraeo gyda'i gymar ar y pryd. Ond wedyn mewn blynydde fe halodd e £1,000 mas i Awstralia i Hayden, ch'wel. Pan o'dd e'n cynnal parti pen-blwydd wedyn yn 60 lawr yn y Ship fe ethon i lawr 'na, ond wedd dim golwg arno'n cyrraedd, fe ildion ni a eson ni getre. Ma'r anrheg pen-blwydd 'da ni o hyd.

"Pan a'th e i Gaerdydd y tro cynta wedyn a cha'l lodjins gydag Wncwl Rhys, a'i wraig o Albanes, wedd hi er lles pawb ei fod e'n symud mlân i rywle arall yn weddol glou. Pan fyddwn ni'n mynd ar ein teithie nawr a pobol yn ffeindio mas ein bod ni'n dod o Solfach, mae'n syndod faint o bobol sy'n sôn am Meic ar unweth. Cofiwch, synnon ni o hyd yn cyfadde bo ni'n perthyn iddo.

"Wedd hi'n dipyn o agoriad llygad wedyn i weld pafiliwn y Steddfod Genedlaethol fan hyn yn 2002 yn llawn ar gyfer cyngerdd Meic. Wedd shwd gwmint o'n hamgylch ni'n gwbod geirie'i ganeuon e. Wedd hynny'n synnu ni. Chi'n gwbod, mae'n rhyfeddod i ni ei fod e'n siarad Cwmrâg. Ar ôl gadel Solfach ma fe wedi gwneud hynny," meddai'r ddwy yn unfarn.

Bu Byron yn byw yn Nhyddewi ers dros ddeugain mlynedd. Dengys enw ysblennydd ei gartref, Awel Iwerydd, fod rhuddin Cymreictod yn dal yn gryf ynddo. Ar ddiwrnod clir bron y gellir ymestyn eich crafangau i'w gosod ar ben Carn Llidi ger y môr wrth syllu ar Fryniau Wiclo draw yn y pellter. Does dim rhyfedd fod yna hud ar Ddyfed pan welir yr haul yn machlud o'i gartref. Am flynyddoedd bu'n crwydro'r tafarndai lleol gyda'i gitâr yn canu tipyn o bopeth o 'Rock Island Line' i 'Milgi, Milgi' yn ôl y gofyn. Peidiodd y dyddiau hynny pan ddechreuwyd ffromi ar adloniant byw.

Cyn symud i ardal Llanybydder roedd Gail, y chwaer arall, yn gyfrifol am nifer o ddosbarthiadau Cymraeg yn y cyffiniau. Dychwelodd Robert, y pumed o blant Wncwl Ivor, i fyw yn yr ardal wedi cyfnod yn gweithio yn Saudi Arabia tra oedd Jean a Rita yn byw gyferbyn â'r ysgol gynradd lle bu Rita'n athrawes gydol ei hoes. Dengys y mynych ddefnydd o'r gair 'minno' yn eu sgwrs, sy'n golygu 'beth bynnag/ta beth', fod iaith yr ardal wedi para'n bêr ar eu gwefusau. O wasgu arnynt fe gyfaddefan nhw fod ganddyn nhw gasgliad helaeth o eiriau tafodieithol wedi'u rhestru. Mae'r goeden deuluol yn lled gyflawn hefyd wedi sawl ymweliad ag ardal Llanfyrnach.

Y trysor teuluol sydd gan Byron ar wal cyntedd ei gartref yw'r erfyn a elwir yn 'ads' a ddefnyddiai seiri llongau i siapio neu naddu pren wrth weithio cwch. Roedd yn eiddo i Dada a byddai Meic wrth ei fodd yn cael gafael arno. Yr un modd mae'r trawst trwchus o bren pîn du ar draws nenfwd y lolfa hefyd yn deyrnged i'w tad-cu. Codwyd y golfen drwchus o'r dŵr ger hen groesfan y fferi yn Neyland. Gwrthrychau o'r fath sy'n cadw cof teuluol yn fyw.

Gwnaeth Meic ei ran hefyd, oherwydd prin y ceir gwell disgrifiad o Solfach yn y 1950au a'r 1960au na'r hyn sydd yn y bennod 'Ysbryd Solfach' yn *Hunangofiant y Brawd Houdini*. Awgrymir y newid a oedd ar fin digwydd.

> Roedd y bobl ddaeth i Solfach ddechre'r pumdege yn ymddangos fel tasen nhw wedi cael addysg, a ninne'n eu gweld nhw'n ddiddorol oherwydd hynny. Roedd meibion a merched 'da rhai ohonyn nhw oedd 'run oed â ni, a bydden nhw'n piltran 'da ni ac yn ymuno yn hwyl yr ha. Roedd cychod 'da ni i gyd ac ambell waith fe fydden ni'n casglu broc môr a'i ddympio mewn bae bychan anghysbell lle bydden ni'n mynd mewn llynges o gychod ac yn nofio drwy'r dydd ac i gael barbeciw gyda'r hwyr. Y dyddie hynny, fe gaen ni bartïon traeth mawr, ac yn amal fe fydden ni'n aros ar y traeth drwy'r nos, yn yfed seidir a fflagenni o gwrw, yn canu a dawnso. Fe fydden ni'n halio'r cychod ar y lan a'u hail-lansio nhw ar benllanw'r bore wedyn. Ambell waith, bydden ni'n rhwyfo'n ôl i Solfach gefen nos ac fe welech chi fflwresens yn y dŵr lle roedd y rhwyfe'n codi cryche. Nefoedd yn frith gan sêr, nosweithie gole leuad, a llond gwlad o hwyl.

Ers hynny gwelodd o leiaf ddau fewnfudwr yn dda i gyhoeddi 'hanes' Solfach, ond does yr un ohonyn nhw wedi llwyddo i gyfleu hanfod y lle mewn dull mor gyfoethog ag a wnaeth Meic mewn cyfnod penodol o amser pan ddigwyddodd newidiadau cymdeithasol dirfawr. Yr un modd, mae'r gân 'Ysbryd Solva' ei hun yn cyfleu profiad na lwyddwyd i'w gyfleu o fewn cloriau'r ddau lyfr. Doedd yr awduron ddim wedi nabod y lle, dim ond wedi casglu gwybodaeth ynghyd.

Cyfeiria'r diweddaraf, a gyhoeddwyd yn 1995, at Solfach fel 'pentref Prydeinig' gan nodi nad effeithiwyd arno gan 'genedlaetholdeb radical fel sy wedi digwydd yng Ngogledd Cymru: efallai bod canrifoedd o ddatblygiad araf ynghyd â synnwyr o werth ac anocheledd twristiaeth wedi atal adwaith o'r fath,' yn ôl Trevor Brown. Ni chrybwyllir enw Meic Stevens ac ni thafolir cyfraniad unigolion fel Cennech a Mafonwy i ddiwylliant Cymraeg, heb sôn am weinidogaeth neb llai na'r Parch Jubilee Young, un o hoelion wyth enwad y Bedyddwyr. Ni chyfeirir, er enghraifft, at gyfrol a gyhoeddwyd yn 1908 o waith y Parch J. S. Jones, Hwlffordd, *Hanes Eglwys y Bedyddwyr yn Felin Ganol, Sir Benfro*.

Ond teg nodi bod yna lyfryn arall, sydd wedi'i agraffu o leiaf bedair gwaith, yn crybwyll enw Meic Stevens hyd yn oed os nad yw'n tafoli ei gyfraniad cerddorol. Yn Saesneg yr ysgrifennodd Paul Ragget ei lyfr hefyd. Ond o leiaf gall ysgrifennu gyda thipyn o awdurdod y brodor gan iddo gyrraedd y pentre pan oedd yn grwt. Yn ôl ei dystiolaeth ei hun, gwelodd ganran y boblogaeth a fedrai'r Gymraeg yn disgyn o tua 80% i'r amcangyfrif presennol ganddo o 20%.

Edrydd stori ddiddorol am y modd na fyddai neb yn mynd mas i'r môr ar ddydd Sul yn yr hen ddyddiau. Pan fentrodd un gŵr fynd i'r dŵr yn ei gwch ar y Sabath cafodd ei enw ei gyhoeddi o'r pulpud dri Sul o'r bron am iddo gyflawni'r fath gamwedd. Mae'r argraffiad diweddaraf yn rhoi cryn sylw i'r achlysur pan ddaeth y Frenhines Elizabeth i'r lan yn Solfach adeg ei hymweliad â Thyddewi yn 1996.

Pa fodd ein gwladychir? Y gwir amdani, wrth gwrs, yw nad oedd yr ymdeimlad o wladgarwch cyn gryfed yn Solfach ag oedd mewn rhannau eraill o Gymru am iddo gael ei lastwreiddio gan bresenoldeb cymaint o luoedd arfog ers cyfnod yr Ail Ryfel Byd, pan sefydlwyd nifer o feysydd milwrol yn yr ardal, yn ogystal â dyfodiad mewnfudwyr tebyg i'r awduron. Roedd y rhyngbriodi wedi arwain at deneuo Cymreictod a gwladgarwch mewn cyfnod pan nad oedd y sefydliadau a fyddai'n eu gwarchod ar gael.

Pan aed ati i gyhoeddi llyfryn yn olrhain hanes Capel Seion ar ddiwedd y 1990au penderfynwyd na fyddai fawr neb yn ei ddarllen oni bai fod ei gynnwys yn uniaith Saesneg. Roedd yr arfer o gynnal oedfaon Saesneg wedi cydio ers y 1960au.

Crisiala Meic y newid a fu wrth ddisgrifio'r Pren'gast cyfoes, lle mae Dai Evans ymhlith yr olaf o'r brodorion bellach.

> Does dim cathod na chŵn yn nryse'r tai nawr, dim hen gymeriade diddorol fel Hubert Rees a Willy John yn cerdded lawr y gilfach dan siglo fel morwyr. Dim grwpie lliwgar o ferched, yn gwisgo pinaffore llachar 'da phatryme blodeuog a hetie bach wedi'u crosio ar ben gwallt pleth hir, ac yn hel clecs yn dawel y tu allan i'r bythynnod. Na phlant yn chware pêl-droed ar yr hewl, yn gwisgo sgidie hoelion – dyna i chi beth oedd twrw! Cyn y rhyfel, fe alle Prengas roi dau dîm pêl-droed ar y maes – roedd fy mam a'i brodyr yn un ohonyn nhw, achos eu bod nhw i gyd, ac eithrio Walter, wedi'u geni yno, yn Grove House – er taw dim ond tua phum bwthyn ar hugen sydd yn Prengas. Ond y peth trista i gyd yw'r golled ryfedd ar ôl murmur pobol yn siarad Cymraeg, a sgrechen Cymraeg y mame yn atseinio ar draws y cwm arnon ni'r bois oedd wedi'n dala unweth eto yn dwgyd fale o berllan rhywun.

Un o'r geiriau a glywid yn fynych bryd hynny, bid siŵr, fyddai 'cardifeints', sydd wedi'i ddiogelu gan Rita a Jean ac sy'n golygu 'twmbwriach' neu 'bric-a-brac'. Nid un o gardifeints Solfach mo Meic Stevens, ond un o'i thrysorau.

3

Jengyd ffwl pelt

Yn 1933, yn 15 oed, gadawodd John Lee Hooker dalaith Mississippi am borfeydd cerddorol brasach Memphis, ac yn ddiweddarach cyrhaeddodd Detroit a chychwyn recordio caneuon y *blues*. Yn 1946, yn 21 oed, gadawodd B. B. King dalaith Mississippi am borfeydd cerddorol brasach Memphis, a chychwyn recordio caneuon y falen chwe blynedd yn ddiweddarach. Gwyddai'r cerddorion croenddu mai yng nghlybiau Beale Street y bydden nhw'n torri eu dannedd cerddorol. Nid nhw oedd yr unig ddau o bell ffordd i gefnu ar y caeau cotwm, yr anghyfiawnder a'r tlodi affwysol a roddodd fod i'w math arbennig o ganu.

Ym 1958, yn 16 oed, gadawodd Meic Stevens Sir Benfro am borfeydd cerddorol brasach Caerdydd. Yn ddiweddarach cyrhaeddodd Fanceinion a Llundain a stiwdios recordio mwyaf blaengar y cyfnod. Gwyddai'r Cymro mai yng nghlybiau Stryd Bute a'r dociau y byddai'n torri ei ddannedd cerddorol ymysg pobl o gyffelyb fryd.

Nid yw'r gymhariaeth rhwng y Boogie Man a Brenin y Blues a'r Brawd Houdini ifanc yn anghymharus. Roedd y tri'n chwilio am ysbrydoliaeth gerddorol ac yn awyddus i fireinio'u crefft. Nid cwrs coleg na disgyblaeth yr un academi oedd yn eu denu, ond yn hytrach y llefydd hynny lle'r oedd y gerddoriaeth yn esblygu yng nghanol berw cymdeithasol.

Tebyg y dylid nodi mai dwy flynedd yn ddiweddarach y byddai Bob Dylan yn rhoi'r gorau i'w gwrs coleg yn Minnesota ac yn ei throi hi am Efrog Newydd, yn 19 oed. Tai coffi Greenwich Village oedd cyrchfan pawb oedd am fod yn rhan o esblygiad y canu gwerin, ac am hogi arfau syniadol ymhlith beirdd ac artistiaid ifanc America. Buan y blodeuodd gyrfa Robert Zimmerman fel lladmerydd ei genhedlaeth gan daflu'i gysgod ar yrfa Meic ei hun.

Cawn ddisgrifiad teimladwy gan Meic wrth iddo ddringo ar y bws a fyddai'n ei gludo i'r ddinas fawr ddrwg ar 17 Medi 1958. Wrth ffarwelio â Solfach ei arddegau, ei fwriad oedd lledu'i orwelion yn y ddinas y clywsai gymaint o forwyr yn adrodd straeon am ei dirgelion.

> Roedd hi'n fore heulog braf o hydref, a than fy ngwynt sibrydes ffarwél drist i Solfach ac i 'machgendod wrth i'r bys bowlio i lawr y rhiw uwchben yr harbwr. Roedd hi'n benllanw, a'r haul llachar yn pefrio ar y môr gwyrdd hardd. Golygfa hyfryd a heddychlon dwi wastad yn gweld colled fawr ar ei hôl. Arhosodd y bys gyferbyn â'r Ship Hotel yn Solfach Isaf, a daeth Mr Willie Thomas arno ac iste wrth f'ymyl i. Ro'n i'n ei nabod e'n iawn – roedd e'n un o ffrindie Dada. A dweud y gwir, roedd Dada wedi bod yn gweithio'n eitha diweddar ar dŷ newydd o'r enw Creiglan roedd 'William Henry' wedi'i godi. Fe oedd berchen y rhan fwya o'r caeau yn y pentre. Panteg oedd enw'r fferm ac roedd hi reit yng nghanol Solfach Uchaf, ac roedd 'da fe fuches fach o dda godro Friesian, a'r ceffyl a chart ola yn y pentre. Dada oedd wedi gwneud y cart a dwi'n ei gofio'n iawn. Merch Mr Thomas, Linda, oedd y forwyn laeth a'r fenyw laeth. Gwnâi ei rownd ar gefn beic 'da buddeie bach yn hongian o'r cyrn. Curai'r drws a ninne'n dod â jwg mawr mas, a hithe'n ei lenwi o'r buddai bach; dim poteli. Gofynnodd Mr Thomas i fi ble o'n i'n mynd a phan ddwedes i wrtho fe, mi longyfarchodd e fi'n dwym, turio yn ei boced, a rhoi pum swllt i fi am lwc ac i fy helpu fi ar fy ffordd.

Tarwyd bargen wrth i Willie Thomas, ar ran trigolion Solfach, roi sêl bendith ar fenter y crwt ifanc. Wrth nesáu at orsaf drên Hwlffordd roedd Meic yn canu'n iach ar ffordd o fyw oedd yn dipyn mwy hamddenol na'r hyn a oedd yn ei ddisgwyl. Doedd dim troi 'nôl nawr. Roedd Meic yn jengyd o amgylchfyd a synhwyrai nad oedd yn ddigon eang ei gynfas i ddigoni ei ddoniau. Chwiliai am her o'r newydd.

Byddai'r ysgoloriaeth a gafodd i Goleg Celf Caerdydd yn ei gynnal tra archwiliai'r cilfachau tywyll a'u cerddoriaeth a'u pobl egsotig. Roedd y gitâr Catania yn ei chês wrth ei ymyl er ei bod mewn gwirionedd wedi'i gwerthu i gymydog, Elwyn Griffiths, am bum punt ac yntau wedyn wedi bod yn ddigon caredig i'w 'benthyca' i Meic nes byddai ganddo'r arian i brynu gitâr arall. Roedd hi eisoes wedi gweld dyddiau gwell.

Cafodd ei groesawu gan ei Wncwl Rhys, brawd ei fam, yng ngorsaf Caerdydd a'i dywys adref i ardal Eglwys Newydd i gwrdd â'i Anti Nancy lle byddai'n lletya. Gwas sifil gyda'r Weinyddiaeth Amddiffyn yn Harwell a Bedford cyn symud i Gaerdydd oedd Rhys ac roedd Nancy wedi bod yn gweithio i'r gwasanaethau cudd, yn ymwneud â gorsafoedd radio, yn ystod yr Ail Ryfel Byd. Roedd disgyblaeth a threfn yn ail natur iddyn nhw felly; rhinweddau a oedd yn wrthun i'r Meic ifanc anturus. Nid rhyfedd nad oedd yna fawr o gyd-dynnu rhwng y lodjer a'i dylwyth o'r cychwyn cyntaf.

Wedi cofrestru yn y Coleg Celf drannoeth aeth yr ysfa i ymweld â'r dociau yn drech nag ef. Fe'i tynnwyd yno fel gwyfyn at rwd wrth i'r haul fachlud dros y bae. Trwy drin geiriau tynna ddarlun yn ei hunangofiant sydd cystal ag eiddo'r un arlunydd ohono'n troedio heol hir y dociau'n blasu'r holl arogleuon, yn sylwi ar yr holl fwstwr a'r holl awyrgylch ddieithr gosmopolitan. Roedd wedi'i hudo. Dyma'r stryd a anfarwolwyd yn y ffilm *Tiger Bay* wrth i olygfeydd o'r dociau, fel yr oedden nhw yn 1959, gael eu gosod ar gof a chadw ar ddu a gwyn.

Ar ei ffordd 'nôl mentrodd Meic trwy ddrws tafarn Custom House ar ben y dociau a chael ei gyfareddu i'r fath raddau nes iddo lymeitian yno'n dipyn hwy na'i fwriad. Pan gyrhaeddodd ei lety cafodd stŵr gan ei fodryb o Albanes am ei fod yn hwyr i'w swper. Nid dyna fyddai'r tro olaf iddo deimlo brath ei thafod am ei fisdimanars. Ond pa ots, roedd ei ddychymyg wedi'i danio. Gwelodd bosibiliadau na fyddai ei Wncwl Rhys na'i Anti Nancy yn eu gwerthfawrogi pe gwydden nhw ble'r oedd wedi bod.

Rhoddodd esgus cloff iddo fod wrthi'n gwneud brasluniau

heb sylweddoli fod yr amser wedi gwibio heibio. Ond y gwir amdani oedd fod yr holl ddyheu o gyrraedd Caerdydd wedi'i wireddu gan yr hyn a welodd ac a glywodd, ac yn arbennig o enau gŵr croenddu y deuai i'w nabod yn dda yn ddiweddarach, sef neb llai na Victor Parker, 'Brenin y Bae'. Gadewch i ni rannu'r awyrgylch wrth i Meic gyniwair yr 'hen Gaerdydd'.

> ... fe synnes i glywed chwarae sŵn jazz a'r gitâr drydan. I mewn â fi! O gwmpas y bar mawr, roedd morwyr a docwyr a thipyn go lew o fenwod wedi'u gwisgo fel puteinied, 'da gormod o bersawr a cholur. Roedd lot o sŵn yno, rhwng y sgwrsio uchel a'r chwerthin. Dyn croendywyll mawr 'da mwstash a hat drilbi dolciog oedd y gitarydd, ac fe eisteddai mewn cornel wrth y drws yng nghanol twr o forwyr, docwyr, a rhai o'r boniddigese peintiedig, yn 'jolihoitian', fel y dwedai Mam, ac yn yfed o'i hochor hi hefyd.
>
> Fues i rioed mewn shwt le o'r blaen. Prynes i hanner o gwrw ac aros am ryw awr yn llyncu'r gerddoriaeth a'r awyrgylch. Roedd y bachan hyn o gwmpas ei bethe ar y gitâr – y gore glywes i rioed yn chware'n fyw. Hen Gibson L5 oedd 'da fe – gitar soddgrwth o'r dyddie cyn y rhyfel – ac roedd amp Zenith bach 'dag e. Gallwn weld ei fod e'n gitarydd proffesiynol, a des i wbod taw Victor Parker oedd ei enw fe. Roedd ei berfformio mor hamddenol a chynnil nes y bydde fe'n sgwrsio 'da phobol a chracio jôcs hyd yn oed tra oedd e'n chware, a'r bobol yn ymateb fel y dylen nhw – yn gweiddi am ganeuon ac yn cynnig diodydd iddo. Bydde rhai pobol yn gweiddi cyfarchion wrth gerdded trwy'r drws ac ynte'n gweiddi'n ôl arnyn nhw.

Cyfarfu'r disgybl â'r meistr. Doedd dim troi 'nôl. Roedd y gwe wedi'i wau amdano ac yntau wedi'i ddal yn holbidág. Clywodd fiwsig a ddeilliai o America bell nad oedd ganddo affliw o ddim yn gyffredin â'r Cymreig traddodiadol. Roedd Meic eisoes wedi ymwrthod â'r lleddf. Roedd yna gyfandir o wahaniaeth rhwng yr hyn roedd newydd ei glywed a'r hyn a gyfansoddwyd gan ei hen ewythr, Dewi Myrnach. Fyddai anthemau megis 'I ba le yr af oddi wrth dy ysbryd' a 'Canys ni a wyddom' ddim yn gweddu i'r berw yn y Custom House. 'Wncwl Victor' oedd yr arwr nawr. Apeliai'r cynnwrf a'r elfen fyrfyfyr a berthynai i'r diwylliant lled ddieithr hwn i'r crwt o Solfach. Ymhen y rhawg byddai Meic yn cyfansoddi cân deyrnged i'w arwr newydd ei ddarganfod. Yn ei amser bu Vic Parker yn chwarae gyda cherddorion megis Edmundo Ross a Felix Mendelssohn's Hawaiian Serenaders yn Llundain. Doedd yntau chwaith ddim wedi cael addysg gerddorol ffurfiol.

Agorodd byd newydd ei ddrysau led y pen. Doedd yna fawr ddim yn gonfensiynol am y Coleg Celf chwaith. Byddai ecsentrig yn ansoddair teg i ddisgrifio'r mwyafrif o'r staff a'r myfyrwyr. Byddai'r prifathro, J. C. Tar, yn seiclo i'r ysgol yn gwisgo cap stabal am ei ben, cot law lwydfelen wedi gweld amser gwell am ei ganol, trywsus brown â chlipie am ei lodre. Roedd ganddo fwstás tebyg i eiddo Adolf Hitler. Eidales yn edrych fel Gina Lollobrigida oedd Miss Magdelena, a fydde'n sicr o wneud pennau'r bechgyn i droi bob tro yr âi heibio wrth iddyn nhw chwibanu'n ysgafn ar ei hôl.

Edrychai darlithydd arall yn gwmws fel Sherlock Holmes am fod ganddo het hela ceirw am ei ben a phib gwrlog yn ei geg, tra gwisgai Miss Baker ryw fath o smòc yn gyforiog o brintiau Eifftaidd wedi'u gosod â llaw. Am fod rhai o'r myfyrwyr yn gwisgo trywsus llwyd a blasers, fel petaen nhw'n dal yn yr ysgol, roedden nhwythau hefyd yn edrych yn ecsentrig yn y fath gwmni bohemaidd ac yn fwy anghyffredin na'r rhai a wisgai'n anghyffredin.

Buan y daeth Meic yn gyfeillgar â myfyriwr hŷn oedd yn byw yn ardal Eglwys Newydd. Canai John Murray y gitâr. Aeth y ddau i glwb ieuenctid lleol lle'r oedd un o athrawon yr ysgol uwchradd yn rhoi gwersi gitâr. Ond ni chreodd argraff ar Meic. Wel, onid oedd wedi cael cip ar y byd lle'r oedd pobol go iawn yn chwarae gitâr go iawn? Doedd gŵr a ddilynai yrfa fel athro ysgol gan ganu'r gitâr yn ei oriau hamdden ddim yn cymryd cerddoriaeth o ddifri yng ngolwg Meic. Doedd e ddim i'w weld yng nghlybiau'r dociau, sbo.

Mynychai John gapel Bedyddwyr Ararat ac aeth Meic yn gwmni iddo i ambell oedfa. Ond roedd unrhyw ddylanwad a gafodd yr ychydig droeon hynny pan fynychai Meic ysgolion

Sul ei gynefin wedi hen bylu. "R'on i wedi rhoi'r gore i Dduw ers ache, ond roedd e'n f'atgoffa i o gartre," meddai Meic o gofio'r profiad o forio canu ambell nos Sul. Roedd sgiffl, jazz a roc a rôl yn disodli emyn, anthem a chantata yn ei gyfansoddiad. Doedd y traddodiad anghydffurfiol erioed wedi cydio'n dynn ym mynwes Meic beth bynnag.

Dechreuodd John a Meic fynd â'u gitarau gyda nhw i'r coleg. Wel, roedd y cyfan yn rhan o'r creadigrwydd, gwlei; tynnu brasluniau byth a hefyd, tynnu lluniau byw o ddynion neu ferched pyrcs yn y stiwdio, dablan mewn crochenwaith neu gerflunio neu ysgythru a chanu'r gitâr amser cinio. Byddai'r ddau'n denu cynulleidfa. Cawsant anogaeth yn hytrach na'u herlid. Yn wir, penderfynodd un o'r myfyrwyr, Pete Colwill o Aberpennar, a oedd yn dipyn o ganwr, wahodd Meic i Nixon's Ballroom ym Mhenrhiw-ceiber ar nosweithiau Mercher.

Cynhelid dawnsfeydd yno, ond byddai'r bechgyn yn mynd i'r Navigation Hotel rhag blaen i diwnio'u hoffer. Byddai canwr y band, bachan o'r enw Tommy Woodward, yn rhoi benthyg gitâr Tuxedo gwyn i Meic i brancio ar draws y llwyfan, a hyd yn oed yn gorwedd ar ei gefn yn ei chwarae. A phwy oedd y Tommy Woodward hwnnw ond neb llai na'r egin Tom Jones. Pan fyddai'r cledro'n dechrau, byddai Meic yn ei sgidadlan hi 'nôl i Gaerdydd wrth i'r canwr roi tro ar 'The Sea of Love' i geisio tawelu'r dorf.

Roedd yr holl chwarae amrwd hwnnw a'r dysgu trwy fentro yn y sied ffowls honno yn Solfach yn dechrau talu ar ei ganfed. Fu Meic erioed yn falchach iddo sgrifennu at ei dad-cu a'i famgu yn Amwythig yn gofyn am arian i brynu gitâr a'u siarsio i beidio ag anfon anrheg pen-blwydd iddo wedyn. Anfonodd lun catalog iddyn nhw o'r Catania roedd wedi rhoi'i fryd ar ei chael. Roedd hi'n costio £15 a byddai hi'n gryn amser cyn y byddai'r pum swllt wythnosol a ddeuai o Amwythig wedi crynhoi'n ddigonol. Ond nodyn yn esbonio mor bwysig oedd cynilo oedd yr ymateb cyntaf. Doedd hynny ddim yn gwneud y tro yng ngolwg Meic. Roedd hi'n ddiwedd yr haf ac yn saith mis cyn ei ben-blwydd yn 15 oed. Torrai ei fol am gael y gitâr yn y catalog yn ei ddwylo.

Mentrodd ysgrifennu eto gan awgrymu y medrai ei dad-cu a'i fam-gu roi'r gorau i anfon y bwndel o gomics a'r pum swllt wythnosol pe medren nhw fenthyca'r swm cyflawn. Sylweddolodd y pâr yn Amwythig fod y crwt o ddifrif a'i fod fel iâr ar gols am fwrw ati ym myd cerddoriaeth. Roedd Louis Wright yn chwarae'r piano ei hun ac wedi bod yn canu'r ffidil yng Ngherddorfa Ffilharmonig Lerpwl. Roedden nhw'n bles gyda gwaith ysgol Meic. Roedden nhw am ei wobrwyo am ei frwdfrydedd.

Ond pe baen nhw wedi gweld adroddiad diwedd tymor Meic adeg y Nadolig yn 1955, ac yntau o fewn tri mis i'w ben-blwydd yn bedair ar ddeg, fe fydden nhw wedi gweld ei fod ar waelod y dosbarth o ran ei farciau Cerddoriaeth. Dim ond pedwar marc am waith y tymor a sylw'r athro oedd 'Nid yw'n gwneud dim ymdrech'. Dishmol oedd hi o ran Arithmetig hefyd, gyda'r sylw 'Gwaith gwael. Dim ymdrech'. Ond er tegwch roedd ymhlith y goreuon o ran Gwaith Coed, Arlunio, Ysgrythur, Hanes a Llenyddiaeth Saesneg. O ystyried ei holl farciau fe'i gosodwyd yn ail ar bymtheg mewn dosbarth o chwech ar hugain.

Ond byrdwn yr ail lythyr o Amwythig oedd bod archeb wedi'i hanfon at y cwmni catalog yn Surrey ac na fyddai'r pum swllt wythnosol o arian poced yn cael ei ddiddymu. Roedd Meic ar ben ei ddigon. Doedd dim amdani ond disgwyl a disgwyl y parsel. Cofiai am y beic sports Raleigh gwyrdd llachar hwnnw yn cyrraedd ar gefn lorri o Hwlffordd. Anrheg flaenorol o Amwythig. Roedd hi'n wythnos hir cyn i'r Catania gyrraedd 12, Bro Dawel, y byngalo yn Solfach Uchaf roedd Meic, Mam a Dada wedi symud iddo o Stryd yr Afon yng ngwaelod y pentref yn 1955 pan oedd yn 13 oed, ei fam-gu yn 70 a'i dad-cu yn 74. Doedd dim pall arno'n anwesu'r offeryn a phlycio'r tannau nes oedd ei fysedd yn dolurio ac weithiau'n gwaedu. Fyddai'r hen gwpwl ddim yn cymeradwyo'r sŵn ond yn llawenhau'n dawel fod eu hwyr wrth ei fodd. I Meic roedd yna gymaint o gyfaredd yn nhannau'r gitâr ag sydd mewn pellen ym mhawennau cath fach.

Doedd y llyfryn ddaeth gyda'r gitâr yn dangos sut i chwarae cordiau o ddim cymorth. Cwbl annealladwy oedd y symbolau cerddorol i Meic. Ond doedd hynny'n pylu dim ar y brwdfrydedd wrth iddo dreulio oriau yn ei stafell wely'n strymio a thiwnio. Cychwynnwyd carwriaeth na pheidiodd gydol ei oes. Daeth o hyd i ffrind a chydymaith heb ei ail. Cafodd ysbrydoliaeth gyson hefyd.

> Byddwn i'n gwrando llawer ar Radio Luxembourg, ac er bod y derbyniad yn wael iawn yng ngorllewin Cymru a'r gerddoriaeth yn mynd a dod fel llanw a thrai trwy gymyle'r statig, rywfodd roedden ni'n cael y neges, a'r neges oedd 'Heartbreak Hotel' gan Elvis, a 'Tutti Frutti' gan Little Richard, ac wrth gwrs Jerry Lee Lewis a Bill Haley and the Comets, yng nghanol y pop *schmaltz* masnachol cachu sy'n dal i ddod mas o orsafoedd radio Llunden. Doeddwn i rioed wedi clywed dim byd tebyg i 'Heartbreak Hotel'.

Cofia Albert Young am y sesiynau ymarfer ac am frwdfrydedd Meic. Roedd rhieni Albert, Sgowser o dad a Gwyddeles o fam, ymhlith nifer o deuluoedd a arhosodd yng nghyffiniau Solfach wedi'r Ail Ryfel Byd. Ar ryw olwg, yn y cyswllt hwn beth bynnag, doedd e ddim wedi'i lethu gan unrhyw agwedd o fagad gofalon Cymreictod. Doedd dim angen iddo dorri'n rhydd. Roedd e bedair blynedd yn hŷn na Meic. Roedd e'n gydnabyddus â'r byd jazz. Cenfigennai Meic at ei gasgliad rhyfeddol o recordiau wrth i'r ddau dreulio oriau benbwygilydd yn gwrando arnyn nhw.

"Roeddwn i ymhlith yr olaf i gael fy ngalw i wneud gwasanaeth milwrol gorfodol. Tra oeddwn i yn y Llu Awyr fe dreulies dipyn o amser yn Llunden yn mynychu clybie jazz a bob tro y byddwn i'n dod getre bydde casgliad o recordie jazz a *blues* gen i. Dwi'n cofio'r ddau ohonon ni'n gwrando ar Big Bill Broonzy drosodd a throsodd a Meic yn ffaelu credu bod yr holl syne'n dod o un gitâr. Roedd e'n mynnu bod mwy nag un gitâr yn cael ei chware ar y recordiad.

"Cyn hynny ar ôl gadael yr ysgol fe fues i'n gwneud tair blynedd o brentisieth yn ffatri Airworks yn Nhyddewi a dyna pryd y ffurfiwyd y Solva Skifflers. Meic ar y gitâr flaen, Byron, ei gefnder, ar y bocs te gyda choes brws arno â llinyn i'w blycio i greu node, a finne wedyn ar y bwrdd golchi gyda gwniaduron metel ar fy mysedd. Buon ni'n ymarfer mewn cysgodfa bws am gyfnod pan nad oedd hi'n ymarferol i ni ymarfer yng nghegin cartre Meic. Cynyddodd nifer yr aelode wedyn, yn enwedig yn yr haf pan ddaeth Tony a Randy Rees i lawr o Dreorci; fy mrawd, Bill o Abertawe, Alan Roach wedyn a Clive Williams a Steve Glass o Dreforys. Tyfodd y sgifflwyr yn fand, a dwi'n meddwl bod clarinetydd 'da ni ar un adeg.

"Bydden ni'n ymarfer yn ystafell gefn y Bay – Royal George – wedyn. Gwydre o sudd oren ar y byrdde o'n blaene a gwydre o Hancocks Best Bitter yn gyfleus o dan y byrdde. Dyna ble fydden ni wrthi'n whare pob math o ganeuon nes y bydden ni'n mynd mewn i'r bar ffrynt i ymuno â'r bois Cwmrâg yn morio canu. Yng nghanol yr emyne a'r caneuon gwerin bydde Dewi Phillips yn canu cân Lonnie Donegan, 'The Grand Coulee Dam', a Dai Penpant yn canu cân Gene Vincent, 'Be-Bop-a-Lula'. Roedd y rheini'n ddyddie da ganol yr haf; codi tato ar y ffermydd yn ystod y dydd, hwylio ar y môr yn gwylio'r trai a'r llanw a chware caneuon Woody Guthrie a Buddy Holly, a hen ffefrynne y bydde pawb yn eu canu, gyda'r nos.

"Mae'n debyg mai pinacl ein gyrfa oedd chware yn y ddawns regata flynyddol yn Solfach fel y band hanner amser. Bydden ni'n ymarfer yn y Bay yn gynnar cyn mynd i'r neuadd erbyn hanner awr wedi naw a whare tan stop tap pan ddelai'r prif fand 'nôl a ninne wedyn yn mynd 'nôl i'r Bay i wario'r deg swllt o dâl," meddai Albert, gyda thinc o hiraeth yn ei lais wrth gofio am y Solva Satellites fel y galwen nhw'u hunain yn ddiweddarach.

Roedd Al Young yn dipyn o arwr yng ngolwg Meic. Nid yn unig roedd e'n hŷn, ond roedd e wedi clywed cerddorion fel Chris Barber, Lonnie Donegan a Ken Colyer yn chwarae'n fyw yng nghlybiau Llunden. Roedd gwrando ar y recordiau yn ei gasgliad yn gymaint o ddylanwad â gwrando ar y rhaglen *Saturday Skiffle Club* yn cael ei chyflwyno gan Brian Mathew ar foreau Sadwrn ar y BBC a rhaglenni Radio Luxembourg yn hwyr y nos.

Er i Al Young symud i Norfolk yn ddiweddarach, parhaodd y cyfeillgarwch rhyngddo a Meic gydol ei oes. Byddai'r ddau'n ildio'n gyson i'r dynfa 'nôl i Solfach. Perthynai'r ddau i'r haid o sgadan a achosai felltith yn ogystal â byrlymu o greadigrwydd cerddorol yn Solfach y 1950au a'r 1960au. Roedd yna un sgadenyn halltach na'r cyffredin yn eu plith, a hwnnw oedd yr unig un o'r criw i neilltuo'i fywyd yn grwn i gerddoriaeth.

Ond wrth iddo ddechrau ymserchu yn y byd arlunio gefn dydd golau ac ymdrybaeddu ym myd y canu cyfoes yng Nghaerdydd yr oriau tywyll, prin fod Solfach yn ddim mwy nag atgof. Wedi'r cyfan, onid oedd hanner ffordd i Lundain a'r clybiau jazz fydde Albert Young yn sôn amdanyn nhw? Ymlaen i Ganaan oedd hi, gwlei. A hithau'n hydref 1958 roedd deunaw mis ers i Meic brofi ysgytwad mwyaf ei fywyd pan fu farw Dada ym mis Ionawr 1957 yn 76 oed wedi iddo gael trawiad ar y galon. Profodd yn brofiad dirdynnol i'r crwt 14 oed wrth iddo gynorthwyo gyda threfniadau'r claddu. Er y byddai ei fam-gu, Blodwen, fyw tan 1969, ymddengys fod colli William Henry wedi bod yn gyfystyr â cholli ei ffrind pennaf.

> Dysgodd lawer i fi dros y blynydde, am seryddiaeth, morwriaeth, gwaith coed, adeiladu cychod, a'r môr – a llawer am adar ac anifeiliaid hefyd. Roedd fel gwyddoniadur. Gwyddai rywbeth am yr holl *-ologies*, ac roedd e'n hanesydd gwybodus. Roedd e'n gefnogwr paffio brwd hefyd ac wedi dysgu ei blant i gyd, gan gynnwys fy mam, i 'ddyrnu', mewn cylch a adeiladodd mewn gweithdy yn y cwm. Ond doedd e ddim moyn i fi fod yn saer coed – gallaswn fod wedi gwneud hynny fel cyw o frid – roedd e moyn i fi ddilyn gyrfa academaidd.

Tybed a fu Dada draw yn y gornestau paffio a drefnwyd yn Nhrecŵn y noson honno wedi genedigaeth Meic pan oedd Jimmy Wilde, cyn-bencampwr byd pwysau cleren, yn rhannu'r gwobrau yng ngŵydd torf o 700, yn ôl y *County Echo*, papur wythnosol cylch Abergwaun a Thyddewi? O ystyried ei ddiddordeb yn y gamp mae'n anodd credu y byddai hyd yn oed holl geffylau'r fall wedi'i gadw draw. Roedd yn gerddor glew hefyd. Ond nid yr un oedd ei gerddoriaeth yntau â cherddoriaeth ei ŵyr er cymaint ei ddylanwad ar y plentyn.

O ran Meic, wrth i un drws gau o ran profedigaeth yn Solfach agorodd drws arall o ran boddhau ei chwilfrydedd a'i anian yng Nghaerdydd. Gochel eu swyddi a chwarae offerynnau o ran hwyl a wnâi'r rhelyw o sgadan Solfach erbyn hyn. Ond roedd Meic am fwrw iddi doed a ddelo. Roedd y cerddor ar ei brifiant. Cydiodd y synau jazz a chanu'r falen yn ei gyfansoddiad yn hold-ffast.

Tua'r un adeg ag yr ymgartrefai Meic yng Nghaerdydd ymgynefinai Betty, ei fam go iawn, â Solfach unwaith eto, wrth iddi ddiengyd o grafangau ei gŵr yn Llundain. Dychwelodd gyda'i thri mab gan fod Adrian bellach yn ychwanegiad at Martin ac Irving ers dyddiau Penfro. Menyw ddieithr fu ei fam i Meic, heb fawr o gyswllt â hi yn ystod dyddiau glaslencyndod. Nawr gan ei bod hi 'nôl yn Solfach, heb fawr o bryder y byddai ei gŵr yn ei dilyn, cynigiai angor arall ei hun i Meic pan ddeuai neu pe deuai adre.

Flynyddoedd yn ddiweddarach, tasg Meic fyddai teithio i Bournemouth i gyrchu tystysgrif marwolaeth ei lystad er mwyn sicrhau pensiwn y llynges i'w fam. Gorffennodd Donald Stevens ei ddyddiau yn byw mewn fflat un ystafell lom. Doedd ei feibion ddim wedi cadw cysylltiad ag ef chwaith.

4

Ym mogel y ddinas

COLLODD MEIC STEVENS pa ddiniweidrwydd bynnag a berthynai iddo o fewn ychydig wythnosau o fynychu tafarndai'r brifddinas a threulio'i amser yng nghwmni cerddorion o gyffelyb anian. Byddai gitâr neu fanjo wastad ar gael iddo a chroeso iddo ymuno yn y chwarae byrfyfyr. Astudiai ddull eraill o greu sŵn o'u hofferynne, a neb yn fwy na Vic Parker. Wel, wedi'r cyfan, roedd 'Narker' Parker, y gyrrwr wagenni mewn gwaith dur, wedi chwarae gyda Django Reinhardt, y sipsi o Wlad Belg a fu'n gymaint o ddylanwad ar y byd jazz.

Roedd Meic fel hwyaden yn cymryd at ddŵr. A doedd dim angen ei annog o'r dŵr bas i'r pyllau dyfnion. Datblygodd y Moulders Arms yn ail gartre iddo. Dyna lle cyfarfyddai'r *beatnicks* oedd â'u bryd ar newid y byd, neu o leiaf roedden nhw'n benderfynol o beidio â chydymffurfio â'r drefn fel yr oedd hi. A doedd Meic yn ddim ond 16 oed yng nghanol yr holl froc môr hwn o ddynoliaeth.

> Roedd y lle fel Cynghrair y Cenhedloedd. Yno, hefyd, y bydde'r Ymgyrch Ddiarfogi Niwclear yn cynnal eu cyfarfodydd, yn ogystal â grwpiau adain chwith eraill mwy radical. Ac roedd criw hollbresennol o led-athronwyr shibwchedd, barfog neu heb siafo, a *beatnicks* dirfodol, cyffurllyd dan fantell cotie gwaith neu gotie dyffl wedi cwtsio at ei gilydd mewn cornel yn siarad â nhw'u hunen, a nhwthe fel arfer wedi cnapo ar speed, mariwana a lysh… Roedd y Moulders yn dafarn ffwrdd-â-hi, ddiddorol. Ond, i fi,

> cerddoriaeth oedd yn gwneud y lle, ac roedd llond gwlad ohoni i'w chael; fe fydde pedwar neu bump o gitârs a banjos tu ôl i'r bar bob amser, ac os oedd y stafell ochr fach dan ei sang, bydde pobol yn symud i'r stafell gefen lle roedd y piano ac yn dechre sesiwn arall yno. Bydde'r dafarn yn shiglo i sain y felan, jazz a phob math o ganu gwerin, heb sôn am galypso'r Caribî a Bluebeat. Fel arfer, fe fydde gitârs tawelach yn chware yn y stafell ochr fach, a chyrn y jazzwyr traddodiadol yn rhechen jazz yn y cefen, nes ei bod hi'n fyddarol ac yn wyllt yno.

Dyna i chi ddisgrifiad a fedrai fod yn wir am dafarndai penodol yn y mwyafrif o ddinasoedd ar hyd cyfandir Ewrop ar y pryd ac yn ninasoedd America ddeng mlynedd a mwy ynghynt. Ac roedd cyffuriau'n rhan o'r arlwy. Tabledi *purple hearts,* a fyddai'n dwysáu'r ymdrechion cerddorol, fyddai dewis Meic. Yn union fel y gwnaent i'r athronwyr siarad bymtheg y dwsin gan gredu bod eu syniadau ar y pryd yn torri tir newydd ac yn bownd o newid y byd, gwnaent i'r cerddorion deimlo'u bod hwythau'n cyrraedd uchelfannau cerddorol nad oedd neb wedi'u cyrraedd cynt.

O dan yr amgylchiadau nid yw'n rhyfedd na pharodd arhosiad Meic o dan gronglwyd Wncwl Rhys yn hir. Prin y byddai'n ddoeth i Meic wahodd ei ewythr am dro i un o dafarndai gwaelod y ddinas i gwrdd â'i gyfeillion cerddorol a chelfyddydol. Byw mewn fflatiau, gan fynd a dod fel y mynnen nhw, a wnâi'r myfyrwyr celf hŷn. Doedd Meic ddim am fod yn wahanol. Prin bump oed oedd Dave, cefnder Meic, ar y pryd ond yn ddigon hen i sylweddoli bod yr hwdwch dieithr oedd ar yr aelwyd yn 'wahanol'.

"Mae'n rhaid cyfaddef bod fy mam yn ddynes bropor ac yn hoff o drefn ac yn disgwyl i bawb beidio â gwyro oddi ar y drefn. Y cof cliriaf sy gen i o Meic yw ei weld yn eistedd yn nŵr y bath yn ei jîns. Dyna'r ffordd o'u teneuo, mae'n debyg, fel rhan o ffasiwn y cyfnod," meddai Dave, sydd bellach wedi ymgartrefu yn ardal Croes-goch ger Tyddewi.

Cafodd Meic achlust o fflat yn Heol y Gadeirlan lle'r oedd un o'i gyd-fyfyrwyr eisoes yn byw. Roedd y landledi'n byw ar y llawr isaf ac wedi gosod rheolau go gadarn o ran y patrwm ymddygiad disgwyliedig. Arferai Meic gyrraedd adref yn hwyr y nos a chanfod drws clo a gorfod tynnu sylw ei bartner i gael mynediad. Ymddengys fod gormod o ferched yn ymweld â'r fflat yn ystod oriau'r nos a doedd hynny ddim wrth fodd y landledi. Symudodd Meic i dŷ lodjin ym Mhen-y-lan lle'r oedd Mrs Lashmore yn darparu brecwast a phryd hwyr penigamp. Roedd hi hefyd yn perthyn i'r teulu a gadwai fferyllfa yn Nhyddewi ac wedi clywed sôn am Mam a Dada.

Ond pan gyrhaeddodd Meic adre un diwrnod synhwyrodd fod rhywbeth o'i le. Doedd dim golwg o'r wraig weddw. Er galw arni doedd dim siw na miw. Gwelodd Meic fod drws ei hystafell wely yn gilagored. Mentrodd ei agor led y pen. Dyna lle'r oedd Mrs Lashmore yn gorwedd ar y gwely'n gelain. Cafodd Meic ofn a rhuthrodd i'w stafell i gwato o dan y dillad gwely mewn unigrwydd a thristwch. Am ei fod yn y tŷ ar ei ben ei hun ofnai y byddai'n cael ei gyplysu â'i marwolaeth rhywsut.

Ni ddaeth i'r golwg nes iddo glywed sŵn lleisiau'r lodjers eraill a merched Mrs Lashmore. Rhuthrodd i lawr y grisiau ond ni fedrai dorri'r newyddion iddyn nhw. Ni fedrai wneud dim mwy na'u harwain i'r stafell wely at y corff. Roedd hynny'n rhyddhad iddo a rhyddhad pellach oedd clywed y ddwy roces yn dweud y bydden nhw'n cymryd cyfrifoldeb o bob dim.

O ran Meic, roedd rhaid iddo godi'i bac a chwilio am lety arall. Daeth cyd-fyfyriwr, Geoff Stevens, i'r fei a chynnig lle iddo gyda'i deulu yn eu cartre mewn hen dŷ ffarm yn Rhiwbeina. Dyna lle bu nes i'r siwrne hir o gerdded tair i bedair milltir adref yn hwyr y nos ar ôl i'r bysus roi'r gorau i redeg fynd yn fwrn. Cafodd le yn Tewkesbury Street, Cathays wedyn ynghyd â brecwast a phryd hwyr cyson.

Doedd y byd celf a cherdd ddim heb ei gyffro chwaith. Tebyg mai'r dylanwad penna ar Meic yn y ddau fyd oedd myfyriwr o'r enw Trevor Ford. Hanai o gefndir dosbarth gweithiol yng Ngwent ond cafodd addysg ysgol fonedd yn Aberhonddu. Peintiai gynfasau enfawr haniaethol, gan amla'n dehongli cefndir diwydiannol y cymoedd. Roedd angen stiwdio fawr arno a daeth o hyd i ystafelloedd addas i'w rhannu gyda myfyrwyr eraill, gan gynnwys Meic, mewn hen sinema yng nghanol y ddinas.

Ond troes stiwdio'r Queens yn fwy o fangre partïon gwyllt na chreu celfyddyd. Cwynai'r cymdogion, yn arbennig swyddfa cyfreithwyr Leo Abse a Cohen, a hynny wrth awdurdodau'r coleg. Prin y bodlonai'r myfyrwyr dymheru eu hymddygiad er gwaethaf sawl rhybudd gan y prifathro, Jack Tar. Yn y diwedd bu rhaid ymadael â'r 'stiwdio' wedi iddo droi'n ddim amgen na llety dros dro a hynny'n aml i ddieithriaid oedden nhw wedi clywed sôn am y partïon gwyllt, lle caniateid bron unrhyw beth o ran anlladrwydd.

Penderfyniad y criw ar y noson ola yno oedd defnyddio blwch llythyrau swyddfa Abse a Cohen i bisho ynddo. Doedd y staff ddim yn bles fore trannoeth pan ddisgynnodd y llythyron yng nghanol pwll o biswail. Bu'n rhaid i Ford a Stevens ymddangos gerbron y prifathro wedi iddo yntau ddioddef llid y cyfreithwyr, a chael a chael oedd hi i'r ddau beidio â chael eu diarddel. Fe bledion nhw eu bod yng Nghasnewydd y noson gynt ac roedd hynny'n wir, er doedden nhw ddim yno trwy'r nos, wrth gwrs.

Arddelai Trevor syniadau asgell chwith eithafol gan eu defnyddio'n aml i gyfiawnhau ymddygiad gwrthgymdeithasol. Fyddai hi ddim yn anghyffredin iddo fod yng nghanol ffrwgwd. Ffolodd hefyd ar ganu'r *blues* i'r fath raddau nes iddo ffurfio'i fand ei hun gyda Meic yn chwarae'r gitâr rhythm a Royston Jones ar y gitâr flaen. Trevor fyddai'n gweiddi canu wedyn. Weithiau byddai drymiwr a gitarydd bas yn ymuno â nhw, ond fel triawd y gwelid nhw gan amlaf mewn tafarndai a chlybiau jazz ac ambell ddawns golegol, yn perfformio pan fyddai'r prif grŵp yn cael hoe.

Bu tafarndai Gwyddelig Casnewydd yn broffidiol am y byddai hat yn cael ei hestyn o amgylch i dderbyn offrwm. Byddai'r arian sychion yn ychwanegiad derbyniol i'r pum punt wythnosol o grant fyddai Meic yn ei gael. Serch hynny, pledio tlodi fydden nhw'n amlach na pheidio. Byddai'r hyn a enillid yn cael ei wario bron cynted ag oedd yn eu dwylo. Nid cyfrwng i wneud ffortiwn ohono oedd canu'r felan a chanu jazz, ond rhywbeth i'w forio mwynhau pan âi o dan eich croen.

Un a gofiai'r cyfnod yn dda oedd yr arlunydd Osi Rhys Osmond, a fagwyd yng Nghwm Sirhywi ond a ymgartrefodd yn Llansteffan ger Caerfyrddin yn ddiweddarach. Byddai Osi yn ymuno â thriawd canu'r felan i chwarae'r organ geg weithiau. Ar y pryd roedd ar ei flwyddyn olaf yng Ngholeg Celf Casnewydd ac yn rhannu stiwdio gyda Trevor Ford yn nociau'r dre – wedi iddo yntau gael ei hebrwng o Goleg Celf Caerdydd am amrywiol fisdimanars a chael lloches yng Nghasnewydd.

"Dwi'n cofio Meic fel bachan ifanc, golygus, egnïol a brwdfrydig adeg hynny. Wastad yn mynd dros ben llestri wrth gwrs. Wastad ar hast i neud pethe. Ond unwaith fydde fe'n setlo lawr mewn tafarn a dechre whare'r gitâr bydde fe'n tawelu. Bydden ni wastad yn mynd i lefydd fel Henffordd ar benwythnose i gwrdd â'r merched mewn colege celf. Bydde lot o ferched o gartrefi cyfoethog yn mynd i goleg celf ar y pryd yn hytrach nag i ryw *finishing school* yn y Swistir. Bydden nhw'n falch o'n gweld ni. Bydde Meic yn un o'r criw. Doedd dim un arweinydd penodol. Roedd y peth fel rhyw gell anarchaidd rywsut. Doedd neb ohonom yn siŵr weithie pam na sut y bydde rhai pethe'n digwydd.

"Bydde wastad rhywun fydden ni'n nabod o'r byd celf yn nhafarne Casnewydd – Commercial, Ivy Bush, Tredegar, Newfoundout. Ar ddydd Mercher ac Iau bydde'r tafarne ar agor trwy'r dydd achos y farchnad anifeiliaid. Bydden ni'n cymysgu gyda throseddwyr, plismyn, trafaelwyr a merched ysgol dosbarth chwech yn chwilio am antur. Pryd 'ny roedden nhw'n codi gwaith dur Llanwern. Lot o glybie a llefydd yfed yno. Roedd hi fel Efrog Newydd.

"Draw yng Nghaerdydd wedyn bydden ni'n mynd i'r llefydd yn y docie – Quebec, Ship and Pilot, Estonian. Roedden nhw'n llawn pobol ddu a chymeriade fel Annis Abraham, Johnny Silva a Ray Nomran a Vic Parker wrth gwrs. A lot o fobol bohemaidd a merched gwyllt. Bydde bocswyr fel Joe Erskine, Jimmy Wilde a Ponty Davies i'w gweld wedyn.

"Roedd lot yn digwydd. Roedd hi'n gymdeithas fywiog iawn. Bydde Meic yn tynnu llawer o'r myfyrwyr lawr i ardal Solfach yn ystod yr haf i weithio yn y diwydiant ymwelwyr ac i dynnu llunie wrth gwrs. Bydde eraill yn mynd i New Quay yng Nghernyw i'r un pwrpas. Ie, pawb yn byw trwy'r trwch. Bydde Meic yn chware tricie ar bobol. Doedd dim dal be fydde fe'n arllwys i ambell goctel. Hollol ddwl wrth gwrs," meddai Osi.

Er bod yna dyndra rhwng y gwahanol garfannau cerddorol, doedd Meic ddim yn ffafrio'r un cyfrwng yn fwy na'r llall. Mater o fagu profiad a lledu'i adenydd oedd hi iddo fe. Pan gafodd gyfle i ymuno â grŵp jazz fe wnaeth hynny'n ddibetrus er gwaethaf cyngor Trevor iddo beidio â boddran gyda nhw. Cafodd Meic gyfweliad byrfyfyr i ymuno â band jazz y Number Seven Club un noson yn y Moulders Arms. Daeth Mike Harries, sefydlydd y band, i ishte yn ei ymyl ac i wrando arno yn trin y gitâr. O fewn fawr o dro gofynnwyd i Meic a fedrai chwarae'r banjo.

Doedd Meic ddim yn un i golli cyfle. Fe ddywedodd ei fod yn chwarae'r banjo er pan oedd yn grwt bach ond fod yr un oedd ganddo adre yn Solfach, wedi dod o New Orleans mwy na thebyg, ac angen ei gyweirio. Tarwyd bargen. Am fod Lyn Saunders, y chwaraewr banjo arferol, yn bwriadu symud i Lundain i fentro'i lwc, gwahoddwyd Meic i ymuno yn ei le. Lyn oedd wedi'i gymeradwyo i Mike Harries yn y lle cyntaf. Rhoddwyd addewid y byddai o leiaf ddau berfformiad yr wythnos a phedair punt a chweugain ym mhoced Meic.

Ond roedd yna un 'cyfweliad' arall, sef ymuno â'r band yn ei gìg nesaf yn Undeb y Myfyrwyr Caerdydd ar y nos Sadwrn. Cafodd Meic fenthyg banjo Lyn Saunders, un o'r math Maybelle a wnaed yn America yn 1920au, i chwarae rhai caneuon oedd yn gyfarwydd iddo. Ar derfyn y noson fe'i hysbyswyd ei fod wedi pasio'r prawf terfynol ac y câi ymuno ar yr amod ei fod yn dod o hyd i fanjo. Prynodd Meic fanjo G Windsor Seisnig yn siop offerynnau ail-law Grimwades yn ardal Treganna o'r ddinas am saith punt a chweugain. Gwerthodd ei gitâr Hoyer am ddeg punt i gydnabod ym mar coffi'r Kardomah yn Stryd y Frenhines, lle byddai'r myfyrwyr celf wastad yn crynhoi. Gwariodd ymhellach ar set o dannau a chroen newydd i'r banjo yn siop gerdd Hendersons yn Wyndham Arcade.

Er ei bod yn fore Llun ac yntau i fod wrth ei wersi yn y Coleg Celf, synhwyrai Meic fod yna wawr newydd ar dorri. Penderfynodd daro heibio'r Moulders a gofyn i Arthur Jenkins, y landlord, am fowlen golchi llestri er mwyn gwlychu'r croen llo ynddo am awr neu ddwy cyn ei osod ar y banjo. Pan ddychwelodd amser cinio trannoeth roedd y croen wedi sychu ac aeth ati i osod y tannau a'u cyweirio. Swniai'n dda a threuliodd y noson honno yn cyfarwyddo â'i 'blentyn' newydd trwy ymuno â'r bois sesiwn eraill yn y dafarn.

Pan gyrhaeddodd y clwb jazz ar y nos Fercher doedd Mike Harries ddim yn rhy bles pan welodd nad oedd gan Meic fanjo tenor fel byddai'n gweddu i fand jazz New Orleans traddodiadol. Ond ar ôl clywed y sŵn a ddeuai o fanjo Meic a chlywed cymeradwyaeth yr aelodau i berfformiad y crwt ifanc a oedd yn dal ar ei brifiant, ar ddiwedd y noson pylodd ei bryderon. Dechreuodd hynny batrwm ar nosweithiau Mercher a Sadwrn o gyfarfod yn yr Old Arcade am gwpwl o beints o Brains SA tua saith o'r gloch, cyn mynd i'r gìg ac yna anferth o gyrri am bedwar swllt ym mwyty Dorothy's yn Stryd Caroline. Yr unig wendid yn y trefniant hwn yng ngolwg Meic oedd yr orfodaeth i wisgo gwasgod ddu, trowsus, dici bo a hat galed. Doedd hynny ddim yn rhan o'i ddelwedd bersonol.

Ond pa ots? Roedd y crwt o Solfach yn gerddor lled-broffesiynol a hynny cyn iddo gyrraedd ei ddeunawfed pen-blwydd. Byddai'n dysgu crugyn o gerddoriaeth a chordiau newydd. Byddai wrth ei fodd yn sownd ym mogel y ddinas. Deuai cyfle i'w ran i chwarae gyda'r *jazzers* pan fydden nhw'n cefnogi'r goreuon ar y pryd megis Chris Barber, Humphrey Lyttelton, Acker Bilk a rhai o'r bandiau a ddeuai drosodd o'r New Orleans go iawn. Ond yn gerddorol doedd Meic ddim am fod yn ddyn jazz weddill ei oes. Dwrdiai'r hyn a ystyriai'n agwedd gibddall yn eu plith.

> Roedd y *jazzers* yn gwisgo trowsus melfaréd a siwmperi llac a *chukka boots*, ac yn tyfu barf ac yn gwisgo hetiau brethyn, ac yn smygu pib. Am y *rock and roll*, doedden nhw ddim yn siarad amdano fe. Roeddwn i'n dipyn bach o snob cerddorol oherwydd doeddwn i ddim yn dweud mod i'n lico *rock and roll*. Roeddwn i'n dweud, '*I'm a folk singer, you know. That rock and roll, you know, it's for thickies and Teds*'. Felly, roeddwn i'n dipyn o *schizophrenic* yn gerddorol ar y pryd. Roeddwn i'n chware jazz, roeddwn i'n lico chwarae'r caneuon gwerin 'ma – beth oedden nhw'n ei alw yn 'skiffle'. Roedd y *jazzers* yn edrych i lawr ar skiffle. Ond roedd rhyw berthynas rhwng skiffle a jazz traddodiadol, felly roedden nhw'n ei ddiodde fe.

Dal i alw a wnâi gwaith y coleg celf, er ymddengys mai llacio'i afael a wnâi wrth i'r cyfleoedd cerddorol gynyddu. Dal i alw hefyd a wnâi Solfach, yn enwedig yn yr haf yn nhymor y codi tato a'r hwylio. Doedd hi ddim mor hawdd yr adeg hynny i ddychwelyd wedyn i Gaerdydd ar gyfer y gigs jazz nos Fercher a nos Sadwrn. Doedd teithio ar drenau a bysus ddim yn ddewis bellach. Bodio i bobman a wnâi pawb. Nofel Jack Kerouac, *On the Road,* oedd beibl y genhedlaeth greadigol. Dyna a gynrychiolai ysbryd yr oes. Bodio i bobman yn bendramwnwgl. Penderfynodd Trevor Ford ei fod yntau am ymweld â Solfach.

Nid aethpwyd ymhellach nag Abertawe ar y diwrnod cyntaf. Roedd y ddau'n wlyb diferol ar ôl cael eu dal mewn sawl cawod o law. Bu raid chwilio am nodded mewn tafarn o'r enw Adam and Eve a cheisio sychu'u dillad. Sylwodd y tafarnwr fod banjo gan Meic ac fe'i gwahoddwyd i'w chwarae. Tarwyd bargen; pe cai'r ddau sychu eu dillad ar y rheiddiaduron fe fydden nhw'n creu cerddoriaeth. Dyna wnaed drwy'r nos wrth i Trevor a Meic greu difyrrwch, wedi'u lapio mewn tywelion o eiddo'r landledi, a manteisio ar haelioni'r cwsmeriaid i lenwi eu gwydrau.

Mentrwyd i swyddfa'r heddlu yng nghanol Abertawe yn ystod yr oriau mân. Cafwyd cyfle i bendwmpian yno am ychydig oriau cyn cael mwged o de a ffa pob ar dost ben bore Sul i'w helpu ar eu siwrne i'r gorllewin. Byr fu'r arhosiad, ond yn ddigon hir i Trevor gael ei gyflwyno i Mam a Betty, i gael cyfle i dynnu ychydig o frasluniau o'r harbwr a tharo heibio'r Bay a'r Ship. Nid arhoswyd yn Abertawe ar y ffordd 'nôl, ond roedd Trevor a Meic wedi profi ychydig o ysbryd yr hobos, ynghyd â Sal Paradise a gweddill cymeriadau'r awdur Jack Kerouac, a chael blas arni. Roedd Meic yn dechrau byw'r bywyd roc a rôl, jazz a'r felan wedi'u rowlio'n un. A hynny gyda chymorth amffetaminau.

Bu'r haf hwnnw ar ddiwedd ei ail flwyddyn yn y coleg celf yng Nghaerdydd yn haf hirfelyn tesog ar lawer ystyr i Meic Stevens. Câi ei dynnu i bob cyfeiriad o ran ei ddyheadau creadigol ac o ran ei fywyd personol. Un peth oedd yn sicr, ac yntau'n ddwy ar bymtheg oed, roedd cerddoriaeth yn mynd â'i fryd yn fwyfwy. Roedd eisoes yn lled sicr na fyddai'n dilyn gyrfa yn y byd celf; o leia nid gyrfa gonfensiynol. Nid am fod yr awch wedi pylu, ond am fod yna gymaint yn digwydd yn gerddorol a chymaint o ddrysau ar fin agor ac yntau'n dyheu am gael cerdded trwyddyn nhw.

Un rheswm dros y croesdynnu ym mywyd y Meic ifanc oedd rhoces o'r enw Lise Hansen. Cyflogid hi fel *au pair* gan deulu cefnog o Iddewon yn ardal Cyncoed yng Nghaerdydd. Cyfarfu Meic â hi yn adeilad y Cyngor Prydeinig yn Stryd Caroline. Hanai o Ddenmarc. Syrthiodd y ddau mewn cariad. Wrth i'r berthynas ddatblygu arferai Meic ddringo ar do estyniad ei chartref ac i mewn i'w hystafell wely. Daeth ei chyfnod i ben a dychwelodd i Odense. Parhaodd y llythyru rhwng y ddau. Roedd y berthynas yn danbaid. Addawodd Meic y byddai'n mynd mas i'w gweld. Gwnaed trefniadau manwl. Yr unig anhawster oedd prinder arian i dalu am y siwrne ar long o Harwich.

Daeth ymwared o Amwythig. Ysgrifennodd at ei fam-gu, Gertrude, yn esbonio'i bicil. Yn wir, daeth ymateb chwap, yn ogystal â dau gan punt. Fuodd yna erioed gymaint o arian yn ei feddiant. Mentrodd Meic i Lundain i dreulio'r penwythnos a gwario peth o'r celc cyn croesi i Ddenmarc. Y clybiau jazz yn

Soho oedd ei gyrchfan wrth reswm. Galwodd heibio Stiwdio 51 Ken Colyer a chael croeso a modd i fyw. Roedd wedi cyfarfod â Colyer eisoes yn rhinwedd ei waith gyda Mike Harries. Eisteddodd yn y tu blaen ac o fewn dim roedd ar y llwyfan yn chwarae banjo.

Yn ôl ei arfer roedd John Bastable, y chwaraewr banjo arferol, wedi cnapo ar ôl gwacáu'r rhan helaethaf o'r botel whisgi a gadwai o dan ei gadair. Mewn chwinciad cydiodd Colyer yn y banjo, ei daflu at Meic, rhoi hergwd i Bastable i'r llawr a chario mlân i chwarae heb golli nodyn. Dyna fedydd tân i'r Cymro ifanc yn un o brif glybiau jazz Llundain ar y pryd. Teimlai Meic Stevens wewyr arbennig wrth weld y nudden yn codi oddi ar afon Tafwys ar doriad gwawr wedi cwpla'r perfformiad, cyn cael brecwast o frechdan bacwn yng nghwmni Long John Baldry mewn bar coffi.

Profodd y dyddiau canlynol yn helfa gyfoethog o ymweld â'r clybiau, rhyfeddu at gitarau Gibson nad oedd erioed wedi gweld eu bath o'r blaen, a dysgu wrth wylio Tony Sheridan, Joe Brown a Dave Goldberg a'u tebyg. O fewn wythnos roedd ei gwpan yn llawn a'i bocedi'n wag ac yntau heb gyrraedd Denmarc. Profodd y jazz yn fwy o gariad na'r lodes o *au pair* wedi'r cyfan. Er i'r llythyru barhau am gyfnod, ni welson nhw ei gilydd fyth wedyn. Doedd dim amdani ond bodio'i ffordd 'nôl i Solfach a hithau'n fis Gorffennaf heulog.

Doedd dim prinder merched yn Solfach yr haf hwnnw. Daethpwyd o hyd i dair llond pabell ohonyn nhw ar Ben-graig, uwchben y porthladd, yn bolaheulo ar y glaswellt yn eu bicinis. Roedd pump ohonyn nhw'n gyn-ddisgyblion mewn ysgol gwfaint yn Aberhonddu. Yn gopsi ar y cwbl roedd un ohonyn nhw'n gariad i John Murray, un o fytis coleg Meic. Tarwyd bargen a seiliwyd cyfeillgarwch wedi i Meic wneud trefniant iddyn nhw ymolch yng nghartre'i fam.

Bron yr unig amser yr âi Meic adref hefyd yn ystod cyfnod arhosiad y rhocesi oedd i gael bàth. Wel, roedd yna bartïon gyda'r nos a rhwydd hynt iddo'i wneud ei hun yn gartrefol yn y pebyll. Prin iddo gael cyfle i hiraethu am y ferch o Ddenmarc.

Deuai dwy o'r lodesi hyn o'r Rhosan ar Ŵy. Roedd Fiona Young a Leslie Boland hefyd yn fyfyrwyr celf.

"Roedd y merched hyn hefyd yn dwlu ar jazz, celf, slochian, dawnsio – a rhyw! Hwyl amdani bob amser – clybie jazz, tafarne, gwely, ac yn y blaen," meddai Meic, wrth gofio am y pythefnos a dreuliodd yn gwersylla yn eu cwmni yn ei gynefin.

Ymddengys fod a wnelo'r profiad hwn â'i benderfyniad i adael band jazz Mike Harries yng Nghaerdydd er does dim sicrwydd iddo'u hysbysu o'i benderfyniad chwaith. Ond ni olygai hynny ei fod yn rhoi'r gorau i'r gitâr na'r banjo. Heblaw am yr anhwylustod o fodio i Gaerdydd ddwywaith yr wythnos, gan sarnu ei fywyd yn Solfach, roedd yna deimlad ei fod wedi cwpla'i brentisiaeth a'i fod yn barod i symud mlân. Yn wir, mynych y dywed Mike Harries, gyda chwerthiniad iach, nad oedd Meic ymhlith y mwyaf dibynadwy o blith aelodau'r grŵp jazz, ac iddo unwaith droi fyny ar yr amser cywir ac ar y noson gywir ond ddwy flynedd yn hwyr!

"Dwi ddim yn meddwl fod ei galon yn y canu jazz traddodiadol. Roedd e'n ormod o dderyn rhydd. Dwi'n credu iddo fe fod 'da ni am tua blwyddyn. Roedd e'n brofiad ac yn incwm iddo fe ar y pryd. Roedd e'n go wyllt hefyd. Roedd e'n un o griw'r Moulders tra oedden ni'n tueddu i godi diod yn yr Old Arcade. Na, roedd ei ddiddordebe cerddorol e'n dipyn ehangach," meddai Mike Harries.

Penderfynodd Meic na fyddai'n dychwelyd i Goleg Celf Caerdydd ar gyfer ei drydedd flwyddyn chwaith. Ond ni olygai hynny ei fod am roi'r gorau i gelf. Peintiai dirluniau o amgylch Penrhyn Dewi a'u gwerthu i ymwelwyr yn nhafarn y Ship. Teimlai ei fod wedi dysgu hanfodion y grefft a'i fod yn barod i fwrw ati ar ei liwt ei hun. Hwyrach fod y mynych rybuddion a gafodd gan y prifathro am yr holl fisdimanars a gyflawnodd yng nghwmni Trevor Ford yn llechu yng nghefn ei feddwl, ac y byddai'n gorfod hel ei draed y tro nesa y troseddai – fel oedd wedi digwydd eisoes i'w bartner.

Tra oedd gan Meic un llygad ar Lundain drachefn wedi'r profiad hwnnw o chwarae'r banjo ym mand Ken Colyer, roedd yna haf i'w fwynhau yn Sir Benfro. Ymddengys fod yna hyder newydd yn ei gerddediad.

"Ro'n i am fod yn rhydd, ac roedd y byd yn aros amdana i," meddai wrth edrych 'nôl. A rhan o'r byd hwnnw oedd y bywyd bohemaidd artistig oedd i'w gael yn Sir Benfro'i hun. A doedd dim prinder ohono, yn ôl disgrifiadau Meic ei hun yng nghyfrol gyntaf ei hunangofiant wrth iddo ddod ar draws Tiggy a Tony Cleaver yn diota yn Hwlffordd, a threulio peth amser yn eu cartref yn Nhrefgarn. Tebyg nad oedd egsentrig yn air digon eithafol i ddisgrifio dull y criw o fyw.

> Roedd Tiggy'n un o'r aelode wnaeth sefydlu'r Mandrake Club yn Soho, a oedd yn glwb gwyddbwyll yn wreiddiol. Mewn gwirionedd, trigfan enwog i feirdd, artistiaid, alcoholigion, dilynwyr a bohemiaid oedd e. Dwedodd wrtha i fod Dylan Thomas wedi trial ei lwc 'da hi yno un prynhawn, a hithe wedi dweud wrtho fe am fynd i grafu, neu eirie i'r un perwyl. Felly bant ag e ac yn ei ôl mewn Rolls Royce wedi'i logi i fynd â hi mas ar y criws. Gallwn i adrodd llond gwlad o hanesion am fywyd 'da Tiggy, ond digon yw dweud i ni siarad ac yfed trwy'r trwch, ac iddi ddysgu mwy i fi am gelfyddyd a bywyd yn ystod yr amser byr o'n i'n byw yno na allaswn i ei ddysgu fyth yn Ysgol Gelf Caerdydd.

Un o blith y criw artistig a ddaeth i adnabod Meic yn ystod y cyfnod hwnnw a'r blynyddoedd diweddarach pan fyddai Meic yn dychwelyd i Solfach o bryd i'w gilydd, o'i fynych grwydriadau, oedd John Knapp-Fisher. Ymsefydlodd y gŵr o Gaint yng Nghroes-goch a threulio gweddill ei oes yno yn peintio tirluniau, bythynnod to clom yn ymyl y môr, a'r darlun hwnnw o'r galarwyr y tu fas i Gapel Rehoboth, sydd yr un mor eiconig bellach ag yw darlun Curnow Vosper o 'Salem'.

"Mae'n debyg ein bod ni'n perthyn i'r un criw artistig fydde'n cyfarfod mewn partïon byth a hefyd. Bydde Meic yn galw 'da ni'n gyson ond yn hollol annisgwyl, wrth gwrs. Dwi'n cofio dod adre rywbryd a gweld Meic yn ishte yn y gegin. Roedd e wedi mynd mewn i'r tŷ gwag trwy ffenest gan ddweud mai dyna'r peth naturiol i'w wneud. Dyna'r math o berthynas oedd gyda ni. Roeddwn i'n edmygu ei ddawn fel arlunydd ar y pryd. Roedd e'n alluog ymhob dim, wrth gwrs.

"Ond rhaid cyfadde'i fod yn anhrefnus. Dwi'n cofio amdano rywbryd yn mynnu fy mod yn mynd â Jinks a Perks ac ynte i gìg rywle uwchben Aberteifi yn fy fan fach. Rhwng pawb a'r offer roedd hi'n weddol gyfyng. Tipyn o hunllef. Dwi'n cofio iddo ofyn i fi drwsio'i gitâr rywbryd. Mae'n rhaid ei bod hi'n werth cannoedd o bunne ond doedd e ddim yn ofalus iawn ohoni. Ond gallwn ddeall pam yn ddiweddarach y bydde fe'n cael ei alw yn 'Bob Dylan Cymru'. Mae gen i gasgliad go lew o'i recordie.

"Cofiwch, fel llawer o gantorion pop y cyfnod, bydde fe'n ei gorwneud hi o ran diod a chyffurie. Dwi'n cofio'i groen yn eitha melyn ar un cyfnod. Ond roedd e'n wydn iawn ac yn hoff o fywyd awyr agored, yn dalentog ac yn gymeriad cryf. Dwi'n meddwl 'mod i wedi rhoi benthyg un o'i recordie ei hun iddo fe rywbryd hefyd a byth wedi'i chael hi 'nôl," meddai John.

Ond roedd Llundain yn ymwhêdd ar ddiwedd haf 1960 ac roedd Rhosan ar Ŵy ar y ffordd i'r ddinas fawr a dyna lle cartrefai Fiona Young a Leslie Boland. Rhieni Leslie gadwai'r Royal Hotel, ac yn gyfnewid am y croeso roddodd Meic i'r ddwy yn Solfach yn gynharach yn yr haf cynigiwyd ystafell iddo yn y gwesty am ddim am cyn hired ag a ddymunai. Galwyd ar Fiona i ddod heibio i weld yr ymwelydd annisgwyl. Bu'r tri'n hel tafarndai yng nghar Morris Minor Fiona. Gwnaeth y triawd yn fawr o'r seidir lleol am ddeg ceiniog y peint. Pan oedd y goden yn wag penderfynodd y tri fynd i grynhoi fale yng nghyffiniau Henffordd.

Wedi cyfnod ym mwthyn anghysbell Tiggy lle'r oedd Meic ar ei ben ei hun yng nghwmni haid o gathod Siamaidd trwy'r dydd, roedd nawr yn mwynhau'r eithaf arall o benrhyddid yng nghwmni dwy groten ifanc o'r un anian. Ond roedd profiad ysgytwol arall i ddod pan benderfynodd Meic ymweld â'i famgu a'i dad-cu yn Amwythig a chael gwahoddiad i fyw gyda nhw. Roedd hynny ar yr amod ei fod yn dod o hyd i waith.

Fe'i gyrrwyd gan y swyddfa gyflogi i weithio mewn bragdy yn golchi a glanhau'r peipiau a'r tanciau.

Gwnaeth yn fawr o'r cyfle i flasu'r diodydd, yn arbennig y Guinness a ddeuai draw o Iwerddon, a'r Southams Old Strong a aeddfedai yn y tanciau am naw mis cyn iddo gael ei yfed. Byddai gwydred wastad wrth ei benelin wrth ddarllen i geisio dygymod â'r diflastod. Doedd yna ddim cweit yr un hwyl i'w gael yng ngwynt y barlys ag oedd ar y perci tato a'r perci gwair 'nôl yn Solfach.

Ond y profiad mwyaf dirdynnol oedd rhannu'r aelwyd y magwyd ei dad arni, y tad nas gwelsai erioed. Dysgodd Meic dipyn am ei dylwyth mewn byr amser. Deallodd nad oedd ei dad, Gerald, yn cyd-dynnu â'i dad ei hun a buan y daeth yn amlwg nad oedd gan yr ŵyr fawr ddim yn gyffredin â'i dad-cu chwaith. Ymddengys fod Louis Algernon Wright, neu 'Algy' fel y byddai Gertrude, ei wraig, yn ei alw, yn un am drefn gan fynnu fod pob agwedd ar fywyd yn dilyn yr un patrwm ddydd ar ôl dydd hyd y manylyn lleiaf, fel sut y berwid yr ŵy a'i osod ar y ford. Anathema i Meic fyddai hynny, wrth gwrs. Doedd yr arhosiad, felly, ddim yn debygol o fod yn hir.

Serch hynny, bu yno'n ddigon hir i gael ar ddeall i'w dad syrthio mewn cariad â dynes hŷn pan oedd yn ddeunaw oed. Fe roddodd enedigaeth cyn pryd, a bu hithau a'r ferch farw ar y gwely esgor. Wedi hynny ni fu Gerald fawr o dro cyn ymuno â'r Awyrlu. Deallodd Meic hefyd mai cyndyn iawn oedd ei dad-cu i roi benthyg ei gar i'w fab ac iddi fynd yn dân gwyllt rhyngddyn nhw pan brynodd Gerald gar MG to meddal i'w ddifyrru'i hun. Tebyg i ddyn fydd ei lwdn.

Yn unol â'r disgwyl ni pharhaodd tangnefedd ar yr aelwyd. Ni pharodd y gwaith yn y bragdy chwaith. Pitw oedd y gyflog a dim golwg o brentiswaith i ddysgu bragu, dim ond glanhau a glanhau trwy'r dydd gwyn. Symudodd Meic i fyw gyda modryb yn y cyffiniau am nad oedd cadoediad yn debygol o ddigwydd rhyngddo ag Algy. Cafodd waith yn talu gwell cyflog gyda'r Dunlop Rubber Company. Ond roedd bwrw golwg ar deiers trwy'r dydd yr un mor ddiflas â glanhau pibellau cwrw i grwt a feddai anian greadigol. Ni pharhaodd wrth y gwaith am fwy na deufis.

Doedd dim amdani ond codi pac a'i hanelu am Lundain drachefn gan alw i weld Fiona yn Henffordd ar y ffordd, i flasu'r seidir, a chael ei hebrwng ganddi cyn belled â Chaerloyw. Oddi yno, y tu fas i gaffi saim, cafodd ei gludo mewn lorri i Lundain. Wrth sylweddoli na fyddai'n debygol o ymweld ag Amwythig fyth eto, sylweddolodd hefyd ei fod, trwy ei arhosiad yno, wedi dysgu llawer amdano'i hun.

"Y cyfnod byr hwnnw yn Amwythig oedd yr adeg fwya diflas ro'n i wedi'i phrofi yn fy mywyd hyd hynny, ond fe ddysges i lot am hanes teulu 'nhad na wyddwn i ond ychydig iawn amdano fe cyn hynny," meddai.

Un o gariadon Henffordd a gyflwynodd Meic i ganeuon llanc y byddai'n cael ei gymharu iddo ymhen ychydig flynyddoedd a'i ddisgrifio fel y fersiwn Cymreig ohono.

"Un dwrnod dyma hi'n whare record i fi. Ac ro'n i'n wherthin wrth ei chlywed hi. 'Pwy ddiawl yw hwn?' medde fi. Beth o'dd hi ond record gynta Bob Dylan, ac fe sylweddoles ar unwaith nag o'dd hi'n ddim byd ond *rip-off* o Woody Guthrie, Dave Van Ronk a *negro blues,* pethe fel 'See That my Grave is Kept Clean', 'Gospel Plough' a 'Baby, Let me Follow You Down' – jyst y math o beth o'n i wedi bod yn neud.

"Wedyn, yn ddiweddarach yr un flwyddyn dyma fi'n clywed *The Freewheelin* Bob Dylan, ei ail record hir e, a chlywed caneuon fel 'Don't Think Twice' a 'Blowing in the Wind'. Wow! O'dd y boi 'ma'n gallu cyfansoddi gystal â Woody Guthrie. O'dd e'n *spot on.* Cyn hynny do'dd dim cyfansoddwyr i gal, dim ond crap Tìn Pan Alley, a dyma'r boi 'ma yn dod mas o'r gofod, neu i fod yn fanwl, o Hibbing, Minnesota. 'Ble ddiawl ma Hibbing, Minnesota?' o'dd pobol yn gofyn. Ond dyna fe, o'dd pobol yn gofyn hefyd, ble ma Solfach, Sir Benfro?" meddai Meic.

5

Llundain, Paris a Manceinion

ERBYN HYNNY GWYDDAI Meic nad oedd palmentydd Llundain wedi'u gwneuthur o aur ond eu bod, serch hynny, yn balmentydd lliwgar a'r rheiny erioed yn fwy lliwgar na'r tro hwnnw pan gafodd ei ollwng ar doriad gwawr yng nghanol Covent Garden o gaban y lorri honno y dringodd iddi ym magddu'r nos.

Roedd y farchnad ffrwythau'n ferw o sŵn a swae am bump o'r gloch y bore. Doedd y clochdar ddim yn ei ddieithrio, ond yn hytrach yn ei sugno i'w ganol wrth iddo setlo yn un o'r tafarndai i dorri syched wedi pum awr o sgwrsio di-baid i gadw'r gyrrwr lorri ar ddi-hun ac i wrthweithio effaith yr amffetaminau a lyncai yntau i gadw crafangau Siôn Cwsg draw.

Gwyddai am y cilfachau a'r corneli, y caffis a'r tafarndai erbyn hynny ac am y modd yr arweiniai'r palmentydd lliwgar at glybiau'r un mor lliwgar. Medrai gymysgu â bonedd a gwreng, a phobol o bob gradd, yn arbennig os oedden nhw'n gerddorol greadigol ac yn barod i wthio'r ffiniau. Roedd Meic yn ddisgybl eiddgar.

Y bore hwnnw, yng nghanol holl fynd a dod y Cocnis, dau beth a boenai Meic oedd dod o hyd i lety a chanfod gwaith, y naill er mwyn cael lle i roi ei ben i lawr a'r llall er mwyn ei gynnal tra treuliai gymaint o amser â phosib yn y clybiau jazz a gwerin. Ond doedd dim brys arno i adael y dafarn glyd, a oedd ar agor dim ond ar gyfer y porthorion a gweithwyr y farchnad mewn gwirionedd. Wrth hebrwng parti o *toffs* oddi yno roedd y bownsar wedi dweud wrth 'Taffy' y câi aros yno tan amser cau am wyth o'r gloch.

Teimlai Meic yn flin fod y rhocesi â'r gwynt persawr drudfawr a'u cariadon yn eu dici bôs a'i siacedi hwyrol wedi'u tyrchu o'r dafarn. Ychwanegu at y lliw a wnaent yn ei olwg e yng nghanol y ffagots a'r pys a'r iaith gwrs. Chwilio am brofiadau gwahanol a wna'r sawl sy'n llawn o'r elfen greadigol, yn hytrach na glynu at y cyfarwydd digyfnewid. Mae gan bawb ei stori i'w hadrodd a honno weithiau'n werth ei rhannu er mwyn rhoi arlliw gwahanol ar helbul dynoliaeth. A digwydd hynny, gan amlaf, yn annisgwyl.

Cyn pen fawr o dro eisteddai Meic mewn caffi Eidalaidd gerllaw yng nghanol holl weithwyr y nos yn bwrw'u blinder cyn mynd adref. Bwytaodd bryd o'r hyn a ddeuai'n brif ymborth iddo yn y dyddiau hynny, sef *spaghetti Bolognese* gan freuddwydio am y gitarau fyddai'n eu chwarae a'r cerddorion fyddai'n eu cyfarfod yn y clybiau. Aeth heibio rhai o'r siopau cerdd i weld beth oedd ganddyn nhw yn eu ffenestri.

> Roedd gitare Americanaidd ar ddechre dod i farchnad Llunden trwy Selmers a siop Ivor Mairants yn Wardour Street. Roedd Ivor Mairants hefyd yn gitarydd swing enwog, oedd wedi taro bargen 'da Martin Guitars o Nazareth, Pennsylvania. Martin oedd y gitare druta'n y byd a'r rhai roedd y galw mwya amdanyn nhw ar y pryd – y Greal Sanctaidd o blith bocsys, yn enwedig i gantorion gwerin a'r felan, ac roedd Big Bill Broonzy, Lonnie Johnson, Josh White a Lonnie Donegan yn eu chware nhw wrth gwrs. Petawn i ond yn gallu cael gafael ar 1947 Treble 0 28 'da bol sbriwsen Adirondac, corff pren rhosyn Brasil a phwrffil patrwm cefen pennog o'r Almaen. Roedd y peth yn symffoni ddaearyddol cyn i chi'i dynnu fe o'i gâs hyd yn oed. 'Pe bai'r Wyddfa i gyd yn gaws, fe fyddai'n haws cael cosyn'.

Er yn ei gysuro'i hun ei fod yn ifanc, yn rhydd, ym mlodau ei ddyddiau a heb orfod dilyn y myrdd a welai ar hyd y strydoedd ar eu ffordd i'w swyddfeydd, y realiti oedd na fedrai freuddwydio heb fod yna do uwch ei ben a modd i'w gynnal ei hun. Cofiodd am hen bartner coleg, Geoff Stevens, oedd yn byw yn Chalk Farm yng ngogledd Llundain. Dyna hynny wedi'i setlo.

O ran crafu byw, cynigiodd y swyddfa gyflogi waith iddo fel clerc gyda'r gwasanaeth sifil yn swyddfa'r Ymddiriedolwr Gwladol yn Holborn Kingsway yng nghanol Llundain. Mae'n rhaid iddo brofi ei hun ymhlith y clercod mwyaf anghymwys i'r Ymddiriedolwr Gwladol erioed ei gyflogi. Serch hynny, fe fu Meic am gyfnod yn gofalu am stociau a chyfranddaliadau Dug Norfolk oedd wedi'u buddsoddi mewn rheilffyrdd a choedwigaeth yn Ne America.

Ond y clybiau o amgylch Soho lle byddai cerddorion *avant-garde* y cyfnod yn treulio'u hamser oedd y cyrchfan beunydd gyda'r nos. Dechreuodd gymysgu gyda'r rheiny a fyddai ymhen amser yn gweddnewid y byd cerdd. Roedd y rhain yn torri tir newydd am eu bod yn arbrofi gyda'r gitâr ac yn barod i ddod dan ddylanwad pwy bynnag ddeuai heibio, a hynny o ble bynnag, ac o ddwy ochr i Fôr Iwerydd. Deuent â'u traddodiadau eu hunain er mwyn eu cymhathu â beth bynnag a glywent o'r newydd. Pwy oedd y rhain? Wel, yn eu plith roedd Davy Graham, Gerry Lockran, Wizz Jones, Long John Baldry, Joe Locker, Martin Carthy, Alex Campbell, Jack Elliot a Derroll Adams. Mae'n werth oedi i nodi beth yn union a gyflawnodd rhai ohonyn nhw'n ddiweddarach.

Hanai tad Davy Graham o'r Alban a'i fam o Ghana, a thebyg bod hynny wedi'i arwain i ymddiddori mewn cerddoriaeth werin offerynnol ar draws y byd. Ystyrir mai ei gyfansoddiad 'Anji' yw'r darn gitâr gwerin offerynnol cyntaf. Doedd e ddim yn chwennych clod a bri. Pan drefnwyd taith iddo yn Awstralia, gadawodd yr awyren pan laniodd yn Bombay am awr a threulio'r chwe mis nesaf yn teithio o amgylch India yn gwrando ar gerddoriaeth werin. Gwnâi fel y mynnai yn ôl pa chwiw bynnag a'i tarai ar y funud.

Serch hynny, caiff ei ystyried yn un o sefydlwyr pennaf yr hyn y daethpwyd i'w alw'n 'gerddoriaeth byd' ar sail ei ddiddordeb yn yr *oud*, y delyn neu'r gitâr Arabaidd. Ni pherfformiodd fawr ddim rhwng diwedd y 1960au a'i farwolaeth yn 2008. Fe'i trechwyd gan gyffuriau am gyfnod wedi ei fynych ddefnydd o gocên, LSD ac opiwm. Gwnaeth lawer o waith gwirfoddol ym maes iechyd meddwl a bu'n aelod o bwyllgor gwaith MIND.

Hanai Gerald Lockran hefyd o waed cymysg, ei dad yn Wyddel a'i fam o India, lle ganwyd ef yn 1942. Symudodd y teulu i Loegr yn 1958. Y dylanwadau pennaf arno oedd yr Americanwyr croenddu, Big Bill Broonzy a Brownie McGhee. Perfformiai'n gyson ar draws Ewrop nes iddo gael trawiad ar y galon a'i barlysu ar ddechrau'r 1980au. Bu farw yn 1987.

Caiff Wizz Jones ei ystyried ymhlith y mawrion ac yn fawr ei ddylanwad ar genedlaethau dilynol o gitaryddion. Ymserchodd yn arddull canu'r felan a gysylltir â Chicago a'r Mississippi Delta. Fe'i ganwyd yn 1939 yn ardal Croydon. Treuliodd gryn amser yn perfformio ar draws Ewrop, yn arbennig yn yr Almaen. Bydd Bruce Springsteen yn aml yn canu ei gyfansoddiad 'When I leave Berlin'.

Magwyd Long John Baldry yn Middlesex. Tyfodd yn globyn o ddyn chwe throedfedd a saith modfedd. Roedd flwyddyn yn hŷn na Meic a byddai'n galw ar Meic i'r llwyfan yn gyson i ganu'r *blues* yn ei gwmni. Ni chuddiai'r ffaith ei fod yn hoyw hyd yn oed yn y 1960au. Bu'n gweithio gryn dipyn gydag Elton John cyn iddo ymfudo i Ganada ar ddiwedd y 1970au. Fe'i cofir am ganeuon fel 'Let the Heartaches Begin' a 'You've Lost That Loving Feelin''. Bu farw yn 2005.

Sgotyn a anwyd yn Glasgow yn 1925 oedd Alex Campbell, a wnaeth fwy na neb i ledu adenydd y canu gwerin yn y 1960au a'r 1970au. Collodd ei swydd yn y gwasanaeth sifil oherwydd ei dymer, a doedd ei natur dymhestlog ddim bob amser o dan reolaeth yn y clybiau gwerin. Medrai yfed o'i hochor hi. Treuliodd Meic gryn dipyn o amser yn ei gwmni a chael ei berswadio ganddo i fwrw ati i gyfansoddi ei ganeuon ei hun ac ennyn hyder ynddo i drin cynulleidfaoedd afreolus. Ymhlith criw slochian Alex Campbell roedd Dominic Behan.

Treuliodd Alex Campbell gyfnod yn bysgio ym Mharis, lle daeth ar draws yr Americanwr Derroll Adams, a chwaraeai'r banjo ac a fu'n fodd i hybu ei yrfa. Fe'i cofir hefyd am ei allu i ddweud straeon. Roedd ganddo bresenoldeb llwyfan digamsyniol, ond heb y llais gorau na'r gallu i drin y gitâr cystal â rhai o'r cerddorion iau. Doedd y puryddion canu gwerin, megis carfan Ewan MacColl, ddim yn rhy hoff ohono oherwydd bod ei orwelion yn lletach na'u heiddo nhw. Bu'n byw yn Nenmarc am gyfnod hir cyn iddo farw yn 1987.

Hanai Joe Locker o Efrog Newydd. Dysgodd chwarae'r banjo wrth fynychu'r Washington Square Park Sunday Sessions yn Greenwich Village. Daeth yntau a'i gyfaill, Tom Paley, i Loegr yn y 1960au cynnar gan ffurfio'r New Deal String Band yn 1969 sydd wedi perfformio'n gyson byth ers hynny.

Ganwyd Jack Elliot yn Efrog Newydd yn 1931. Pan oedd yn bymtheg oed dihangodd o'i gartref Iddewig yn Brooklyn i ymuno â sioe rodeo. Daeth ei rieni o hyd iddo ymhen tri mis a bu rhaid iddo ddychwelyd adref. Ond roedd caneuon y cowbois wedi cydio ynddo, ac yn ddiweddarach dechreuodd ganu caneuon Woody Guthrie. Doedd yna ddim mwy o arwr ymhlith cantorion gwerin am fod Woody yn canu am drafferthion y dyn gwyn cyffredin ar draws America. Arferai Jack chwarae'r harmonica hefyd ac roedd ganddo lais trwynol hawdd ei adnabod. Oherwydd ei arfer o ddweud straeon hirwyntog a digyswllt cyn canu fe'i galwyd yn Rambling Jack Elliot. Pan fyddai'n canu un o ganeuon Bob Dylan arferai ddweud, 'Dyma gân gan fy mab Bob Dylan'.

Ynghanol y pair hwn o gantorion a cherddorion y canfu Meic Stevens ei hun yn gynnar yn y 1960au. Oedd, roedd Bob Dylan ei hun yn eu plith hefyd yn ei dro. Yng nghlwb gwerin The Troubadour yn Earls Court y gwelodd Meic ef am y tro cynta, yn y gynulleidfa yn hytrach nag yn perfformio. Gwrando a sylwi ac yna efelychu a dynwared yr holl arddulliau amrywiol a glywai fyddai Meic yng nghartre Geoff Stevens yn Chalk Farm. Ac yn annisgwyl, gyda chymorth cymydog o Wyddel, Sydney Dolcini Cheadle, fe ddarganfu rywbeth newydd amdano'i hun.

> Roeddwn i'n iste ar y stâr yn Chalk Farm un noswaith yn trial chware fel Big Bill Broonzy, pan ddaeth Syd, y boi oedd yn byw drws nesaf, mas a sefyll yno'n edrych arna i. Ymhen dipyn, medde fe, "Can you play what you're thinking?" Wedyn, yn ôl â fe at ei deipiadur a chau'r drws. Do'n i rioed wedi meddwl am chware beth o'n i'n feddwl, ro'n i wastad yn trial copio cerddoriaeth pobol eraill. Ar chwap fel 'ny, fe wnaeth e i fi feddwl yn wahanol am gerddoriaeth, a dwi'n fwy gofalus byth ers hynny.

Wrth iddo bendroni uwchben cerydd Sydney Dolcini Cheadle o dipyn i beth fe ddechreuodd gyfansoddi ei ddeunydd ei hun yn hytrach na dibynnu ar eiddo pobol eraill. Un o'r caneuon cynnar oedd 'John Burnett' yn seiliedig ar brofiad dirdynnol yn Birmingham ym mis Tachwedd 1962 pan oedd eira ar lawr. Mentrodd Meic a nifer o'i ffrindiau o Gaerdydd am benwythnos i ardal Edgbaston yn Birmingham. Ni ddaeth un o'r ffrindiau, Dicky Douthwaite, 'nôl i Gaerdydd am iddo gael ei drywanu i farwolaeth mewn parti. Cofia Meic yr achlysur pan oedd yntau a Dicky wedi gadael y parti i fynd am dro.

"O'n ni wedi bod ar *amphetamines* neu sbîd, fel ma fe'n cal ei alw. Jyst cerdded lawr y ffordd o'n ni, yn eitha hapus. Ac wrth i ni gerdded o'n i nesa at y wal, a gredes i bo fi wedi gweld rhywun yn rhedeg y tu ôl i ni. O'n i'n meddwl ma jyst rhywun wedi meddwi o'dd 'na a ges i gipolwg ohono fe'n rhedeg bant. Fe gwmpodd Dicky yn farw ar y ffordd a ddealles i beth oedd wedi digwydd. O'dd John Burnett wedi rhedeg mas o'r tŷ a meddwl ma ni o'dd y Gwyddelod oedd wedi gwthio mewn i'r parti. Fe redodd e ar ein hôl ni a stico cyllell yn Dicky. Dim ond tua deunaw oed oedd Dicky ac o'dd John Burnett tua'r un oedran," meddai.

Fe ddengys yr adroddiadau papur newydd o'r achos brawdlys a gynhaliwyd y mis Mawrth canlynol i'r drosedd ddigwydd ar nos Sul, Tachwedd 18. 'Beatnik party murder charge. Cardiff victim is knifed in back court is told,' meddai pennawd yn y *South Wales Echo* wedi i John Burnett ymddangos mewn llys trannoeth y digwyddiad i gyfaddef ei drosedd. Am ei fod o dan

18 pan lofruddiodd Dicky Douthwaite, cafodd John Burnett ei ddedfrydu i gyfnod o garchar 'hyd y mynno ei Mawrhydi' fel y dywedid ar y pryd.

Ni fu Meic yn yr achos llys i roi tystiolaeth am nad oedd yr heddlu'n medru dod o hyd iddo.

Yn y cyfamser, 'nôl yn y pair yn Llundain wrth i'r diddordeb mewn jazz bylu a'r diddordeb mewn canu gwerin gynyddu, rhannai Meic y dirmyg cyffredinol at y puryddion a gynrychiolid gan Ewan MacColl a'i debyg. Mynnai'r genhedlaeth iau gyfansoddi caneuon gwerin cyfoes o'r newydd, a naw wfft i hen ganeuon anadnabyddus y daeth rhyw gasglwr ar eu traws mewn bwthyn diarffordd rywle yng nghanol y mynyddoedd, a'r rheini hwyrach erioed wedi'u canu y tu fas i'r bwthyn hwnnw. Prin fod y criw yn caniatáu cyfeiliant i'r caneuon hyd yn oed. Ar y pryd roedd MacColl, a anwyd yn Salford yn 1915 yn fab i Albanwyr o'r enw William a Betsy Miller, yn gweithio i'r BBC yn Llundain yn casglu caneuon gwerin. Cydweithiai â Peggy Seeger.

> Roedd MacColl wir yn ymhonnus – wedi newid ei enw hyd yn oed – a byddai'n canu 'da'i law dros un glust, a'i ben ar un ochor, a golwg ddeallus ar ei wyneb – neu felly roedd e'n tybio. Roedd Seeger yn gerddor gwerin dawnus â llais bach persain a *repertoire* aruthrol o ganeuon ethnig Americanaidd – roedd ei chlywed hi'n canu'r banjo yn fêl i'r clustie ar ôl gweddill y 'canu'. Ubain a griddfan oedd hwnnw gan mwya, am enethod a bechgyn yn gyrru'r wedd a sothach cefen gwlad diflas arall. Yn y buarth ydi'u lle nhw.

Ond, er tegwch, fe recordiodd Ewan MacColl dros gant o recordiau yn ystod ei oes. Roedd ymhlith criw gorymdeithiau heddwch Aldermaston yn y 1960au, a ystyrir yn grud i'r mudiad canu protest modern. Roedd yn gyfansoddwr toreithiog, ac ymhlith ei ganeuon mwyaf adnabyddus mae 'Dirty Old Town', 'The First Time I Ever Saw Your Face' a 'The Ballad of Tim Evans', y Cymro o Ferthyr a grogwyd ar gam. Bu'r gwasanaethau cudd yn cadw llygad arno am gyfnod oherwydd ei ddaliadau Comiwnyddol.

Ymunodd Ewan MacColl â'r fyddin yn 1940, ond gadawodd ymhen tri mis er, yn rhyfedd iawn, ni chafodd erioed ei erlyn am hynny fel roedd yn arferol. Fodd bynnag, ymddengys nad oedd yn ddiotwr ac na fyddai'n gyffyrddus ymhlith slochwyr Soho er iddo gydweithio â Dominic Behan am gyfnod. Tebyg bod ganddo ormod o heyrns yn y tân ym myd prosiectau theatr a radio, yn ogystal â sosialaeth yn gyffredinol, i fentro treulio'i amser yn segura. Nid oes sôn iddo erioed fod yn bysgio, yn sicr nid ar hyd strydoedd Paris.

Caffis St Michel yng nghysgod Notre Dame ym mhrifddinas Ffrainc oedd cyrchfan cyfeillion cerddorol newydd Meic o bryd i'w gilydd. Doedd dim angen fawr o anogaeth arno yntau i ymuno â nhw. Prin y byddai'n cael ei dalu pan berfformiai yng nghlybiau Llundain. Yn sicr, doedd ganddo ddim uchelgais o ddringo grisiau gyrfa o fewn y gwasanaeth sifil.

Gellid gwneud arian da yn bysgio a pherfformio yng nghaffis Paris, ac roedd y costau byw yn dipyn rhatach nag yn Llundain. Gellid gwledda ar win, bara, caws a ffrwythau am hanner can ceiniog. Buan y cafodd Meic butain ifanc, Claire Duval, yn angel gwarcheidiol iddo. Elai Meic yn ei chwmni i eglwys babyddol Sacré-Cœur i oleuo cannwyll ac i ddweud ei chyffes. Roedd puteindod yn gyfreithlon ym Mharis ar y pryd.

Yn ychwanegol at y criw arferol o Lundain, roedd yna gantorion gwerin a phrotest o America yn rhan o'r pair, megis Phil Ochs a fu'n ddylanwadol yn y mudiad heddwch gyda chaneuon fel 'Draft Dodger Rag' ac 'I Ain't Marching Anymore'. Lladdodd ei hun yn 35 oed yn 1976 yn Efrog Newydd. Roedd Mary Travers yn yr un mowld, a daeth yn adnabyddus fel aelod o'r triawd Peter, Paul and Mary yn poblogeiddio llawer o ganeuon Bob Dylan. Bu Mary farw yn 72 oed yn 2009.

Eisoes roedd Richard a Mimi Fariña yn gyfarwydd â pherfformio yn nhai coffi Greenwich Village yn Efrog Newydd. Cymysgai Richard gyda'r llenorion yn y White Horse Tavern. Roedden nhw ym Mharis i ehangu eu gorwelion. Daeth cyfraniad Richard i ben pan gafodd ei ladd mewn damwain moto-beic yn 1966 yn fuan wedi cyhoeddi ei nofel gwlt *Been*

Down So Long It Looks Like Up to Me. Hanai Ian a Sylvia o Ganada. Rhoesant y gorau i berfformio yn dilyn eu hysgariad yn 1975. Daeth Meic ar draws y gantores werin, Peggy Seeger, o Efrog Newydd yno hefyd.

Yn y cyfnod hwn y trefnwyd priodas gyfreithlon ond ffug rhwng Peggy Seeger ac Alex Campbell o bawb ym Mharis. Roedd Seeger wedi cwympo mewn cariad ag Ewan MacColl ond roedd yntau'n dal yn briod i'w ail wraig, Jean Newlove. Roedd Seeger ar fin cael ei hel o'r wlad am fod ei hawlen gwaith wedi dod i ben. Er mwyn cael dinasyddiaeth Brydeinig a hawl i aros yn y wlad, a pharhau â'i pherthynas â MacColl, roedd rhaid iddi briodi rhywun. Yn 1977 y priododd hi ac Ewan MacColl wedyn gan barhau'n briod tan ei farwolaeth yn 1989. Er iddi ddychwelyd i'r Unol Daleithiau yn 1994, daeth yn ôl i Loegr yn ddiweddarach i fod yn nes at ei phlant ac i uniaethu â gwragedd heddwch Comin Greenham, gan gyhoeddi ei bod yn ddeurywiol.

Yng nghanol yr holl fynd a dod hwn o bobl o gyffelyb anian yn awyddus i hyrwyddo ffiniau'r gitâr, gwelodd Meic ambell wyneb cyfarwydd ymhlith y crwydriaid; rhai o fois y Moulders yng Nghaerdydd, ac yn eu plith Robin Grace, Mike Bradden a Jimmy Angove. Byddai Wally 'Sosban' Jones o Lanelli yn treulio cyfnodau yno hefyd. Onid oedd y byd yn fach? Onid oedd pawb yn chwilio am brofiadau o'r newydd wrth ddilyn llinyn y gitâr?

Ni fyddai'n ddim i Meic ddilyn ei drwyn i ryw ddinas egsotig arall yn y cyfnod hwn. Pan ddywedodd rhai o'r gitarwyr wrtho fod gwin hyd yn oed yn rhatach yn Barcelona – yn ddim ond ceiniog y gwydred ac roedd yna ddau gant a deugain o geiniogau mewn punt bryd hynny – roedd yn yfed yn Barcelona drannoeth. Ond byddai gwreiddiau'r gorllewin yn ei dynnu 'nôl.

> Fe fyddwn i'n mynd gartre i Solfach o bryd i'w gilydd, pan oedd hiraeth yn mynd yn drech na fi. Byddwn i'n lico gweld fy nheulu ac iste ar y cei yn Solfach unwaith eto. Ambell waith, fe fyddwn i'n

cael gwaith ar fferm – yn gyrru tractor, yn lladd gwair neu'n codi tato; neu falle'n gweithio ar y cynhaea llafur yn ddiweddarach yn y flwyddyn. Dyddie difyr – gwaith caled, ond i gyd yn rhan o'r ffordd 'na o fyw.

Nid rhyfedd fod yr holl fynd a dod, y gwin a'r cyffuriau, yn effeithio ar ei synnwyr o amser. Cyrhaeddodd Meic adref yn Solfach flwyddyn yn hwyr i ddathlu ei ben-blwydd yn un ar hugain. Pa ots? Trefnodd Betty Stevens anferth o barti i wahoddedigion o bedwar ban byd. Balch oedd o weld ei mab gartref hyd yn oed os credai ei fod flwyddyn yn iau nag oedd mewn gwirionedd. Cymaint oedd y gyfeddach nes i rai orfod yfed o sosbenni, a hyd yn oed powlen y gath. Bu'n benwythnos da i'r Royal George hefyd.

A hithau'n wanwyn 1964 a Meic newydd ddathlu ei ben-blwydd yn un ar hugain a dwy ar hugain ar yr un pryd, trodd ei gamre tua Birmingham. Roedd yr addysg gerddorol yn parhau. Cafodd ei ryfeddu gan yr Ian Campbell Folk Group a chan Martin Carthy a Dave Swarbrick. Dychwelodd i Gaerdydd ar gyfer gêm rygbi ryngwladol a chyfarfod â Charlie Bethel, un o slochwyr y Moulders a oedd yn fyfyriwr ym Manceinion erbyn hynny. Y canlyniad, ar anogaeth Charlie, fu iddo ddychwelyd ar fws y myfyrwyr i Fanceinion a chychwyn sefydlu ei hun fel canwr gwerin proffesiynol. Tra treuliai'r ddau eu hamser ym mar Undeb y Myfyrwyr, llwyddodd Charlie i drefnu ambell gìg i'w gyfaill mewn clybiau stripio a chlybiau hoyw yn y ddinas, yn ogystal â pherfformio'n gyson yn yr Undeb ei hun.

Dau fyfyriwr yn y brifysgol ar y pryd oedd Eleanor a Jonah Raskin o Efrog Newydd. Roedden nhw'n gyfarwydd â chlybiau gwerin Greenwich Village ac artistiaid ar eu prifiant, fel Joan Baez, Phil Ochs a rhyw fachan o'r enw Bobby Zimmerman. Meddai Eleanor ar lais grymus a llond côl o ganeuon gwerin roedd hi'n fwy na pharod i'w canu. Cofia Jonah y cyfnod yn dda.

"Dwi'n cofio Meic yn canu'r gitâr a'r harmonica ac yn canu caneuon traddodiadol Cymraeg a Gwyddelig, caneuon môr a chaneuon gwerin cyfoes o eiddo Bob Dylan a Donovan. Rhai o ganeuon Reverend Gary Davies hefyd, dwi'n meddwl. Gwyddai Meic bob dim am y *blues*, sgiffl a mwy. Gwyddai am y clybiau gwerin yn Llundain. A dweud y gwir, roeddwn yn rhyfeddu at ei wybodaeth eang am gerddoriaeth America yn ogystal â Phrydain.

"Roedd Meic yn ddoniol, yn adrodd y straeon rhyfedda. Adwaenai holl gymeriade Manceinion, y perchnogion tafarndai a phawb oedd yn gyfrifol am y clybie gwerin. Byddai bob amser yn trefnu gigs. Doedd e byth yn pryderu am arian. Dwi ddim yn gwybod a oedd ganddo arian neu beidio, ond pan fyddai ynte ac Eleanor yn canu rywle bydde fe bob amser yn stwffio bwndel o bunnoedd i'w dwylo ar ddiwedd y noson. Bydden ni'n mynd i gael pryd o gyrri wedyn yn hwyr y nos.

"Dwi'n cofio rywbryd iddo wneud poster ar ei gyfer e ac Eleanor. Gofynnodd iddi o ble roedd hi'n dod yn Efrog Newydd. Doedd yr ateb yn golygu dim iddo a gofynnodd a oedd y lle'n agos i Greenwich Village neu Harlem. 'Harlem,' meddai Eleanor. A dyna ddodwyd ar y poster. Ar y noson daeth criw o filwyr Americanaidd croenddu i'r gìg a chael eu synnu mai cantores groenwyn oedd y ferch o Harlem! Bydde Meic yn dod heibio ein fflat wedyn gyda rhai o'i ffrindie o'r coleg celf, efallai, ac yn gwrando ar gerddoriaeth yn ogystal a'i chwarae am yn ail â siarad am gelf," meddai Jonah.

Yn ei ieuenctid roedd Jonah Raskin yn newyddiadurwr radical asgell chwith cyn iddo ymuno â staff academaidd Prifysgol Sonoma, Califfornia. Cyn ymddeol yn 2011 bu am gyfnod yn Bennaeth yr Adran Astudiaethau Cyfathrebu. Ymhlith ei gyhoeddiadau mae *American Scream: Allen Ginsburg's "Howl" and the Making of the Beat Generation*; *Marijuanaland: Dispatches from an American War* a *The Mythology of Imperialism*. Mae Jonah Ruskin a Meic Stevens yr un oed.

Eleanor oedd y cyntaf i raddio gyda Dosbarth Cyntaf mewn Astudiaethau Americanaidd ym Mhrifysgol Manceinion. Wedi iddyn nhw ddychwelyd i America daeth ei phriodas hi a Jonah i ben yn 1969. Bu Eleanor yn ymwneud â'r mudiad tanddaearol Weatherman a ddefnyddiai drais, cyn iddi droi i astudio'r gyfraith a chael ei phenodi yn Athro Cysylltiol yn Ysgol y Gyfraith yn Albany, Efrog Newydd, gan roi sylw neilltuol i gyfraith amgylcheddol ryngwladol gan ganolbwyntio ar y newid yn yr hinsawdd. Ymhlith ei chyhoeddiadau mewn amrywiol gylchgronau academaidd mae *Book Review: The Philosophical Foundations of Environmental Law: Property, Rights and Nature, and Ecological Sensitivity and Global Legal Pluralism*, a *Global Warming: An International Human Rights Violation? Inuit Communities Petition at the Inter-American Commission On Human Rights*.

Americanwr arall sy'n cofio'r cyfnod yn dda pan oedd yn fyfyriwr ymchwil yng Nghaergrawnt yw Michael Meeropol, a oedd yn aelod brwd o'r clwb gwerin lleol ac yn rhannu llwyfan gyda Meic yn gyson.

"Roedd Meic yn llawn egni a chreadigrwydd. Bob amser yn perfformio gydag angerdd a dwyster. Roeddwn i'n rhyfeddu at ei ddawn i drin y gitâr chwe thant a'r gitâr deuddeg tant. Roedd e'n mynd lan a lawr y gribell yn taro nodau unigol fel petai'n chwaraewr fflamenco. Dwi'n cofio cael fy ngwahodd ganddo i Lundain un diwrnod i gyfrannu at albwm roedd e'n gweithio arni ar gyfer Decca. Dwi'n credu i fi chwarae darn solo ar ddwy gân. 'Clown in the Alley' oedd enw un. Dwi ddim yn cofio enw'r llall.

"Wedyn pan oeddwn i'n gadael Caergrawnt i fynd 'nôl i'r Unol Daleithiau dwi'n cofio'r Clwb Gwerin yn trefnu noson ffarwél i fi. Roedden nhw wedi gwahodd Meic, ynghyd â cherddor arall o Lundain, Marc Sullivan, i gymryd rhan yn y noson. Roeddwn i'n gwerthfawrogi hynny'n fawr, yn arbennig gan nad oedden nhw'n cael fawr o dâl, am wn i. Collais gysylltiad â Meic wedyn heblaw am ddwy alwad ffôn annisgwyl yn y 1990au ac anfonodd rai o'i gryno-ddisgiau ataf. Rhaid dweud nad oedd Meic yn berson i'w anghofio petaech wedi treulio amser yn ei gwmni," meddai Michael.

Treuliodd Michael ei yrfa yn y maes academaidd

a chael ei benodi'n Athro Economeg ac Astudiaethau Rhyngddisgyblaethol yn un o brifysgolion Efrog Newydd. Roedd ei rieni, Julius ac Ethel Rosenberg, yn weithgar gyda'r Blaid Gomiwnyddol a chawsant ill dau eu dienyddio yn 1953 am gynllwynio i ysbïo a datgelu cyfrinachau i'r Undeb Sofietaidd. Newidiodd Michael ei gyfenw'n ddiweddarach pan gafodd yntau a'i frawd eu mabwysiadu gan Abel ac Anne Meeropool. Cerddor a chyfansoddwr oedd Abel.

Cofia Mary Humphreys o Goed-poeth, ger Wrecsam, am Meic yn treulio'i amser ymhlith y myfyrwyr ac o gwmpas y bar er ei fod yn amlwg yn hŷn na'r rhelyw ohonyn nhw. Byddai ei bresenoldeb yn creu argraff.

"Dwi'n cofio un noson un o'r myfyrwyr yn canu fersiwn Saesneg o'r gân 'Cosher Bailey' a dyma Meic yn codi ar ei draed i ganu cân 'Y Mochyn Du' nerth esgyrn ei ben. Roedd hi'n braf clywed cân Gymraeg. Ond tydw i ddim yn cofio Meic yn perfformio yn y clybie gwerin lleol chwaith. Ond yn sicr roedd e'n byw a bod yn yr Undeb ar un adeg. Bydde Ian Chisholm yn chware yn selar yr Undeb amser cinio ac mae'n siwr y bydde Meic yno hefyd. Fyddwn i ddim yn mentro yno oherwydd y sŵn a'r holl fwg fel oedd hi yn y dyddie hynny," meddai Mary.

Un arall a'i cofiai o'r cyfnod hwnnw yw'r dringwr a'r llenor, Jim Perrin, ac ychydig a feddyliai bryd hynny y byddai eu llwybrau'n cyd-daro eto ymhen blynyddoedd i ddod.

"Bydde criw dringo Manceinion yn cwrdd yn y Manchester Sports Guild ar nos Wener cyn teithio i Eryri i fwrw'r Sul. Meic oedd y cyflwynydd a'r perfformiwr fydde'n cynhesu'r gynulleidfa yn y clwb gwerin yno. Dwi'n cofio meddwl bryd hynny ei fod yn ganwr ac yn berfformiwr heb ei ail pan oedd ar ei ore," meddai Jim.

Gŵr lliwgar arall fyddai'n hofran o gwmpas bar Undeb y Myfyrwyr ym Manceinion fydde Jimmy Savile, cyflwynydd y rhaglen deledu *Top of the Pops* a recordid mewn stiwdio gerllaw. Gwyddai Meic ar y pryd nad oedd Savile yn ddyn i'w groesi a'i fod yn ymhél â merched o dan oed. Nid tan 2012 ac yntau yn ei fedd y daeth i'r amlwg ei fod yn bedoffeil gyda'r gwaethaf.

Doedd ei bresenoldeb ddim yn mennu llawer ar Meic nes i un o'i gyfeillion trwsiadus o gefndir ysgol fonedd, Richard Reese-Edwards, wneud cynnig na fedrai'n hawdd ei ddiystyru. Roedd y gŵr bonheddig yn chwilio am artist i'w hyrwyddo gan addo ymddangosiadau teledu a chyfle i ryddhau record. Y canlyniad fu i Meic gael ei wysio i swyddfa cwmni Anglo-Continental Enterprises i lofnodi cytundeb.

> Bydde'r cwmni'n cael hyd i fflat ddeche i fi ac yn rhoi tâl cadw wythnosol i fi. Roedd hon yn fargen dda. Ro'n i'n cysgu ar lawr Charlie a doedd dim cerpyn 'da fi heblaw'r dillad oedd amdana i, a'r rheini wedi'u benthyca gan mwya. Roedd fy ngitâr i'n un rhad ac erbyn hyn wedi mynd i'r cŵn a'r brain, felly fe fydden nhw'n prynu gitâr acwstig drydan ddeuddeg tant newydd i fi – un Hagstrom. Er mawr syndod fe ddaeth hyn i gyd yn wir.

Cyrhaeddodd y newyddion bentref Solfach a thudalennau'r papur lleol, y *Western Telegraph*. Pa ots os nad oedd pob ffaith yn gwbl gywir, er enghraifft, am ei yrfa golegol, am na raddiodd mewn gwirionedd mwy nag y gwnaeth Bob Dylan gwpla ei gwrs ym Mhrifysgol Minnesota. Roedd y crwt yn gwneud yn dda, onid oedd, ac yn gwneud enw iddo'i hun ym Mhrifysgol Manceinion?

> Mike is not a student but spends a lot of his time in the Union where the students go crazy over his blues singing. He graduated from Art School in Cardiff three years ago but has spent most of his time travelling around the country, returning to Solva to paint in summer. Mike writes a lot of songs himself and many of them have an anti-war theme.

Cyhoeddwyd y darn yn y rhifyn a gyhoeddwyd ar Ddydd Ffŵl Ebrill 1965.

Ar y pryd roedd Meic yn lletya yn fflat myfyrwraig drama o'r enw Susan Triesman. Yn ddiweddarach daeth Susan yn adnabyddus fel cynhyrchydd dramâu a chyfarwyddwr artistig yn yr Alban. Ond yn ei fflat hi yr aeth y Cymro ati i gyfansoddi

'Did I Dream'. O fewn ychydig ddyddiau ar ôl ei chyflwyno i Reese-Edwards, roedd Meic yn stiwdio recordio Tony Pike yn Putney, Llundain. O dan gyfarwyddyd John Paul Jones – aelod o Led Zeppelin yn ddiweddarach – recordiwyd y faled serch yn ogystal ag 'I Saw a Field' a oedd wedi'i chyfansoddi'n gynharach yn Solfach. Cyhoeddwyd y record sengl ym mis Mehefin 1965 a gwnaeth y cwmni eu gorau i'w marchnata a threfnu cyhoeddusrwydd.

Cynyddu wnâi'r gwaith bron beunos mewn neuaddau dawns a chlybiau bît ym mhrif ddinasoedd a threfi canolbarth Lloegr. Profodd y teithio ar drenau a bysus i'r fan a'r fan yn flinedig. Rhaid oedd hedfan i Lundain o bryd i'w gilydd. Roedd yna gyffro yn yr awyr fel pe bai rhywbeth ar fin digwydd. Doedd neb yn chwennych llwyddiant i'r record sengl yn fwy na Dick Rowe, un o benaethiaid cwmni Decca, a Richard Reese-Edwards, mentor Meic.

Gwthiwyd Charlie Bethel, 'rheolwr hunan-apwyntiedig' Meic, i'r cysgodion erbyn hyn. Cyflwynwyd Meic i Andrew Loog Oldham, rheolwr y Rolling Stones, a Vicki Wickham, un o gynhyrchwyr y rhaglen *Ready Steady Go!* ar deledu masnachol. Ymddangosodd ar raglenni teledu rhanbarthol gan gynnwys HTV. Cafodd sylw ym mhapur dyddiol y *Western Mail*.

Ond roedd rhaid i rywbeth roi. Disgwylid i'r record sengl ddringo'n uchel yn y siartiau cyn y byddai'r rhaglenni teledu, a ddarlledai i bob rhan o wledydd Prydain, yn gwahodd Meic i berfformio. Dadleuai ei gynrychiolwyr na fyddai hynny'n digwydd oni fyddai'r rhaglenni hynny'n rhoi'r cyfle iddo. Roedd yn gylch dieflig. Tua'r un pryd daeth merch arall yn rhan o fywyd Meic, a chyn bo hir byddai'n dad i groten fach. Teimlai'r dynfa 'nôl i Solfach o bryd i'w gilydd. Daeth gwahoddiad i ganu yn Gymraeg. Yng nghanol hyn i gyd chwaraeodd dynes annisgwyl, a oedd yn adnabyddus ar y pryd am ei champau rhywiol, ran allweddol ym mywyd Meic. Roedd pob dim yn dipyn o fflwcs. Byddai Meic yn cael ei dynnu i sawl cyfeiriad.

6

Bara Menyn

DOEDD GAN MEIC Stevens fawr o olwg ar fardd o'r enw Pete Brown, a geisiai gysylltu ei hun â chriw o feirdd poblogaidd Lerpwl megis Roger McGough, Brian Patten ac Adrian Henri. Doedd y gŵr o Surrey, a fu'n cyfansoddi caneuon i'r grŵp Cream yn ddiweddarach, ddim patsh ar y Sgowsers yng ngolwg Meic pan aeth i wrando arno yng Ngholeg Celf Manceinion. Serch i'r bardd ei siomi'r noson honno, cyfarfu Meic â myfyrwraig ddeunaw oed a fyddai'n chware rhan amlwg yn ei fywyd mewn fawr o dro. Hanai Tessa Bulman o Gaerliwelydd. Dechreuson nhw weld ei gilydd yn gyson. Rhannwyd fflat. Cyn pen dim roedden nhw'n disgwyl plentyn.

Ond cyn y noson honno bu bron i yrfa Meic droi'n ffaliwch pan gafodd ei gludo mewn ambiwlans o Undeb y Myfyrwyr i'r Manchester Royal Infirmary. Ofnwyd ei fod wedi cael trawiad ar y galon. Cyrhaeddodd ei reolwr, Richard Reese-Edwards, gan awgrymu wrth y meddygon mai cyffuriau oedd yn gyfrifol am ei gyflwr. Cyrhaeddodd Mandy Rice-Davies gan roi pryd o dafod i'r hyrwyddwr am awgrymu'r fath beth, a'i gwneud yn gwbl eglur nad oedd ei angen ar gyfyl y claf. Penderfynodd Mandy gymryd gofal o'r Cymro bregus.

Hanai teulu Mandy Rice-Davies o Bontiets yng Nghwm Gwendraeth. Ar y pryd roedd yn adnabyddus am ei rhan yn yr hyn a ddisgrifiwyd fel 'Helynt Profumo'. Bu'n rhaid i'r Gweinidog Rhyfel, John Profumo, ymddiswyddo o gabinet llywodraeth Dorïaidd Harold MacMillan wedi iddi ddod yn hysbys ei fod yn gyfeillgar â merch o'r enw Christine Keeler, y tybid ei bod hefyd yn gyfeillgar ag ysbïwr o Rwsia. Roedd

Mandy yn troi yn yr un cylch ac wedi defnyddio'r sylw a gafodd yn 1963 i lansio gyrfa iddi'i hun fel cantores *cabaret*. Cyfarfu Meic a hithau trwy Reese-Edwards am ei fod yntau bob amser yn ceisio cysylltu Meic â selebs o bob math er mwyn hyrwyddo'i yrfa.

O ganlyniad, yn ôl Meic, fe dreuliodd y ddau gryn amser yng nghwmni ei gilydd pan fyddai hithau'n gwisgo'n gyffredin, mewn jîns a siaced wedi'i sipio, rhag tynnu sylw ati hi ei hun. Llywiwyd y berthynas gan y cysylltiad Cymreig wrth iddyn nhw gerdded ar hyd perci'r ddinas a hwylio ar ambell lyn. Pan gyrhaeddodd yr ysbyty mewn Rolls Royce yn cael ei yrru gan *chauffeur* mewn lifrai roedd hi yn ei gogoniant, yn golygu busnes ac yn barod i gymryd Meic dan ei hadain. Mae'n rhaid bod nodweddion y fam Gymreig gonsyrnol yn dod i'r amlwg wrth iddi gymryd Meic i westy, ei faldodi a'i nyrsio nes i'r hyn a ddisgrifiwyd gan feddyg fel nam ar y system nerfol ei unioni ei hun. Sylweddolai Meic iddo fod yn gor-wneud pethau.

> Ro'n i wedi bod yn yn gorweithio ac yn yfed gormod – ar fy nhraed tan berfeddion nos yng nghlwb Mr Smith, lle bydde George Best, y pêl-droediwr, yn mynd trwy'i bethe drwy'r nos yng nghanol ei harîm. Bydde Jimmy Saville yn cymowta yno hefyd. Lle crand oedd e, a dim ond am 'mod i'n nabod pobol o'n i'n cael mynd i mewn. Fyddwn i byth yn gwisgo 'ngharpie gore – dim o'r fath beth! Anfonodd Mandy'r meddyg bob dydd am bythefnos nes i mi gael fy nghefn ataf, ac fe dalodd hi'r bilie i gyd. Ro'n i'n ddiolchgar iawn iddi – mae hi'n fenyw dan gamp. Dwi heb ei gweld hi byth ers hynny, ond bydde'n dda 'da fi gael ad-dalu ei charedigrwydd hi.

Pylu wnaeth gyrfa Mandy Rice-Davies fel diddanwraig. Aflwyddiannus fu'r ychydig recordiau a gyhoeddwyd ganddi. Priododd Iddew o'r enw Rafi Shauli yn 1966 a throi at Iddewiaeth. Sefydlodd y ddau nifer o glybiau nos a thai bwyta yn Tel Aviv gan ddefnyddio'r enw Mandy gan amlaf. Dychwelodd i Lundain yn ddiweddarach i fyw gyda'i hail ŵr a chael ei hadnabod fel Mandy Forman.

Ond wrth edrych 'nôl, nid yw cof Mandy o'r amgylchiadau yn cyd-fynd yn hollol ag atgofion Meic ei hun.

"Doedd gen i ddim Rolls Royce. Mini Cooper oedd gen i. Wdw, dwi'n cofio Meic, a mwy na thebyg fy mod wedi talu bilie'r doctor o leia. Ond dwi ddim yn cofio dim mwy na hynny," meddai.

Gwyddys fod gan Meic gof aruthrol am fanion, ond hwyrach bod yna duedd i or-liwio hefyd o bryd i'w gilydd er mwyn addurno'r dweud. A pham lai? Os dweud stori, man a man ei dweud gydag arddeliad. Edrydd ei gyfeillion bore oes stori amdano'n secyd saeth i grombil curyll i geisio twyllo'i gyfoedion ei fod newydd ladd yr aderyn pan oedden nhw'n chwarae â bwâu saeth, er ei bod yn gwbl amlwg fod yr hen gorpws wedi trigo ers meitin.

Ta beth, wedi iddo gryfhau o dan oruchwyliaeth Mandy – waeth beth oedd yr amgylchiadau – symudodd Meic i fflat myfyriwr ym mhentref Withington i adfer ymhellach a rhoi cyfle i'w gorff ddygymod â bwyd maethlon. Dyna pryd y daeth Tessa Bulman i'w fywyd. A'r un pryd ymddengys fod Richard Reese-Edwards wedi diflannu o'i fywyd yn dilyn y bregeth honno gafodd gan y ferch yr hanai ei thylwyth o Bontiets. Ni wnaed rhagor o recordiau ar label Decca. Mae Tessa yn cofio'r cyfnod.

"Dwi'n cofio dod mas o'r coleg un pnawn ar fy ffordd adre pan gwrddais â chyn-gariad ar y grisie a dyma fe'n fy nghyflwyno i'w gyfaill, Meic. Dyna'r tro cyntaf i ni siarad. Roeddwn i'n cofio fy mod wedi'i weld ar ddau achlysur cynt. Fe'i gwelais mewn clwb gwerin pan greodd gryn argraff wrth ganu cân Negroaidd, ac yna yn un o bartïon y coleg lle roedd e'n canu gyda Steve Winwood o'r grŵp Traffic. Dwi'n cofio'i glywed yn rhegi ar ei gariad ar y pryd gan feddwl ei fod yn berson hynod o annymunol.

"Wedyn fe'i cyfarfyddais yn y cantîn ryw ddiwrnod ac ynte'n fy mherswadio i fynd am ddiod yn ei gwmni er nad oeddwn am wneud. Roeddwn i'n berson naïf, wedi bod mewn ysgol breswyl, yn hanu o deulu clòs a 'mhlentyndod wedi bod o dan reolaeth lem. Ond roedd hi'n anodd dweud 'na' wrtho. Buan y deallais ei fod yn ddigartref i bob pwrpas. Cefais yr argraff iddo fod mewn ychydig o drafferth wedi bod yn ymwneud â'r ddewiniaeth ddu. Roedd Meic wedi teimlo arswyd ac wedi cael ysgydwad, dwi'n meddwl. Doedd hi ddim yn gyfrinach fod yna ochr annifyr i fywyd Manceinion yn y cyfnod hwnnw ac roedd yr annifyrwch yn ymwneud â Jimmy Savile, rywsut.

"Beth bynnag, cyn pen dim roedd Meic yn rhannu fy fflat. Erbyn diwedd fy ail flwyddyn yn y coleg sylweddolais fy mod yn feichiog. O'r herwydd doedd hi ddim yn bosib i fi orffen fy nghwrs, mwya'r piti. Bues i'n gweithio mewn tafarn tan bythefnos cyn rhoi genedigaeth. Fe wnes i benddelw o'r actor Arthur Lowe ar gyfer rhaglen deledu, ond ffaeles i fynd i'r dadorchuddio. Doedd Meic ddim yn ennill llawer yn y clybie gwerin ac felly roedden ni'n ddibynnol ar fy ngrant a beth bynnag roeddwn i'n medru ei ennill.

"A rhaid dweud na newidiodd Meic ei ffordd o fyw. Bydde'n dal i dreulio'i amser yn y clybie ac yng nghwmni merched eraill. Dwi'n ei gofio'n diflannu am bythefnos ar un achlysur a finne'n gorfod hysbysu'r heddlu ei fod ar goll. Roeddwn yn pryderu ei fod yn gorwedd yn gelain mewn rhyw gwter rywle. Daeth yr heddlu o hyd iddo ym mar Undeb y Myfyrwyr, waeth ble roedd e wedi bod ers pythefnos dwi ddim yn gwybod.

"Dwi'n cofio wedyn ei annog i gysylltu â'i fam i ddweud ei bod ar fin dod yn fam-gu. Yr un pryd awgrymais y dylai hi gyfieithu rhai o'i ganeuon i'r Gymraeg ac y dyle ynte ailgydio yn yr iaith. Wel, doedd ei yrfa ddim yn mynd i unman ar y pryd ac roedd Donovan yn cael y sylw i gyd yn y math o fwlch y bydde Meic wedi medru'i lenwi," meddai Tessa.

Waeth beth oedd yr amgylchiadau ar yr aelwyd, doedd awch Meic am y byd canu gwerin a'r felan ddim wedi pylu. Daeth gwahoddiadau i berfformio yn y clybiau. Ar nosweithiau Sul cyflwynai'r artistiaid yn y Manchester Sports Guild, a oedd gyda'r mwyaf poblogaidd yng ngogledd Lloegr ar y pryd. Wedi canu cân neu ddwy ei hun byddai'n cyflwyno artistiaid fel Lightnin' Hopkins, Julie Felix, Dubliners, Alex Campbell ac Ian

Campbell. Denwyd artistiaid gorau'r cyfnod i berfformio yno a doedd y sylw ddim yn gwneud drwg i yrfa Meic ei hun. Cofia Ian Chisholm, a sefydlodd fusnes gwneud gitarau, liwtiau a mandolinau yn Ditchling, Sussex yn ddiweddarach, y cyfnod yn dda.

"Er mai ychydig oedd y tâl am ganu yn y clybie gwerin roedd pob ceiniog yn werthfawr i fyfyriwr fel fi. Os cofiaf yn iawn bydde Meic yn teithio ar gefn fy Vespa i'r gigs yn dal dwy gitâr. Am fod yn gitarydd *blues* oeddwn i, tebyg i Davey Graham roeddwn wedi'i glywed rywbryd yng Nghaeredin. Roedd Meic wedyn wedi mopio ar Alex Campbell ac wedi dysgu'r dull Americanaidd o blycio gitâr. Bydde pawb yn dysgu wrth ei gilydd trwy wrando a mentro. Mae'n debyg ein bod ni'n yfed mwy nag y dylen ni, a byth a hefyd yn bwyta cyrris rhad mewn tai bwyta Indiaidd.

"Roedd Meic yn hynod o hyderus ac yn lliwgar ei ffordd er y bydde fe'n cael rhyw dro anffodus ar lwyfan weithie. Canu caneuon gwerin lled gyfarwydd fydden ni. Dwi'n credu mai Meic ddysgodd 'Leaving of Liverpool' i fi a finne ddysgodd y faled o'r Alban, 'The Battle of Otterburn', iddo ynte. Daeth yn lled amlwg mai cerddoriaeth oedd pob dim i Meic, tra oeddwn i'n awyddus i gwblhau fy ngradd mewn Ffiseg a Pheirianneg a chael swydd.

"Dwi'n cofio rhyw ddigwyddiad wedyn pan golles i fy ngitâr Guild oedd yn eitha prin a drud a finne wedi'i chael hi gan Americanwr. Digwyddais ei gweld hi ymhlith cannoedd o offerynne eraill mewn siop gerdd yn Manceinion. Dwi'n meddwl fod Meic yn gweithio yno ar y pryd. Bu rhaid i Meic fynd i'r llys beth bynnag. Dwi ddim yn cofio beth oedd y cyhuddiad ond fe gafodd ddirwy. Cefais fy ngitâr yn ôl. Fuodd yna ddim edliw a dwi'n siŵr i ni fynd i'r dafarn wedi'r achos llys yn ben ffrindiau.

"Ond mae'n siŵr y bydde 'ymfflamychol' yn air teg i ddisgrifio Meic ar adegau, ac o'r hyn dwi wedi'i glywed dros y blynydde fe ddatblygodd yr agwedd honno o'i bersonoliaeth. Ond wedyn dwi'n cofio adegau pan nad oedd yr hunanhyder ymwthiol yna yn rhan ohono. Dwi'n meddwl mai perfformio ar gyfer un o griw Jimmy Savile oedden ni ryw ddiwrnod am fod ganddyn nhw ddiddordeb yng ngallu Meic i gyfansoddi a pherfformio. Ond yr hyn wnaeth Meic oedd mynnu fy mod i'n canu cân werin ac ynte dim ond yn cyfeilio yn y cefndir. Cofiwch, roeddwn i'n hoff ohono ac yn sylweddoli bod mwy iddo na dim ond y llanc byrbwyll a ddeuai i'r golwg bob hyn a hyn.

"Wedi i fi raddio yn 1967 euthum i weithio i'r BBC yn Llunden a cholli cysylltiad â Meic. Ond rywbryd yn y 1970au deuthum ar ei draws pan oedd yn recordio sioe yn Llunden. A'r hyn dwi'n ei gofio'n fyw iawn yw ei weld yn taflu ei hun din dros ei ben droeon ar draws llawr bar y BBC. O, ie, fe ddywedodd nad oedd e byth wedi talu'r ddirwy ond doedd hi ddim yn glir p'un a dweud nad oedd y ddirwy wedi'i thalu neu bod rhywun arall wedi'i thalu ar ei ran oedd e," meddai Ian.

Cof Tessa o'r achos llys yw fod Meic wedi dweud mai ei hiselder ôl-enedigol hi oedd yn gyfrifol am ei drosedd a bod rhyw Americanwr cyfoethog wedi talu'r ddirwy ar ei ran. "Roedd e wedi'i gadw yn y ddalfa tra oedd yn disgwyl yr achos, a dwi'n meddwl mai rhyw ddyn o'r enw 'Charlie' oedd â chysylltiad â theulu Banc Manhattan Chase dalodd y ddirwy," meddai Tessa. Roedd Jonah Raskin yn y llys hefyd. "Roeddwn am ddangos cefnogaeth i Meic a dwi'n ei gofio'n edrych yn ddigalon a thrist yn y doc," meddai.

Mynna Meic mai cynllwyn ar ran yr heddlu oedd yr holl ddigwyddiad, ac i'r achos yn ei erbyn gael ei ollwng ac iddo gerdded yn rhydd ar ôl treulio cyfnod yng ngharchar Risley.

"Daeth yr heddlu i'r fflat a mynd â fi i gael fy holi. Ro'n i'n yfed yng nghwmni rhai o droseddwyr amlwg Manceinion yn y Red Lion ar y pryd. Ro'dd y cops yn meddwl y bydden i'n gallu rhoi gwybodeth iddyn nhw am y dynion hyn. Ond doeddwn i ddim yn gwybod dim o werth amdanyn nhw. Ces i fy nghadw yn y jâl yn Risley ambwti wythnos ar gyhuddiad o *vagrancy* achos fy mod i o *no fixed abode*. Ro'n i'n aros mewn rhyw dŷ lle'r o'dd lot o Wyddelod ar y pryd.

"O'dd y cops ishe i fi roi gwybodeth iddyn nhw am ryw foi o'r enw Allcock – albino – o'dd yn rhyw fath o droseddwr. Un o'r plismyn o'dd bachan o'r enw Redvers a o'dd yn un o'r rhai ollyngodd Peter Sutcliffe, y Yorkshire Ripper, yn rhydd. Ar ddiwrnod y cwrt wedyn dwi'n cofio'r Ianc 'ma, Larry Chase, yn dod lawr i'r celloedd i siarad â fi. Wedd e'n ddarlithydd Saesneg yn dablach gyda hawlie sifil. Ond do'dd dim pwynt i fi ddod ag achos yn erbyn yr heddlu achos y ffordd oedden nhw wedi fy nhrin i am y bydden nhw'n gwadu popeth. Do, fe ddywedwyd rhywbeth obwti gitâr yn y llys, ond do'dd hynny'n golygu dim byd. Gollyngwyd yr achos," meddai Meic.

Dyw Jonah Raskin ddim yn cofio'r un Americanwr o'r enw Chase yn gysylltiedig â'r achos Ond cofia fod cyfaill iddo gyda'r un cyfenw yn darlithio yn yr adran Athroniaeth ym Mhrifysgol Manceinion. "Ond roeddwn i'n ymwybodol fod Meic yn gyfarwydd â rhai troseddwyr," meddai.

Yn ddiweddarach, sefydlodd Meic ei glybiau ei hun yn y Shakespeare ger Piccadilly yng nghanol Manceinion ar nos Wener ac yn y Pack Horse yn Bolton ar nos Sul. Cafwyd hyd i fflat ar ei gyfer e a Tessa feichiog drws nesaf i glwb *rhythm and blues* y brifysgol. Byddai artistiaid amlyca'r cyfnod yn perfformio yno – Spencer Davis, The Yardbirds a John Mayall – ar wahoddiad y ddau drefnydd, Chris Wright a Terry Fuller, a fu'n gyfrifol am ffurfio cwmni recordio Chrysalis yn ddiweddarach.

Ganwyd Isobel Eiliona ym mis Tachwedd 1966, ac o'r cychwyn cyntaf doedd ei magwraeth ddim yn gonfensiynol; fe'i rhoddwyd mewn basged wiail o grud ac o bryd i'w gilydd estynnid y crud dros ben wal yr ardd er mwyn i'r merched yn ystafell gotiau'r clwb ei gwarchod tra byddai ei rhieni'n dawnsio.

Nid yw cof Tessa a Meic ynghylch manylion y cyfnod hwnnw yn gwbl gytûn. Amheua Tessa a oedd Meic wedi sefydlu ei glybiau gwerin ei hun mewn gwirionedd, ac nid oes ganddi gof o fyw mewn fflat gerllaw'r brifysgol. Cred mai yn Bolton y gofynnwyd i'r merched yn yr ystafell gotiau warchod y fasged wiail. Serch hynny, fe gofia Tessa yn glir iawn ei chyfarfyddiad â'r Elton John ifanc.

"Un atgof clir sydd gen i o'r cyfnod yw Meic a'i fand yn chware yn y Bolton Arts Ball yn 1966. Long John Baldry a'i fand oedd y prif atyniad a'i chwaraewr allweddelle nhw oedd bachan o'r new Reg Dwight – Elton John yn ddiweddarach. Doeddwn i ddim yn cael mynd ag Izzy i mewn i'r neuadd, a bob rhyw ddeng munud byddwn yn mynd mas i'r car i wneud yn siŵr ei bod yn iawn. Fe dda'th Reg mas yn gwmni i fi am sbel. Buodd y ddau ohonom yn sgwrsio'n hir. Roedd e'n edmygu fy nawn gwinio wedi i fi ddweud fy mod wedi gweithio fy ffrog fy hun. Addawodd bryd hynny, gyda'i dafod yn ei foch, pe deuai'n enwog fyth y bydde'n fy nghyflogi i wneud gwisgoedd iddo. Dwi'n difaru na fyddwn wedi cadw mewn cysylltiad ag e," meddai Tessa.

Dyma'r cyfnod y canfu Meic ei fod yn dioddef o ffotoffobia a chael ei orfodi i wisgo sbectols tywyll am weddill ei fywyd rhag bod gormod o olau, yn arbennig haul llachar, yn effeithio ar y llygaid gwan ac yn achosi pen tost. Doedd hynny ddim yn rhwystr iddo gael ei wahodd i berfformio yng Ngŵyl Werin Caergrawnt yn 1966 a 1967. Cyfarfu â'r Reverend Gary Davis ddall yno yn ei ymddangosiad cyntaf a chael cyfle i berfformio gyda'r cawr croenddu o America yn y Marquee Club yn Llundain ar y nos Sul wedi'r ŵyl fel yr unig ddau artist oedd ar y llwyfan.

Dywed Meic mai Richard a Linda Thompson oedd yn tywys y Parchedig Davis i'r llwyfan y noson honno. Ond does gan Richard ddim cof o'r noson, ac amheuai'n fawr a oedd yno, oherwydd nid oedd yn fawr hŷn na dwy ar bymtheg oed a heb ymuno â Fairport Convention hyd yn oed, ac yn sicr heb gyfarfod â Linda Peters, fel y bydde hi bryd hynny. Yn 1972 y priododd y ddau. Serch hynny, deil Meic yn sicr yn ei feddwl ei hun bod Richard Thompson a dynes a oedd yn ei gwmni yn teithio ar yr un trên ag yntau a Gary Davis i Lundain.

Doedd dim prinder gwaith, ond roedd Cymru a Solfach yn galw drachefn. Eisoes roedd Meic wedi rhoi blaen bysedd ei draed yn y llanw o ran perfformio yn Gymraeg. Yn sgil cyhoeddi 'Did I Dream', cafodd wahoddiad i ganu ar raglen newyddion *Y Dydd* ar deledu masnachol. Canodd ganeuon gwerin megis 'Dau Rosyn Coch' ac 'Ar Lan y Môr'. Roedd y drws wedi'i agor, hyd yn oed os taw myfyriwr pensaernïaeth yng Nghaerdydd o'r enw Dafydd Iwan, o'r Bala, a glywid ar y slot wythnosol ar *Y Dydd* gan amlaf yn ystod y misoedd dilynol. Ond fe greodd Meic argraff. Fe'i gwahoddwyd yn ôl yn ddiweddarach pan oedd ganddo ganeuon gwreiddiol. Un o aelodau staff y rhaglen ar y pryd oedd Euryn Ogwen Williams.

"Roedd Meic yn gwefreiddio stiwdio yn syth. Roedd yn fardd yn ogystal â bod yn ganwr hyderus a naturiol. Ei ddawn ar y gitâr oedd fwyaf amlwg. Heb amarch i unrhyw un o'n cantorion ifanc poblogaidd eraill ar y pryd, roedd ei allu yn ei osod yn gwbl ar wahân. Roedd yn broffesiynol ym mhob ystyr – yn arbennig gan mai canu oedd ei fywoliaeth. Roedd hynny ynddo'i hun yn ei wneud yn arbennig.

"Dwi'n cofio treulio prynhawn rywbryd wedyn yn ei recordio'n canu tair neu bedair cân wrth i dechnoleg y cyfnod ddatblygu, yn hytrach na bod pob dim yn cael ei wneud yn fyw. Dwi'n weddol siŵr ein bod ni o dan yr argraff fod Meic wedi cyrraedd Caerdydd ar long o Southampton a'i fod newydd ddychwelyd o Awstralia. Mae gen i frith gof hefyd ein bod ni wedi sicrhau cyflenwad o frown êl neu Guinness ar ei gyfer yn yr ystafell newid," meddai Euryn.

Roedd yn amlwg nad oedd y tu hwnt i Meic frodio ei fytholeg ei hun neu o leiaf i beidio â gwadu stori dda, pa le bynnag oedd ei ffynhonnell, a fedrai hyrwyddo'r sôn amdano. Hwyrach mai teithio o Solfach a wnaeth gan alw yn Southampton ar y ffordd. Hwyrach ei fod ar y pryd yn cyfeirio at y lle pellennig hwnnw ar arfordir Sir Benfro yn ôl enw'r wlad fawr yr ochr draw i'r byd. Ond y tebygolrwydd, yn ôl Meic, yw mai ei reolwr, Richard Reese-Edwards, oedd ffynhonnell y straeon carlamus.

Onid mater damweiniol ac achlysurol yw'r gwirionedd ffeithiol, beth bynnag, yng ngolwg artist creadigol? Pa ddiben ffrwyno'r dychymyg? Gall gwirionedd fod yn rhwystr weithiau. Ac, yn bwysicach, roedd yn creu argraff ar y gwylwyr hefyd.

Roedd Alun 'Sbardun' Huws yn hogyn ifanc ym Mhenrhyndeudraeth ac wedi'i gyfareddu pan welodd y canwr hirwalltog, anghonfensiynol ar y teledu.

"O'n i eisoes wedi gweld Dafydd Iwan ar y rhaglen, yn y slot arferol oedd gan y *Y Dydd* i gantorion yr adeg honno, sef ar ddiwedd y rhaglen, ond pan ymddangosodd Meic, roedd o'n llawer mwy o ddigwyddiad. Ar y pryd o'n i'n gwrando ar artistiaid fel Bob Dylan, Donovan, Simon and Garfunkel, John Renbourne, Davy Graham, a Bert Jansch – cerddorion gwerin oedd â'r un nodweddion, sef canu mewn ffordd werinol, braidd yn drwynol ac yn gras, a'r gallu i chwarae gitâr acwstig efo rhythm y bysedd, sef y dull *finger picking*.

"Dychmygwch fy syndod un noson, felly, wrth syllu ar y sgrin yn ein parlwr ni, a gweld rhywun oedd yn gneud hyn i gyd, ond yn ei wneud o yn Gymraeg, rhywun o'n i rioed 'di clywed amdano, sef Meic Stevens! Dw i ddim yn cofio'r gân oedd o'n ei chanu. Ond o'n i'n gegrwth, ac yn sicr, wrth edrych yn ôl, roedd y profiad tri munud yma wedi bod yn ddylanwad mawr arna i," meddai Sbardun.

Ymgartrefodd Meic, Tessa a Wizzy ym Mrynhyfryd, drws nesaf i'w hen bartner bore oes, Dai Tŷ Capel, yn ardal Prengas o Solfach yn y cyfnod hwnnw. Roedd y teulu bach yn dygymod â ffordd wahanol o fyw llai helbulus na chynt ym Manceinion. Fyddai Dai ddim yn debygol o gynnal partïon gwyllt yn hwyr y nos.

Ond doedd dim disgwyl i fywyd yr aelwyd fod yn gonfensiynol chwaith. Mae'n debyg mai ar ei phen ei hun gyda'i holl olud bydol mewn bag a'r rhoces fach mewn basged olch y cyrhaeddodd Tessa ei chartref rhent. Rhyw ddeuddydd yn ddiweddarach, wedi perfformio yn Llundain a Swindon ar y ffordd, y cyrhaeddodd y penteulu.

Doedd chwilio am swydd i gynnal y teulu ddim yn opsiwn bellach. Profodd Meic iddo'i hun ei bod yn bosib gwneud bywoliaeth, hyd yn oed os oedd hynny'n anwadal ac yn ansicr, o berfformio gyda'r gitâr. Ni ellid gwneud y ddau. Y naill neu'r llall oedd hi. A doedd Meic ddim yn un i roi ei fryd ar chwennych swydd a fyddai'n talu pensiwn da mewn deng mlynedd ar hugain beth bynnag. Doedd Meic ddim yn un i ishte ar ei sodlau. Pan welai gyfle, âi amdano.

Gwelai fod yna bosibilrwydd yn y byd Cymraeg. Clywodd ddeunydd ar y radio a godai gywilydd arno; "cerddoriaeth uffernol, hen ganeuon pop Americanaidd wedi'u cyfieithu'n anghelfydd i'r iaith Gymraeg a'u canu gan gantorese digon i godi gwrid arnoch chi, y ces i'r fraint o gwrdd â nhw'n ddiweddarach," meddai.

Aeth ati i gyfieithu 'Bound for the Baltic Sea' gyda chymorth W. R. Evans draw yn Abergwaun. Fel sefydlydd Bois y Frenni a chyfansoddwr eu caneuon fe wyddai Wil Glynsaithmaen sut i osod trefn ar y geiriau. Ac wele, cyfansoddwyd 'Cân Walter' yn adrodd hanes ewythr Meic yn colli ei fywyd ar y môr adeg y rhyfel. Profodd yn un o'i gyfansoddiadau personol mwyaf dirdynnol. O fewn awr a hanner yng nghartre W. R. un nos Sul roedd 'Tryweryn' wedi'i chyfansoddi.

Sylweddolodd Meic fod yna wythïen oddi fewn iddo'i hun a fedrai gyfansoddi caneuon yn ymwneud â'r cyflwr Cymreig, caneuon nad oedden nhw'n taro tant pe cenid hwy yn Saesneg gerbron y cynulleidfaoedd roedd e'n gyfarwydd â nhw cynt. Cyffyrddai geiriau 'Tryweryn' â chalon pob Cymro a boenai am foddi'r gymuned Gymraeg yng Nghwm Celyn ger y Bala. Roedd y llinell 'dŵr oer sy'n cysgu yn Nhryweryn' yn iasol o iasoer o'i chlywed yn ei symlrwydd yng nghyd-destun yr hyn oedd wedi digwydd.

Ond cyn cysylltu â'r cyfryngau yng Nghaerdydd i gyhoeddi ei fod ar gael, ac i berswadio'r cynhyrchwyr rhaglenni adloniant na fedren nhw fforddio'i anwybyddu, roedd angen sylw ar ei gyflwr iechyd ei hun. Am ei fod yn dal i deimlo gwendid wedi'r chwalfa nerfol, aeth i weld y meddyg teulu lleol gyda'r canlyniad iddo gael tabledi faliwm er mwyn diddyfnu unrhyw ddibyniaeth bosib oedd gan y corff ar alcohol. Profodd y tabledi'n fendith yn y tymor byr, ond yn felltith yn y tymor hir am i Meic fynd yn ddibynnol gaeth ar y tabledi. Roedd diod o haidd perlog wedi'i gymysgu â mêl a lemwn wedi'i yfed mor boeth â phosib bob dydd yn fwy llesol i garthu'r cyfansoddiad.

Cyn pen fawr o dro roedd Meic yn swyddfa Ruth Price, rhoces o Fathri nad oedd ymhell o Solfach, cynhyrchydd rhaglenni adloniant gyda'r BBC yng Nghaerdydd. Cyflwynodd Meic ddisg demo o'r sesiwn hwnnw a recordiwyd yng nghwmni Mike Meeropol yn stiwdio Tony Pike yn Llundain. Argyhoeddwyd Ruth yn ddiymdroi fod ganddi dalent y gellid ei ddefnyddio ar deledu. Gwysiwyd Hywel Gwynfryn i'r fan a'r lle a chychwynnwyd partneriaeth a chyfeillgarwch. Byddai Hywel yn cynorthwyo Meic i drosi ei ganeuon i'r Gymraeg a'i gynorthwyo ymhob dull a modd arall fyddai angen. Cofia Ruth y cyfnod yn dda.

"Roedden ni'n ben ffrindie. Fe fydden ni'n siarad am ardal Solfach ac Ysgol Uwchradd Tyddewi, wrth gwrs. Ac o ran ei dalent synna i'n meddwl fod neb yn gallu sgrifennu melodïau mor syml. Wrth gwrs fod Meic yn gaffaeliad i raglenni fel *Disc a Dawn*. Cofiwch, fydde pob dim ddim yn hawdd bob amser. Bydde rhaid i fi fod yn famol weithie a rhoi tipyn o stŵr iddo os na fydde fe'n wynebu ei gyfrifoldebe. Bydde hi'n ddigon hawdd gwybod ei fod wedi dod mewn i recordio am y bydde gwynt y mwg melys 'ma yn y cantîn. Bydden i'n ceisio gwneud yn siŵr bod Hywel Gwynfryn neu Geraint Jarman wedyn yn ei gwmni.

"Bydde'r artistiaid eraill fydde wedi'u gwahodd ar y rhaglen bob amser o'i amgylch ac yn rhyfeddu at y modd roedd e'n chware'r gitâr. Sdim dowt, roedd e'n tynnu sylw. Cofiwch, falle, yn ystod recordiad neu ddarllediad byw wedyn bydde Meic wedi anghofio canu un pennill o gân a ninne wedyn yn gorfod meddwl yn sydyn shwd i lenwi'r rhaglen i'r hyd gofynnol. Roedd yna wastad gyffro pan oedd Meic o gwmpas y lle. Roedd rhywbeth yn annwyl iawn amdano a ninne'n ben ffrindie," meddai Ruth.

Pennaeth Adran Adloniant Ysgafn BBC Cymru ar y pryd oedd Meredydd Evans, gŵr a oedd wedi'i drwytho yn nhraddodiad canu gwerin Cymru ers dyddiau ei blentyndod yn Nhanygrisiau. Yn arwyddocaol, tra bu'n ddarlithydd Athroniaeth ym Mhrifysgol Boston am bum mlynedd yn y 1950au, cyhoeddodd record o ganeuon gwerin Cymraeg yn America a gafodd dderbyniad gwresog. Gwyddai Merêd beth oedd beth, ac ni chymerodd hi fawr o dro iddo sylweddoli ei fod yng nghwmni rhyfeddod prin pan oedd yng nghwmni Meic, fel y tystia mewn cyflwyniad i'r gyfrol *I Adrodd yr Hanes*, sy'n cynnwys gwybodaeth am 51 o ganeuon Meic.

"Ar unwaith mi wyddwn fy mod yn cyfarfod â pherson anghyffredin. Ar y pryd roedd ei wisg yn anghyffredin, yn arbennig y clogyn a'r het gantel-lydan ddu, a phan ddechreuodd ganu wyddwn i ddim yn iawn sut i ymateb i'r cyfan. Rywsut neu'i gilydd doedd y brawd hwn ddim yn rhan o'r patrwm stiwdioaidd arferol. Yn un peth roedd ei fedr offerynnol yn ei osod ar wahân. Yn y Gymru oedd ohoni ar y pryd, ym maes adloniant, dof a diniwed ryfeddol oedd y cyfeiliannau gitâr a glywid ar bob llaw. Gan ddilyn yr hen draddodiad Cymreig o lunio trioedd nid oedd i'w gael ond tri chord yn seinio'n feddal, unffurf!

"Ond dyma hwn gyda'i gitâr ddeuddeg durdant yn dod â gloywder sain, amrywiaeth dilyniant a byseddu hefyd, oedd yn peri i ddyn foeli'i glustiau yn y fan a'r lle. Ac yn cyd-fynd â'r cyfeilio soniarus hwn roedd llais nad oedd ei debyg i'w gael ymysg perfformwyr Cymreig y cyfnod, yn gyfuniad o graster grymus a thynerwch rhyfedd. Gyda hynny roedd ei frawddegu yn dra gwahanol i'r cyffredin ac yn gwrthdaro'n ffyrnig ar brydiau â rheoleidd-dra y cyfeiliant, ond yn ddieithriad yn effeithiol, yn gafael.

"Eithr mwy anghyffredin hyd yn oed na'i nodweddion fel perfformiwr oedd ei ddawn fel cyfansoddwr. Gyda'r caneuon cyntaf y cofiaf Meic yn eu cyflwyno oedd 'Yr Eryr a'r Golomen' a 'Cân Walter' ac er y gwyddwn mai cyfieithiad oedd geiriau'r gyntaf o'r ddwy, ni allai fod amheuaeth na pherthynai rhyw gryfder o fath arbennig i'r fersiwn Saesneg wreiddiol. Am yr ail, roedd honno mor syml ac uniongyrchol fel bod dyn yn gwybod fod iddi wreiddiau mewn profiad gwirioneddol. Mynnent aros yn y cof, ac yn wir mae gennyf fras afael arnynt hyd y dydd heddiw," meddai Merêd.

Prin y gellid gwella ar y gwerthfawrogiad cryno o ddawn gerddorol Meic Stevens ac roedd hynny yn ei ddyddiau cynnar pan oedd, o bosib, ar ei anterth fel cyfansoddwr a pherfformiwr. Nid rhyfedd fod Dennis Rees o Recordiau'r Dryw wedi dangos diddordeb mewn recordio rhai o'r caneuon yn ddiymdroi. Gwahanol oedd ymateb rheolwyr cwmni Welsh-Teldisc pan gawson nhw glywed y ddisg demo gan gredu na fyddai caneuon o'r fath yn apelio at y gynulleidfa Gymraeg. Y canlyniad oedd recordio pedair cân mewn dwy sesiwn yn stiwdio'r BBC yn Abertawe ym mis Gorffennaf 1968 gyda chymorth Gwyn Edwards ar y gitâr fas, Joffre Swales yn chwarae'r clarinet a'r sacsoffon a Max Cole yn chwarae gitâr deuddeg tant. Ar sail ei brofiadau yn Llundain doedd dim angen dysgu Meic sut i gynhyrchu record.

Cyfarfu'r cerddorion yng Nghlwb Gwerin Hwlffordd a oedd wedi'i sefydlu gan Joffre Swales, un o ddynion amlwg y byd cerddoriaeth yn Sir Benfro. Sefydlodd siop gerddoriaeth yn Hwlffordd, a byddai'n arwain band dawns ar hyd a lled y sir. Flynyddoedd ynghynt roedd Meic wedi codi'i wrychyn mewn dawns yn Abergwaun trwy ofyn i'r band chwarae'r ddawns Sbaenaidd *pasodoble* na fyddai neb yn gwybod sut i'w dawnsio beth bynnag. Pryd o dafod gafodd Meic gan y cyn-aelod o'r Royal Marines y noson honno am ei haerllugrwydd. Arferai Joffre hefyd adrodd stori am Meic mewn dawnsfeydd yn Neuadd y Seiri Rhyddion yn Hwlffordd ar nos Sadyrnau. Byddai Meic wastad yn llygadu'r gitâr Hohner rhannol-acwstig a fyddai ar y llwyfan ac yn mystyn amdani byth a hefyd. Mae'n debyg ei fod wedi dwli arni ac yn ffaelu ymatal rhag ceisio gafael ynddi.

Roedd Max Cole hefyd yn gyfarwydd â'r hyn y gellir ei alw'n ddiawledigrwydd Meic. Cartrefai Max yng Nghaeriw ger Penfro ar y pryd, ac am fod ganddo gar roedd yn ofynnol iddo gyrchu Meic o Solfach ar gyfer y siwrne i Abertawe. A doedd Pont

Cleddau ddim wedi'i hagor yr adeg honno i fyrhau'r daith. Yn ystod ei ddyddiau yntau yn yr Awyrlu daeth Max yn gyfarwydd â chlybiau jazz Llundain gan chwarae yn ei dro gyda Joe Brown ymhlith enwau adnabyddus eraill y cyfnod.

"Roeddwn i'n arfer whare gyda Meic mewn gwestye ar hyd Dinbych-y-pysgod yn ystod yr haf. Bydde fe'n codi gwrychyn rhywun yn gyson, gan gynnwys finne o bryd i'w gilydd. Yr elfen Geltaidd wyllt yna fydden ni'n ei alw. Bydde fe'n efelychu Dylan Thomas dwi'n meddwl. Y busnes 'Welsh boyo' 'ma. Ond 'na fe, ma rhyw fai arnon ni i gyd, siŵr o fod. Er doeddwn i ddim yn deall chwaith pam fydde Meic yn hollol ddirybudd yn gallu bod mor ddi-wardd os nad yn ffiaidd tuag at rywun. Fydde hi'n ddim iddo gwympo oddi ar ei stôl a dal i chware ar wastad ei gefn. Roedd pob gìg gyda Meic yn antur.

"Ond 'na fe, rhaid cydnabod bod ganddo dalent o ran cyfansoddi geirie ac alawon. Gall neb dynnu hynny oddi arno. A'r llais yna wedyn – rhyfeddol yn y dyddie cynnar hynny. Dwi'n meddwl fod y caneuon hynny o'i eiddo sydd yn y cywair lleddf yn ganeuon arbennig iawn. Ma cefndir capelyddol y Cymry yn dod i'r amlwg arnyn nhw. Bydda i'n mwynhau cyfeilio iddo ar ganeuon fel 'Dic Penderyn' nawr," meddai Max.

Erbyn hyn mae Max wedi hen faddau i Meic am yr achlysuron hynny pan drodd i fyny i gyfeilio iddo, gan drafaelu cryn bellter o Gaeriw falle, a chael nad oedd golwg o'r gwalch gydol y nos. Wedi'r cyfan, roedd Max yn bresennol yn y parti deg a thrigain yn y Royal George ac yn chwarae ei hochor hi'n fyrfyfyr gyda'r hen gyfeillion eraill. Mae Max saith mlynedd yn hŷn na Meic. Un arall o'r hen gyfeillion yn y parti hwnnw oedd Spike Woods, yntau hefyd yn barod i dystio i wamalrwydd a mawredd Meic yn y dyddiau cynnar.

"Fe ddes i lawr o Nottingham i aros mewn carafán ym mhentre Dinas ger Trefdraeth. Roedd ein cyfarfyddiad yn anarferol. Dyma gnoc ar ddrws y garafán am dri o'r gloch y bore. Roedd rhywun wedi dweud wrtho amdana i ac ynte wedi cerdded cryn bellter i ddod o hyd i fi. Nawr ar y pryd roeddwn i'n gweithio ar ffermydd yng Nghwm Gwaun ac am godi'n fore.

Ond roedd hi'n amlwg fod gennym ddiddordebe yn gyffredin yn y maes cerddorol.

"Fe fydden ni'n cyfarfod wedyn yng Nghlwb Gwerin Hwlffordd a chael amser da. Roedd Meic yn sefydlu ei hun fel canwr yn null Jack Elliot, Bob Dylan a Tom Paxton a'u tebyg. Bues i'n chware gyda fe yn nhafarn Trewern, Nanhyfer, am gyfnod. Bydde fe'n newid ei bersonoliaeth rywsut ar y llwyfan. Weithie'n feddw dwll ac yn ei gyflwyno'i hun fel rhyw fath o Dylan Thomas y byd cerddorol. Roedd e fel petase fe'n byw y tu fewn i groen y bersonoliaeth arall yma ar adege.

"Fydde hi ddim y tu hwnt iddo chwaith i frodio ambell stori. Roedd ganddo ddychymyg byw. Fydden ni ddim yn gweld lygad yn llygad bob amser. Gallai'r berthynas rhyngom fod yn ddigon ffrwydrol. Dwi'n cofio gyrru 'nôl o gìg yn Ninbych-y-pysgod rhyw nosweth a'i ollwng ar Bont Canaston. Roedd e am fynd i Solfach a finne dros y Preselau. Roedd rhaid i fi godi i weithio ben bore. Bydde mynd â Meic i Solfach yn golygu taith o hanner can milltir yn ychwanegol i fi. Doedd e ddim yn hapus.

"Wedyn, dwi'n meddwl ei fod e'n fy ngweld i fel rhyw fath o fygythiad am fy mod inne hefyd yn cyfansoddi caneuon. Fe recordiodd e un neu ddwy o 'nghaneuon i fel tâp demo. Roedd y ddau ohonom yn lled amheus o'n gilydd ar y pryd. Byddem yn cadw rhyw bellter wrth ein gilydd. Ond does gan yr un ohonom ddim i'w brofi mwyach. Roeddwn i'n falch o gael bod yn ei barti'n saith deg. Mae gen i'r parch mwyaf i'w fywyd a'r hyn y mae e wedi'i gyflawni fel cerddor.

"Ma Meic Stevens yn rhan o etifeddiaeth gerddorol y Cymry. Ma rhywbeth yn arbennig yn y llais cryglyd, hysgi yna. Ma'r caneuon yn rhai da a ma fe'n chwaraewr gitâr penigamp. Ond y ddelwedd barhaol sy gen i o Meic Stevens, am ryw reswm, yw galw i'w weld yn ei gartref yn Solfach rhywbryd a fynte wrthi'n gwneud croesair, neu rywbeth, wrth eistedd ar gadair nad oedd ganddi goese ôl – dim ond pentwr o lyfre'n gwneud y tro fel coese ôl," meddai Spike o'i gartre ym Mryste, lle bu'n athro celf am y rhan fwyaf o'i yrfa.

Mae'n rhaid mai cychwyn yr etifeddiaeth gerddorol honno oedd cyhoeddi'r record fer gyntaf honno ym mis Awst 1968 o dan y teitl *Meic Stevens* ac arni bedair cân; 'Yr Eryr a'r Golomen', 'Ble mae'r bore', 'Ond dof yn ôl' a 'Tryweryn'. Yn wir, cystal oedd yr ymateb nes i *Meic Stevens Rhif 2* gael ei chyhoeddi ym mis Hydref wedi'i recordio yn stiwdios y BBC, Llandaf, Caerdydd y tro hwn gyda Gareth Wyn Jones yn cynorthwyo Meic i gynhyrchu. Yr unig gerddor arall ar y record oedd Irving, hanner brawd Meic, yn chwarae'r gitâr. Y caneuon oedd yr anfarwol 'Cân Walter', 'Hwiangerdd Mihangel', 'Glaw yn y Dail' a 'Lan a Lawr'.

Ni wnaeth y ddwy record fawr o argraff o ran gwerthiant ar y pryd, ac o ran poblogrwydd Meic, wel, fe'i rhestrwyd yn rhif 36 pan drefnodd *Y Cymro* bleidlais ymhlith ei ddarllenwyr ar ddiwedd 1968. Cafodd chwe phleidlais – un yn fwy na'r Blew. Ar y brig roedd Y Pelydrau, Dafydd Iwan a Hogia Llandegái. Roedd y rheiny wrth gwrs wedi eu hen sefydlu eu hunain tra oedd Meic dim ond wedi dod i amlygrwydd ers ychydig fisoedd. Ond roedd gan Meic ei gefnogwyr nad oedden nhw o bosib yn darllen *Y Cymro* neu heb drafferthu i bleidleisio. Gwelwyd erthygl dreiddgar gan gyfrannwr anhysbys yn yr wythnosolyn ym mis Mawrth 1969 yn canu clodydd.

> Pe gofynnid i mi pa un yw'r record orau a wnaed yn Gymraeg yn ddiweddar – o safbwynt safon y recordio, gwreiddioldeb arddull a chyfeiliant a thechneg lân – atebwn yn ddibetrus mai ail record Mike Stevens yw honno... gwrandewch yn astud ar y cyfeiliant gitâr, y defnydd o dracio-dwbwl ac o'r siambr eco. Sylwch hefyd fel y mae gan bob cân ffurf arbennig; dechrau pendant, datblygiad disgybledig a chlo. Mae barddoniaeth 'Glaw yn y Dail' a 'Lan a Lawr' yn swyno dyn; barddoniaeth yn y cyfeiliant, barddoniaeth yn yr alaw a barddoniaeth yn y geiriau. Gwrandewch arnynt drachefn a thrachefn, ac fe'ch swynir chwithau.
>
> Pam felly nad yw Mike Stevens yn fwy poblogaidd? Pam nad yw ei recordiau'n amlwg yn siart *Y Cymro*? Pam na chaiff lawer o wahoddiadau i ganu mewn Nosweithiau Llawen a Gwyliau Pop? Y rheswm pennaf, mae'n sicr, yw fod ei newydd-deb yn ormod i'r

rhan fwyaf o'r bobl sy'n prynu recordiau Cymraeg. Apelio at leiafrif bach yn unig y mae ar hyn o bryd; ond y mae'r lleiafrif hwnnw'n cynyddu – o hynny rwyf yn sicr.

Mae rhesymau eraill yn cyfrif am ddiffyg poblogrwydd Mike hefyd. Ni pherthyn i'w ganeuon y swyn hwnnw sy'n gwneud recordiau Hogia'r Wyddfa, Tony ac Aloma mor boblogaidd – alaw sy'n 'cydio' a harmoni glos. Nid yw ei lais chwaith yn y mowld Cymreig; llais fflat, braidd yn ddi-liw sydd ganddo. Ac yn olaf – a gwendid yw hwn y gellir yn hawdd ei gywiro – tuedda Mike i wneud llithriadau gramadegol amlwg o bryd i'w gilydd (megis 'hiraeth a lenwi mron', a 'y ddirgel hardd' yn lle 'sy'n llenwi mron' a 'y dirgel hardd'. Ond o gofio mai wrthi'n ail-ddysgu'r Gymraeg y mae Mike mae hyn yn ddigon naturiol, a beth bynnag, onid yw llithriadau Maurice Chevalier a Françoise Hardy wrth ganu yn Saesneg yn rhan o'u hapel? Dichon ein bod braidd yn rhy groendenau ynglŷn â phethau o'r fath yn y Gymraeg.

Serch y feirniadaeth, nid annog Meic i roi'r gorau iddi a wnâi'r gohebydd anhysbys ond rhagweld dyfodol disglair ar sail yr addewid digamsyniol. "Am fod cymaint o feddwl y tu ôl i'w eiriau, cymaint o ddyfeisgarwch y tu ôl i'w drefniadau, ac am fod ei ddawn ar y gitâr yn rhagori ar unrhyw ganwr Cymraeg arall, mae Mike yn haeddu llwyddo," oedd ei ddyfarniad terfynol.

Yn sgil cyhoeddi'r ddwy record ar label Recordiau'r Dryw, do, fe ddechreuodd y gwahoddiadau i berfformio ledled Cymru gynyddu. Bu raid i Meic gael ffôn yn ei gartref i ddelio â'r dilyw o alwadau. Doedd dim disgwyl iddo gynnal noson ar ei ben ei hun dim ond yn canu dwy gân yn hanner cyntaf y noson a dwy gân yn yr ail hanner am yn ail ag artistiaid eraill. Doedd hynny ddim yn dreth arno o gofio am ei holl brofiad mewn clybiau gwerin ar hyd a lled Lloegr. Hwyrach mai doeth hynny ar y pryd, er mwyn ei gyflwyno fesul tipyn i gynulleidfaoedd neuaddau cefn gwlad nad oedden nhw wedi arfer â'r fath berfformiwr.

I lawer ymddangosai Meic fel aderyn drycin na wyddai neb o ble roedd wedi tarddu. Doedd ei osgo ddim yn awgrymu ei fod wedi tramwyo'r llwyfannau eisteddfodol. Doedd e ddim hyd yn oed yn sefyll yn llonydd ar lwyfan. O'i gymharu â'r rhelyw o artistiaid y nosweithiau llawen gellid tybio ei fod yn greadur cwbl estron, yn arbennig gan ei fod yn siarad Cymraeg digon sgaprwth gan wneud celfyddyd o gamdreiglo. Ni ffitiai'n daclus yn yr un patrwm na thraddodiad. Doedd gwersylla yng Nglan-llyn ddim yn rhan o'i brofiad. Awgryma ei olwg nad oedd erioed wedi dweud adnod yn yr un oedfa. Prin fod ei ganeuon yn apelio at chwaeth y gynulleidfa gefn gwlad. Ond doedd Meic ddim yn becso'r un ffagotsen am gydymffurfio â rhagfarnau. Torrai ei gŵys ei hun.

Hwyrach nad oedd y recordiau hyn yn gwerthu cystal ag eiddo Tony ac Aloma, Y Pelydrau na Dafydd Iwan, nac yn gwneud fawr o argraff ar Siart Deg Uchaf *Y Cymro* ar y pryd. Ond fe fydden nhw'n gaffaeliad i'r rhaglen radio fore Sadwrn a gyflwynwyd gan Hywel Gwynfryn *Helo Sut Dach Chi?* yn hydref 1968. Ieuenctid oedd y gynulleidfa ac roedden nhw eisoes wedi cael blas ar arlwy Meic Stevens o'i weld ar y teledu'n achlysurol. Roedden nhw'n barod amdano. Yn wir, roedd Menna Elfyn, wrth sgrifennu yn y cylchgrawn pop *Asbri*, wedi canu ei glodydd yn y trydydd rhifyn yn hydref 1967 gan bwysleisio'r dimensiwn newydd roedd yn ei gynnig i adloniant Cymraeg.

> Ef sydd wedi cau'r bwlch rhwng y canu 'neis-neis' a'r canu pop. Ac am hynny mae ei arwahanrwydd yn glod iddo. Yr hyn a edmygaf fwyaf efallai yw iddo chwalu parchusrwydd canu pop heddiw. Rhoddodd arwyddion newydd i ganu modern. Cas ganddo lawer iawn o ganeuon Cymraeg heddi sydd yn fwy addas i genhedlaeth hŷn yn ei dyb ef. Cyn Meic Stevens ni lwyddodd neb i gyflwyno'r gitâr mewn modd mor hyddysg. Hefyd o'i flaen canai pawb am serch neu 'golli cariad' (ac eithrio athrylith Dafydd Iwan), gwisgai pawb ddillad parch, piwritanaidd. Ymddangosodd y canu yn hen-ffasiwn a diddychymyg… ond astudiodd Meic grefft ac arddull, yr oedd yn wrandäwr parhaus ar ganu gwerinol.

Yn ddiweddarach mewn cylchgrawn ieuenctid o'r enw

Hamdden (Mai 1969) a gyhoeddwyd gan Urdd Gobaith Cymru, fe bwysleisiodd Megan Tudur, ar sail gwrando ar y ddwy record fer gyntaf, fod gennym artist a oedd yn ymroi i sicrhau'r safonau gorau yn y stiwdio recordio.

> Mae pob cân yn uned gelfyddydol berffaith, yn gerdd – yn datblygu'n ofalus ac yn cloi'n gywrain a'r darnau offerynnol yn rhan hanfodol o'r uned; mae'r cyfeiliant gitâr yn rhagori fil o weithiau ar yr hyn a glywir ar y rhelyw o recordiau Cymraeg; mae'r cynhyrchu yn rhagorol – gwrandewch ar y defnydd o'r siambar eco, tracio dwbl, clarinét, saxophone, a bas: ac mae'r geiriau'n farddoniaeth bur. I Mike, mae gwneud record yn gelfyddyd: mae cyfansoddi a chanu yn artistwaith.

Yn rhifyn diwedd y flwyddyn o *Asbri* ategodd Menna Elfyn ei sylwadau ddwy flynedd ynghynt wrth sôn am Dafydd Iwan a Meic yn yr un gwynt.

> Yr ail ganwr o fri a'r unig ganwr arall sy'n arbennig yn fy nhŷb i yw Mike Stevens, ac y mae Cymru bellach wedi sylweddoli ei ddawn gynhenid fel artist proffesiynol.

Pan ymddangosodd y record fer *Mwg* ar ddiwedd 1969, roedd Huw Evans yn barod â'i ganmoliaeth yn *Y Cymro*.

> Ni werthodd y ddwy gyntaf yn arbennig o dda, ond pa angen sydd i drafod gwerthiant masnachol wrth ddelio â chelfyddyd gain?

Fe ddringodd honno i rif saith yn siart yr wythnosolyn.

Wrth edrych 'nôl ar y cyfnod ar dudalennau *I'r Dim*, cylchgrawn a gyhoeddwyd gan Urdd Gobaith Cymru, roedd Geraint Davies yn rhith Ap Alunfa ym mis Mehefin 1973 yn cofnodi cyfraniad Meic.

> Daeth gŵr ifanc i'n sylw yn ystod y flwyddyn hon a feddai ar ddwy nodwedd arbennig, sef profiad a dawn offerynnol. Wedi troi yng nghylchoedd pop Lloegr, dychwelodd Mike (neu Meic) Stevens i'w gynefin i gynhyrchu caneuon gyda mwy na'r tri chord arferol yn y

> cyfeiliant a llai o'r melyster arferol yn y geiriau. Ond gorfodwyd ef i ganu i gynulleidfa gyfyng oherwydd ei wallt hir, ei sbectol dywyll, ei lais aflafar a'i ramadeg wallus. Er hynny, roedd yn fwy o gerddor na'r un o'i ragflaenwyr pop ac mae ei ddwy record gyntaf yn dal yn glasuron heddiw. Yn arwyddocaol, dyma'r rhai a werthodd leiaf. Ond gwelir ei ddylanwad ar ddatblygiad canu pop Cymraeg – rhoddodd sbardun i ganu pop Cymraeg pan oedd ei angen fwyaf.

Ond doedd y llinyn bogel a gysylltai Meic â Llundain a'r byd mawr Eingl-Americanaidd ddim wedi'i dorri chwaith. Doedd e ddim wedi rhoi'r gorau i'r gobaith o chwennych enwogrwydd a llwyddiant, er na ddaeth dim o hynny pan oedd Decca yn ceisio hyrwyddo'i yrfa yn 1965. Amcangyfrifwyd fod y record *Did I Dream?* wedi gwerthu tua 12,000 o gopïau – byddai hynny'n werthiant anferth i record Gymraeg – ond doedd ddim yn ddigonol i'r cwmni fentro cyhoeddi ail record.

Yn ystod haf 1967 ceisiodd Meic a'i hanner brawd, Irving, sefydlu grŵp o'r enw The Buzz. Hysbysebwyd am ddrymiwr yn yr wythnosolyn cerddorol *Melody Maker*.

Cyrhaeddodd drymiwr jazz oedd newydd ei ollwng o ysbyty meddwl pentref Solfach. ("Pe bawn yn gwybod hynny dwi ddim yn meddwl y byddwn wedi caniatáu iddo aros gyda ni mewn bwthyn mor fychan," meddai Tessa.) Treuliai Dougie lawer o'i amser yn eistedd yn fud yn cynnal sgyrsiau dychmygol gyda cherddorion fel Dizzy Gillespie, Lester Young neu Charlie Parker. Hwn oedd yr haf pan oedd mynd ar dripiau seicedelig y dychymyg gyda chymorth tabledi LSD (*lysergic acid diethylamide*) yn gyffredin fel rhan o brofiadau ieuenctid creadigol. Paratoi traciau demo er mwyn eu hanfon at y cwmnïau recordio yn Llundain oedd bwriad The Buzz.

Anfonwyd tâp yn cynnwys tua deg cân i gwmni Apple a oedd wedi'i sefydlu gan y Beatles. Ni chlywyd dim am wythnosau. Pan ffoniodd Meic i holi hynt y tâp, cafodd wybod ei fod mwy na thebyg yng nghanol bwndel o dapiau eraill ac y bydden nhw'n gwneud ymdrech i ddod o hyd iddo. Pan gafwyd hyd iddo cafwyd ar ddeall nad oedd y modd ganddyn nhw i chwarae'r tâp ar y peiriannau oedd yn eu meddiant. Doedd yr hyn a elwid yn beiriant chwarter modfedd ddim ganddyn nhw. Wrth iddyn nhw wrando ar y tâp, doedd hi ddim yn bosib gwahaniaethu rhwng y caneuon am eu bod i'w clywed ar ben ei gilydd yn ogystal â sha 'nôl.

Doedd dim amdani ond mynd â pheiriant cymwys i swyddfa Apple yn Llundain i chwarae'r traciau yng ngŵydd yr hyrwyddwyr. Teithiodd Meic i Lundain gyda'r peiriant yng nghefn awyr agored lorri fechan gŵr o'r enw Giles Chaplin, a oedd yn byw mewn hen blasty ger Llanboidy. Bu'n rhaid i Meic dwrio am y tapiau unwaith eto. Ceisiodd greu argraff ar y gŵr croenwyn a'r ferch groenddu oedd yn delio ag ef. Roedd wedi benthyca siwt gyfweliad ei hanner brawd, a oedd yn fyfyriwr yn y London School of Economics, yn ogystal â chot fawr ddu, drwsiadus.

Ond didaro a difater oedd ymateb y ddau. Doedden nhw ddim fel petaen nhw'n gwerthfawrogi'r ymdrech roedd Meic wedi'i gwneud i gyrraedd y lle. "Tebyg i Bob Dylan," meddai'r gŵr a "Tebyg i Tim Hardin," oedd dyfarniad y ddynes. Collodd Meic ei limpin a'i gwân hi oddi yno er gwaethaf protestiadau'r ddau. Roedd diwallu ei syched yn nhafarndai Soho yn fwy o atyniad na cheisio dal pen rheswm â phobl cwmni Apple. Gellid bod wedi derbyn sylwadau'r ddau yn gadarnhaol, wrth gwrs, ac yn sail ar gyfer mynd gam ymhellach. Ond roedd amynedd Meic wedi pallu. Ni chlywyd dim pellach wrth y cwmni.

Ond roedd y bwrlwm yng Nghymru yn tynnu ei sylw oddi ar Lundain. Gwelai bosibiliadau pellach. Doedd dim rheswm i gredu y byddai'r gwahoddiadau i berfformio ar lwyfannau ac ar raglenni teledu yn pylu, yn ogystal â chyfleoedd pellach i gyhoeddi recordiau. Ond doedd yr hyn a glywai yn y nosweithiau llawen ddim yn ei blesio. Profodd cyfarfyddiad â chrwt a chroten o Gaerdydd yn allweddol i'r bwriad o roi cic yn nhin y canu Cymraeg. Mynna Meic mai yng Nghorwen y cyfarfu â Heather Jones, myfyrwraig ar ei blwyddyn gyntaf yng Ngholeg Caerllion, a Geraint Jarman, a oedd yn dal yn yr ysgol, a sylweddoli wrth sgwrsio fod ganddyn nhw lawer yn gyffredin o ran chwaeth gerddorol.

Mynna Heather a Geraint mai yn y Drenewydd ym mis Rhagfyr 1968, mewn cyngerdd lle roedd tipyn o bawb o blith yr artistiaid Cymraeg poblogaidd yn cymryd rhan, y digwyddodd y cyfarfyddiad hanesyddol hwnnw a fyddai'n newid bywydau'r tri ohonyn nhw. Nid awn i gwiblan ynghylch union fangre'r cyfarfyddiad: mater i anoracs yw hynny. Digon yw dweud i'r cyfarfyddiad ddigwydd, a chyn terfynu'r sgwrs y tu ôl i'r llwyfan, boed yng Nghorwen neu'r Drenewydd, roedd Meic wedi gwahodd y ddau o Gaerdydd i ddod i aros yn Solfach er mwyn datblygu eu perthynas gerddorol ymhellach. Cofia Geraint yn ei gyfrol *Twrw Jarman* y syndod, os nad yr arswyd, o weld Meic am y tro cyntaf.

> Dyna lle'r oedden ni yn y Drenewydd yn chwilio am leoliad gìg, ac roedd rhyw law mân, *sticky*, fel clingfilm ymhobman. Yna weles i'r ddrychiolaeth ryfeddaf: yr het, y *poncho*, y bŵts cowbois a'r cês gitâr anferth yma, a'r *glasses* tywyll yn cerdded lawr y brif stryd yn y Drenewydd. Meic. Roedd e'n edrych yn gwbl wahanol i bawb arall – roedd e'n edrych fel *star* ac yn unigryw yn ei edrychiad. Dwi'n meddwl mai dim ond tua wyth ar hugain oed oedd e pan gwrddon ni â fe. Ac roedd e'n anelu at Lundain a'r *music business*; wel, ro'n i'n *highly impressed.* Ond roedd e wastad yn chwilio am bobl i sgwennu geiriau iddo fe, ac yn y cyd-destun hwnnw roedd fy mherthynas i efo fo.
>
> Dyma Meic yn rhoi gwahoddiad i ni fynd lawr i Solfach; roedd e'n byw yn Prendergast ar y pryd. Rwy'n siŵr ei fod wedi gweld y bardd ifanc ynof i, a gweld hygrededd y pethau mewn print hefyd. Felly mi es i lawr ar fy mhen fy hun. Hwnna oedd y cyfarfod *getting to know you* mewn ffordd. Wnaeth e egluro beth roedd Solfach yn golygu iddo fe a pham roedd e'n dod 'nôl i'r lle bob tro. Ond hefyd roeddwn i'n sylweddoli bod ganddo ddau fywyd yn cydredeg am lot fawr o'r amser, ac mai fel'na bydde hi wastad gyda fe. Aeth e â fi o gwmpas yr ardal ac ro'n i wedi fy synnu; roedd o'n gallu chwarae'r gitâr yn *brilliant* ac roedd ganddo'r holl gitârs 'ma.

Pan oedd Geraint yn Solfach dechreuwyd trafod y posibiliadau o gydweithio. Cysylltwyd â Heather a'i gwysio hithau i ddod lawr gynted â phosib i gartref Meic a Tessa. Deorwyd cynllun a fyddai'n fodd o roi asbri a hwyl i'r byd adloniant Cymraeg. Byddai'r tri'n ffurfio grŵp ac yn cysylltu â'r cyfryngau i gyhoeddi eu bodolaeth a'u parodrwydd i berfformio ar unwaith heb ddatgelu pwy yn union oedden nhw. Cydiwyd yn yr abwyd ac fe'u gwelwyd ar HTV a chytunodd Dennis Rees o Recordiau'r Dryw i'w recordio cyn iddo erioed eu clywed. Fu'r tri fawr o dro cyn cyfansoddi caneuon, a'r rheiny i raddau yn barodi ar yr hyn y byddai triawdau'r cyfnod yn eu canu. Cafwyd tafell o Fara Menyn. Sonia Meic am y cymhelliad yn ei hunangofiant.

> Cafon ni dipyn o hwyl ar ben y grwpiau merched amatur y bydde chwilotwyr talent y BBC yn dod o hyd iddyn nhw'n trydar mewn nosweithie llawen, neuadde pentre a festrïoedd dyffrynnoedd gleision Shir Gâr a Cheredigion neu ym mynyddoedd creigiog Gwynedd. Y Gemau, Y Perlau, Y Pelydrau ac yn y blaen; a'r Hogia – Hogia'r Wyddfa, Bryngwran, Llandegái, a llawer eto rif y gwlith. A'r rheini'n strymian gitare Japaneaidd rhad ac yn canu trosiade Cymraeg o ganeuon Eingl-Americanaidd poblogaidd oedd yn hen fel pechod. Roedd Geraint a finne ein dau yn awyddus i sgrifennu mwy o ganeuon Cymraeg – roedd yno arian parod. Sgrifennu yn Saesneg oedd yn mynd â 'mryd i'n benna, ond nid peth hawdd fydde gadael fy ôl ar Lunden.

Roedd Heather yn ddigon parod i fod yn rhan o'r cast. Doedd dim angen fawr o berswâd arni. Gwelai'r holl antur yn hwyl. Roedd hi wrth ei bodd yn perfformio. Ond profodd yr arhosiad hwnnw yn Solfach yn dipyn o agoriad llygad o ran adnabod Meic. Arferai Heather fyw bywyd teuluol digynnwrf yng Nghaerdydd lle'r oedd yna foesau pendant i'w harddel. Nid felly oedd hi yn Solfach bob amser, fel y tystia yn ei hunangofiant *Gwrando ar Fy Nghân*.

> Ar y dydd Sul, fe goginiodd Tessa ginio bendigedig i ni, ond tra oeddem wrth y bwrdd digwyddodd Meic gwyno am rywbeth neu'i gilydd, naill ai'r grefi neu'r tatws rhost neu rywbeth, ac fe aeth yn ffrae fawr rhyngddyn nhw. Diwedd y ffrae oedd i Tessa ddechrau taflu pethau at Meic ac yna stormo mas. Wel, ro'n i'n crynu. Ro'n i wedi dychryn ac roedd y cyfan yn gymaint o sioc i mi. Doedd Mam a Dad byth yn gweiddi ar ei gilydd a doeddwn i ddim wedi arfer â chlywed pobl yn codi eu lleisiau hyd yn oed. Ro'n i'n nerfus iawn ymhlith y dieithriaid hyn wedi hynny. A dweud y gwir, rwy'n siŵr i hynny fy ngwthio i'n nes at Geraint; roeddwn i fel llygoden fach dawel, yn cilio ato fe i gysgodi rhag y storm. Y noson honno, anghofiais am y syniad o'r gwely ar y soffa a bu i mi gysgu yn yr un stafell â Geraint.
>
> Erbyn y bore, roedd y ddrycin heibio, a chyfle o'r diwedd i drafod ffurfio'r Bara Menyn. Mewn dim o dro, roedden ni wedi sgwennu'r gân 'O nyni sy'n caru Cymru' a dyna ddechrau'r grŵp. Yna, daeth 'Disgwyl am dy gariad', 'Rhywbeth gwell i ddod', ac un y bu i mi ei chyfansoddi. Mae pawb dan yr argraff mai Meic sgrifennodd 'Dewch ar y trên', ond Geraint biau'r geiriau a minnau'r dôn. Ar y dechrau cân i blant oedd hi i fod, yn llawer ysgafnach a melysach na'r ffordd y mae Meic yn ei chanu.

Erbyn mis Mawrth 1969 roedd y record *Bara Menyn* wedi'i chyhoeddi ar label Dryw. Dringodd i rif tri yn siart *Y Cymro* ac fe'i disgrifiwyd fel "carreg filltir yn hanes pop i'w chymharu â recordiau cyntaf Dafydd Iwan a Mary Hopkin". Ym mis Awst cafwyd *Rhagor o'r Bara Menyn* yn cynnwys 'Dihunwch Lan', 'Yfo', 'Mynd i Laca Li' a 'Yr Wylan'. Daeth y gwahoddiadau i berfformio'n ribidirês gan olygu teithio o'r naill ben o Gymru i'r llall yr un penwythnos yn aml. Penderfynodd y tri wisgo'n wirion er mwyn drysu'r cynulleidfaoedd ymhellach. Edrychai Geraint fel Sbaenwr gyda'i fwstás ffug trwchus fel brwsh cans, a byddai'n chwifio gwn ffug ac yn chwarae'r maracas tra oedd Heather yn gwisgo het lydan fawr ac yn edrych fel un o wragedd y gwladychwyr cynnar yn yr Unol Daleithiau. Ac yna Meic, wel, yn edrych fel Meic Stevens. Gwelai Geraint fod yna elfen gref o ddychan yng nghaneuon y grŵp.

> Roedd cymaint o ganeuon gwladgarol o gwmpas ar y pryd ond braidd dim yn wleidyddol. Bydde pobl yn gweld fod caneuon gwladgarol yn rhy hawdd mewn ffordd: dim ond stico'r gair 'Cymru' mewn i'r gân a dyna ni; gwladgarwyr a Glyndŵr a pethe o'r fath. Ond i ni jôc oedd hyn, ond doedd yr eironi ddim yn amlwg i rai pobl a dwi'n meddwl mai un o'r pethe gorau am y Bara Menyn oedd swrealaeth y peth. Ro'n ni'n gallu gwneud caneuon fel 'Disgwyl am Gariad' ar yr un EP ac mae 'na alaw yn dod o un o ganeuon Uncle Dave Macon; roedd Uncle Dave yn chwaraewr banjo hynod ddylanwadol o Tennesse o ran gynta'r ugeinfed ganrif ac roeddwn i wedi creu argraff ar Meic am mod i'n gwybod amdano, achos roedd Meic yn chwarae'r banjo pan oedd e'n chwarae mewn *skiffle* neu *rag bands*. Wnaethon ni recordio'r EP mewn rhyw hanner awr yn Abertawe, a'r peth nesaf ro'n i ar HTV, ac roedd y record ar y radio, ac ymhobman. Yn dilyn hyn wnaethom ni gìg fawr yn Abertawe, yn Neuadd Brangwyn ac yna teithio dros Gymru gyfan.

Parhau a wnâi'r amwysedd ynghylch Bara Menyn ymhlith y cynulleidfaoedd, ac ymhlith yr aelodau eu hunain o ran hynny. Pa mor hir y gellid cynnal y jôc? Roedd y cynulleidfaoedd am wybod sut roedden nhw i fod i ymateb i'r tri hwdwch anghonfensiynol. Oedden nhw'n cwato y tu ôl i bersona ffug? Oedd yna botensial i greu cerddoriaeth go iawn? Ai cynnig eu hunain fel sgets mewn noson Clwb Ffermwyr Ifanc oedden nhw? A ddylai'r gynulleidfa chwerthin am eu pen ynteu chwerthin gyda nhw? Oedden nhw'n rhy soffistigedig i'r gynulleidfa o ran eu dwli? Ceisiwyd ateb y benbleth mewn cyfweliad gyda Megan Tudur, a gyhoeddwyd yn y cylchgrawn *Hamdden* ym mis Tachwedd 1969.

> Dydyn ni ddim yn meddwl fod yna draddodiad o ganu ysgafn yng Nghymru. Os oes yna draddodiad, mae'r seiliau yn wan iawn beth bynnag. Beth sy gennym ni yw embryo. Embryo bach, bach yn dechrau datblygu, a llawer iawn o sothach diwerth. Ychydig iawn o bobl yn y byd canu pop yng Nghymru sy'n gwybod beth maen nhw'n ei wneud. Mae rhai ohonyn nhw wedi darganfod y fformiwla sy'n dod â llwyddiant iddyn nhw (ar yr wyneb). Ond ydy

hyn yn golygu eu bod nhw'n dda, bod yr hyn maen nhw'n ei wneud yn ysgrifennu'n dda?

Rydyn ni'n datblygu fel grŵp fel mae amser yn caniatáu. Fe fydd pob record yn eitha gwahanol. Y rheswm pam nad yw *Rhagor o'r Bara Menyn* wedi gwerthu cystal â *Caru Cymru* yw nad ydyn ni'n defnyddio'r un fformiwla. Mae rhai grwpiau yn canu yn yr un steil o hyd. Rhaid yw newid pethau o gwmpas, a darganfod pethau newydd. A dweud y gwir, cân ddychan am y canu pop-wladgarol oedd 'Caru Cymru', ond fe brynodd pobl hi heb sylweddoli hynny a'i hoffi am ei bod, ar yr wyneb, yn debyg i'r caneuon roedd hi'n eu dychanu. Rydyn ni ar drothwy pethau mawr yng Nghymru y dyddiau yma, dim ond i bobl gadw eu pennau, a chadw'n glòs fel cenedl. Rydyn ni ar drothwy dadeni ysbryd cyflawn. Plant y Dadeni Cymraeg ydyn ni i gyd.

Beth bynnag oedd yr athroniaeth y tu ôl i'r caneuon, a beth bynnag oedd perthynas Bara Menyn â'r gynulleidfa, roedd Heather Jones wedi darganfod yr hyn y gellid ei ystyried yn nam ym mhersonoliaeth Meic – neu'r hyn a'i gwnâi'n gwbl unigryw.

Roedd Meic yn wahanol i bawb yr o'n i wedi ei gyfarfod cyn hynny. Roedd e, ac mae e o hyd, yn gwbl unigryw ac fe agorodd fy llygaid yn aruthrol i'r byd mawr o'm cwmpas. Ac am ei fod e mor wahanol, doedd rhywun byth yn cwestiynu ei ymddygiad e rywsut. Byddai'r pethau fyddai e'n eu gwneud yn taro rhywun yn rhyfedd neu'n wirion neu'n boen, efallai, pe bai rhywun arall yn eu gwneud nhw, ond gan mai Meic oedd Meic doedd rhywun ddim yn meddwl ddwywaith, jyst yn rolio'u llygaid ac yn dweud 'typical Meic'.

A beth oedd dyfarniad Meic ei hun am yr hyn a ddechreuodd fel jôc yn sgil gwahodd Heather Jones a Geraint Jarman i lawr i Solfach?

Roedd y jôc wrth y pentan wedi troi'n un o'r grwpie canu mwya llwyddiannus yng Nghymru, a'r cwbwl o fewn dau neu dri mis. Falle taw jôc oedd Bara Menyn, ond roedden ni'n bachu arian mawr. Gwnaethom ni gannoedd o gyngherdde, dwsine o sioeau teledu a radio ac roedd y recordie, er mawr gywilydd i ni, yn cael eu chware'n ddi-baid ar Radio Cymru. Dwi'n rhoi'r bai ar hiwmor, gwin, tamed bach o fwg drwg, ac awyr Solfach.

Roedd Bara Menyn yn hwyl, hwyl, hwyl. Doedd dim byd tebyg iddo fe wedi bod yng Nghymru o'r blaen. Roedden ni'n wirion ac yn bryfoclyd yn ein dydd – yn ddigri ac yn ffasiynol, yn ifanc ac yn olygus. Doedd pobol ddim yn gallu'n dirnad ni'n iawn – na ninne chwaith – ond, heb yn wybod i ni, fe gychwynnom ni rywbeth newydd mewn cerddoriaeth Gymraeg a ddilynwyd cyn hir gan grwpie fel y Tebot Piws a'r Dyniadon Ynfyd Hirfelyn Tesog. Roedden ni'n rhan o'r don gerddorol fwya a welodd Cymru ers emynau'r Diwygiad Methodistaidd. Yn y cyfamser, roedd y symudiad gwleidyddol mwya ers rhyfel Owain Glyndŵr hefyd ar gychwyn. Ac fe fydden ni i gyd yn chware'n rhan ynddo.

Cafodd Meic flas o'r Steddfod Genedlaethol yn 1969 pan deithiodd ar ei sgwter i'r Fflint, ond bu rhaid iddo ddychwelyd i Solfach heb ei sgwter deng mlwydd oed. Fe'i parciodd y tu fas i'r sinema lle'r oedd yn perfformio ar y nos Lun, ond erbyn iddo ddychwelyd fore trannoeth, wedi noson o wersylla, doedd y sgwter ddim yno. Cysylltodd â'r heddlu gan bwysleisio nad oedd am erlyn neb, dim ond cael ei sgwter 'nôl. Sylw'r *Cymro* wrth nodi'r digwyddiad oedd bod agwedd Meic "yn dangos fod personoliaeth gynnes o dan ddelwedd Fohemaidd y canwr a'r gitarydd medrus hwn". Wedi'r Steddfod y cafodd Meic wybod gan yr heddlu iddyn nhw ddod o hyd i'w sgwter a bod yna groeso iddo ddychwelyd i'r Fflint i'w gyrchu.

Roedd Sbardun Huws yn Steddfod y Fflint, a chafodd ei gip gyntaf ar Meic yn y cnawd wrth iddo gerdded ar hyd y maes. Creodd argraff ffafriol.

"Yr hyn sy'n aros yn y cof ydy pa mor *hip*, pa mor Lundeinig oedd ei ddelwedd – y gwallt hir, sbectol dywyll, a'r dillad, y siaced swêd yn frith o ffrinjis, jîns tyn 'di ffêdio, sgidia cowboi, a mwclis. Mi oedd o'n edrych mor estron, ac mor egsotig o'i gymharu efo pawb arall ar y maes y pnawn hwnnw – fel paun mewn cwt ieir," meddai Sbardun.

Tua'r adeg hon y cyfarfu'r newyddiadurwr Lyn Ebenezer â Meic am y tro cyntaf yn un o'r Pinaclau Pop ym

Mhontrhydfendigaid. Roedd Lyn yn llawn ohono'i hun, wedi mopio'i ben ar Elvis Presley ac wedi 'darganfod' Bob Dylan, ac yn ceisio meddwl am sylw treiddgar i dorri'r garw gyda'r canwr o Solfach roedd e hefyd yn ei edmygu. Hogia Llandegái oedd yn perfformio ar y llwyfan ar y pryd. Mentrodd Lyn arni.

"Jiw, bach yn hen ffasiwn yw'r canu gwlad 'ma, Meic."

"Ieffach, ma nhw'n grêt 'chan, ma nhw'n *brilliant*," meddai Meic.

"A dyna fi wedi ca'l fy rhoi yn fy lle am fod mor fawreddog a snobyddlyd. A jiw, fe ddes inne'n ffan mawr o Hogia Llandegái wedyn, diolch i Meic," meddai Lyn.

O hynny fe ddatblygodd gwir gyfeillgarwch a barodd.

7

Gŵyl Ynys Wyth

ER YR HOLL gyffro roedd Meic yn ei ganol yng Nghymru, ac yn ei greu, roedd y dynfa i Lundain yn parhau. Câi ei rwygo rhwng y posibilrwydd o'i gwneud hi yno, gwthio'r ffiniau cerddorol yng Nghymru a chynnal cysur Tessa a Wizzy yn Solfach. Ymddengys fod yna anfanteision i bob dewis hefyd. Codi pyliau o hiraeth a wnâi'r cyfnodau yn Llundain er y cynnwrf a'r cyfleoedd. Roedd y busnes cyffuriau ar ei anterth wrth i bawb smygu'r mwg drwg gorau o Nepal.

'Nôl yng Nghymru teimlai Meic rwystredigaeth o weld mor amatur oedd y byd adloniant Cymraeg o'i gymharu â'r hyn roedd wedi'i brofi ar wyneb y ffas ym Manceinion a Llundain. Ni fedrai ddygymod â'r merddwr a'r hyn a ystyriai'n ddiffyg menter affwysol. Ar yr un pryd, roedd yna graciau'n ymddangos yn ei berthynas yntau a Tessa yn Solfach. Roedd Meic Stevens yn greadur aflonydd. Ni pherthynai iddo nodweddion y tad a'r partner confensiynol.

Tra oedd Bara Menyn yn profi'n gynyddol flasus ymhlith cynulleidfaoedd Cymru, deuai galwadau o Lundain byth a beunydd. Nid oedd Meic yn barod i fwrw'i hatling yn y naill fyd na'r llall. Gwelai fod yna ormod i'w golli pe bai'n cefnu ar y naill er mwyn canolbwyntio ar y llall. Ac yntau yn ei ugeiniau hwyr, roedd yn anterth ei allu creadigol. Ac yn Llundain roedd y cerddorion fyddai'n herio ei allu a boddhau ei awen. Doedd hynny ddim i ddweud na fyddai ei anwadalwch yn brigo i'r wyneb o bryd i'w gilydd.

Llwyddodd Kevin Westlake, y Gwyddel o Hwlffordd a arferai chwarae'r drymiau yn y sesiynau hynny yn y Trewern Arms,

Nanhyfer, i gael ei draed dano yn Llundain. Er iddo ymrestru mewn coleg celf yn y ddinas, fel llawer o fyfyrwyr cyffelyb yn y cyfnod, mentrodd ei lwc fel cerddor proffesiynol. Treuliodd dri mis yn teithio ar draws Ewrop fel drymiwr band Little Richard. Pan alwodd Kevin yn y bwthyn yn Solfach ar un o'i bererindodau adre, roedd yn aelod o grŵp seicedelig blaengar o'r enw The Blossom Toes. Wrth ddisgrifio'r hyn oedd yn digwydd yn Llundain ar y pryd, gan gynnwys ymweliadau gan bendefigion y felan o America megis Muddy Waters, Howlin Wolf a John Lee Hooker, roedd hi'n anodd i Meic beidio â chodi ei bac unwaith eto.

Cytunodd Tessa mai mynd i Lundain drachefn fyddai'r cam synhwyrol oherwydd pwy a ŵyr beth allai ddigwydd. Bu Meic yn ymorol i dorri trwodd pan oedd dan adain Richard Reese-Edwards ar label Decca. Ac oni bai am ei fyrbwylltra, mae'n bosib y byddai cwmni Apple wedi cynnig cyfle a chytundeb iddo. Fyddai yna drydydd cynnig? Wel, ni ddeuai'r cyfle wrth anadlu awyr iach Solfach. Cynigiodd Kevin le iddo aros mewn tŷ oedd wedi'i rentu gan gwmni Marmalade ar gyfer aelodau'r Blossom Toes.

Un arall o'r lletywyr yn 6, Holmead Road ger Fulham Road yn ymyl cae pêl-droed Chelsea oedd Gary Farr, mab Tommy, y paffiwr o'r Rhondda a ymladdodd Joe Louis am bencampwriaeth pwysau trwm y byd yn Yankee Stadium, Efrog Newydd, a cholli o drwch blewyn yn 1937. Roedd Meic yn gyffyrddus yn ei gwmni ac yn treulio oriau benbwygilydd yn plycio gitâr yn ei gwmni wrth iddo baratoi i recordio'r albwm *Take Something With You.* Chwaraeodd Meic ei gitâr ar bob un o'r traciau heblaw am un. Ni fedrai fod mewn un sesiwn recordio am fod Bara Menyn yn perfformio yn Neuadd Brangwyn, Abertawe. Roedd Meic wrth ei fodd.

> Estyniad oedd y sesiyne o weithgaredde'r stafell fyw yn Holmead Road. Gwin, cwrw, mwg drwg du o Nepal, a'r gerddoriaeth yn llifo'n ddiymdrech. Doeddwn i rioed wedi chwarae 'da cystal cerddorion o'r blaen, a dyma lle dylai cerddoriaeth fodern fynd

> yn naturiol, a chefnu ar holl ganu pop afiach y byd adloniant. Roedden ni'n chware trefnianne campus o alawon gwych 'da geirie deallus ac ystyrlon – heb ymffrostio, heb ddotio a heb y malu cachu! A'r cwbwl yn cael eu chware gydag ysbryd anturus.

Un sy'n cofio'r cyfnod a'r holl egni creadigol yn yr hafan yn Holmead Road yw Brian Godding, aelod o'r Blossom Toes ar y pryd. "Dwi'n cofio Meic fel chwaraewr gitâr acwstig arbennig – llawer gwell nag oeddwn i. Gwyddai beth oedd ei gyfyngiade a defnyddiai ei dalent i bwrpas. Ar y cyfan roedd e'n gerddor i'w edmygu. Ond cofiaf hefyd y bydde fe'n barod iawn i ddweud ei ddweud yn ddigon plaen," meddai Brian. Rhyw ugain mlynedd yn ddiweddarach byddai Brian yn chwarae'r gitâr drydan ar un o recordiau Meic yn stiwdio Sain.

Un arall o breswylwyr Holmead Road sy'n cofio Meic yn dda yw Peter Swales o Hwlffordd, mab Joffre Swales. Cofia taw Kevin Westlake, un arall o fois Hwlffordd, wahoddodd Meic i aros yno.

"Roedd Kevin wedi disgrifio Meic fel 'y gitarydd pigo'r tannau cyflymaf ym Mhrydain'. Doedd e ddim yn fy nharo i fel hipi yn yr un rhigol â'r gweddill ohonom am ei fod yn hŷn ac yn fwy o bîtnic os rhywbeth a'i agwedd tuag at y byd a'r betws yn fwy dirfodol. Roedd yn amlwg ei fod wedi darllen yn eang a medrai fynegi ei hun yn gelfydd a huawdl mewn modd barddonol iawn. Bydde ei sylwade yn od a rhyfedd ar adege mewn modd hynod o graff a deallus. Ystyriwn hynny'n nodwedd unigryw Geltaidd. Hynny yw, roedd e'n ddiwylliedig. Treiddiai hyn i'w ganeuon a phan oedd yn canu bydde ei lais yn llawn naws dyddie fu – roedd yna adlais iddo, rhyw naws hynafol fel petai wedi byw nifer o fywydau eisoes mewn oesoedd cynt.

"Roedd yna gymaint o fynd a dod yn y tŷ wrth i'r holl gerddorion yma chware'n ddibaid, yn dysgu wrth ei gilydd, ac yn chwilio am gyfle i hybu eu gyrfaoedd. Bydde Elizabeth Donnelly, merch A.S. Sir Benfro ar y pryd, yn ymwelydd cyson yng nghwmni Meic hefyd. Fe ddiflannodd Meic wedyn 'nôl i Solfa yn sydyn rhywbryd a dim ond rhyw wythnos yn ddiweddarach y sylweddolon ni fod yna ddillad a dros 30 o recordie feinyl ar goll. Fe ddeallon ni wedyn fod nifer o'r recordie a falle rhywfaint o'r dillad wedi'u gwerthu yn Kensington Antiques Market.

"Dwi'n cofio awgrymu, rhyw flwyddyn neu ddwy yn ddiweddarach wedyn, yn ystod haf 1969 dwi'n meddwl, pan oeddwn i'n gweithio i'r Rolling Stones ac yn ceisio sefydlu label recordio Mother Earth iddyn nhw, y gallai Meic fod yn rhan o'r cynllunie. Roedd gen i stafell fawr i fy hun yn swyddfa'r Stones a pheiriant tâp Revox newydd sbon er mwyn gwrando ar dapie.

"Dwi'n cofio cael gafael ar feicroffon rhyw ddiwrnod a recordio Meic yn canu rhai o'i ganeuon – 'Love Owed' a 'Sing a Song of Sadness' yn eu plith – ac roeddwn am iddo wneud demos go iawn yn y gobaith y bydde fe'n un o artistiaid Mother Earth. Dwi'n cofio'r gân 'Ghost Town' wedyn yn llawn teimlad Celtaidd yn awgrymu dieithriwch a dirgelwch.

"Beth bynnag, dwi'n cofio Mick Jagger rhyw ddiwrnod yn trafod canfod trefnydd addas ar gyfer albwm roedd e am i Marianne Faithfull ei wneud. Dyma fi'n dweud y bydde Meic Stevens neu Shawn Phillips yn medru gwneud. 'Wrth gwrs, Shawn Phillips! Pam na fydden i wedi meddwl am hynny,' meddai Jagger. Deallais ei fod yn gyfarwydd â Shawn ond ceisiais ei ddarbwyllo y bydde Meic yn addas hefyd.

"Fe'i hatgoffais fod Meic wedi bod yn fy swyddfa droeon a'i fod yn y swyddfa y noson honno pan oedd y tri ohonom yn ceisio dyfalu sut roedd y peiriant Telex yn gweithio wrth i neges ddod trwodd wrth Alan Klein, rheolwr y Rolling Stones, yn Efrog Newydd. Ond doedd Mick ddim wedi clywed Meic yn perfformio ac am ei fod ar fin hedfan i Awstralia i wneud ffilm fe gollwyd y cyfle. Dyna fel oedd hi'r adeg hynny. Lwc, a bod yn y man iawn ar yr adeg iawn," meddai Peter.

Aelod arall o'r Blossom Toes oedd Jim Cregan, sy'n cofio Meic yn bennaf oherwydd ei wisg ac am ddelwedd a ddeuai'n gyfarwydd yng Nghymru yn ddiweddarach. "Bydde fe wastad yn gwisgo hat ffedora ddu fawr oedd yn rhoi rhyw elfen o ddirgelwch iddo, er efalle bod y ddelwedd ychydig bach yn orymdrechgar ar y pryd. Heblaw am hynny roedd e'n gyfeillgar er efalle ychydig yn swil," meddai.

Ar ryw olwg, dirywio wnâi'r amgylchiadau yn y tŷ cerdd wrth i gyffuriau gael y gorau ar nifer o'r artistiaid a ddeuai heibio, megis Barry Jenkins, drymiwr The Animals, a Shawn Phillips o Fort Worth yn Texas. Gadewn i Meic ei hun ddisgrifio'r olygfa.

> Cawsai Barry Jenkins amser caled yng Nghaliffornia – llawer gormod o LSD – ac roedd ei ben e yn rhywle arall – lan ei din e, synnwn i damed. Roedd golwg fel ffacir Indiaidd ar Barry – dyn sanctaidd, fel meudwy gwallgo anniben, 'da gwallt a barf hir, wasgarog a chadwyn o fwclis am ei wddw. Symudodd e i'r un stafell â Gary, Kevin a fi a bydde fe'n iste'n groesgoes pan nad oedd e'n cysgu, yn cerfio patryme ar hen Gibson SGs – rhyw chwyrliade crymion seicedelig-Geltaidd.
>
> Hipi egsotig oedd Shawn, 'da gwallt gole hollol syth at ei ganol, clogyn melfed llaes 'da brodwaith aur, a gemwaith Navajo arian a glasfaen am ei wddw a'i arddyrne. Bu'n byw yn Palermo yn yr Eidal, yn meithrin ei gerddoriaeth ac yn myfyrio, ac roedd e wedi dod â'i focs myfyrio gydag e, fymryn yn fwy na chist de 'da symbole tantrig a chabalistaidd lliwgar wedi'u peintio ar yr ochor allanol. Bydde fe'n iste yn y bocs 'ma am orie, yn llafarganu ac yn gwneud syne rhyfedd. Fe oedd y person cynta weles i'n snwffian heroin.

Doedd dim prinder merched yn y tŷ chwaith a oedd yn gwbl eithafol eu harferion; nifer ohonyn nhw wedi croesi o America ac yn benderfynol o gysgu gyda chynifer â phosib o'r artistiaid roc adnabyddus. Ni wnaeth Meic osgoi eithafiaeth y cyffuriau. Wedi i rywun roi tua mil meicrogram o asid yn ei de bu rhaid ei gymryd i'r ysbyty er mwyn ei lonyddu. Er ei fod yn chwarae'n rheolaidd gyda band Garry Farr, doedd dim argoel y byddai'n cael cynnig ei gytundeb recordio ei hun. Roedd ei dapiau gartre yn Solfach, a hebddyn nhw doedd dim llawer o obaith o greu argraff ar bobol fel Giorgio Gomelsky neu Andrew Loog

Oldham a reolai rhai o'r grwpiau a fyddai'n datblygu'n fyd enwog cyn pen dim. Profodd y dynfa i dawelwch cymharol y gorllewin yn drech na'r halibalŵ yn Llundain unwaith eto.

> Ro'n i wedi mynd yn ddyn sesiwn ar recordie pobol eraill a dyna i gyd, ac yn Solfach roedd fy ngherddoriaeth i o hyd. Roedd yn rhaid i fi adael Llunden; ro'n i'n ei gweld hi fel hwren anferthol oedd yn mynnu'ch ffafre chi'n gyfan gwbwl, a tasech chi ddim yn ildio iddi, fe fydde hi naill ai'n eich dinistrio chi neu'n eich gwneud chi'n analluog neu'n eich llowcio chi! Penderfynes i fynd gartre i Solfach am byth, er 'mod i'n ymarfer ar gyfer albwm arall 'da Gary o'r enw *Strange Fruits*. Ro'n i wedi drysu'n lân; nid mynd sha thre oedd hyn – ro'n i fel petawn i'n ei chychwyn hi am ryw fywyd na wyddwn i ddim amdano, i'r tywyllwch y tu draw. Roedd rhywbeth o'i le; fe allwn i deimlo'r farddoniaeth yn llifo ymaith, yn chwalu i frithlaw Llunden ac ôl fflachiade asid.

Teimlai Meic ryw chwithdod anodd ei esbonio wrth iddo ddisgyn oddi ar y trên yn Hwlffordd y nos Wener honno. Am nad oedd yna fws i Solfach am dipyn penderfynodd gario'i gitâr i'r clwb gwerin, a chafodd rywfaint o abwth pan welodd pwy gerddodd i mewn wrth iddo gwpla'i ddiod a pharatoi i adael i'w throi hi am y bws. Dwy ferch a chrwt o Solfach yn llawn hwyliau; Tessa oedd un o'r rhocesi a Dickie oedd enw'r crwt. Buan y sylweddolodd Meic bod yna berthynas glòs rhwng Tessa a Dickie. Doedd yna fawr o gynhesrwydd pan gyfarchodd y ddau ei gilydd; dim cofleidio, dim ond rhyw holi hynt digon oeraidd. Sylweddolodd Meic beth oedd yr anesmwythyd oedd wedi'i daro ar y ffordd 'nôl o Lundain.

> … rhyw fath o *deja vu*. Yr eiliad honno, ro'n i ar ryw fath o derfyn lle mae dau realiti cwbwl wahanol yn cwrdd. Mae realitïe'n cwrdd byth a hefyd, ond ambell waith maen nhw'n ffaelu cydblethu ac yn gallu cyd-fodoli am gyfnod byr yn unig. 'Run peth â theitl un o ganeuon serch Gary, 'Two separate paths together'. Blinder, ôl-fflach, sgytwad. Es i 'nghragen.

Bu'r dyddiau dilynol yn ddyddiau o hunanholi a phrysur

bwyso yng nghwmni Wizzy, y groten fach. Y canlyniad fu i Meic rentu ffermdy pum stafell wely Caerforiog ar gyrion Solfach i gyfeiriad Felinganol. Bydde hynny'n rhoi mwy o ryddid i Tessa wneud gwaith cerflunio a gwnïo dillad, a gellid cadw'r ceffyl y byddai Tessa yn ei farchogaeth yn y perci. Ceisiwyd adfer rhyw gymaint o drefn a chysondeb mewn awyrgylch o dangnefedd lle na fyddai bron neb heblaw am y postmon yn galw. Ychwanegwyd at yr hwyl wrth i Meic geisio meistroli'r sgwter roedd wedi'i brynu wrth ei hanner brawd, Martin, yng Nghaerloyw. Ond doedd yr alltudiaeth hwn ym mherfeddion cefn gwlad ymhell o dwrw'r ddinas ddim i bara.

Ni pheidiodd y galw ar ddoniau Meic yng Nghymru. Daeth Geraint Jarman a Heather Jones heibio er mwyn cyfansoddi caneuon ar gyfer yr opera deledu roedd Euryn Ogwen wedi'i chomisiynu i'w darlledu ar HTV, *Etifeddiaeth y Mwg,* ar Ddydd Gŵyl Dewi 1970. Hanfod y stori oedd ffantasi am grwt a chroten yn dianc o'r bywyd diwydiannol i Ogof Arthur i chwilio am ysbrydoliaeth, ond yn y pen draw, er chwilio am ateb yn y gorffennol, yn gorfod dihuno a wynebu byw yn y presennol. Chwaraewyd rhan yr hogyn gan John Ogwen a'r hogan oedd Maureen Rhys. Chwaraewyd rhan y Brenin Arthur gan Robin Gruffydd, Myrddin Ddewin gan Huw Tudor ac Owain Glyndŵr gan Geraint Wyn Davies. Paratowyd y ddeialog gan Richard Morris Jones a chyflogwyd Julie Wellington a Wendy Wood i ddawnsio.

Daeth y ffotograffydd Denis Larcombe heibio Caerforiog i dynnu cyfres o luniau esoterig o'r triawd yn edrych fel peunod. Gwisgai Heather ffrog bitw o eiddo Tessa. Daeth cynhyrchydd ifanc o'r BBC heibio, Gareth Wyn Jones, i ffilmio hynt gyrfa Meic fel rhan o gyfres o chwech o raglenni am Gymry cyfoes. Ni chafodd y rhaglen ei chwblhau er bod yna dipyn o ffilmio wedi'i wneud yng Nghaerdydd a Llundain hefyd. Aeth Gareth Wyn i weithio yn Singapore a chollwyd y mwyafrif o'r tapiau.

Mewn gwirionedd, buan y troes Caerforiog yn ail Holmead Road yn Fulham wrth i bawb a'i gefnder alw heibio i rannu'r mwg melys yn enw creadigrwydd. Daeth Kevin Westlake, Gary

Farr a Peter Swales heibio, ynghyd â Syd Barret o Pink Floyd a fyddai'n creu cryn argraff ar Geraint Jarman oherwydd ei ddiymadferthedd. Byddai'r criw lleol o ddyddiau stafell gefn y Royal George yn darganfod eu ffordd yno hefyd. Doedd dim angen fawr o berswâd ar Meic i gynnal parti. Cofia Peter Swales amdano'n galw heibio pan ddaeth sha thre i Hwlffordd.

"Dwi'n cofio criw ohonon ni'n mynd lan i ardal y Preselau am y diwrnod i gyfeiriad Mynachlog-ddu i weld y cernydd. Am ryw reswm doedd Meic ddim yn rhy hoff o'r ardal. Credai fod yna awelon sinistr yn y cyffinie. Ond yr hyn dwi'n ei gofio'n bennaf yw galw gyda rhyw Saesnes a oedd yn byw ar ei phen ei hun gyda'i chŵn. Roedd hi wedi mopio'i phen ar waith D. H. Lawrence. Cawsom swper bendigedig o gawl cig eidion ganddi. Roeddwn yn rhyfeddu at y bobl annisgwyl a diddorol roedd Meic yn eu hadnabod," meddai Peter.

Yn ôl Meic, y fenyw honno oedd Jane Hamilton-Little, ffoadur o fyd crachach Llundain, a fu'n cadw bwyty yn Solfach am gyfnod cyn symud i gadw gyr o wartheg Jersey ar ffarm Dan-y-ffordd ger Llanglydwen. "Ro'dd hi'n hanu o gefndir aristocrataidd wedi cael ei magu i ddilyn y *social rounds* – y partïon, Ascot, sgio, polo a bant â hi. Ro'dd hi wedi cael llond bola ar hynny. Ro'dd ei gŵr yn gyn-swyddog gyda'r Gwarchodlu Brenhinol ac yn gwerthu yswiriant. Pobol y *gin and tonics* oedden nhw," meddai Meic.

Ond roedd mater bach o berfformio fel aelod o fand Gary Farr yng Ngŵyl Ynys Wyth yn ymwhêdd ar ddiwedd mis Awst 1969. Doedd Meic ddim am golli'r cyfle hwnnw. Ryw wythnos ynghynt cynhaliwyd gŵyl fawr yn Woodstock, ger Efrog Newydd, a ystyrid yn ddigwyddiad a ddiffiniai natur diwylliant cyfoes yr ifanc. Tebyg oedd arwyddocâd yr ŵyl ddeuddydd ar yr ynys oddi ar arfordir Portsmouth. Brawd Gary, Ricky Farr, oedd un o'r trefnwyr. Wedi recordio rhifyn o'r rhaglen deledu *Disc a Dawn* yng Nghaerdydd ar y dydd Sadwrn, anelodd Meic a Tessa am eu gwesty yn Portsmouth cyn croesi ar y cwch ben bore trannoeth i wynebu torf enfawr. Roedd Isobel a'i chwaer,

Bethan, a anwyd ym mis Ebrill y flwyddyn honno, yng ngofal eu mam-gu Betty 'nôl yn Solfach.

Prif atyniad yr ŵyl oedd Bob Dylan a'r band yn perfformio'n gyhoeddus am y tro cyntaf ers tair blynedd wedi iddo gael ei anafu'n ddifrifol mewn damwain moto-beic. Roedd wedi gwrthod perfformio yn Woodstock. Ymhlith yr artistiaid eraill roedd Julie Felix, Richie Havens, Marsha Hunt, Moody Blues, The Who, Tom Paxton a Joe Cocker. Perfformio ar ôl Tom Paxton yn chwarae ar ei ben ei hun roedd Gary Farr a'i fand yn gynnar gyda'r nos, o flaen y 300,000 a amcangyfrifwyd oedd yno. Roedd Bob Dylan yn gwylio ac yn gwrando yn ei siwt wen. Honnir iddo dalu teyrnged hael i Meic Stevens am ei allu i drin y gitâr. Ond doedd Meic ddim mor hael ei glod i Bob am ei berfformiad.

> ... ynte hefyd yn gaib ar gyffurie; ro'n i'n flin drosto fe, ac wedi fy siomi hefyd – roedd e'n berfformiad uffernol. Y tro dwetha i mi ei weld e oedd pedair blynedd ynghynt, ar ei ben ei hun yn y Manchester Free Trade Hall, ac roedd e'n wych bryd 'ny.

Dyw Tessa ddim yn gwadu'r posibilrwydd fod Meic a Bob Dylan wedi torri geiriau ond mwy na hynny ni all ddweud. Cofia fod yng nghwmni'r gantores Julie Driscoll yn gwrando ar Richie Havens, y canwr gwerin o America a oedd wedi swyno'r miloedd yng Ngŵyl Woodstock pan berfformiodd am deirawr. Wedi hynny treuliodd Tessa ei hamser ar ochr y llwyfan yng nghwmni Gary Farr yn tynnu lluniau ffwl pelt. Dywed Meic iddo ddod ar draws Dylan, ar ei bedwar, yng nghwmni ei reolwr, Albert Grossman, ar lawr carafán, yn cyfrif £25,000 mewn arian sychion fel tâl am ei berfformiad. Tebyg ei fod yn rhy brysur yn canolbwyntio ar gyfrif ar y pryd i roi teyrnged i Meic.

Roedd Peter Swales yng Ngŵyl Ynys Wyth hefyd. Ni chred am eiliad fod Bob Dylan wedi talu teyrnged o fath yn y byd i Meic Stevens. Mynna nad yw'n ddim ond stori sydd wedi tyfu'n wirionedd trwy ei hailadrodd mor aml heb i neb ei gwadu.

"Doedd yna fawr o gymeradwyaeth i berfformiad Gary Farr chwaith. Dim mwy na chlapio parchus a moesgar. A rhaid i mi ddweud nad wyf erioed wedi credu'r honiad fod Bob Dylan hyd yn oed wedi siarad â Meic y diwrnod hwnnw heb sôn am ei ganmol. Pam dwi'n dweud hynny? Wel, o nabod y cyfnod ac o wybod llawer am y cyfnod mae'n absẃrd meddwl bod y fath gyfarfyddiad wedi digwydd. Nid yw'r honiad yn ddim ond siarad gwag mewn tafarn ar ran rhywun oedd am chwyddo ei bersonoliaeth ei hun dybiaf fi," meddai Peter.

Er bod Meic ei hun wedi dweud ar goedd droeon fod y cyfeiriad ato gan Bob Dylan wedi'i gyhoeddi ar dudalennau'r *New Musical Express* wedi'r ŵyl, nid yw dod o hyd i'r rhifynnau hynny bellach yn dasg hawdd er mwyn cadarnhau'r honiad, pe bai hynny o bwys tragwyddol. Nid yw hyd yn oed yr archchwilotwr Gari Melville, o'r Allt-wen yng Nghwm Tawe, wedi dod ar draws yr un cyfeiriad. Rhoddwyd llwyr raff i'r stori pan gafodd Meic ei holi gan Frank Hennessy ar ei raglen *Celtic Heartbeat* ar Radio Wales, yn fuan wedi iddo gael ei driniaeth i waredu canser yn ei wddf. Ond beth bynnag am hynny, gellir caniatáu ychydig bach o 'ysbryd Wil Canaan', ys dywed gwŷr Shir Bemro, yn y cyswllt hwn, mae'n siŵr. Athrylith o storïwr oedd Wil, yn rhagori yn ei allu i fystyn y gwirionedd i'r fath radde nes i'r bardd, Waldo Williams, weld yn dda i gyfansoddi soned iddo.

Y gwir ffeithiol ar ôl archwilio rhifynnau'r cyfnod o'r *New Musical Express* a'r *Melody Maker* yn y Llyfrgell Brydeinig yw nad oes yr un cyfeiriad at Meic o enau Bob Dylan. Yr agosaf y daw Richard Green yn yr *NME* at sôn am Gary Farr yw cyfeirio at ei frawd, Ricky, a oedd yn cyflwyno'r artistiaid. "Bedecked in a Wyatt Earp style hat he handled the huge crowd well and showed no sign of irritability, neither did he resort to the sort of cheap gags we so often hear from comperes," meddai. Mae adroddiadau Chris Welch a Tony Wilson yn y *Melody Maker* wedyn yn fwy cynhwysfawr. "Gary Farr proved to be a pleasing singer and songwriter in the folk-rock mould with 'Good Morning Sun', and country blues tinged 'The Vicar and the Pope' songs in his spot with backing from members of the Mighty Baby Group". Ond dim sôn am eirda gan y crwt o Duluth i'r crwt o Solfach.

Ond erys y gwirionedd dychmygol fod Bob wedi canmol Meic.

Serch hynny, mae'n rhaid bod cymryd rhan mewn digwyddiad o'r fath wedi gadael ei ôl, digwyddiad a oedd yn dangos y grym oedd gan artistiaid creadigol y cyfnod i ddenu'r fath gynulleidfa, a hwythau'n credu bod ganddyn nhw'r gallu i newid y byd. Nid diddanu'n unig a wnâi'r artistiaid blaengar ond cynrychioli dyheadau eu cenhedlaeth, a hynny ar sail dymuniad i orseddu heddwch bydeang yn enw cerddoriaeth. Ar ôl yr holl siampaen, mae'n rhaid bod dychwelyd i Solfach a cheisio ailgydio yn y gwatwar o'r canu Cymraeg, a oedd ymhlyg yng nghaneuon Bara Menyn, yn fwy abswrd nag erioed.

Yn wir, wedi cyhoeddi pedair o ganeuon yr opera roc *Etifeddiaeth y Mwg,* dan y teitl *Mwg* ac o dan ei enw ei hun, er mawr syndod i'r ddau aelod arall fe ddaeth Bara Menyn i ben cyn pen dim. Deil y mater yn dipyn o ddryswch i Geraint Jarman, fel yr esbonia yn ei gyfrol *Twrw Jarman.*

> Roedd hynny 'chydig bach yn rhyfedd, am nad oedden ni'n gwybod beth oedd yn digwydd. Ond, wedi dweud hynny galla i weld pethau o safbwynt Meic, achos i fod yn deg ychydig o jôc oedd Bara Menyn i Meic a dyna i gyd. Dwi'n cofio teimlo'n siomedig, ond doeddwn i ddim y math o berson i ddweud dim ar y pryd, achos ro'n i'n hoffi Meic. O'n i ddim yn deall beth ddigwyddodd ond hefyd ro'n i'n ei ofni fo tamaid bach, felly'n ofni gofyn iddo, a gwybod hefyd nad oedd o'n rhywbeth cŵl i neud, mewn ffordd.
>
> O'n i wastad yn teimlo ychydig bach mas o le yn y grŵp, achos ro'n i'n dysgu sut i ganu, o'n i mond yna i wneud y rhife lan dwi'n meddwl. 'You're a pretty boy, you're a pretty boy,' arferai Meic ddweud, ac roedd hynny'n *fine*. Do'n i ddim yn meindio, achos yn dawel bach ro'n i wedi penderfynu mod i'n 'Geraint Jarman' neu rywbeth tebyg erbyn hyn, ond doeddwn i ddim wedi dweud hynny wrtho fe!

Yr un pryd, roedd Geraint yn ddigon parod i rannu'r jôc, a gwelai elfen bellach o swrrealaeth yn perthyn i'r holl beth, wrth i'r caneuon gael eu cyfansoddi yng Nghaerforiog ym mhresenoldeb cerddorion nad oedd ganddyn nhw affliw o ddim i'w wneud â'r canu Cymraeg. Ymhelaetha ar y cymhellion yn y gyfrol *Gwreiddiau Canu Roc Cymraeg*.

> ... roedd pethau difyr yn digwydd. Er enghraifft, roedd Heather yn defnyddio llais gwahanol bryd hynny ar gyfer Bara Menyn. Roedd hi'n dynwared pobl fel Y Pelydrau. Roedd Meic yn wahanol hefyd. Roedd y grŵp yn rhoi cyfle i swrealaeth Meic. Roedd siniciaeth yn dod i mewn i'r peth ac roedd y peth yn hwyl, ac yn gwneud sbort am ben beth oedd yn digwydd: mae'n rhaid cael yr elfen yna... roedd hiwmor yna, ac roedden ni'n barod i wneud ffyliaid ohonon ni'n hunain.
>
> Beth oedd yn digwydd oedd bod pob math o bobl yn gwneud recordiau am gymaint oedden nhw'n caru Cymru ac roedd y peth yn jôc, a dweud y gwir. Roedd e wedi mynd yn arwynebol erbyn y diwedd. Ond fe sgrifennwyd 'Caru Cymru' ac roedd pobl yn meddwl ein bod ni o ddifrif! Roedd hynny yn 1969–70 pan oedden i'n sgrifennu fel 'na. Rwy'n cofio i honno gael ei sgrifennu yn Solfa. Roedd Meic yn byw ar y fferm bryd hynny. Roedd recordiau fel *The Gilded Palace of Sin* gan y Flying Burrito Brothers newydd ddod mas, ac roedd Pink Floyd a grwpiau felly.
>
> Un diwrnod, des i lawr i gael brecwast ac roedd dyn yn eistedd yn y gornel. Roedd e'n ddyn bach od iawn. Gwnes i ddarganfod y diwrnod wedyn mai Syd Barret oedd e, o'r Pink Floyd. Arhosodd e fan'na am wythnos, a ddwedodd e ddim byd wrth neb. Roedd e'n digwydd bod yn y tŷ pan sgrifennwyd 'Dihunwch Lan!' a 'Mynd i Laca Li'.

Maes o law torrodd Geraint ei gŵys ei hun a llwyddo i impio cerddoriaeth reggae y Rastaffariaid ar ganu roc Cymraeg; y canu a fabwysiadwyd gan drigolion Ynysoedd y Caribî fel eu dull o fynegiant wedi dyddiau imperialaeth Brydeinig. Roedd yna eironi yn hynny, mae'n siŵr, ond profodd Geraint Jarman a'r Cynganeddwyr ei bod yn bosib i genedl fechan yn byw yng nghysgod diwylliant mwyafrifol ganfod ei ffordd ei hun o fynegiant nad oedd yn dibynnu ar efelychiad slafaidd o'r hyn oedd yn bodoli drws nesaf. Datblygodd Heather hithau ei gyrfa ei hun, a deil ei chyflwyniad o 'Colli Iaith', o waith Harri Webb a Meredydd Evans, i atseinio yn ein clustiau fel offrwm cwbl Gymreig.

'Nôl yn Solfach daliai'r galwadau ffôn i ddod o Lundain yn fynych. Byddai'n rhaid i Meic ddychwelyd yno'n gyson, a hynny ar archiad un o gwmnïau recordio mwya'r cyfnod. Roedd yna gyffro yn yr awyr drachefn.

8

Outlander – y dieithryn

AR UN O ymweliadau Meic â Llundain yn ystod haf 1969 arweiniodd hap gyfarfyddiad at gytundeb recordio a £60,000 yn y banc mewn chwinciad. Tra oedd yn disgwyl i Gary Farr ddod mas o swyddfa'r cyhoeddwr cerddoriaeth a'r asiant, Bryan Morrison, dechreuodd Meic sgwrsio â gŵr tawel a diymhongar ei ymarweddiad wedi'i wisgo'n drwsiadus mewn pwlofer Fair Isle llawes fer a throwsus melfaréd llwyd.

Y gŵr hwnnw oedd Ian Samwell a oedd yn uchel iawn ei barch yn y diwydiant pop. Roedd eisoes wedi cyfansoddi'r gân 'Move It' a fu'n llwyddiannus i Cliff Richard. Byddai Ian yn dal i gyfansoddi caneuon llwyddiannus am flynyddoedd i ddod, ac ar y pryd roedd yn un o gynhyrchwyr cwmni Warner Brothers ac yn awyddus i hyrwyddo talentau newydd.

Canlyniad y sgwrs oedd recordio tapiau demo yn stiwdio Central Sound rownd y gornel o fewn ychydig oriau. Hynny a fu. Aeth Meic adre i Gaerforiog yn Solfach gan feddwl na ddeuai ddim o'r cyfle diweddaraf yma chwaith. Roedd hyn nawr yn rhan o'r patrwm ling-di-long 'nôl a mlân i Lundain i gefnogi Gary Farr a'i fand a'u gobeithion, yn ogystal â manteisio ar y galw am ei wasanaeth yng Nghymru ar raglenni teledu ac ar lwyfannau'r byd Cymraeg. Ond pan ddaeth 'nôl i'r ffermdy drannoeth, ar ôl bod yn marchogaeth y ceffyl, roedd neges yn ei ddisgwyl i ffonio rhyw ddynes nad oedd yntau na Tessa yn ei hadnabod yn Llundain. Y ddynes honno oedd ysgrifenyddes Ian Ralfini, pennaeth cwmni Warner Brothers yn Ewrop.

Ar sail y sesiwn stiwdio y diwrnod cynt roedd Ian Samwell wedi perswadio pennaeth y cwmni i gynnig cytundeb i Meic Stevens. Byrdwn neges yr ysgrifenyddes oedd ei wysio i ddychwelyd i Lundain ar frys i lofnodi cytundeb. Treuliodd Meic y diwrnod hwnnw yn pensynnu ynghylch yr hyn allai fod yn ei ddisgwyl, cyn dychwelyd i Lundain drannoeth a gwneud ei ffordd i swyddfa Warner Brothers yn New Oxford Street.

Cynigiwyd gwydraid o siampaen iddo, cyn cael ei wysio i swyddfa'r pennaeth lle'r oedd Ian Samwell yn ei ddisgwyl hefyd ynghyd â haid o ferched llamsachus yr olwg. Cynigiwyd £50,000 iddo yn y fan a'r lle, yn lle'r breindaliadau o werthiant recordiau, pe bai'n torri ei enw'n syth bìn. Dyna wnaeth, a chael cynnig rhagor o siampaen.

Doedd yna ddim a oedd yn ormod i'r cwmni ei wneud ar ei ran. Treuliodd Meic a 'Sammy' yr oriau nesa yng ngwesty'r Savoy, wedi teithio yno mewn Bentley yn cael ei yrru gan *chauffeur*, wrth gwrs, yn trafod posibiliadau a gobeithion ei yrfa o dan adain Warner Brothers. Fe'i hanogwyd i gofrestru ei ganeuon gyda chyhoeddwr. Dyna a wnaeth, gyda chwmni Lupus Music yn swyddfa Bryan Morrison lle dechreuodd yr halibalŵ annisgwyl hwn ychydig ddiwrnodau ynghynt. Gadawodd y swyddfa honno gyda siec o £10,000 yn lle breindal cyhoeddi. Ynghyd â'r siec o £50,000 wrth Warner Brothers, agorodd gyfrif banc yn Berkeley Square. Roedd Meic Stevens yn gerddor cyfoethog. Y byd oedd ei wystrys!

Pa ryfedd iddo brynu gitâr Martin yn siop gerdd Selmers yn Charing Cross Road am £95? Gallai fforddio gitâr ddrutach, ond yr offeryn ail-law hwn oedd wedi mynd â'i ffansi wrth iddo dafoli'r dewis yng nghwmni Gary Farr. Nid rhyfedd iddo dreulio'r daith drên yr holl ffordd adre, mewn *compartment* ar ei ben ei hun, yn ymgyfarwyddo â'r cariad newydd hwn yn ei fywyd. Wedi'r cyfan, dyma oedd ei freuddwyd ers iddo berswadio ei dad-cu a'i fam-gu yn Amwythig i brynu'r gitâr amrwd honno a welodd mewn catalog flynyddoedd ynghynt.

Tra esboniai wrth Tessa yng nghlydwch Caerforiog yr hyn oedd wedi digwydd yn Llundain, daeth galwad arall wrth Ian Samwell yn sôn am ragor o waith stiwdio, am gyflogi cerddorion ac i gyhoeddi'r gân 'Great Houdini' ar record gynted â phosib. Golygai hynny ragor o bendilio 'nôl a mlân i Lundain. Yr un pryd deuai mynych alwadau ffôn i berfformio mewn nosweithiau llawen a chyngherddau yng Nghymru benbaladr. Byddai'n anodd canolbwyntio ar y ddau drywydd yn ei fywyd. Câi ei dynnu i ddau gyfeiriad a doedden nhw ddim yn cydredeg yn esmwyth.

Cofia Tessa iddi awgrymu y dylen nhw brynu Caerforiog a'i ddatblygu'n stiwdio recordio fel y gwnaed yn Rockfield, ger Trefynwy yn ddiweddarach. £70,000 oedd pris gofynnol y ffermdy a'r 70 erw oedd ynghlwm. Byddai'r arian sylweddol a gafwyd gan Warner Brothers wedi'u galluogi i gael morgais yn ebrwydd. Ond ddaeth dim o hynny.

I gymhlethu'r sefyllfa ymhellach, roedd Meic wedi'i gyflogi gan Gyngor y Celfyddydau ar y pryd i fynd ar daith gyda band jazz arbrofol o'r enw Indo-Jazz Fusions yn cael ei arwain gan John Mayer a Joe Harriott, y naill wedi'i eni yn Bombay ac wedi'i drwytho yng ngherddoriaeth glasurol India, a'r llall yn sacsoffonydd yn hanu o'r Caribî. Roedd ffliwtydd o'r enw Chris Taylor hefyd wedi'i gyflogi ar gyfer y daith. Cyn diwedd ei yrfa byddai John Mayer yn sefydlu cwrs BMus mewn Cerddoriaeth Indiaidd yn y Birmingham Conservatoire, a Chris Taylor yn perfformio fel unawdydd gyda cherddorfeydd ar draws y byd, cyn gorffen ei yrfa yn Athro Ffliwt yn Academi Gerdd Frenhinol Llundain. Ystyrid Joe Harriott wedyn yn arloeswr ym myd jazz gydol gweddill ei yrfa. I Meic roedd y cyfle i berfformio gyda'r mawrion hyn yn rhan o'r ysgol brofiad gerddorol.

Yn wir, mynnodd Meic fod Chris Taylor yn cyfrannu at yr LP *Outlander* yn ogystal â'r cerddorion roedd Ian Samwell wedi'u crynhoi ynghyd. Perswadiwyd 'Sammy' i ymestyn y gyllideb hefyd i gynnwys dau gerddor Indiaidd, Dewan Motihar yn chwarae'r sitâr a Keshav Sathe yn chwarae'r tabla. Coleddai Meic syniadau penodol, rhagor na chwilio am gasgliad o ganeuon a fyddai'n dringo'r siartiau pop. Roedd yn agored i ddylanwadau cerddorol o'r pedwar gwynt ac yn barod i'w haddasu i'w ddibenion ei hun.

Bachgen ugain oed oedd y drymiwr Dennis Elliott ond roedd eisoes wedi bod yn gerddor proffesiynol ers pedair blynedd, ac yn taro'r drymiau er pan oedd yn bump oed yng nghwmni gweddill ei deulu cerddorol yn ardal Peckham o Lundain. Yn ddiweddarach daeth i amlygrwydd fel drymiwr grŵp o'r enw Foreigner dros gyfnod o ddau ddegawd, cyn troi ei gefn ar y byd cerddorol a chanolbwyntio ar gerflunio yn Florida. Wrth sôn am gyfnewid celfyddyd, dywedodd fod cân yn cael ei chreu o ddim a'i bod yn bosib ei hail-greu bob tro y caiff ei pherfformio ond wrth naddu darn o bren dim ond unwaith y gellir creu'r gwaith gorffenedig.

Crwt o Lerpwl oedd Mike Snow a chwaraeai'r allweddellau. Yn fuan wedyn bu ar daith yn perfformio mewn trigain o gyngherddau ar draws Ewrop gyda Chuck Berry. Ymfudodd i Nashville yn 1973 gan barhau i gyfrannu'n helaeth i'r byd cerddorol a throi at ei wreiddiau Gwyddelig yn Lerpwl yn ystod y blynyddoedd diwethaf trwy gyhoeddi cyfres o gryno-ddisgiau o dan y teitl *Skelly Trilogy*. Deil i gofio'r sesiynau recordio caneuon *Outlander*.

"Roedd criw ohonon ni'n whare'n gyson gyda Ferris Wheel ar y pryd ac yn ddiolchgar i Ian Samwell am gynnig gwaith sesiwn i ni. Dim ond unwaith o'dd ishe i Meic chware cân a bydden ni'n gallu chware'r adran rhythm. Roedd grand piano arbennig o dda yn stiwdio Central Sound lle fuon ni'n recordio rhai caneuon. Dwi'n cofio Meic fel bachan dymunol oedd yn gallu dal ei dir yn gerddorol. Er ei fod yn ganwr gwerin roedd digon o agwedd roc a rôl yn perthyn iddo fel y tystiai 'Rowena' ac 'Old Joe Blind'. Sdim dowt fod Meic yn dipyn o'r hyn fyddwn i'n ei alw yn *barn burner* yn Nashville," meddai Mike Snow.

Cafodd Johnny van Derrick, y ffidlwr jazz, ei wahodd i gyfrannu hefyd. Yn ddiweddarach ystyrid John yn un o'r arwyr di-sôn amdanyn nhw yn y byd jazz am iddo ddylanwadu ar nifer o gerddorion yn ystod ei gyfnod fel tiwtor yn yr Academi

Gerdd Frenhinol. Cyflogwyd Wally 'Sosban' Jones o Lanelli i chwarae'r banjo.

Gŵr o Jamaica oedd George Ford, neu Sweetnam, a chwaraeai'r gitâr fas. Datblygodd yn gerddor sesiwn o fri cyn iddo ymfudo i Ganada yn y 1980au. Bu farw yn 2004. Gwneud ei enw fel cerddor sesiwn a wnaeth y gitarydd, Bernie Holland, hefyd. Bu ef a George am gyfnod yn aelodau o fand o'r enw The Ferris Wheel. Treuliodd Bernie ddwy flynedd cyntaf ei fywyd yn Ystradgynlais cyn i'w rieni symud 'nôl i Cheltenham. Cofia Bernie yr achlysur yn dda.

"Dwi'n cofio mynd heibio'r siope gitârs yn Denmark Street a gweld y boi ma o'dd fel finne'n cario cês gitâr. Dechreuon ni siarad, a'r canlyniad oedd i fi gael gwahoddiad i fynd i'r stiwdio 'da fe. Cwrdd ar hap fel'ny ac o fewn awr neu ddwy roeddwn i'n chware'r gitâr drydan ar gyfansoddiade Meic. Cofiwch, roeddwn i'n nabod Ian Samwell cyn hynny, ond wedi'r sesiwn hwnnw y dechreuodd y ffôn ganu'n gyson yn fy ngwahodd i'r stiwdios.

"Chymerodd hi fawr o amser i ni recordio'r caneuon. Dwi'n siŵr mai dim ond unwaith y chwaraewyd rhai o'r caneuon. Doedd dim amser yn cael ei wastraffu. Dwi'n cofio bod Meic yn reit sicr ohono'i hun. Doedd e ddim yn croesawu ymyrraeth ar faterion artistig. A dweud y gwir roedd ein safbwyntie'n reit debyg ynghylch llawer o bethe. Roedden ni'n gweld lygad yn llygad ynghylch materion cerddorol a'r diwydiant pop fel roedd e ar y pryd," meddai Bernie.

Mae'n rhaid bod yr ysbryd creadigol yn stiwdio Trident yn Wardour Street, yng nghanol Llundain, ymhlith y cerddorion blaengar ac ymroddedig hyn yn go wahanol i'r awyrgylch pan fyddai cwmnïau megis Welsh Teldisc a Cambrian yn mynd ati i recordio cantorion swynol y canu Cymraeg ar y pryd. Doedd yna ddim o'r fath beth â cherddorion sesiwn yn bod. Gwnâi unrhyw stafell y tro ar gyfer recordio pob dim ar y cynnig cyntaf heb fawr o ffrils i'r deuawdau a'r triawdau a fyddai'n strymio tri chord ar y gitâr.

Gwyddai Meic am y diffygion hyn ond yn hytrach na

dishmoli'r agwedd amaturaidd a'i gadael ar hynny aeth ati i gynorthwyo i newid y sefyllfa. Pan glywodd Huw Jones yn canu'r gân 'Paid Digalonni' yn nhafarn y New Ely yng Nghaerdydd, lle byddai'r Cymry Cymraeg yn crynhoi, mynnodd fynd ag ef i Lundain drannoeth i'w recordio. Ysgogwyd y gân gan garchariad Dafydd Iwan, un o arweinwyr Cymdeithas yr Iaith Gymraeg, am ei ran yn peintio arwyddion i dynnu sylw at y diffyg statws a roddid i'r iaith ar y pryd.

Oherwydd ei berthynas â chwmni Warner Brothers, mater hawdd oedd hi i Meic logi stiwdio Central Sound am awr neu ddwy. Cyfeiliodd yntau ar y record ac oherwydd natur ei thestun fe'i cyhoeddwyd ar frys tra oedd Dafydd yn dal yn y carchar. Ar y pryd roedd trefniadau ar y gweill i sefydlu cwmni Sain er mwyn codi safon recordio ac i roi llwyfan a chware teg i'r holl artistiaid a'r grwpiau a ffurfid yng ngwres y frwydr dros y Gymraeg. Huw Jones a Dafydd Iwan, gyda chymorth y dyn busnes, Brian Morgan-Edwards, oedd wrth y llyw. Sefydlwyd swyddfa yn stafell ffrynt cartref Brian yn Heol Ninian, Caerdydd. Roedd yna stafell yn y llofft at ddefnydd Meic pan fyddai'n lletya yn y ddinas.

Y cam nesaf oedd cyhoeddi recordiau. Gofynnwyd i Meic gynhyrchu nifer o ganeuon Huw Jones, gan gynnwys 'Dŵr' a'i chyfeiriadaeth at foddi Tryweryn, ger y Bala. Rhaid oedd teithio i Lundain drachefn a chael nifer o offerynwyr ynghyd y gwyddai Meic amdanyn nhw.

Doedd dim dwywaith nad oedd cyfeiliant ffrenetig Meic ar y gitâr i ddynodi ffyrnigrwydd dŵr yn y cyswllt hwn wedi codi ansawdd y cynhyrchiad ben ac ysgwydd uwchben unrhyw record Gymraeg flaenorol. Aml-draciwyd y llais a'r cyfeiliant a chymysgwyd y record mewn stereo go iawn. Yn eironig, roedd hi'n pistyllio'r glaw y prynhawn hwnnw a bu rhaid defnyddio rhes o fwcedi i ddal y diferion oedd yn gollwng trwy'r to.

Cofia Huw Jones yn dda am y profiad o deithio i Lundain a phrofi byd dieithr ond cyffrous y stiwdios recordio yng nghwmni'r aderyn brith o Solfach. Sonia am y profiad yn y gyfrol *Sain: Camau'r Chwarter Canrif*. Roedd Heather Jones a Geraint Jarman yn y cwmni hefyd. Canai Meic mewn clwb gwerin yn ardal Caerloyw ar y nos Sadwrn ac ni lwyddwyd i gyrraedd y stiwdio'n brydlon fore Sul yn unol â'r trefniant.

"Erbyn amser cinio, roeddem ni wedi llwyddo i recordio'r trac sylfaenol, a wir, roedd criw car Caerdydd yn teimlo ein bod wedi cael cryn hwyl arni. Roedd Meic wedi cael sesiwn hollol ysbrydoledig wrth roi gitâr i lawr ar gyfer agoriad y gân, ac roeddwn i'n teimlo bod y cynnwrf roeddwn i'n chwilio amdano o'r diwedd wedi'i ddal ar y tâp. Roedd hi'n amlwg, fodd bynnag, fod y peiriannydd druan wedi meddwl y byddai o'n cael mynd adre at ei wraig a'i blant ar gyfer cinio hwyr, ond rywsut fe'i perswadiwyd o i fodloni ar rôl yn y dafarn drws nesaf er mwyn i'r hogia gael peint.

"'Nôl i'r stiwdio ar ôl cinio, a Meic a'i ffrindiau yn darganfod mwy a mwy o bethau y gellid eu hychwanegu. Cafwyd tablas (drymiau Indiaidd) a dyblu'r gitâr a'r llais, a chan mai dim ond pedwar trac oedd yna, roedd yn rhaid gwneud yr hyn a elwir yn *sub mixes*, sef cymysgu dau neu dri trac gyda'i gilydd ar un, er mwyn clirio lle ar y traciau eraill ar gyfer mwy o seiniau gwahanol. Gan fod 'Dŵr' yn gân dros bum munud o hyd, roedd hyn i gyd yn cymryd amser.

"Roedd y peiriannydd druan wedi mynd yn gwbwl fud erbyn y diwedd ond roedd rhywbeth yn ei natur yn ei rwystro rhag sgrechian. Naill ai hynny neu fod ganddo ddyled wirioneddol fawr i'w ffrind yng Nghaerdydd. Erbyn pedwar o'r gloch roedd Meic a'i ffrind yn rhoi cynnig ar chwarae'r melotron – sef un o'r allweddellau electronig cynnar. Fe recordiodd y peiriannydd yr ymarferiad a phenderfynu mai digon oedd digon, felly os gwrandewch chi'n ofalus ar y sain melotron ar 'Dŵr', gellwch glywed dyn wrthi yn ceisio dysgu'r cordiau yn hytrach nag athrylith yn dangos ei ddawn," meddai Huw.

Dŵr oedd record gyntaf Cwmni Sain, a thrwy'r cyfuniad o gynhyrchu proffesiynol ac ansawdd gwladgarol y caneuon dringodd i ben siart *Y Cymro* yn fuan wedi'i chyhoeddi ym mis Hydref 1969. Yng Nghaerdydd y magwyd Huw. Graddiodd mewn Ffrangeg yn un o golegau Rhydychen. Cyhoeddodd bedair record sengl arall. Bu'n amlwg yn y byd darlledu yng Nghymru ar ôl rhoi'r gorau i'w gysylltiadau â Chwmni Sain. Yn ei dro bu'n rheolwr cwmni teledu annibynnol, yn rheolwr cwmni adnoddau teledu, yn Brif Weithredwr S4C ac yn gadeirydd y sefydliad.

Yng nghanol yr holl fwrlwm creadigol hwn roedd yna edrych ymlaen yn ddisgwylgar at gyhoeddi'r LP *Outlander*. Neilltuwyd y cerddorion gorau ar gyfer y prosiect. Doedd cyllid ddim yn broblem. Nid stiwdio Trident oedd y rhataf o bell ffordd. Un o fanciau Siapan oedd ei pherchennog a gwnaed y recordiwr wyth trac yn benodol ar ei chyfer. Roedd gan Ian Samwell, y cynhyrchydd, ffydd yn y fenter. Roedd Ian Ralfini, rheolwr y cwmni yn Ewrop, yn awyddus i weld ei fuddsoddiad yn dwyn ffrwyth. Penodwyd Sgowser o'r enw Alistair Taylor, a arferai weithio gyda Brian Epstein, rheolwr cyntaf y Beatles, yn rheolwr i geisio llywio gyrfa Meic. Roedd Taylor newydd ei ddiswyddo o gwmni Apple gan y rheolwr newydd, Allen Klein.

Cyhoeddwyd *Outlander* yn 1970 ond, och ac aw, prin fu'r sôn amdani. "Mae'r caneuon arni yn fwy 'way-out' na dim a gafwyd gan Meic yn Gymraeg, ond efallai fod hynny i'w ddisgwyl," oedd sylw Huw Evans yn *Y Cymro*. Cyhoeddwyd 'Old Joe Blind' fel record sengl yn hytrach na'r 'Great Houdini' arfaethedig ond ni chafodd ei chwarae ar raglenni radio dylanwadol John Peel a Jimmy Savile. Heb ei chynnwys ar *playlist* y troellwyr radio ar raglenni'r BBC doedd fawr o obaith i'r record hir.

Doedd gwerthiant o ryw 12,000 ar y mwyaf yn cyfrif fawr ddim yn y byd Saesneg. Ni fyddai'n ddigon i gyrraedd gris isa'r siartiau ar y pryd. Ymddengys nad oedd trefniadau ar y gweill i Meic gigio'r caneuon gyda band yn unman chwaith. Doedd Alistair Taylor ddim wedi gwneud fawr ddim mwy na difyrru Meic dros giniawau busnes drudfawr yn nhai bwyta Mayfair a Soho.

Symudodd Ian Samwell i America a chafodd lwyddiant gyda'r grŵp o'r enw America, ac yn arbennig gyda'r gân 'A Horse With No Name'. Bu'n gweithio hefyd gyda Frank Zappa,

Grateful Dead, Joni Mitchell, Nansi Griffith a Small Faces, ac yn hybu creadigrwydd cerddorol yn ardal Sacramento yng Nghalifffornia tan ei farw yn 2003.

Er bod Meic wedi llofnodi cytundeb i recordio pum record dros gyfnod o bum mlynedd, pylu wnaeth diddordeb Warner Brothers yn sgil methiant masnachol y record gyntaf. Ddaeth yna ddim o'r sôn ynghylch cyhoeddi *Outlander* yn America. Serch hynny, oherwydd ei gwerth celfyddydol mae copïau ohoni yn newid dwylo am gannoedd o bunnoedd erbyn heddi.

Pan gyhoeddodd Tenth Planet nifer cyfyngedig o fil o gopïau o *Ghost Town* yn 1997, yn cynnwys deunydd roedd Meic wedi'i recordio rhwng 1968 ac 1969, bodlonodd Ian Samwell i lunio nodyn ar gyfer y llawes sy'n amlygu ei hoffter o Meic a'i barch tuag ato.

> When Warner Brothers opened their London office in 1969, among the artists they represented were Van Morrison, Joni Mitchell, John Sebastian and Arlo Guthrie. As their 'man on the scene' it was part of my job to be on the lookout for new talent. I introduced to the label Rod Stewart, Linda Lewis, America and a brilliant young folk singer from Wales called MEIC STEVENS. I had the great pleasure of producing his debut album 'Outlander' which is now a much prized collectors item. I am pleased to say that Meic and I have remained friends despite the fact that we live 6000 miles apart. I know you will enjoy this new album of material recorded in the late 1960s.

Ni ddeuthum o hyd i'r un adolygiad o *Outlander* yn y papurau cerddorol ar y pryd. Ymddengys fod yna fwy o sylw iddi yn y wasg Gymraeg nag yn y cyhoeddiadau Saesneg. Ond yn 2003 cafodd nifer cyfyngedig o 2,500 o'r record wreiddiol, ynghyd â rhai tapiau stiwdio eraill, eu cyhoeddi drachefn fel cryno-ddisgiau ar label Rhino Handmade yn America. Mae'r nodiadau cynhwysfawr o eiddo Johan Kugelberg yn gosod Meic yng nghyd-destun cerddoriaeth seicedelia'r cyfnod.

> This is original music in the folk/rock/psychedelic idiom as powerful and/or idiosyncratic as anything by Rocky Erickson or Phil Ochs. The icons of the mid-60s that Meic finds himself compared to are certainly not borrowed from or inspired by. Since his music was created and conceptualized in the same fertile surroundings, these recordings were on a parallel course with those of The Beatles or Dylan. Meic played gigs alongside Jackson C. Frank (a close friend), Martin Carthy, Davy Graham, Syd Barrett, Bert Jansh, Paul Simon, and even Bob Dylan.
>
> *Outlander* is a heart-stopper. It's one of those rare records that will have you remembering the time and place of your first hearing it. Like the Kinks' *Village Green Preservation Society* or Davy Graham and Shirley Collins' *Folk Roots New Routes, Outlander* is sef-contained. It sounds like a well-weathered classic...
>
> For a record this disparate, it certainly doesn't sprawl. The jazz-indo-psych-fusion raga-rants play comfortably alongside sparse acid-folk breezes and '65/'66 Dylan-esque meditations on the world, politics, and women. Meic Stevens is a singer who not only possesses an original voice – he is also clearly a poet of merit. The spontaneous feel of the performance and a rhythm section that swings like a show band chew up and spit out any notion that this album is a dated document of its time. In a world dominated by Pro Tools and the meticulous digital correction of drum tracks, *Outlander* sounds a battle cry for organic recording techniques. *Outlander* was a critical, but not a commercial, success.

Mae'r sgwennwr, a fu yn ei ddydd yn darlithio ym mhrifysgolion Yale a Cornell ac sy'n awdur llyfrau ar Brad Pitt a'r Velvet Underground, ymhlith eraill, ac sy'n defnyddio'i egni bellach i drefnu arddangosfeydd yn ymwneud â'r diwylliant roc yn oriel Boo-Hooray yn Efrog Newydd, yn mynd yn ei flaen i ddadansoddi a gwerthfawrogi pob un o'r traciau ar y record.

> The strength of the opening cut, 'Rowena' (on this CD in a previously unheard version that allows us to hear the song's extended coda section for the first time), with its feel of a Liege & Lief Fairport Convention versed in Sly Stone, would, in any instance, have propelled *Outlander* straight onto the must-have lists of psychedelic fatsos and beat miners alike. Meic's snaking,

> undulating guitar lines are psychedelic in the British sense, recalling the work of Mighty Baby's Martin Stone (no surprise, really, since Meic talks at length about spending time with Mighty Baby around the recording of their first album). 'Love Owed' exists in several earlier Welsh-language versions; the *Outlander* version is in English and is a tour de force of subtle, restrained acoustic-guitar virtuosity.
>
> 'Left Over Time' is pure Dylan, bordering on pastiche. 'Lying To Myself' is another masterstroke in what I consider Meic Stevens' foremost strength as a songwriter – the stark, haunted, purely British folk ballad. 'The Sailor and Madonna' is the loosest track on the album – a psych workout anchored by Chris Taylor's inventive flute line. 'Ox Blood', by contrast, stands out like a sore thumb; in the midst of songs serious, pastoral, and sometimes brooding, we find this breezy Lovin' Spoonful-esque country chug.
>
> 'Yorric' explodes all over the place: a restrained guitar line locks in with a sitar and tablas, which, in turn, unfold as God's own flute lick. It's an extraordinary psychedelic artifact from an era in which they were plentiful, if not always this golden. 'Midnight Comes' is sparse and haunting; as much of a cliché as those descriptive terms might be, the inherent melancholy of Meic's voice and the understated guitar figure brings this tale of city alienation and earthly beauty to a special place, indeed.
>
> 'Ghost Town' is possibly the album's greatest track, a punchy and oddly contemporary-sounding slice of folk-psych with an aggressive White Stripes-ian feel and a stripped-down production reminiscent of the second Syd Barrett album. 'Dau Rosyn Coch' is the only song on the album sung in Welsh. This superb, heartfelt plea does, indeed, surpass the limitations of language. As listeners, we end up experiencing the emotion of this stark folk ballad, even if we do not understand the words. *Outlander*'s final track is the somewhat unlikely single choice 'Ballad of Old Joe Blind', a swaggering slice of '65/'66 Dylan raunch that ends this haunting album on an odd note.

Weithiau mae gwrando ar safbwynt pwndit sy'n sgrifennu o bellter o ran amser a daearyddiaeth yn fodd o werthfawrogi'r cyfarwydd o'r newydd. Yn sicr, gesyd Johan Kugelberg ein Meic Stevens yn ei gyd-destun cerddorol rhyngwladol heb ddilorni ei benderfyniad i ganu yn Gymraeg yn bennaf. Gwêl hynny'n union fel penderfyniad rhywun o Wlad y Basg i ganu mewn Basgeg yn hytrach na'r iaith Sbaeneg wladwriaethol, neu benderfyniad rhywun sy'n perthyn i lwyth y Cherokee yn yr Unol Daleithiau i ganu yn ei iaith frodorol. Y syndod yw fod cân werin Gymraeg wedi'i chynnwys ar y record. Mae'n rhaid na fyddai Warner Brothers wedi deisyf hynny, ond bod Meic wedi mynnu ei chynnwys yn unol â'i arfer o dorri ei gŵys ei hun. A'r fath ddatganiad an-eisteddfodol.

Cydnabu Johan Kugelberg na fu'r record yn llwyddiant masnachol, a hynny er i Meic, meddai, ymddangos ar raglen o'r enw *Disco 2* – y rhaglen a ragflaenodd yr *Old Grey Whistle Test* yn ddiweddarach – ar y BBC. Ni wnaeth unrhyw argraff ar y siartiau Prydeinig. Honna fod Meic wedi treulio pythefnos yn yr Unol Daleithiau hefyd ond ni wnaed mwy na chyhoeddi fersiwn hyrwyddo o'r EP *Ballad of Old Joe Blind* yno ac ni chafodd ei dilyn gan yr albwm llawn.

Mewn cyfweliad hirfaith a gyhoeddwyd mewn cylchgrawn arbenigol Americanaidd o'r enw *Ugly Things* (rhifyn 21) yn ystod haf 2003, wedi i Kugelberg groesi'r Iwerydd i holi Meic yng Nghaerdydd, deallwn nad oedd gan ein harwr fawr o gof am y daith hyrwyddo yn Los Angeles ac Efrog Newydd. Cyfeddyf fod y cyfan yn un mwrllwch o ganabis o'r ansawdd gorau. Ni chafodd gyfle i berfformio yn unman, a cheir yr argraff nad oedd wedi cymryd at yr hyrwyddwyr a gyflogwyd gan Warner Brothers i'w dywys o amgylch y wlad. Serch hynny, dywed iddo resynu na chafodd gyfle i dreulio amser yng nghlybiau gwerin Efrog Newydd a dod i adnabod y ddinas.

O wrando ar yr EP honno oedd i fod i agor y fflodiart yn yr Unol Daleithiau, hyd yn oed heddiw mae'n anodd deall pam na wnaeth argraff ar y siartiau ar ddwy ochr yr Iwerydd. Fe gewch eich cyfareddu gan 'Blue Sleep', fe wrantaf. Mae'r faled yn cynnwys cyfeiriad daearyddol at America er mwyn i'r gynulleidfa yn y wlad fawr uniaethu â hi. Ond, ysywaeth, nid felly y bu. A does dim dwywaith nad seicedelig yw'r term cywir i ddisgrifio mwyafrif y caneuon ar *Outlander,* am eu bod yn llawn delweddau a lluniau a lliwiau na fydden nhw'n bosib oni bai eu bod wedi'u hesgor gan gyffuriau ffasiynol y cyfnod. Cafwyd recordiau cyffelyb gan nifer o artistiaid eraill na wnaethant fawr o argraff chwaith.

Yn ddiddorol, yn y cyfweliad rhyfeddol hwnnw yn *Ugly Things,* dywed Meic, o edrych 'nôl, ei fod yn difaru na fyddai wedi gwneud mwy o ddefnydd o'r ddau gerddor Indiaidd, Dewan Motihar a Keshav Sathe, a hepgor y gân werin Gymraeg a'r caneuon Dylanaidd oddi ar *Outlander* gan ei gwneud yn gynnyrch celfyddydol go wahanol.

Disgrifiad Meic o'r caneuon hynny sy'n cynnwys sŵn y sitâr a'r tablas, megis 'Rowena' a 'Yorric', yw "It was going like shit off a shovel in those tracks".

Os oedd y spliffs tewion wedi gwneud cof Meic o'i gyfnod byr yn America yn niwlog – os yn wir y bu yno – dyfarniad Johan Kugelberg yw fod y cyfweliad yng Nghaerdydd wedi dod i ben ar ôl dwy botel o win coch yn un o dafarndai'r ddinas amser cinio. Roedd y rhegfeydd yn pupro atebion y cyfweliad cyn y toriad am ginio a doedd dim llawer o obaith am sylwadau synhwyrol wedi hynny. Hepgorwyd rhannau o'r cyfweliad gan esbonio'r rheidrwydd i barchu cyfraith enllib. Yn wir, cyndyn yw Meic bellach i ymhelaethu ar y cyfnod hwnnw, na chwaith gadarnhau iddo fod yn yr Unol Daleithiau ar draul cwmni Warner Brothers. Parod yw i ddannod i'r cwmni am beidio â darparu rheolwr ar ei gyfer ynghyd â'r criw arferol o hyrwyddwyr.

Ni all Tessa chwaith gadarnhau i'w chymar ar y pryd groesi'r Iwerydd, er na all llwyr wadu hynny am fod yna "gyfnode meithion yn y cyfnod hwnnw pan na wyddwn ble'r oedd Meic," meddai hi. Cred y byddai ofn Meic o hedfan wedi'i gwneud yn annhebygol y byddai wedi mentro ar siwrnai mor hir mewn awyren. Digon yw dweud, hwyrach, bod y cof dynol yn bytiog, brau a thameidiog ar y gorau, a bod yna rai amgylchiadau sy'n ei gwneud yn anodd galw pob dim i gof yn eglur.

Cyn cefnu ar Lundain a chyn methiant masnachol *Outlander,* stori a glywir gan Meic yn fynych yw honno amdano yng nghwmni Jimi Hendrix y noson cyn iddo farw ym mis Medi 1970. Sgwrsiai gyda'r gitarydd trydan digymar gan ryfeddu ato'n yfed gwin mewn gwydrau peint, gan gredu fod hynny wedi cyfrannu at ei farwolaeth wedi iddo gael ei ddarganfod drannoeth wedi tagu ar ei gyfog ei hun.

Deil amgylchiadau marwolaeth yr Americanwr croenddu, a edmygir o hyd gan bob cyw gitarydd, yn ddirgelwch. Honnai dynes o'r enw Monika Danneman fod Hendrix yn ei fflat hi tua hanner nos yn rhannu potel o win a phryd o fwyd. Honnai iddi fynd yn yr ambiwlans a'i cludodd i'r ysbyty fore trannoeth ac yntau'n dal i anadlu. Ond mynnai'r dynion ambiwlans fod Hendrix yn farw pan godwyd ei gorff o fflat gwag. Mynna Meic hyd y dydd heddi ei fod yn dal yng nghwmni Hendrix am hanner nos a'i bod hi'n tynnu at hanner awr wedi un arno yn gadael cwmni'r dafarn. Dim ond ychydig fisoedd yn hŷn na Jimi oedd Meic.

Ta waeth, hyd yn oed os oedd Meic wedi danto o ran torri trwodd yn enw mawr yn Lloegr a'r byd Saesneg, doedd dim amser ganddo i segura am fod prosiectau eraill yn galw a chanu pop ar ei brifiant 'nôl yng Nghymru yn ystod gaeaf 1970. Roedd ei ddirfawr angen i chwalu'r holl ganu sentimental a oedd yn llethu llwyfannau nosweithiau llawen, i ysgwyd y merddwr a rhoi arweiniad cerddorol. Beth bynnag, roedd yna amheuaeth a oedd, yn ei galon, yn chwennych bod yn rhan o'r diwydiant rhyngwladol. Doedd Meic ddim yn un i gyfaddawdu ar integriti cerddorol er mwyn llwyddiant masnachol. Doedd Bernie Holland ddim yn synnu iddo droi ei gefn ar Warner Brothers a Llundain.

"Dwi ddim yn meddwl i Meic golli'r un deigryn ynghylch dychwelyd i Gymru. Roedd yna lawer o elfennau annymunol yn perthyn i'r diwydiant yn Llunden ar y pryd. Gwyddwn fod yna nifer o bobol nad oedd gan Meic amser iddyn nhw. Bydde fe'n ddigon parod i ddefnyddio ieithwedd y milwr, ddywedwn ni, i ddelio â rhai ohonyn nhw. Gallai'r awyrgylch fod yn elyniaethus yn Llunden o'i gymharu ag awyrgylch llawer mwy cartrefol 'nôl yng Nghymru. Mae gan y Bwdhydd ddywediad fod y cadno coch wastad yn cofio'r bryncyn lle cafodd ei eni. Doedd Meic ddim yn un o'r rhain oedd am gefnu ar Gymru. Roedd yna dynfa'n ôl at y bryncyn," meddai Bernie.

Byddai cyfeillgarwch Meic a Bernie yn parhau dros y degawdau. Cofia ymweld â Meic yn ei gartref yng Nghaerdydd flynyddoedd yn ddiweddarach pan oedd y bechgyn yn fach a'r rheiny'n cripian ac yn dringo drosto'n llawn afiaith. Cafodd weld casgliad Meic o gitârs a chael anwesu gitâr Seagull acwstig. Byddai eu cyfeillgarwch yn cyrraedd penllanw pan deithiai Bernie i Gaernarfon i gyfrannu at gryno-ddisg *Er Cof am Blant y Cwm* yn 1993 a chymryd rhan mewn rhaglen deledu a oedd yn bortread o Meic.

O ran Meic ei hun roedd y gwewyr o benderfynu pwy yn union oedd e, a ble oedd ei deyrngarwch, yn gwasgu arno. Hwyrach y byddai'r gwewyr hwnnw gymaint yn fwy pe bai'r record wedi bod yn llwyddiant masnachol.

> Dyna pam rhois i'r enw *Outlander* arni achos doeddwn i ddim yn gwybod beth oeddwn i erbyn hyn. Roeddwn i'n gwybod 'mod i wedi cael fy ngeni yn Solfa ac roeddwn i wedi bod i ffwrdd yn Lloegr am sut gymaint o amser fel mod i'n teimlo'n alltud. Gofynnon nhw i mi fynd i Lundain a dweud, '*Well, leave all that Welsh singing, because it won't come to anything. There's no money there. There's no market there.*' Dywedais i na fedrwn i ddim gadael fel 'na. Roeddwn i mor ddwfn yn y peth, yng nghanol y symudiad. Collais i'r contract oherwydd hynny, a chyfle i wneud fy ffortiwn efallai!

Ond doedd yna ddim cymal yn y cytundeb yn rhwystro Meic rhag cyhoeddi caneuon Cymraeg ar labeli eraill a pharhau â'i yrfa 'nôl yng Nghymru lle nad oedd yn 'ddieithryn'. Gwyddai ei fod yn perthyn yno.

9

Chwalfa nerfol

DOEDD CEFNU AR Lundain a chofleidio Cymru ddim mor syml â hynny i'r trwbadŵr lliwgar. Tra oedd Meic yn y metropolis yn cymysgu â cherddorion cyffelyb, o'r ddwy ochr i'r Iwerydd, yn ogystal â'r holl bobl hynny oedd yn rhan o'r diwydiant yn chwilio am grystyn, fe gamodd rhoces goesog o Texas i'w fywyd. Cynrychiolai Carol-Ann Maw holl eithafiaeth y byd roc a rôl. Ac roedd Meic yn ei chrafangau.

Lletyai Meic yn fflat Ian Samwell a'i gariad Linda Lewis – y gantores yr oedd amrediad ei llais yn ymestyn ar draws pum wythawd – tra oedd y gwaith o baratoi *Outlander* ar y gweill. Yno hefyd roedd yr Americanes â'r gwallt tywyll oedd yn ymestyn bron at ei chluniau.

Synhwyrodd Meic fod 'Sammy' wedi difaru rhoi lloches dros dro i'r ddynes osgeiddig a thrwsiadus. Pan agorwyd drws cwpwrdd yn y wal fe ddeallodd Meic pam roedd ei gyfaill yn anniddig. Roedd yna fagiau bin boliog yno yn llawn cyffuriau, miloedd ar filoedd o dabledi asid o bob lliw. Mae'n debyg bod Carol-Ann wedi cludo'r cyffuriau trwy faes awyr Heathrow ar ran aelodau'r grŵp Grateful Dead.

Arferai gyboli â'r gitarydd Ron 'Pigpen' McKernan. O gofio bod yna swyddfa heddlu drws nesaf i'r fflat, mynnodd Ian Samwell fod y cyffuriau'n cael eu symud o'r fflat yn Hampstead. Doedd e ddim yn ddyn hapus. *Courier* cyffuriau oedd Carol-Ann.

Bron na ddywedwn fod gan Meic y nác o'i gael ei hun mewn helbulon ots i'r cyffredin. Y canlyniad, yn y cyswllt hwn, fu i Meic helpu ei gyfeilles yn ei thrybini yn hytrach na'i hanwybyddu a'i gadael yn ei phicil peryglus. Ar ôl smygu rholyn o fwgyn drwg yn ei chwmni a phrofi ansawdd yr asid, a chanfod ei fod yn bur, awgrymodd Meic y gellid cadw'r holl fagiau asid yn ei fflat yng Nghaerdydd. Cludwyd y bagiau mewn cesys ar y trên o Paddington.

Pan welodd Carol-Ann fod gan Meic foto-beic Honda y tu fas i'w fflat, penderfynodd y ddau fynd ar siwrne i Swydd Henffordd y noson honno, at ffrindiau a fyddai'n 'deall y sefyllfa'. Roedd Carol-Ann yn nodweddiadol o'r math o ferched a dynnid fel gwyfyn at olau yn y byd roc. Y cyffro a'r antur oedd yn denu, yn ogystal â'r syniad o berygl a'r gobaith o newid trefn. Roedd hi'n hipi o'r iawn ryw. Rhy Meic ddisgrifiad ohoni yn ei hunangofiant.

> Roedd 'da Carol-Ann a fi lawer yn gyffredin – roedd hithe'n llysieuwraig facrobiotig, ac yn dwlu ar astudio cyfriniaeth hen a newydd, a chrefydde. Bydde hi'n taflu'r I Ching bob dydd ac yn cario Llyfr y Meirwon Eifftaidd o gwmpas 'da hi, ymhlith gweithiau llên ysbrydol hynafol eraill. Ro'n inne'n aelod o Gymdeithas Ysbrydegol Pryden ac yn mynd i gyfarfodydd, seansau a defode eraill yn rheolaidd. Roedd llawer o bobol ro'n i'n eu nabod ddiwedd y chwedege yn astudio'r Cabala a dewiniaeth. Ro'n i mewn dyfroedd dyfnion fan hyn, ond wyddwn i ddim pa mor ddwfn.
>
> Daeth Carol-Ann yn gydymaith parhaol, a bydde hi'n dod i gigie 'da fi, yn datrys unrhyw brobleme ac yn trafod â phobol Warner Bros – roedd hi'n broblem i fi siarad â nhw. Roedd digon o brofiad 'da hi fel un o deulu'r Dead, oedd hefyd yn recordio i Warners. Roedd Carol-Ann yn cyd-dynnu'n iawn â bosys y diwydiant recordio, ac roedd hi'n berson doeth a dynamig iawn. Pan oedd hi'n iau fe fu'n ysgrifenyddes feddygol mewn adran ymchwil ym Mhrifysgol Houston yn Texas.
>
> Hanai o deulu parchus, a'i thad hi'n swyddog uchel yn Llynges Awyr yr Unol Daleithiau. Doedd ryfedd yn y byd gen i – byddwn yn cwrdd â phobol o bob mathe o gefndiroedd yn y mudiad hipi, gan fod y diwylliant hwnnw'n chwalu gwahanfurie cymdeithasol, rhagfarne a systeme dosbarth.

Yn anorfod daeth Tessa, 'nôl yn Solfach, i wybod am y

berthynas. Yn hytrach na rhoi llond pen i Meic a chael pwl o dymer ddrwg, gwahoddodd yr Americanes i Gaerforiog er mwyn iddi gael ei chyfarfod. Hwyrach mai'r deiet Ohsawa oedd wedi'i lunio i atal tyndra, osgoi pwysau meddyliol a hybu personoliaeth dawel oedd yn gyfrifol am hynny. Rhannodd y tri fwgyn drwg wedi'i dyfu yn Austin, Texas wrth sgwrsio o amgylch y tân y noson honno. Serch hynny, teimlai Meic yn annifyr am ei fod yn hanner disgwyl ffrwydriad. Erbyn y bore roedd ganddo le i boeni pan sylweddolodd nad oedd Tessa wrth ei ymyl yn y gwely.

> Trwy ffenest y gegin, fe weles i Tessa'n sefyll yn droednoeth yng nghanol yr iard a dim ond ei gŵn nos amdani. Roedd hi'n chwerthin yn orffwyll, a'i hwyneb yn lled dryloyw fel porslen, ac yn gam; nid wyneb Tessa mo hwn! Gwylies heb iddi 'ngweld i; roedd hi fel 'se hi'n sgwrsio 'da rhywun ro'n i'n ffaelu'i weld, yn paldaruo ffrwd o eirie, ac wedyn yn stopo fel 'se hi'n gwrando ar ateb, cyn dechre chwerthin yn wyllt eto. Ro'n i wedi gweld pobl hysterig o'r blaen ac roedd hyn yn hysteria heb os nac oni bai, ac yn rhywbeth mwy oedd ymhell tu hwnt i 'mhrofiad i.

Bu raid i Meic farchogaeth un o'r ceffylau i lawr i Solfach i moyn y meddyg. Roedd yno cyn i'r syrjeri agor. Pan ddaeth Dr Gillam i Gaerforiog tua diwedd y bore rhoddodd bigiad largactyl i Tessa am ei fod o'r farn ei bod yn dioddef o *hypermania*. Y gobaith oedd y byddai hynny yn ei hala i gysgu. Cafodd bigiad arall ymhen dwy awr a ddylasai fod yn ddigon i wneud i geffyl gysgu, ond doedd dim yn tycio. Cafodd ddos o forffin wedyn er mwyn iddi dawelu rywfaint dros nos.

Fore trannoeth fe benderfynodd Dr Gillam fynd â hi'n bersonol i Ysbyty Dewi Sant yng Nghaerfyrddin, lle penderfynwyd ei bod yn sgitsoffrenig cronig. Roedd Tessa wedi colli ei phwyll. Bron yr unig driniaeth ar y pryd oedd clymu'r claf wrth fainc, gosod darn o rwber rhwng y dannedd a gyrru cerrynt trydan foltedd uchel trwy'r ymennydd nes i'r claf lewygu. Pan gafodd ei rhyddhau, aed â Tessa 'nôl at ei theulu yng Nghaerliwelydd.

Nid yw fersiwn Tessa o'r digwyddiad yn cyd-daro'n gwmws â'r hyn a ddisgrifir gan Meic yn ei hunangofiant. Cred Tessa hyd y dydd heddi fod rhywun wedi arllwys LSD yn ei diod y noson honno pan oedden nhw'n eistedd o amgylch y tân.

"Dwi'n cofio fy mod yn gweld dreigiau'n ymladd yn y gegin. Roedd hynny'n gyfystyr â thrip asid. Ond doeddwn i ddim wedi cymryd dim er bod digon ohono ar gael yng Nghaerforiog. Doedd neb yn cyfaddef iddyn nhw ddoctora fy niod, wrth gwrs. Wedi i mi gael pigiad o morffin roeddwn i'n gwbl gwsg am ddeuddydd.

"Ma'r cyfnod yng Nghaerfyrddin wedyn yn weddol niwlog nes i fy nhad fy nghymryd i adran niwrolegol yn Carlisle. Doedd hi ddim yn syndod i mi fod Meic yn treulio amser yng nghwmni merched eraill. Roeddwn yn amau'n gryf ei fod yn cael perthynas ag Elizabeth Donnelly, merch yr Aelod Seneddol, Desmond Donnelly roedd ganddo dŷ ffarm draw ym Mhen Strwmbwl," meddai.

Ond mynna Meic mai ei hanner brawd, Irving, oedd yn gyfeillgar â Liz Donnelly. Mynna hefyd fod Tessa, fel yntau, wedi dioddef yn ystod ei phlentyndod a bod yna ddigwyddiadau tywyll yn ei chefndir yn brigo i'r wyneb. Ymosodwyd arni gan fachgen ysgol breswyl, lle'r oedd ei brawd yn ddisgybl, pan oedd yn aros dros nos yn ystafell merch y prifathro a oedd, er yn briod â morwr, yn gwahodd y bechgyn hŷn i'w gwely. A hithau mewn cyflwr emosiynol o ganlyniad cafodd ei chloi mewn ystafell yn yr ysgol, a thra oedd yno ceisiodd un o'r athrawon ei threisio nes ei bod eto'n sgrechian ac yn cael ei llusgo gerfydd ei gwallt gan y brifathrawes. Cadw'r mater yn dawel oedd byrdwn ymateb y prifathro a'i wraig, a doedd rhieni Tessa ddim am gredu ei merch chwaith ynghylch y chwalfa emosiynol a ddioddefodd.

Ond a derbyn bod plentyndod Tessa, ar ryw olwg, wedi bod yr un mor anodd â phlentyndod Meic, mae'n rhaid bod eu hymddygiad fel oedolion oedd yn gyfrifol am ddwy groten fach yn gyrru ei gilydd at ddibyn gwallgofrwydd. Tessa oedd y cyntaf i gyrraedd y dibyn. Cofia Heather Jones y cyfnod yn dda. Roedd hi'n adnabod Tessa a Carol-Ann.

> Yn naturiol, er gwaetha agwedd *laid back* Tessa at fywyd, roedd hi'n canfod y sefyllfa'n anodd. Symudodd Carol-Ann i mewn i'w cartref nhw, ac roedd y tri ohonyn nhw'n byw yn yr un tŷ. Byddai Tessa'n arfer fy ffonio i'n beichio crio, a bu i'w hiechyd hi ddioddef yn y diwedd. Doeddwn i ddim yn gyrru ar y pryd, ac roedd Lisa'n dal yn ifanc iawn, felly roedd hi'n anodd iawn i mi fynd draw yno i'w gweld ond fe brofodd yn gyfnod anodd iawn i ni gyd. Sa i'n credu fod Meic eisiau i'r berthynas rhyngddo fe a Tessa ddod i ben, ddim mewn gwirionedd. Yn syml iawn, roedd e'n methu dewis rhwng y ddwy, dyna beth oedd e, ac roedd Carol-Ann, fel mae rhai merched, yn un oedd wedi cael ei hudo gan berfformwyr. Mae'n rhywbeth sy'n dal i ddigwydd yn y byd adloniant; dyna ydy grwpis am wn i.

Mynna Meic na fu Carol-Ann yn byw yng Nghaerforiog fel rhan o'r gymuned a bod Heather wedi'i chamgymryd am Americanes arall o Los Angeles, a oedd yn gymar i Kevin Westlake, y drymiwr oedd yn wreiddiol o Hwlffordd.

Beth bynnag, yn fuan wedi hyn chwalwyd y gymuned yng Nghaerforiog. Dychwelodd y gwesteion i Lundain neu America. Gwerthwyd y ceffylau a rhoddwyd Nofus, y Labrador du, a'r cwrcyn, Bitw, yng ngofal yr RSPCA. Cymerodd Betty, mam Meic, ofal o'u hwyresau, Izzy a Bethan, tra byddai Meic yn parhau â'i yrfa, yng Nghaerdydd yn bennaf, gyda Carol-Ann yn gweithredu fel cynorthwyydd personol iddo. Byddai Meic, trwy Dr Gillam, yn cael adroddiadau cyson am y modd roedd Tessa yn ymateb i driniaeth yn Ysbyty Garlands, Caerliwelydd.

Yn y cyfnod hwn hefyd, ym mlwyddyn olaf y degawd, dioddefodd Meic chwalfa arall nad oedd mor annisgwyl ond yr un mor ysgytwol pan ddigwyddodd. Cafodd alwad tra oedd yn recordio yng Nghaerdydd i ddychwelyd i Solfach cynted ag y medrai am fod 'Mam' yn holi am 'Meicel bach'. Fe'i gyrrwyd adre gan Gary Farr, a mawr oedd syndod a rhyfeddod Blodwen Davies a hithau ar ei gwely angau ei bod wedi cyfarfod mab y bocsiwr, Tommy Farr, a oedd yn gymaint o arwr i'w gŵr. Cafodd y ddynes a fu'n fwy o fam i Meic na'r un ddynes arall, er mai ei fam-gu oedd hi mewn gwirionedd, ei dymuniad o weld ei 'chrwt' am y tro olaf. Dridiau'n ddiweddarach bu farw, ryw chwarter awr cyn i Meic gyrraedd, wedi gyrru fel cath i gythraul o Lundain yng nghwmni Gary Farr. Rhy Meic deyrnged dyner iddi.

> Bu Mam yn fam i mi – y fenyw syml ddiaddysg honno, oedd wedi gweithio'n galed gydol ei hoes, geni saith o blant, ac wedi bod yn ddigon caredig i ofalu amdana i pan o'n i ar farw, fy nyrsio i a'm magu fel ei phlentyn ei hun. Roedd hi a William Henry ill dau erbyn hynny yn eu chwe dege, ac roedd hi'n angel. Dywedodd Bet wrtha i'n ddiweddarach fod Mam wedi marw'n dawel. "Aeth hi i gysgu – doedd dim poen." Fe'i claddon nhw hi 'da chroes fach arian ro'n i wedi'i rhoi iddi'r tro dwetha gwrddon ni, wedi i mi'i phrynu ym Mhortobello Road yn Llunden.

Erbyn hyn roedd Carol-Ann Maw wedi dychwelyd i America ar un o'i siwrneiau yn ymwneud â'r busnes cyffuriau, a'r trefniant rhyngddi hi a'r Grateful Dead yn ôl pob tebyg. Yn fuan wedi angladd 'Mam' dychwelodd Tessa i Gaerdydd, wedi'i rhyddhau o'r ysbyty, yn edrych fel croten ddeuddeg oed ac yn awyddus i weld ei phlant wedi'r cyfnod o tua chwe mis o driniaeth. Wedi noson yng ngwesty'r Central, pan ddaeth yn amlwg i Meic nad oedd yr hen afiaith yno, fe deithiodd y ddau ar hyd y siwrne drên gyfarwydd i Hwlffordd a chymryd tacsi i Solfach. Yn ystod y daith y deallodd Meic fod yna drefniadau ar y gweill i Tessa a'r merched fynd i fyw yng Nghaerliwelydd.

Doedd Meic ddim yn hapus nad oedd neb wedi ymgynghori ag ef ynglŷn â'r mater. Ond, serch hynny, o weld cyflwr bregus Tessa a'r ffaith nad oedd yr hen fywiogrwydd yno mwyach, penderfynodd fynd gyda'r llanw. Cafwyd croeso ar aelwyd Betty Stevens a dechreuodd y ddwy roces gynefino â'u mam drachefn.

Penderfynodd Meic yr âi gyda Tessa i Cumwhinton ger Caerliwelydd i weld beth oedd wedi'i drefnu, gan feddwl hwyrach y byddai yntau'n cartrefu yno hefyd. Ond roedd hanner munud ym mhresenoldeb Ruth Bulman, mam Tessa, yn ddigon iddo sylweddoli nad oedd hynny'n rhan o'r cynlluniau. Doedd ganddo fawr o olwg arni beth bynnag.

> Roedd mam Tessa – menyw hunanol a myfïol dros ben – wedi golchi'i dwylo o helyntion ei merch ers blynydde i bob pwrpas, ac erioed wedi dangos fawr o ddiddordeb mewn bod yn fam. Doedd 'da Ruth gynnig i fi chwaith – nac i'r Cymry. Roedd rhestr o'r hil ddynol 'da hi, medde Tessa wrtha i unweth, 'da'r Saeson ar y brig a'r Cymry, y Gwyddelod a'r bobol dduon ar y gwaelod. Doedd dim gobaith mwnci 'da fi gyda ffasgydd fel hi! Ta beth, yn ôl Ruth, fi oedd yn gyfrifol am yr holl strach!

Cafodd ar ddeall fod yna dŷ cyngor wedi'i neilltuo ar gyfer Tessa a'r plant ar stad newydd gerllaw. Cafodd ar ddeall hefyd, yn ôl seiciatrydd yr ysbyty, fod yna duedd hunanladdol gref yn rhan o gyfansoddiad Tessa ac, o'r herwydd, ei bod yn bwysig iddi fod mewn cyswllt cyson â'i phlant. O leiaf cafodd weld y cartref lle byddai ei ferched yn cartrefu. Ac o ddeall nad oedd gan ei fam, Betty, yr awydd na'r modd i fagu ei dwy wyres yn Solfach, o ystyried ei hoedran, bodlonodd Meic y byddai'r ddwy'n llithro o'i afael. Ofnai fod ei berthynas â Tessa ar ben hefyd.

> Roedd y Tessa wreiddiol wedi marw i bob pwrpas, ond fe alle pethe newid! Dieithryn oedd y ferch honno ro'n i wedi cwrdd â hi mor ddiweddar oddi ar y trên yng Nghaerdydd, ond hi oedd fy nghariad a mam fy mhlant. Ond yng Nghaerdydd roedd fy ngwaith a 'nyfodol i, a byddai cymudo o Carlisle yn amhosib. Felly fe benderfynes i adael i'r plant fynd i fyw 'da'u mam yn Carlisle. Roedd e'n benderfyniad tyngedfennol i mi – ac yn un y byddwn i'n edifar amdano fe, Duw a'm helpo i!

Dychwelodd Carol-Ann am gyfnod drachefn a chafodd ei chyflwyno i'r Eisteddfod Genedlaethol yn Rhydaman yn 1970. Ar y noson olaf, wedi iddi ddod o hyd i ferch o Aberteifi ym mreichiau Meic, a'r ddau yn lapswchan yn wyllt, penderfynodd yr Americanes mai dychwelyd i'r Unol Daleithiau fyddai orau iddi. Dyna a fu. Dechreuodd ar ei siwrne fore trannoeth yn cludo'r hen gitâr Gibson werthfawr roedd hi wedi'i phrynu'n anrheg i Meic yn San Francisco. Ei anelu hi am Bontarsais, y tu fas i Gaerfyrddin, yn cludo ei gitâr Martin D 28 oedd hynt Meic, ac i dafarn y Stag and Pheasant a oedd yn gyrchfan i genedlaetholwyr ar y pryd.

Ymron i flwyddyn yn ddiweddarach, pan oedd Meic wrthi'n paratoi ar gyfer sioe *Sachliain a Lludw* y Cwmni Theatr Cenedlaethol yn Eisteddfod Genedlaethol Bangor, cafodd lythyr wrth Tessa yn dweud ei bod hi'n ystyried priodi gwas ffarm lleol. Ofnai Meic mai canlyniad hynny fyddai colli cysylltiad llwyr â'i ddwy ferch, Wizzy a Bethan. Penderfynodd deithio i Gaerliwelydd i weld drosto'i hun beth oedd yn digwydd, a chanlyniad yr ymweliad oedd penderfyniad Meic a Tessa i briodi, ar fyrder, mewn swyddfa gofrestru ym Mangor, yn ystod wythnos yr Eisteddfod. Fuodd yna erioed y fath ddigwyddiad na'r fath gyfeddach. A hithau'n steddfod a chwbwl!

Gadawodd rhieni Tessa i fynd sha thre'n lled gynnar. Pwdodd y gwas priodas, Nick Golding o Norwich, am fod pawb o'i amgylch yn siarad Cymraeg. Ond erbyn hynny, yffach, beth yr ots! Roedd Gwesty'r Castell dan ei sang o griw'r sioe a thipyn o bawb yn eu tro yn perfformio, a neb yn fwy gwallgo na chriw'r Dyniadon Ynfyd Hirfelyn Tesog. Bu'n rhaid gadael yr holl rafins oedd ar y tu fas i mewn wedi'r gwledda, a chyhoeddodd y rheolwr bod y siampaen am ddim i bawb. Buan y sylweddololodd Hywel Gwynfryn mai ofer oedd ei ymdrechion i geisio llywio rhyw fath o noson lawen am fod pawb yn feddw tabwt heb hidio beth oedd yn digwydd.

Wrth iddi ddechrau nosi a'r strydoedd oddi amgylch yn llawn steddfodwyr meddw, roedd yr heddlu mewn perygl o golli rheolaeth ar y sefyllfa. Ond fe'u hachubwyd gan Meic a Heather Jones yn bwrw ati i ganu gyda dwy gitâr acwstig wrth wal yr eglwys gadeiriol a chael gwrandawiad a chymeradwyaeth fyddarol ar derfyn y cyngerdd byrfyfyr a di-dâl. Doedd yna neb yn fwy gwerthfawrogol na'r heddlu.

Ond doedd achlysur y briodas ddim yn fêl i gyd. Yn ystod y nos roedd Tessa yn dioddef poenau dirdynnol, a bu rhaid galw ambiwlans yn y bore i'w chymryd i'r ysbyty i gael llawdriniaeth frys am beritonitis. Fe gymerai o leiaf wythnos iddi gryfhau cyn y medrai deithio 'nôl i Gaerliwelydd. Yn y cyfamser penderfynodd Meic alw ar ei fam, a oedd wedi dychwelyd i Solfach wedi'r briodas, i ddod 'nôl drachefn i Fangor i gyrchu'r ddwy roces. Doedd hi'n fawr o fis mêl i'r priodfab a'r briodferch. Ac roedd gwaeth i ddod.

O fewn pythefnos, a hithau'n dal i gryfhau wedi'r driniaeth, bu'n rhaid cymryd Tessa i'r ysbyty ar frys am ei bod wedi cymryd gorddos o dabledi ganol nos. Drannoeth, tra oedd y meddygon yn disgwyl seiciatrydd i fwrw golwg ar y claf, penderfynodd Meic gymryd ei wraig o'r ysbyty. Ofnai y byddai'n cael ei chadw yno pe gwydden nhw am ei thriniaethau blaenorol mewn ysbytai meddwl. Mynna Tessa mai ei dymuniad hi oedd aros yn yr ysbyty a bod ei thad wedi dod i Fangor i'w chyrchu adref. Ond yn ôl hunangofiant Meic fe deithiodd y ddau i Gaerdydd gan aros yng ngwesty'r Sunbury dros dro cyn symud i'r cartref priodasol yn Heol Evansfield yn Llandaf.

Cofrestrwyd Wizzy yn Ysgol Gymraeg Bryntaf gerllaw ac fe ddilynodd Bethan hi yno cyn pen fawr o dro. Doedd dim prinder gwaith teledu i Meic. Yr un modd deuai'r gwahoddiadau i berfformio ar lwyfan yn fynych. Cafodd Tessa waith yn adran wisgoedd HTV. Ymddangosai pob dim bron yn ddelfrydol. Byddai'r ddau'n marchogaeth yn gyson ac yn seiclo ar hyd llwybrau afon Taf. Doedd hynny ddim i ddweud y byddai'r ddau'n cadw'n glir o dafarndai'r ddinas chwaith.

Daeth tro ar fyd pan ddaeth hen gyfaill i Meic, sef Charlie Bethel, ei 'fentor' yn nyddiau Manceinion, 'nôl i'r ddinas wedi iddo yntau a dau hipi o America, Charlie Sprague a Larry Tahune, gael rhybudd o ddeuddeng awr i hel eu pac o Sbaen. Doedd yr heddlu yno ddim yn bles iawn â'r ffordd roedd y tri ariannog yn rhedeg bar yfed, a hwrdy oedd yn gysylltiedig â'r bar. Prynodd Charlie Bethel glwb o'r enw Les Connoisseurs yn Heol y Santes Fair a fyddai ar agor tan ddau o'r gloch y bore.

Profodd yn atynfa na fedrai Meic ei wrthod, a hynny'n rhy aml i'w les ei hun a'i deulu. Caiff Meic ddisgrifio'r lle.

> Roedd drws ar ben y stâr ar y chwith yn agor i gyntedd bach, ac wedyn drws brethyn coch tywyll yn arwain i'r clwb – un stafell fawr 'da bar hir ar y dde a phwt o lawr dawns bach pren. Yn edrych dros y stryd roedd 'na ffenestri mawr oedd wastad wedi'u cuddio gan lenni melfed coch tywyll hyd at y llawr. Roedd y carped yr un lliw a'r lle'n dywyll 'da gole pŵl. Roedd 'na stafell ochor, oedd yn wreiddiol yn stafell wisgo ar gyfer y stripwyr, ond a oedd bellach yn llawn fflwcs. Chwaraewr recordie dau ddec oedd yn cyflenwi'r gerddoriaeth. Bydde Clwb Charlie ar agor o ganol dydd tan dri, ac o ddeg y nos tan ddau o'r gloch y bore, neu nes bod y meddwon ola'n gadael. Yn y pnawn, roedd Charlie'n cynnig cino dynion busnes – stêc neu leden a sglodion – a bydde'r stripwyr yn perfformio tra oedd y cwsmeriaid yn bwyta. Mynychai llawer o griw yfed canol y ddinas y lle hefyd.
>
> Gyda'r nos, roedd hi'n wahanol; fe gaech chi wneud fel mynnech chi a châi pwy bynnag fynnai fynd yno. O ganlyniad, criw cymysg oedd cwsmeried Charlie – yn hipis, dynion busnes, newyddiadurwyr, pobol teledu, actorion, beirdd, artistied a phuteinied. Doedd dim rheole gwerth sôn amdanyn nhw. Doedd hi ddim fel 'se neb yn cadw llygad ar ymddygiad pobol, ac roedd ambell i finotor yn llechu o gwmpas y cilfache tywyll a llychlyd. Roedd clwb Charlie'n fy llygad-dynnu i'n arw, a ddylswn i ddim fod wedi treulio cyment o amser na gwario cyment o arian yno – fe aethai'n gast drwg.

Wel, prin ei fod yn lle i ŵr priod a chyfrifoldebau teulu i hel ei draed iddo byth a beunydd, hyd yn oed os oedd yn cadw oriau anghyson oherwydd natur ei waith. Dihirod y nos a phobl sengl fyddai mwyafrif y mynychwyr, nid gwŷr a geisiai wneud llwyddiant o'u nyth briodasol trwy garco'u hanwyliaid. Un a oedd yn ymwybodol o'r diffygion hyn oedd yr actor a'r sgriptiwr o Garndolbenmaen, Meical Povey. Yn ei dro byddai'n gwarchod plant Meic a Tessa. Mae ei dystiolaeth yn ei hunangofiant *Nesa Peth i Ddim* yn ddadlennol.

> Roedd Meic yn gyfansoddwr a pherfformiwr o'r safon uchaf; bu'n

> gyfrifol am nifer o ganeuon sydd yn sicr yn glasuron. Ond roedd hefyd yn berson 'anodd', anystywallt, annibynadwy – ddim o bosib yn 'husband and father material' o edrych yn ôl. Ond yn un ar hugian oed roeddwn yn ei eilunaddoli. Cysylltodd un diwrnod, gyda siec o ddau gan punt yn ei boced. Ffortiwn 'radag honno. Roedd o am i mi ei throi'n arian parod yn fy manc yn City Road. Dyna wnaed, gan dreulio pnawn difyr iawn wedi hynny yn nhafarn y Conway, yn yfed Black Velvet, sef Ginis a siampên. Ac yna, yn anorfod, roedd clybiau yfed y dociau yn galw.

Tystia Meical hefyd fod Meic cystal â'r un dihiryn yng nghlwb Les Connoisseurs am gyfrannu at y rhialtwch cwbl bisâr. Cofia amdano ar un achlysur yn eistedd yno yn borcyn heblaw am ei het gantel lydan a'i sbectol dywyll a dyna fel y bu nes i Charlie Bethel osod blanced amdano a'i arwain rywle i'r cefn. Tebyg mai tua'r un cyfnod y penderfynodd stiward bonheddig clwb HTV ym Mhontcanna, Clive Gilvear – neu'r 'Blewog' fel y'i gelwid ar gownt ei farf llaes – nad oedd yn barod i ddioddef rhegi nac ymddygiad aflywodraethus gan neb, gydio yn Meic a'i droi ben i waered, yn llythrennol, wedi iddo dramgwyddo droeon ac anwybyddu pob ple am sadrwydd.

Roedd Meic yng nghwmni'r actor Ray Smith ar y pryd – gŵr arall na fyddai'n ddim ganddo'i absenoli ei hun o ymarferion am dridiau neu ragor pan gydiai'r ddiod ynddo – ac er cyn gryfed oedd y stiward mae'n debyg na fyddai wedi llwyddo i ddal y ddau ben i waered ar yr un pryd. Ond rhag ofn, fe berswadiodd Ray ei gyfaill i beidio â strancio ac mai'r peth doethaf, o dan yr amgylchiadau, fyddai i'r ddau adael. Cafodd Meic ei ollwng yn lled dyner i'r llawr wedyn.

Dros y blynyddoedd, arfer Meical Povey yw cyfeirio at ei gyfaill yn ôl yr enw llenyddol, 'Nansi'r Nant', a hynny oherwydd ei hoffter o'r cymeriad yn y nofel *Gwen Thomas,* o waith Daniel Owen, ac o'r tebygrwydd tybiedig rhyngddi a Meic Stevens, yn enwedig yn y cyfnod pan oedd gan y canwr wallt hir yn stribach hyd at ei war nes ymdebygu i'r wrach eiconig ym meddwl Meical.

Dadlennol yw tystiolaeth Meical Povey am berthynas

stormus Meic a Tessa hefyd. Pan gyrhaeddodd 'Nansi'r Nant' adre yn hwyr y nos yng nghwmni cyfaill o'r Bala mewn tacsi rywdro, hysiodd 'Nansi' y cyfaill i ddrws y tŷ i moyn arian i dalu am y tacsi. Pan agorwyd y drws dyma fwcedaid o ddŵr yn cael ei daflu am ben y cyfaill nes ei fod yn wlyb diferol; bwcedaid oedd wedi'i fwriadu ar gyfer 'Nansi' wrth gwrs. Fyddai hi'n ddim i'r pâr priod ffraeo'n gyhoeddus yn nhafarndai a chlybiau'r ddinas chwaith, a fiw i neb ymyrryd heblaw am geisio'u tawelu.

Dim rhyfedd bod yna graciau llydan yn ymddangos yn y berthynas rhwng Meic a Tessa. Amheuai Meic fod ei wraig yn cyboli â dynion eraill. Tueddai'r arfer i fod yn rhemp ymhlith pobol y cyfryngau. Collodd hithau ei swydd, yn ôl Meic. Doedd Tessa chwaith ddim yn barod i chwarae rôl y fam a'r wraig ddioddefus yn eistedd wrth y pentan ddydd a nos. Roedd ganddi ei bywyd cymdeithasol ei hun. Ond gwada iddi golli ei swydd ac iddi roi'r gorau i weithio yn Adran Wisgoedd HTV pan symudodd o Gaerdydd.

Beth bynnag, daeth yr halibalŵ i'r pen pan wysiodd Meic dacsi yn hwyr y nos i gyfeiriad penodol, lle cafodd ar ddeall fod Tessa yno yng nghwmni myfyriwr ifanc o ganwr gwerin. Yn ei hunangofiant ceir disgrifiad dramatig manwl ohono'n cludo'i wraig borcen adre yn y tacsi er mawr ddifyrrwch i'r gyrrwr. Gwadu'r fath ddigwyddiad a wna Tessa gan chwerthin yn harti mewn syfrdandod at yr hyn a ystyria'n ddychymyg carlamus Meic. Ond roedd mwy o ddrama i ddod.

Pan ddihunodd Meic ben bore roedd yr ystafell wely'n llawn mwg am fod Tessa wedi rhoi'r dillad gwely ar dân, yn ôl Meic. Mynna Tessa na wnaeth fwy na rhoi'r llenni ar dân a'i bod wedi diffodd y tân hwnnw ei hun. Ond canlyniad hynny fu cyrchu'r plant at eu mam-gu yn Solfach unwaith eto a chymryd Tessa i Ysbyty'r Eglwys Newydd am driniaeth a barodd am tua phedwar mis. Yn ystod y cyfnod hwnnw, tra oedd Meic yn ffilmio yng Ngwlad yr Haf, trodd y tŷ yn Heol Evansfield o fod yn aelwyd i deulu yn lloches i'r casgliad rhyfeddaf o sgadan a rapsgaliwns.

> … roedd y tŷ wedi mynd yn llety dros dro i rai o'r dihirod digartre o Glwb Charlie. Roedd Larry Tahune, un o fêts Charlie o Majorca yno; Charlie Sprague, oedd yn dawel ond yn beryglus; Roger, gyrrwr Charlie (y 'Minister of Transport'); a Tom, dyn o'i go, oedd yn defnyddio'r lle fel estyniad o Glwb Charlie, y siop fetio a'r Horse and Groom. Am wn i bod yn rhaid iddyn nhw fyw yn rhywle. Byddai gwehilion bohemaidd rhyngwladol, drygis, alcoholics, pimps, puteinied, pyrfyrts a phrydyddion i gyd yn dod i ben eu taith yn Evansfield Road fel roedd gweddillion fy mywyd teuluol inne'n syrthio am fy mhen i fel lludw Dresden. Seinie cwadroffonig ym mhob stafell, merched tinboeth porcyn yn prancio ym mhob man, *ponchos* o Fecsico, bŵts o Texas, peote, asid, amyl nitrad, *speed*, sacheidie o fariwana a channoedd o alwyni o win, rym, wisgi a jin.

Erbyn i Tessa ddod mas o'r ysbyty am benwythnos roedd hi'n haf, a'r dihirod oll wedi hedfan i'r haul yn Sbaen. Ond doedd y driniaeth ddim i'w gweld yn gweithio. Erbyn ben bore cynheuwyd coelcerth o dân wrth i Tessa gasglu'r rhan fwyaf o ddillad Meic ynghyd a'u rhoi ar dân. Yn ôl Peter Swales roedd ei holl waith papur yn ymwneud â'i fusnes yn Llundain wedi mynd yn wenfflam yn y digwyddiad. Pan alwodd yntau a'i wraig, Julia, yn Evansfield Road i ffarwelio â Meic am eu bod yn symud i Efrog Newydd fe darwyd bargen y byddai Meic yn cadw'r gwaith papur tan y byddai ei angen arno yn gyfnewid am fynd â llwyth o'i eiddo yntau i Solfach. Neu o leiaf dyna'r esboniad gafodd gan Meic pan holodd hynt y gwaith papur ychydig flynyddoedd yn ddiweddarach.

Beth bynnag, canlyniad cynnau'r tân, a galw am gymorth y frigad dân i'w ddiffodd, fu tywys Tessa 'nôl i'r ysbyty. Gwada Tessa ei bod wedi cynnau'r fath dân ac nad oedd wedi gwneud dim mwy na llosgi hat Meic fel symbol o'i ddelwedd yn y lle tân ei hun. Mynna Tessa fod Meic wedi cyfaddef wrthi'n ddiweddarach iddo losgi ei dillad a'i heiddo hi yn ogystal â phapurau Peter Swales. "Mae'n gwbl nodweddiadol ohono i feio rhywun arall am ei weithredoedd ei hun," oedd sylw Tessa. Ond waeth beth yn union a ddigwyddodd, gadawyd Meic ar ei ben ei hun i wynebu ymyl dibyn ei wallgofrwydd ei hun.

> Rhaid mod i wedi gorwedd ar y carped brethyn gwyrdd yn y stafell ffrynt lawr llawr – lle roedd Nansi Richards, telynores Maldwyn, a'i ffrind Edith Evans, telynores Eryri, wedi chware 'da'r plant mewn dyddie mwy heddychlon – am wthnos neu falle bythefnos. Ro'n i wedi colli golwg ar amser, a'r cwbwl dwi'n ei gofio yw hwntro i'r gegin gefen o bryd i'w gilydd am ddiod o ddŵr ac i'r tŷ bach am bisiad. Doedd 'da fi ddim cof pryd ro'n i wedi byta ddwetha ta beth; doedd dim bwyd yn y tŷ ers ache, a do'n i ddim ffit i fynd i siopa. Roedd y ffôn, y nwy a'r trydan wedi'u diffodd a'u datgysylltu, allwn i ddim dweud ers pryd. Un diwrnod, fe orweddes i ar lawr, a dyna ni. Roedd y llawr cynta wedi'i ddinistrio.
>
> Allwn i ddim dod at fy nghoed. Doedd dim ots am ddim bellach; roedd plymio'n sydyn i'r tywyllwch wedi fy llorio i. Doedd dim dydd na nos, dim gole yn fy mywyd i, ro'n i wedi cwympo i bydew tywyll, dwfwn ac yn ffaelu'n deg â dringo mas i'r gole. Bob hyn a hyn, fe glywn i'r twll llythyre'n clepian ond ro'n i'n ffaelu ymateb. Chlywes i mo gnocer y drws – llong hwylie bres ro'n i wedi'i gosod pan symudon ni i'r tŷ – yn curo. Yn ddiweddarach, dywedodd rhai o'm ffrindie eu bod nhw wedi galw draw, ond heb gael ateb er iddyn nhw guro dro ar ôl tro, ac wedi iddyn nhw weld bod y tŷ'n dywyll y tu ôl i lenni wedi'u tynnu, bant â nhw gan feddwl falle 'mod i wedi mynd i Sbaen 'da'r lleill.

Dyna ddarlun dirdynnol o ddyn ar ei gythlwng. Felly y bu tan un pnawn Sul pan alwodd dwy ferch ifanc a oedd yn benderfynol o gael ateb a thynnu Meic o'i drueni. Roedd y ddwy yn ferched i genedlaetholwyr amlwg. Roedd ganddyn nhw'r union feddyginiaeth, sef gorfodi Meic i wneud yr hyn a oedd wrth ei fodd yn ei wneud a'i orfodi i wneud hynny'r noson honno yn Theatr y Sherman. Daethpwyd o hyd i gitâr ar ei gyfer ac fe berfformiodd Meic ei ganeuon cyfarwydd ar lwyfan am y tro cyntaf ers hydoedd. Byddai un o'r rhocesi hynny, yn y man, yn gymar iddo. Digon yw dweud, heb farnu, i'r berthynas rhwng Meic a Tessa brofi'n danllyd, a dweud y lleiaf.

Cofia Tessa am 'y ddwy ferch' yn galw yn Evansfield Road rywbryd a hithau'n dweud wrthyn nhw fod yna groeso iddyn nhw fynd â Meic o'i golwg am nad oedd am ddim mwy i wneud ag ef. Roedd wedi cyrraedd pen ei thennyn. Wrth edrych 'nôl dros y cyfnod cythryblus hwnnw, dywed Tessa, a fu'n byw yn ardal Llanboidy, yn Sir Gâr tan yn ddiweddar, mai dim ond yn ddiweddar y llwyddodd i gael gwared â'r rhwystredigaeth a'r boen a oedd yn ei hatal rhag siarad am ei phrofiadau yng nghwmni Meic heb golli ei thymer. Mae'r diolch am hynny i'w phenderfyniad i gofleidio Bwdïaeth.

"O edrych 'nôl, dwi'n ofni mai'r amseroedd gwael yn hytrach na'r amseroedd da sy'n aros yn y cof. Ma hynny'n drist. Hwyrach bod Meic yn berson carismataidd yng ngolwg rhai pobl ond fel dyn teulu prin y gellid dweud ei fod yn ymddwyn yn gonfensiynol. Roedd yn amlwg i fi mai alcohol a chyffurie oedd yn rheoli ei fywyd. Dwi'n cofio un achlysur pan oeddwn i'n dioddef o'r ffliw, fy llyged bron â chau a Gareth Wyn Jones, cyfaill diota Meic, yn galw yn Evansfield Road. Roeddwn i'n ymbilio ar Meic i beidio â mynd mas ar y pop am fy mod yn rhy wan i ofalu am y plant. Fe daflodd e fi yn erbyn y wal cyn mynd mas i moyn fish a chips a'u taflu ar y llawr. Doeddwn i ddim yn deall sut oedd Gareth Wyn Jones yn medru caniatáu hynny pan oedd e'n gweld fy mod yn gwaedu.

"Dwi'n cofio galw i weld mam Meic yn ystod ei blynyddoedd olaf ac yn mynd dros yr hen amser yn ei chwmni. Fe fydde hi'n fynych yn rhoi pryd o dafod i Meic am beidio ag ymddwyn fel y dylai tuag at ei deulu. Roedd Bet yn teimlo'n euog ynglŷn â hynny ond byddwn yn dweud wrthi am beidio â beio ei hun. Roeddwn i'n hoff iawn o Bet. Mae'n rhaid bod gan ymddygiad Meic rywbeth i wneud â'r modd y cafodd ei gam-drin gan ei lystad. Mae'n debyg fod Meic wedi mynd oddi ar y cledre pan gollodd ei dad-cu.

"Mae ei ddisgrifiad o'n perthynas yn ei hunangofiant yn weddol unochrog. Dwi ddim am wadu popeth ond dyw'r gwirionedd ddim yn cael ei gyfleu bob tro. Yn sicr doeddwn i ddim yn sgitsoffrenig cronig ardystiedig. Roeddwn i'n cymryd tabledi gwrth-iselder ond erioed tawelyddion. Yr hyn roeddwn i'n dioddef ohono oedd diffyg sefydlogrwydd gan fod Meic yn diflannu byth a hefyd a finne heb unrhyw syniad pryd y delai adref. Beth sydd am y Cymry a'r Celtiaid fod rhaid iddyn nhw yfed shwd gymaint? Dyna chi Dylan Thomas, Richard Burton a Brendan Behan. Roedd Meic fel petai'n eu hefelychu.

"Tebyg ei bod yn anodd i alcoholig gofio pob dim a chywirdeb pob manylyn. Mae'n amhosib i'r cof gofnodi pob dim yn gywir os yw'r meddwl o dan ddylanwad alcohol yn barhaus. Mae'n nodwedd o alcoholigion i geisio gosod eu nodweddion eu hunain ar eraill. Dwi'n credu bod gan Meic duedd i chwarae rhan y Pab wrth fwrw golwg dros ei fywyd ei hun. Ceisia fwrw'r bai ar eraill am ei ffaeledde ei hun. Mae'n ffordd o liniaru cydwybod euog. Dwi'n cofio amdano'n dod adref am hanner awr wedi wyth un bore pan oeddwn yn paratoi'r merched i fynd i'r ysgol. Daeth mewn trwy'r drws cefn yn feddw dwll a syrthio'n anymwybodol ar y llawr.

"Does dim sôn yn ei hunangofiant am y modd y cafodd darne o wydr potel seidir eu tynnu mas o'm gwegil bum mlynedd wedi iddo ymosod arna i. Does dim sôn am y modd y bu'n rhaid i mi osod wardrob a chader yn erbyn drws yr ystafell wely i geisio ei rwystro rhag dod i mewn. Fe ddaeth i mewn yr un fath gan ddal cyllell wrth fy ngwddf. Rhywsut llwyddais i'w ddarbwyllo i dawelu heb ddihuno'r plant oedd yn cysgu wrth fy ymyl. Does dim sôn am y modd y byddai'n cario cyllell yn ei hosan.

"Y gwir amdani roeddwn yn difaru ei briodi wrth i mi fynd drwy'r seremoni ym Mangor. Roedd fy rhieni, a fy mam yn arbennig, wedi ceisio fy narbwyllo i beidio. Ond pan rydych chi'n ieuanc rydych chi'n credu y medrwch chi newid person, rydych chi'n credu y medrwch ei helpu. Y gwir amdani yw iddo grefu arnaf ei briodi – os nad fy mygwth – trwy fy nal ar y llawr a dweud y byddai'n niweidio'r plant oni wnawn ei briodi. Roedd hyn pan euthum lawr i Solfach ar wylie codi tato.

"Do, fe gymerais or-ddos o dabledi o eiddo Meic yn fuan wedi i ni briodi am fy mod yn sylweddoli fy nghamgymeriad. Ond yng nghanol hynny roeddwn yn poeni am hynt y merched ac fe ddywedais wrth Meic beth oeddwn wedi'i wneud cyn cael fy nghymryd i'r ysbyty. Fyddwn i ddim wedi rhoi eiliad o ystyriaeth i aros gydag ef pe na bai'r merched yn blant iddo. Cofiwch, roedd y ffaith ei fod yn gweld cymaint o fenywod eraill yn greulondeb meddyliol.

"Pan ddywedodd fy meddyg wrthyf na allai fod yn sicr y byddwn yn fyw y tro nesaf y byddwn am ei weld, wrth iddo edrych ar fy nghleisie a'r anafiade, roeddwn yn gwybod ei bod yn bryd i fi fynd. Fe ddylwn fod wedi mynd 'nôl i Cumbria ond roedd fy rhieni eisoes wedi fy nyrsio ar yr achlysur blaenorol ac wedi fy rhybuddio rhag priodi. Doedd dim sôn gan y meddygon fy mod yn sgitsoffrenig cronig. Yr unig beth oeddwn i'n dioddef ohono oedd diffyg cwsg a phrinder bwyd iach a maethlon, a llonydd i fyw fy mywyd, wrth gwrs.

"Pe bai Meic wedi fy mhriodi pan oeddwn yn feichiog y tro cyntaf yn 1966 falle y byddai fy rhieni'n fwy goddefgar. Rhaid cofio bod yna dipyn o stigma'n dal i fod bryd hynny ynglŷn â chael plentyn y tu fas i briodas. Prynais fyngalo yn Solfach, er mwyn ei gwneud yn haws i Meic weld y merched yn fwy na dim. Ches i ddim cynhaliaeth wedi'r ysgariad. Fel arfer roedd Meic yn pledio nad oedd arian ganddo. Dyfarnwyd 32 ceiniog y flwyddyn i mi. Ches i'r un geiniog wrth gwrs.

"Mae Solfach yn le pellennig ar benrhyn sy'n llawn llosgach lle mae llawer gormod o alcohol yn cael ei yfed. Ma pobol yn troi yn yr un cylchoedd byth a hefyd. Bu rhaid i fi werthu'r tŷ yn Heol Panteg, gyda'i olygfa fendigedig o'r môr yn y diwedd, am na fedrwn dalu'r morgais. Dylwn fod wedi ei osod ar rent tra byddwn yn cael fy nghefn ataf. Yn ystod yr ugain mlynedd diwetha dwi wedi bod yn ceisio iacháu fy hun ac yn tindroi gormod yn y gorffennol nes i mi ddechre astudio Bwdïaeth.

"Dwi wastad wedi bod yn ymwybodol o Gristnogaeth. Fe fues i'n mynychu ysgol genhadol yn Affrica pan oeddwn yn blentyn a gwyddwn am Iesu Grist a diwinyddiaeth. Synnwn i ddim mai astudio ffurf ar Fwdïaeth a wnaeth Crist pan dreuliodd gyfnod yn yr anialwch. Dwi'n siŵr y bydde'n gresynu pe bai'n dychwelyd heddi o weld yr hyn sy'n cael ei gyflawni yn ei enw ers i'r Rhufeiniaid herwgipio Cristnogaeth fel crefydd yr ymerodraeth. Dwi'n cofio cerdded trwy Rufain rhywbryd a dweud wrth fy nhad na fydde Iesu Grist wedi cymeradwyo holl ysblander Eglwys Sant Pedr.

"Gan bwyll bach dwi nawr yn datblygu i fod y person fyddwn i wedi bod pe bawn i ddim wedi mynd ar gyfeiliorn. Ma llawer o astudio i'w wneud. Ond yn sicr mae ansawdd fy mywyd yn gwella. Pan fyddaf yn sianto dwi'n meddwl am fy mhlant yn ogystal â Meic gan obeithio y bydd hynny o les iddyn nhw hyd yn oed os nad ydyn nhw'n credu.

"Yn sicr mae yna rywbeth ynglŷn â Meic sydd yn eich tynnu chi ato fe a dwi'n cydnabod ei allu fel cerddor. Ond sdim iws i chi dynnu'n groes iddo. Does neb yn sefyll yn ei ffordd. Dyna shwt ma fe. Roedd ein perthynas yn drychineb. Do, fe ges i ambell berthynas wedyn ond dim byd parhaol. Fedrwn i ddim ymddiried fy mywyd i neb arall. Gwell gen i fagu ebolion fel dwi wedi bod yn gwneud ers tro. Dyna fel ma pethe," meddai Tessa, wrth edrych 'nôl dros ysgwydd y blynydde.

Roedd cefndiroedd Tessa a Meic yn dra gwahanol ar lawer ystyr, er bod yna elfennau megis y diddordeb mewn celfyddyd yn eu huno hefyd. Ond tebyg nad oedd neb cymwys ar gael i roi gair o gyngor ar ddiwrnod eu priodas fel yr oedd, er enghraifft, yn hanes T. Gwynn Jones a'i briod. Cydnabu Emrys ap Iwan fod y bardd a'r newyddiadurwr, fel yr oedd ar y pryd, yn athrylith ac roedd o'r farn fod angen trin 'athrylith' yn ofalus: "rhaid ichi ddysgu byw hefo fo. Peidiwch byth â'i wrthwynebu – meithrinwch amynedd hefo fo, byddwch hamddenol," meddai'r gweinidog a'r llenor wrth Margaret Jones. Ond, wrth gwrs, roedd hynny yn 1899 ac roedd agweddau at briodas wedi newid yn ddirfawr erbyn 1971. Erbyn hynny doedd dim disgwyl i wraig i fod yn ddim mwy na morwyn neu atodiad neu addurn i'w gŵr. Ac yn hanes Tessa a Meic roedd y berthynas gythryblus wedi'i hen sefydlu beth bynnag.

10

Gwymon

Er i'r bennod flaenorol ganolbwyntio ar anawsterau priodasol Meic a Tessa, bu'r un cyfnod, ar ddechrau'r 1970au, gyda'r mwyaf cynhyrchiol yn hanes Meic o ran perfformio a chyfansoddi. Sefydlodd ei hun yng Nghymru fel rhan o'r bwrlwm creadigol yn y ddwy iaith. Un ffynhonnell incwm reolaidd oedd y rhaglen deledu *John Morgan at 10.30* ar HTV. Byddai'r newyddiadurwr yn gwahodd cynulleidfa ddethol i'r stiwdio i drafod rhyw bwnc llosg neu'i gilydd.

Tasg Meic oedd cyfansoddi cân amserol yn ymwneud â'r pwnc o dan sylw a'i chanu ar ddechrau'r rhaglen. Darlledid y rhaglen yn fyw. Cyfraniad nodedig Meic, wrth iddo gael ei heclo un noson gan y cenedlaetholwr Neil Siencyn, oedd cyfansoddi'n fyrfyfyr ar ganol ei gân gan ollwng rhibidirês o eiriau nad oedden nhw'n ganmoliaethus o'r heclwr. Tebyg bod hynny wedi chwyddo nifer y gwylwyr ar gyfer gweddill y gyfres. Fyddai yna ddim pall ar y diodydd wedi'r rhaglenni hyn.

Cafodd Meic ran mewn cyfres deledu o'r enw *Arthur of the Britons* ar gyfer HTV. Gwnaed y ffilmio ar leoliad yng Ngwlad yr Haf. Chwarae rhan rhyfelwr Celtaidd a cherddor llys y Brenin Arthur wnâi Meic, yng nghwmni actorion profiadol megis Brian Blessed, Oliver Tobias a Hilary Dwyer. Doedd dim prinder gwaith o gyfeiriad BBC Cymru chwaith, yn arbennig pan fyddai'r gyfres *Disc a Dawn* yn cael ei darlledu. Wrth i'r gyfres ddatblygu'n fwy mentrus aed ati i ffilmio'r artistiaid yn canu ar leoliad.

Pan ddaeth tro 'Mynd i Bala ar y cwch banana' i gael ei ffilmio roedd rhaid mynd ar fwrdd un o longau Geest ym mhorthladd y Barri, wrth gwrs. Gan amlaf, pan fyddai Rhydderch Jones yn gyfrifol am y cyfarwyddo, byddai merched yn dawnsio rywle yng ngŵydd y camera fel y bydden nhw ar y chwaer rhaglen *Top of the Pops* ar deledu'r rhwydwaith. Profodd haelioni'r capten wedi'r ffilmio yn drech na'r rhelyw o'r criw. Cael eu cario oddi ar y llong fu rhawd y mwyafrif. Yr un modd byddai cyllideb y rhaglen yn caniatáu gwario'n helaeth ar ddiodydd yng nghlwb y gorfforaeth yn Stacey Road wedi cwpla recordio. Ymddengys fod y parodrwydd i slochian yn *prerequisite* i weithio i'r cyfryngau yn y dyddiau hynny.

Am ei fod ar gael, heb ei lyffetheirio gan amodau gwaith naw tan bump, ac am ei fod mor amryddawn, deuai rhannau actio cyson i ran Meic. Hwyrach na fyddai ganddo 'linelle' i'w dweud bob tro ond roedd yr arian yn dda. Ymhlith mân gameos eraill chwaraeodd ran Wil Hopcyn yn stori'r Ferch o Gefn Ydfa, a rhan Guto Nyth Brân, y rhedwr o Lanwynno uwchben Pontypridd, y dywedid y gallai redeg ynghynt na cheffyl.

Tebyg mai oherwydd hyn y cafodd wahoddiad gan Wilbert Lloyd Roberts i ymuno ag un o gynyrchiadau cynnar Cwmni Theatr Cymru ar daith, *Y Claf Diglefyd,* yn ystod gwanwyn 1971. Roedd Bruce Griffiths a Gwenllian Tudur wedi cyfieithu drama Molière, *Le Malade Imaginaire.* Gofynnwyd i Meic gyfansoddi'r gerddoriaeth yn ogystal â chwarae rhan Punchinello, y clown a oedd yn glaf o gariad. Roedd yna griw o 27 yn rhan o'r cynhyrchiad ac yn eu plith roedd cyw actores o'r enw Sharon Morgan. Bu hithau yn ei thro yn gwarchod i Meic a Tessa yn Heol Evansfield. Cofia'n dda am gyfraniad Meic wrth iddi sôn am y daith yn ei hunangofiant *Hanes Rhyw Gymraes.*

> O'dd Meic wedi sgrifennu cerddoriaeth hyfryd i Punchinello a'r sipsiwn, ond ei unig fai o'dd y bydde fe weithie yn 'ymlacio' gormod. Yn wir, ar un achlysur ro'dd Meic wedi ymlacio cymaint fel na sylweddolodd fod y gadair yr eisteddai arni wrth serenadio Nia Von hardd yn ei ffenest wedi cwympo'n ddarne o dan ei bwyse. Daliodd ati i chware a chanu'n hyfryd a theimladwy heb golli nodyn, er iddo ddisgyn, gan eistedd ar y llawr i orffen y gân.

Un arall o'r criw sy'n cofio'r daith yn dda, gan gynnwys cyfraniad Meic neu ei ddiffyg cyfraniad ar adegau, yw Dyfan Roberts.

"Dechreuodd Meic yn dda. Troi i fyny ym Mangor fel pin mewn papur – siwt, crys a thei, yn amlwg eisio creu argraff gwas newydd. Ond buan yr aeth hynny i lawr yr afon. Marged Esli, Sharon Morgan, Dafydd Hywel a minnau fel criw o sipsiwn jest â torri'n boliau i ganu'r campweithiau yr oedd Mr Stevens i fod wedi eu paratoi ar ein cyfer. Y cês gitâr yn agor, a Meic yn tynnu allan rhyw sgribls, craffu arnynt drwy ei sbectol, ac yna dechrau tiwnio, a strymio ambell i gord. Mwy o diwnio, mwy o gordiau... a dyna ni am yr ymarfer cyntaf, mwy neu lai.

"Ond chwarae teg i Meic, mi ddaeth y darnau atom fesul lein a phennill, ac erbyn y diwedd roedd rhyw diwn wedi dechrau setlo, a phawb yn ymuno ag afiaith. Er gwaetha'r dechreuadau anaddawol, daeth athrylith Meic i'r golwg, fel ag erioed, a'r gân yn cydio'n rhyfeddol.

"Y daith yn cychwyn. Deg wythnos o daith, o gwmpas pob neuadd yng Nghymru am wn i. Dim theatrau wrth gwrs. Pethau i bobol posh Caerdydd ac Abertawe oedd y rheiny. Na, neuaddau drafftiog ysgolion uwchradd a hen neuaddau lles y glowyr oedd ein theatrau ni. Mi arhosodd Meic am y tair, bedair wythnos gyntaf, yn perfformio'n eithaf da ar y llwyfan – er na welai'r gynulleidfa ddim mymryn o'i lygaid gan bod ei gorff yn plygu'n isel fel brechdan a'i wyneb o fewn modfedd i dannau'r gitâr. Hyn o ganlyniad i'r gorchymyn na chai wisgo ei sbectol ugeinfed ganrif mewn drama o'r ail ganrif ar bymtheg!

"Ond yn ara bach mi beidiodd y brwdfrydedd dechreuol, a dechreuodd Meic absenoli ei hun o'r perfformiadau. Roedd yr esgusodion yn greadigol. Wedi dybl-bwcio, gorfod mynd i weld rhywun, rhoi bai ar y bysus... a bod ei Nain wedi marw. Mi ddefnyddiodd hynny am o leiaf dri thro. Erbyn y diwedd doedd o ddim yno o gwbwl, a Hefin Evans, un o'r technegwyr oedd yn digwydd bod yn gitarydd penigamp, yn cymryd ei le dan brotest. A phrotestio y bu Hefin druan tan y diwedd.

"Un digwyddiad bach doniol arall dwi'n gofio am Meic ar y

daith hirfaith honno. Roedd Dylan Jones yn aelod o'r cwmni, ac roedd Wilbert wedi rhoi llawer o gyfrifoldeb arno i gadw pethau mewn trefn wrth i'r daith fynd yn ei blaen. Yn Ysgol Uwchradd Dyffryn Ogwen yr oeddem, os cofia i'n iawn, ac fel arfer defnyddiem stafelloedd y gampfa chwaraeon i newid a gwisgo. Cofiaf, un tro, fod Meic yn absennol o'r llwyfan pan oedd wirioneddol ei angen, a Wilbert wedi gyrru Dylan ar frys i chwilio amdano i'w hysio yn ei flaen. Yntau'n rhedeg ac yn agor drws y stafell wisgo. Neb yno. Ond yna, yn eistedd ar ben rhyw gwpwrdd metal ymhen draw'r stafell, beth welai Dylan ond Meic, a chlamp o 'joint' yn mygu'n braf yn ei law. 'Be aflwydd ti'n neud yn fan'na Meic?'. 'Byw yn y wlad, myn... hy hy hy!' meddai Meic cyn chwythu pwff mawr o fwg i lenwi'r stafell," meddai Dyfan.

Ond erbyn wythnos olaf y daith doedd Meic ddim i'w weld ar ben y wardrob nac yn unman. Roedd wedi diflannu. Roedd ei drafferthion personol yn hoelio'i sylw. Tebyg nad oedd yn hidio rhyw lawer am y cynulleidfaoedd traddodiadol Cymreig chwaith ar ôl arfer â chynulleidfaoedd clybiau gwerin Manceinion a Llundain.

Ond ni fu ei ddiflaniad yn achos i rwystro Wilbert Lloyd Roberts rhag ei gyflogi ymhen ychydig fisoedd i lwyfanu sioe roc yn Eisteddfod Bangor. Cyn sefydlu'r Cwmni Theatr roedd Wilbert yn Bennaeth Drama BBC Cymru. Roedd ganddo weledigaeth ac awydd i osod seiliau cadarn i'r ddrama broffesiynol yng Nghymru. Rhan o'r weledigaeth honno oedd y sioe *Sachliain a Lludw* a fyddai'n adlewyrchu'r bwrlwm newydd ymhlith adloniant yr ifanc. Pwy yn well, fel rhywun a oedd â'i fys ar byls y datblygiad yma, na Meic Stevens i osod trefn ar bethau?

Ymhlith y cast roedd aelodau'r Tebot Piws, Dyniadon Ynfyd Hirfelyn Tesog, Y Diliau, Heather Jones, Meic ei hun ac aelodau'r grŵp James Hogg. Eisoes roedd y bechgyn o Gaerdydd wedi creu argraff wrth gyfeilio a chwarae yn y cefndir ar y rhaglen *Disc a Dawn*. Roedden nhw'n chwarae gitarau trydan. Roedden nhw'n creu sŵn. Roedd y gân 'Bydded Goleuni' a genid gan

Dewi Pws yn cydio'r haf hwnnw. Roedd Alun 'Sbardun' Huws yn aelod o'r Tebot Piws.

"Doedd 'na'm byd tebyg i *Sachliain a Lludw* 'di bod o'r blaen. Hwn oedd y digwyddiad cerddorol mwya proffesiynol yn hanes y canu Cymraeg hyd yma. Yn y Coleg Technegol ym Mangor Uchaf oedd y perfformiad a be dwi'n gofio ydy bod nhw 'di dod yn eu miloedd. Roedd y lle dan ei sang ar y noson gynta, y drysa wedi eu cloi, a channoedd tu allan yn bloeddio am gael dod i mewn! Profiad reit frawychus os oeddech chi yn y stafelloedd gwisgo yn gwrando arnyn nhw'n taro'r drysau a'r ffenestri i drio cael mynediad!

"Llwyddodd un bachgen i ddod i mewn drwy ffenest fechan yn nho'r tai bach, tu ôl i'r llwyfan. Roedd yn feddw, ac un ai cyllell neu wydr wedi malu yn ei law, dwi ddim yn cofio'n glir. Ond roedd yn arfog, a phwy aeth i'w daclo? Wel, neb llai na Meic Stevens. Chafodd neb ei anafu, a Meic oedd arwr yr awr. Doedd 'na'm sôn am ddim arall ar y maes y diwrnod wedyn," meddai Sbardun.

Bu'r ddau berfformiad yn llwyddiant ysgubol, fel y tystia Meic ei hun.

> Roedd dwy sioe *Sachliain a Lludw* dan eu sang. Roedd yr ymarferion wedi mynd yn dda ond doedd run ohonon ni'n gwbod be i'w ddishgwl; doedd neb wedi cynhyrchu sioe fyw fel hyn o'r blaen 'da rigie goleuo a system sain broffesiynol. Doedd dim achos becso o gwbwl – roedd pawb yn canmol i'r cymyle. Prin y galle'r perfformwyr symud ar y llwyfan yn ystod y diweddglo gan i'r gynulleidfa dyrru i'r llwyfan, a aeth yn ferw gwyllt o ddawnswyr yn chwyrlïo a phawb yn canu nerth esgyrn eu penne; doedd neb erioed wedi gweld y fath beth yng Nghymru o'r blaen! Roedd Wilbert ar ben ei ddigon o weld llwyddiant ei fenter gynta ym myd roc a rôl, ac roedd y perfformwyr i gyd yn gwbod eu bod nhw'n rhan o gynhyrchiad oedd yn torri tir newydd.

Wel, oedden, glei. Ac ymddengys fod pob un ohonyn nhw, ynghyd â thri neu bedwar o gyfeillion yr un, wedi ffeindio'u ffordd i briodas Meic a Tessa yng Ngwesty'r Castell ac yn awyddus i greu'r un awyrgylch yn ystod y neithior. Daeth perfformiad y Dyniadon, beth bynnag, i ben wrth i'r criw, mewn cotiau â chwt a dici-bôs, daflu eu hofferynnau i'r awyr a dawnsio fel derfishied.

Cymaint oedd llwyddiant y sioe *Sachliain a Lludw* fel nad oedd hi'n syndod fod Wilbert am lwyfannu rhywbeth tebyg y flwyddyn ddilynol yn Hwlffordd. *Gwallt yn y Gwynt* oedd hi y tro hwn gydag aelodau'r Tebot Piws yn chwarae rhan amlwg ac yn cyhoeddi eu bod yn chwalu fel grŵp.

Ar ben hyn i gyd roedd recordiau'n cael eu cyhoeddi. Yng ngwanwyn 1970 cyhoeddwyd *Y Brawd Houdini* ar label Sain ac fe aeth yn syth i rif dau yn Siart Deg Uchaf *Y Cymro*. Bu William H. Owen yn bwrw ei linyn mesur dros y record ar dudalennau'r cyhoeddiad.

> Mike Stevens yw un o'r cantorion sy'n gadael neis-neisrwydd cariad mab a merch, Cymru a'r iaith, i ganu am gymlethdodau eraill. Er mor broffesiynol yw ei agwedd tuag at gyfansoddi a chynhyrchu recordiau nid yw'r prynwyr hyd yn hyn wedi bod yn tyrru a heidio i brynu eu recordiau a wnaeth cyn hyn i Recordiau'r Dryw... Record sy'n ysgwyd y llwch oddi ar silffoedd y canu neis Cymreig. A rhaid diolch am hynny.

O'r caneuon eraill ar y record heblaw am 'Y Brawd Houdini', a glywyd yn gyson ar y rhaglen deledu *Disc a Dawn,* roedd 'Rhyddid Ffug' yn un o ganeuon yr opera roc *Etifeddiaeth y Mwg*; 'Nid i fi, Mistar MP' yn colbio aelodau seneddol am eu 'geirie gwag' a 'Hogia Bryn Sultana' a oedd yn dychanu holl grwpiau'r 'Hogie' oedd gan amlaf uwch ei ben yn y siartiau. Hysbysodd Meic *Y Cymro* ei bod hi'n fwriad ganddo i gyhoeddi fersiwn Saesneg o'r 'Brawd Houdini' wedi'i recordio gyda chymorth 'côr o ddynion meddw'.

Ym mis Awst cyhoeddwyd yr EP *Meic Stevens* yn cynnwys 'Mynd i Bala ar y cwch banana' ar label Newyddion Da, a'r sengl *Nid oes un gwydr ffenestr* yr un mis ar label Recordiau'r Dryw. Recordiwyd caneuon y tair record yn stiwdio Central Sound, Llundain. Prin fod y rhain wedi gwneud argraff ar y siartiau chwaith. Ni ddringodd *Meic Stevens* yn uwch na rhif deg yn siart *Y Cymro*. Record 'Peintio'r Byd yn Wyrdd' o eiddo Dafydd Iwan oedd yn mynd â hi ymhlith yr ieuenctid cenedlaetholgar yn Eisteddfod Rhydaman, yn union fel yr oedd 'Carlo' o eiddo Dafydd wedi cydio yr haf cynt yng nghyfnod yr Arwisgo brenhinol yng Nghaernarfon.

Ond cynyddu a wnâi nifer edmygwyr Meic. Roedd Sbardun Huws erbyn hyn yn aelod o'r grŵp Tebot Piws ac yn cael cyfle i dreulio amser yng nghwmni Meic. Dyna ddigwyddodd adeg Steddfod yr Urdd Llanidloes yn 1970.

"Crwydrais i mewn i ryw dafarn amser cinio, ac roedd y lle dan ei sang. Ac yn y gornel, a gitâr ar ei lin, oedd Meic Stevens, yn ei morio hi. Mi aeth yn sesiwn jamio boeth, a lot o chwerthin a chrac rhwng y caneuon. Mae'n siŵr gen i fod y pnawn hwnnw yn lot difyrrach na'r gìg yn y pafiliwn y noson honno," meddai Sbardun.

Erbyn Steddfod Genedlaethol Rhydaman yr un flwyddyn roedd y cyfeillgarwch wedi cynyddu. Rhannwyd gwallgofrwydd. Ac wedi'r Steddfod aed un cam ymhellach wrth i gyfeillgarwch droi'n edmygedd diamod yng ngolwg Sbardun a'i gyd-aelod o'r Tebot Piws, Emyr Huws Jones.

"Erbyn hyn, roedd y Tebot yn dod yn fwy adnabyddus, ac yn cael mwy o waith, ac yn amal iawn roeddan ni'n rhannu llwyfan efo Meic, ymhlith eraill. Dwi'n meddwl bod natur anarchaidd a gwallgo y Tebot wedi apelio rhywfaint at Meic, ac erbyn hyn mi fyddai'n ymuno efo ni ar y llwyfan mewn ambell i gân, megis 'Blaenau Ffestiniog'. Roeddan ninna, wedyn yn ymuno â fo yn 'Y Brawd Houdini'. Un atgof sy'n aros am y steddfod hon ydy Meic yn camu ar y llwyfan yn ystod ein set ni, a thun o Crazy Foam yn ei law. Cyn bo hir roedd y llwyfan yn slic o sebon siafio! Erbyn meddwl, ella bod hyn yn rhyw fath o ragflas o Maes B yn yr unfed ganrif ar hugain, efo'i bartïon ewyn!

"Tua'r un adeg gwnaeth Ems a fi bererindod i Solfach i chwilio am Meic. Roedd yn beth reit gyffredin i fodio neu ffawd-heglu yr adeg honno, a dyna wnaethon ni. Cychwyn o Benrhyndeudraeth, bodio lawr drwy Aberystwyth, a chyrraedd

Solfach cyn nos. Doedd ganddon ni ddim syniad ble oedd Meic Stevens yn byw, felly dyma gerdded i lawr y rhiw hir i'r swyddfa bost i ofyn, dim ond i gael gwybod mai mewn stad o dai cyngor ar ben y rhiw roedd mam Meic a'i theulu'n byw.

"Felly, wedi chwysu unwaith eto dyma droi i mewn i'r stad, a'r peth cynta welson ni oedd dyn ifanc yn cerdded tuag aton ni. Roedd ganddo wallt hir du yn disgyn i lawr ei gefn ac roedd yn gwisgo siaced denim felen llachar a jîns tyn gwyn. Nid y math o berson y disgwyliech chi weld mewn stad o dai cyngor yn Solfach ddiwedd y 60au. Na, roedd golwg Llundeinig braidd ar hwn – faswn i ddim wedi synnu ei weld ar lwyfan efo grŵp fel y Kinks neu The Who.

"Dyma ofyn, yn ein Saesneg gora 'Excuse me, do you know where Meic Stevens lives?' a daeth ateb swta ymosodol yn ôl – 'Who wants to know?'. 'Ems and Sbardun' oedd yr ateb, ac wrth gwrs fe wnaeth hynny betha'n waeth! Beth bynnag, ddaethon ni i ddallt ein gilydd yn y diwedd, a chanfod mai Irving, brawd Meic, oedd o, adre o'r London School of Economics, lle roedd yn astudio.

"Cawsom groeso tywysogaidd gan Meic a'i fam, a chaniatâd i godi ein pabell yn yr ardd gefn. Ond cyn pen dim, dyma fynd efo Meic i lawr i'r dafarn. Yno cawson noson wyllt o yfed a chanu, a chyfarfod lot o ffrindia Meic. Y bore wedyn, y ddau ohonom yn deffro ar lawr y stafell fyw, finna a mhen yn y grât yng nghanol lludw tân y noson gynt. Edrych drwy'r ffenest, ac roedd y babell heb ei chyffwrdd yn yr ardd gefn!

"Wrth edrych yn ôl rŵan, ma rhywun yn meddwl, pam wnaethon ni y fath beth? Mae'n siŵr bod 'na sawl rheswm, ac oedd, roedd 'na ramant yn perthyn i'r weithred, ond roedd o'n ffigwr mor garismatig, yn cynrychioli popeth oedd ein cenhedlaeth ni yn ei deimlo am y cyfnod – gwrthryfel, diawlineb, dim parch at awdurdod, ond y mwya oedd rhyddid – roedd Meic yn sefyll dros ryddid i ni – math gwahanol o ryddid i'r un oedd Dafydd Iwan yn ei arddel – rhyddid personol oedd hwn, a phrawf y gallai unrhyw un wneud unrhyw beth," meddai Sbardun.

Ym mis Gorffennaf 1971 cyhoeddwyd *Byw yn y Wlad* ar label Recordiau'r Dryw, a *Diolch yn Fawr* ar label Sain ym mis Awst. Recordiwyd y ddwy yn Stiwdio Rockfield yng Ngwent, a anfarwolwyd gan y cerddor o Gaerdydd, Dave Edmunds, a'i gân 'I Hear you Knocking' y flwyddyn flaenorol pan recordiwyd rhan o'r llais trwy linell deleffon. Roedd Kingsley Ward, un o'r brodyr a sefydlodd y stiwdio yn nhai mas y ffermdy, yn gweithredu fel peiriannydd ar ganeuon Meic.

Er bod yna gynulleidfa a phrynwyr parod ar gyfer y recordiau ymhlith yr ieuenctid, prin eu bod yn gwerthu cystal â recordiau artistiaid fel Tony ac Aloma, a apeliai at y gynulleidfa draddodiadol, a Dafydd Iwan, a apeliai at y gwladgarwyr milwriaethus ymhlith yr ieuenctid a'r to hŷn. Roedd recordiau Meic yn gwerthu yn eu cannoedd tra oedd recordiau'r lleill yn gwerthu yn eu miloedd.

"Ni fedraf wneud rhych na rhawn o neges y geiriau... nid yw'r sŵn a greir yn atyniadol iawn i'r glust ychwaith," oedd dyfarniad William H. Owen yn *Y Cymro* am y gân 'Nid oes un gwydr ffenestr'. Ond roedd o'r farn bod 'Rhywbeth gwell i ddod' yn rhagori ac y gallai wrando ar 'Nid y fi yw'r un i ofyn pam' trwy'r nos. "Fel cyfanwaith ac o ran cynhyrchu dylid ei thrysori fel y cynnyrch prin sydd yn anodd i'w gael ar y farchnad Gymraeg," oedd ei ddyfarniad cyffredinol.

Roedd William H. Owen yn barod i ganmol yr EP *Diolch yn Fawr* wrth iddi gyrraedd rhif chwech yn y siart a hofran yno am sawl wythnos. "Er bod y geiriau y pethau mwyaf gwantan a glywyd erioed, mae'r gerddoriaeth yn gafael gan ddangos mewn gwirionedd mor farwaidd yw caneuon y gweddill o'r artistiaid unigol o'u cymharu ag ymdrech ddigon syml Meic Stevens. Fel amryw o ganeuon da rhyw doddi i'r ymwybod a wnânt gan wneud argraff wedi sawl gwrandawiad," meddai.

Fyddai'n ddim i Meic anghofio geiriau'r gân 'Diolch yn fawr' o bryd i'w gilydd wrth berfformio'n fyw yn y cyfnod hwnnw er mai dyna oedd swm a sylwedd geiriau'r gân. Dringodd yr EP *Byw yn y Wlad* i rif dau yn siart *Y Cymro*. Hybwyd y gwerthiant gan lwyddiant y sioe *Sachliain a Lludw* yn Eisteddfod Bangor, a ddisgrifiwyd fel 'seicidelics yn ymylu ar sterics' gan beiriant cyhoeddusrwydd Cwmni Theatr Cymru. P.G. roddodd sylw iddi ar dudalennau'r *Cymro*.

> Mae'r gân drwyddi, o'r 'one, two, three four' ar y cychwyn i'r 'Oh yeah' tua'r diwedd yn perthyn fwy i'r byd pop rhyngwladol nag i ddim byd Cymreig. Eto mae rhywbeth yn heintus yn y cytgan, sy'n gwneud hon yn dôn anodd ei chael oddi ar y meddwl a synnwn i ddim na chwibanir hi yma ac acw gan bobl ymhell tu hwnt i genhedlaeth y canu pop.

Ond am yr ail drac, 'Sachliain a Lludw', roedd o'r farn y gallai fod yn gân Siapanaeg mor bell ag y gwyddai.

Ond, yna, cyhoeddwyd *Gwymon* ym mis Gorffennaf 1972 ar label Recordiau'r Dryw, eto wedi'i recordio yn Central Sound, Llundain, gyda Meic ei hun yn cynhyrchu, fel yn hanes y recordiau cynt, a gŵr o'r enw Freddy Winrose yn gweithredu fel peiriannydd. Cofia Peter Swales am yr achlysur am ei fod wedi chwarae'r llif ac wedi cyfrannu llais cefndir ar rai o'r traciau.

"Roeddwn i'n byw yn Kensington Church Street erbyn hynny a bydde Meic yn galw o bryd i'w gilydd. Dwi'n cofio mynd 'da fe unwaith i barti *bourgeois* iawn gyda'r nos yn y cyffinie rhywle. Daeth heibio un diwrnod wedyn i ddweud bod ganddo stiwdio wedi'i bwcio trwy gwmni recordie o Gymru ond nad oedd ganddo gerddorion i chwarae tracie cefndir. Dwi'n cofio ffonio drymiwr a chwaraewr bas roeddwn i'n eu nabod o Gaerlŷr a bant â ni i'r stiwdio.

"Yr hyn dwi'n ei gofio'n bennaf yw na fu dim rihyrsio. Dwi'n cofio gofyn i Meic i chwarae'r gân er mwyn i mi gyd-chware â'r hyn oeddwn i'n ei glywed. Ond fe ddywedwyd bod ein hamser stiwdio ar ben wedyn a bod rhaid i ni adael a'r hyn roeddwn i wedi chwarae heb sylweddoli ei fod yn cael ei recordio oedd fy nghyfraniad. Doeddwn i ddim yn hapus iawn. Ond na fe, fel'na oedd hi pan oeddwn i'n chwarae gyda Meic ac Irving yn Neuadd Solfa rhywbryd – methu'n deg â chael sŵn y llif trwy'r system sain," meddai Peter.

Cynhwyswyd dwsin o ganeuon, waeth shwt oedden nhw wedi'u recordio, oll wedi'u casglu megis gwymon oddi ar y traeth. Doedd yna'r un gân o'r enw 'Gwymon', ond dyna oedd y cysyniad y tu ôl i'r casgliad amrywiol. Cynlluniwyd y clawr i gyfleu dylanwad y môr. Y dwsin yma o ganeuon oedd wedi eu golchi i'r lan y tro hwn. 'Y Clawr gan Meic ei hun – ac efe a cynhyrchwyd (*sic*) y record hon,' meddai'r broliant. Troes y gân 'Traeth Anobaith' ar y siaced yn 'Traeth yn Obaith' ar olwyn y feinyl ei hun. Brychau dibwys oedd y rhain o'u cymharu â'r cyfoeth a ddeuai trwy'r seinyddion wrth chwarae'r record.

Mawredd Meic oedd y modd y medrai greu awyrgylch priodol i bob cyfansoddiad. Gwrandewch ar dynerwch 'Merch o'r Ffatri Wlân', tristwch 'Daeth Neb yn ôl', llawenydd 'O Mor Lân yr Oedd y Dŵr', anobaith 'Gwely Gwag' a rhialtwch 'Carangarŵ'. Mae'r wefr o'u clywed y tro cyntaf yn dal yn fyw o wrando arnynt drachefn heddiw.

Ac mae'r feinyl gwreiddiol ei hun yn cyfnewid dwylo am gannoedd o bunnoedd pe baech yn ddigon ffodus i gael gafael ar un. Clywch burdeb y llais.

Cafwyd caneuon gwerin cyfoes, cân y felan a chaneuon dwli yn ogystal â chyflwyniad o eiriau'r proffwyd Jeremia. Doedd yna'r un gân brotest na'r un gân wladgarol, ond eto roedd yna naws Gymreig i bob cân. Fedrai neb ddweud mai caneuon Eingl-Americanaidd oedd y rhain yn cael eu canu yn Gymraeg. Nid cyfieithiadau mohonynt yn cyfeirio at brofiadau traws-Iwerydd.

Roedd y 'gwymon' yma yn rhan o brofiadau'r gŵr o Solfach wedi eu casglu oddi ar draethau cyfarwydd iddo. Doedd y gŵr yma ddim wedi ei lethu gan lyffetheiriau'r profiad Cymreig, ac eto roedd gwrando ar y record yn brofiad o Gymreictod wedi ei ailddarganfod. Pwy arall fyddai wedi medru canu cân yn Gymraeg yn llawn angerdd am golli cariad yn null Muddy Waters, ac ar yr un record eto lwyddo i gyfleu gwewyr un o broffwydi'r Hen Destament? Tebyg petai athro cysactlyd wedi mynd ati i loywi Cymraeg Meic a sicrhau bod pob treiglad yn gywir fe fyddai *Gwymon* wedi colli ei gonestrwydd. Beth bynnag, doedd Meic ddim am ddioddef ymyrraeth y pedant. Ansawdd y Gymraeg oedd yn poeni William H. Owen yn *Y Cymro*.

> Mi fyddwn yn hoffi petai Meic yn meistroli erchyllterau gramadegol fel 'Dyna beth sy'n poeni fi' (sy'n edrych yn waeth ar bapur). Nid ydynt yn britho'r caneuon o gwbl ond pan ailadroddir yr un frawddeg bedair gwaith mae'n merwino clustiau dyn. Mae'r treigliadau wedi gwella ond meflau gramadegol fel hyn sy'n aros o hyd. Nid yw hyn yn ddim ond mân bigo mewn cyfanwaith o safon uchel.

Tebyg y byddai wedi dymuno petai Meic wedi canu 'Dyna beth sy'n fy mhoeni i' bedair gwaith. Fe ddringodd *Gwymon* i rif tri yn siart *Y Cymro*.

I bwy bynnag oedd wedi ymserchu yn y sîn Eingl-Americanaidd, ac wedi danto ar arlwy'r nosweithiau llawen, roedd gwrando ar y record *Gwymon* yn brofiad ysgytwol. Doedden nhw ddim yn credu fod deunydd mor gyfoes ei naws yn medru swnio mor naturiol Gymraeg.

Un o archifwyr penna'r canu Cymraeg yw Gari Melville o Graig-cefn-parc yng Nghwmtawe yn wreiddiol, a chofia'n dda y profiad o orwedd yn ei wely ar fore Sadwrn, pan oedd yn astudio Diwinyddiaeth ac Anthropoleg Cymdeithasol yng Ngholeg Prifysgol Hull, a chlywed caneuon cynnar Meic ar raglen radio Hywel Gwynfryn, *Helo Sut Dach Chi?* am y tro cyntaf.

"O'n i'n ffaelu cretu'r peth. Y boi 'ma'n canu yn Gymraeg gyda gwaith gitâr arbennig. O'dd y tinc gonest 'ma yn y peth. Nid rhywun yn ei neud e fel jôc i ddangos bod hi'n bosib ei neud e yn Gymraeg. O'n i ishe clywed mwy am yr *hep cat* o Solfa. Dwi'n cofio mynd lawr i Lanelli adeg gwylie wedyn a prynu'r recordie i gyd a whare nhw trw'r dydd, un ar ôl y llall. Oe'n i fel mochyn mewn mwd, 'chan," meddai Gari.

Tebyg oedd ymateb Eric Dafydd o Foelgastell yng Nghwm Gwendraeth ac yntau'n astudio Cerddoriaeth yng Ngholeg Prifysgol Cymru Caerdydd wrth glywed caneuon Meic Stevens am y tro cyntaf ar record. Cafodd yntau a'i gyfoedion eu hysgwyd wrth glywed y caneuon oedd ar *Gwymon* ar y radio nes eu gorfodi i fynd mas i'w phrynu ar amrant.

"Yr un oedd y teimlad pan glywson ni 'Tryweryn' a 'Yr Eryr a'r Golomen' am y tro cynta. Wedd y bachan 'ma'n priodi geirie Cwmrâg gyda'r fath alawon heintus. Do'dd dim byd tebyg wedi bod yn Gwmrâg o'r blân. Ro'dd y geirie'n swnio'n awdurdodol. Ro'dd hi'n hawdd gwybod ar unwaith ein bod ni'n gwrando ar fardd yn canu. Wedd bît yn perthyn i lawer o'r caneuon wedyn ni. Bydde'r criw a fynychai tafarn y New Ely yng Nghaerdydd ar y pryd yn canu caneuon fel 'Carangarŵ', a'r lleill, nes codi'r to. A bydde Meic yn ein plith yn aml.

"Wedd y caneuon hyn yn gymaint o ganeuon gwerin ag oedd 'Fflat Huw Puw' a'r lleill fydden ni'n eu canu oedd yn perthyn i gyfnod cynt. Dwi'n siŵr fod yr hyn o'dd Meic wedi'i wneud wedi rhoi hyder i griw ohonon ninne hefyd fynd ati i ffurfio'r Dyniadon Ynfyd Hirfelyn Tesog a rhoi rhwydd hynt i ddychymyg," meddai Eric.

Byddai John R. L. Thomas yn cymryd slant ychydig yn wahanol i'r rhelyw o golofnwyr yn ei golofn bop yn y *Welsh Nation*, cyhoeddiad wythnosol Plaid Cymru, ac yn tynnu sylw at un offrwm ar *Gwymon* nad oedd fawr neb arall wedi'i grybwyll. Doedd y colofnydd, gyda llaw, ddim yn credu bod *Sachliain a Lludw* a *Gwallt yn y Gwynt* yn ddim mwy na sioeau digon cyffredin yn hytrach na'u bod yn 'gerrig milltir', fel roedd y colofnwyr Cymraeg yn ei gyhoeddi. Ni chytunai chwaith â'r feirniadaeth fu ar 'ddirywiad' Meic wrth iddo gyhoeddi rhai caneuon ffwrdd-a-hi yn dilyn y clasuron cynnar.

Doedd hynny, meddai, yn ddim mwy na llaw Bob Dylan ar ei ysgwydd a Richie Havens yn ei waed wrth iddo chwilio am ei hunaniaeth gerddorol. Credai fod yr addewid a ddangoswyd gyda chyhoeddi'r ddwy EP *Diolch yn Fawr* a *Byw yn y Wlad* wedi'i gadarnhau gyda chyhoeddi'r record hir. Ac ie, yr offrwm unigryw yna, wedi iddo ganmol yr amrywiaeth o ganeuon a'r curiad rhythmig, oedd yn ei atgoffa o arddull Richie Havens a Stefan Grossman ond a gydnabu nad oedd yn eiddo i neb ond i Meic ei hun.

> Surely though, the most powerful song was 'Galarnad', a prayer-like chant, reminiscent of 'Myfi yw'r Dechreuad', but recalling more accurately the old chapel tradition of chanting, still found in the more 'Siberian' of Pembroke's many parts – or are, as some claim, all of Penfro's parts are Siberian? It is a frightening song which grips you with its intensity, for it some times conjures up a picture of a heathen ritual or a Black Mass. The accuracy with which he has captured the spirit of the culture of this area is uncanny.

Daeth y colofnydd i'r casgliad terfynol bod *Gwymon* yn waith o gelfyddyd a gyflwynai ddawn Meic ar ei gorau ac awgrymu'r posibiladau o ran ei datblygiad yn y dyfodol – "a codification of his hitherto immense and untapped talent," meddai John R. L. Thomas. Roedd John yn fyfyriwr yng Ngholeg y Brifysgol Aberystwyth ar y pryd. Daeth yn amlwg ym myd y gyfraith yn ardal Abertawe yn ddiweddarach.

Yn un o rifynnau dilynol y *Welsh Nation* cyhoeddwyd llythyr o eiddo Meic Stevens yn diolch i'r adolygydd am ei sylwadau ac am ei dreiddgarwch. Dywedodd fod rhai rhannau o Sir Benfro yn fwy Costa na Siberaidd mewn gwirionedd. Ac wrth gyfeirio at yr alarnad dywedodd ei fod wedi'i chodi air am air o Lyfr Jeremiah a'i gosod i gerddoriaeth "because of its timeless and universal profundity. It is indeed a frightening lament and apt," meddai.

Daeth Meic Stevens y cerddor i oed. Yn union fel llenor a gyhoeddodd nifer o straeon byrion, roedd yna nofel wedi ei chyhoeddi. Yn union fel bardd a fu'n cyfansoddi englynion, roedd yna awdl wedi'i chwblhau. Cyrhaeddodd y cerddor hwn ar ei delerau ei hun mewn jîns cwiltiog, siwmper, sgarff, het wlân, sbectol dywyll a gitâr ar ei gefn a chasgliad o ganeuon wedi eu hidlo trwy falwr yr arddulliau cyfoes.

Ar ei orau medrai hudo cynulleidfa swnllyd clwb nos, fel y gwnâi yn nisgos Cymraeg Barbarellas yng Nghaerdydd bob nos Fawrth, yng nghwmni'r troellwyr Hywel Gwynfryn a Huw Ceredig, nes gellid clywed pìn yn disgyn. Bryd arall, medrai fod yn anwadal ac oriog ac yn dreth ar amynedd cynulleidfa. Ond doedd dim amau ei dalent. Gwrthododd blygu i ddymuniadau swyddogion y cwmnïau mawr i'w wneud yn seren ryngwladol ar draul colli ei Gymreictod cynhenid.

Tua'r un adeg cyhoeddwyd record hynod arall gan ŵr o Langeitho yn Sir Aberteifi, Bertie Stevens, ar label Recordiau'r Dryw. Baledwr ffeiriau oedd Bertie i bob pwrpas, a hawdd credu fod yr hynafgwr yn ei 70au o'r un anian â'r llanc a oedd ar drothwy ei 30au. Pedair o'r baledi roedd Bertie wedi eu gosod ar ei gof wrth ddilyn ffeiriau yn ei ieuenctid oedd ar yr EP. Roedd y ddwy record yn cynrychioli dau begwn canu gwerin; caneuon yn adrodd straeon i gynulleidfaoedd gwahanol. Hawdd fyddai dychmygu Meic yn llunio cyfeiliant addas i 'Seimon Llwyd y Foty' a'r ddau yn taro tant. Byddai'r ddau wedi cyd-ganu 'How much do you want for that old cow?' gydag afiaith.

Er i Recordiau'r Dryw gyhoeddi casét yn 1973 o ganeuon Meic a Bara Menyn, a oedd eisoes wedi ymddangos ar recordiau byrion, ni chafwyd record arall gan Meic tan bedair blynedd yn ddiweddarach. Ond pe na bai wedi cyhoeddi'r un record arall roedd *Gwymon* wedi profi'n garreg filltir os nad yn gefn deuddwr o ran cynhyrchu a chyhoeddi recordiau fel darn o gelfyddyd yn y Gymraeg. Roedd yn benllanw cyfnod rhyfeddol o greadigrwydd.

Er taw'r byd oedd ei wystrys ar ryw olwg, fe'i llethwyd gan ei amgylchiadau teuluol. Ar y pryd ymddengys nad oedd dihangfa i'w wraig, Tessa, o grafangau ysbytai meddwl. Dechreuodd y cyfleon yng Nghymru bylu. Dim ond hanner agor a wnâi drysau a doedd gan Meic mo'r dylanwad i'w gwthio ar agor led y pen. Roedd gwynt gwair melys mariwana o gwmpas pob dim.

Arllwysodd ei ddigofaint mewn llythyr hirfaith at ei gyfaill yn Efrog Newydd, Peter Swales, wedi'i sgrifennu dros gyfnod o amser yn ystod haf 1973, yn ôl pob tebyg. Soniodd amdano'n cael ei faeddu gan yr actor, John Ogwen, yn ras sachau'r tadau ym mabolgampau Ysgol Gymraeg Bryntaf. Ond roedd o dan anfantais, meddai, am ei bod bron yn wyth o'r gloch arno'n cyrraedd adre'r bore hwnnw a'i bod yn syndod iddo gwpla'r ras heb gwympo. Serch hynny, gwnaeth Tessa iawn am ei ddiffygion trwy ennill ras wy a llwy y mamau. Sonia hefyd, mewn modd lliwgar, ei fod yng ngafael y falen fowr.

"I've been down to the depths again – sitting in satan's lap – but he couldn't get a hard-on – what did he expect, mun jawl!... I've been so low and mean and depressed and the pills the doc gave me are only good for easing hangovers. Another thing, no one wants to know you when your down and out, not even if your full of startling revelations, its a revelation in itself. Also when you find that there's three of you and you have to help them grow up, when you're still growing up yourself. (Everyone's always growing up!) I'm doing a kids TV show once a fortnight, it's only good for £40 – so how we'll live I do'no. We will though!!! Fuck me, we will!!!" meddai.

Gresyna fod cymaint o'i gymheiriaid megis Gordon Lightfoot a Skeeter Davis yn gwneud cystal yn America wrth i oreuon Nashville gyfeilio iddyn nhw ac yntau'n gorfod pwlffagan arni heb gefnogaeth yr un cwmni mawr. Mynna fod cynhyrchu 'perffaith' yn medru cwato brychau'r deunydd mwyaf 'plentynnaidd', fel yn achos y Rolling Stones a hyd yn oed ei hen gyfaill, Gary Farr – "... who does not glitter outwardly. But inside him lives a replica of the Senghennydd Pit disaster (and Tommy's lost fight with Joe Louis)." Ni all ymatal rhag cyfeirio at Bob Dylan.

"I should have come over as: The New Bob Dylan – might draw the Old Bob Dylan – wherever he is, out of mothballs. I think he makes sandcastles now on beaches with himself and his kids. If you see him, tell him I want to play some songs with him sometime, maybe in New York, or better still in the Sloop Inn, Porthgain. No one would know him there anyway, so it would be cool. Only thing is we would only get free beer, no bread involved. Now there's a thing!!" meddai.

Dyna'r math o stori, o'i hail-ddweud yn gyson, fyddai'n tyfu'n wirionedd – bod Bob Dylan a Meic Stevens wedi perfformio yn y Sloop – yn union fel y dywedir bellach bod y bocsiwr, Rocky Marciano, adeg yr Ail Ryfel Byd, wedi pamio hanner dwsin o fois ar ei ben ei hun mewn mwy nag un tafarn yng ngogledd Sir Benfro. Mae Abertawe yn hawlio'r stori hefyd.

11

Fest Noz bob dydd

ER Y LLWYDDIANT syfrdanol yng Nghymru, teimlai Meic Stevens fod ei yrfa gerddorol mewn tipyn o ferddwr ac yntau'n stablad yn ei unfan, yn arbennig wedi'r hyn a ystyriai'n hunllef Heol Evansfield. Daeth grwpiau eraill i'r amlwg a daeth cerddoriaeth Geltaidd i fri. Arweinid y dadeni gan y Llydäwr, Alan Stivell, a doedd Meic ddim yn medru cael ei le o fewn y datblygiadau. Doedd dim amdani ond dilyn y chwyldro i Lydaw. Wedi'r cyfan, ei anian oedd arwain yn hytrach na disgwyl i rywbeth ddigwydd. Ac yn hynny o beth cafodd ei dywys gan un o'r ddwy ferch hynny a'i tynnodd o'i ddiymadferthedd un pnawn Sul a'i orfodi i berfformio ar lwyfan Theatr Sherman ymhen ychydig oriau.

Roedd Siân yn ferch i Raymond Edwards, Arolygydd Ysgolion, ac yn un o gynheiliaid bywyd Cymraeg Caerdydd a oedd yn cynorthwyo i geisio sefydlu papur Cymraeg misol yn y brifddinas – *Y Dinesydd* – tra oedd Gwenllïan Daniel yn ferch i'r diweddar Athro J. E. Daniel, diwinydd disglair o Fangor a fu am gyfnod yn Llywydd Plaid Cymru, ac yna'n Arolygydd Ysgolion ei hun hefyd. Daeth Meic a'r ddwy roces ar draws ei gilydd ar hap beth amser yn ddiweddarach yng nghlwb y BBC. Digwydd diengyd o grafangau'r heddlu oedd y ddwy wedi i Siân gael ei stopio wrth yrru a hithau wedi cael tipyn i yfed. Penderfynodd y ddwy ei miglo hi o swyddfa'r heddlu oherwydd yr holl sefyllian diddiwedd yno a chytuno i gwrdd yng nghlwb y BBC yn ddiweddarach. Tra dihangodd Gwenllïan, cael ei dal oedd hanes Siân.

"Ar ôl cyrraedd y clwb dwi'n cofio Meic yn dod i mewn gyda'i *entourage* ymhen ychydig," meddai Gwenllïan. "Ond fe ddaeth o i siarad â mi a dyna fuon ni'n ei wneud weddill y noson cyn mynd mlân i ryw glwb yn y docie. Dyna ni wedyn. Roedd y berthynas wedi'i sefydlu. Fe fuon ni'n sôn am fynd i Lydaw ac fel y bydde hynny'n hwb i yrfa Meic. Roedd gen i gysylltiade draw yno ac mi anfones i gopi o *Gwymon*, gwybodaeth am gefndir Meic a llun ohono – roedd o'n reit olygus yn y cyfnod hwnnw – at Annaïg Gwernig. Daeth ateb yn dweud y bydde hi'n ein croesawu ni ac yn cynorthwyo i gael gwaith i Meic. Dyna ni, mater o baratoi oedd hi wedyn," meddai.

Ar y pryd roedd Gwenllïan yn gweithio fel ymchwilydd i Adran Nodwedd y BBC ar ôl treulio gwanwyn 1973 yn gweithio fel meistres y gwisgoedd ar gynhyrchiad theatr o'r enw *Twm Sion Cati* o eiddo David Lyn. Doedd hi ddim wedi gwneud defnydd o'r radd mewn Hanes a gafodd o Goleg y Brifysgol, Bangor yr haf cynt.

"Roedd hi'n gyfleus i mi fynd i Lydaw achos rown i'n rybish fel ymchwilydd a doedd neb ar goridor yr Adran Nodwedd mewn dagra pan rois wythnos o rybudd iddynt. Roedd fy nau frawd hŷn a fy chwaer i gyd wedi priodi ac, i fod yn onest, rown i'n teimlo bod 'na neb i wahardd fi rhag gwneud fel y mynnwn ac roedd hyn i gyd yn antur fawr i mi. Roeddwn i hefyd wedi colli fy mam ym mis Chwefror 1971," meddai.

Erbyn hynny roedd Tessa wedi'i rhyddhau o Ysbyty'r Eglwys Newydd ac wedi cael gorchymyn llys i ofalu am y ddwy groten. Fe fuon nhw'n byw am gyfnod ymhlith criw o bobl hipïaidd yn Aberllydan ar draws y dŵr o Solfach. Roedd Tessa wedi'i gwneud yn lled amlwg nad oedd am weld ei gŵr a doedd hi ddim am iddo weld eu plant chwaith. Dychwelodd criw'r Les Connoisseurs, y clwb yng nghanol y ddinas a oedd yn eiddo i Charlie Bethel, o'u gwyliau yn Sbaen ac roedden nhw wedi perchnogi'r cartref yn Heol Evansfield drachefn.

Roedd Meic yn falch o gefnu ar y lle, a rhoes yr allweddi i'r criw a'u gadael rhyngddyn nhw a'u pethau.

Yn ei rwystredigaeth cofiodd am ei gyfaill yn Efrog Newydd. Wrth sgrifennu at Peter Swales ym mis bach 1974, yn ymbil am ei gymorth, roedd yn amlwg nad oedd Meic wedi rhoi'r gorau i'r syniad o'i gwneud hi yn y wlad fawr.

"I've broken with Warner Brothers and now want a contract – I've written the new album – I've also finished with the Welsh scene, and want to get it together. If not, I'll go and live in the Preseli; near Carreg Meini, and forget about music and bread, and just work on the farms. I've also got my first collection of short stories together but need time – just to edit it all and have it decently typed. Also my poems – and the long frieze 'Blank Endless' which is written by what I became when I am defused. One could almost say that blank endless was written by nothing, or nobody, if nothingness or nobody existed, but alas there are no such things as nothingness or nobodyness. What I'd like to do is present it something in the same style as 'Panels for the walls of heaven' by Kenneth Patchen," meddai.

Bardd a heddychwr Americanaidd a fu farw yn 1972 yn 60 oed oedd Kenneth Patchen. Cyhoeddwyd y gyfrol y cyfeiria Meic ati yn 1942, ac roedd gan Patchen enw am arbrofi gyda dulliau o fynegiant yn cynnwys peintiadau, lluniadau a jazz fel rhan o'i gerddi. Fe'u gelwid weithiau yn 'gerddi paent' a dengys hyn rychwant diddordeb Meic Stevens fel cerddor creadigol yn y celfyddydau. Ond ymbil am gymorth i dorri trwodd yn America fel cerddor oedd byrdwn y llythyr fel yr ymhelaetha.

"Do you know anyone who would produce me in NYC? I'd like to come over to make a hit single and an album. What about Bob Johnson? He might like my material or maybe you know someone better. I just can't work with the mediocre zombies in Welsh TV. They're not much better in the English regions and Shepherd's Bush. Things aren't going too well with Tessa – I got her a job in HTV. She is now a part-time wardrobe assistant and is all starry fucking eyed for TV. A temporary split might be a good thing if there is a chance for me and my music and writings in the States. If I made an impression over there I would walk it back here if I wanted to. I've got some friends on Riverside Drive where I could live awhile and also some others who live upstate – rich freaks," meddai.

Doedd dim fel anelu am yr uchelfannau. Bob Johnston oedd cynhyrchydd uchel ei barch Bob Dylan yn ogystal â Leonard Cohen, Simon and Garfunkel a Johnny Cash ac eraill. Shepherd's Bush, wrth gwrs, oedd prif ganolfan deledu'r BBC yn Llundain. Newydd ei gyhoeddi ar y pryd oedd offrwm diweddaraf Bob Dylan, *Planet Waves*, ac yn ôl Meic, "I don't dig it too much – lots of nebulous stuff for me". Nid Bob Johnstone oedd y cynhyrchydd y tro hwnnw ond Rob Fraboni. Ni fedrai Meic ymatal rhag traethu am – a chondemnio – y byd celfyddydol yng Nghaerdydd ar y pryd.

"There's quite a big poetry scene in Cardiff, but its mostly crappy people relying on the Arts Council for bursaries and travelling scholarships, and producing one or two low grade anthologies or short novels per year which don't sell more than 2- or 300 copies. Really heart breaking – creating no incentive whatsoever," meddai.

Daeth ymateb o anogaeth gyda'r troad o Efrog Newydd ac roedd yna lythyr arall ar ei ffordd ar draws yr Iwerydd o fewn ychydig ddyddiau yn llawn brwdfrydedd yn ogystal â rhwystredigaeth.

"I've got such a wealth of unrecorded music and the scene over here is not ready for me – never was I don't think. I think the world freaks etc are crazy for a Jesus substitute, hero – cunt or something fantastic and fabulous – not a reality at all – grenade-toting faggots, fat-arsed with crew cut air-conditioned heads. The whole thing has been a non-event intellectually right the way thru – all the hair in the world won't change their nature – all the guns won't neither, all the shit-cock-corruption is microscopic in the face of reality, and thus – everyone to his own reality.

"My show went well in H. West. Not enough dough for the

work put in but then that's it. I picked up for what there was – punched the wall instead of the stage manager – TV people came – and the only shot of me – the mastermind behind all the whole cake – was of me backstage eating fish and chips like a hungry moron – buuuurgh – thicky thicky 'Death is prickshaped'. So it goes.

"Write me a letter telling me about how you had dinner with Dylan/Lennon/Nixon/The Local Garbage Man. When you tell people about me say it's Welsh and unpronouncable and I've found the Red Book of Carmarthen that has all the spells of Merddyn the Prophet and the Doom of the World discovered originally by Amerigo Vespucci who was out for an afternoon swim at the time.

"Nothing is happening here, they're all so busy thinkin about money – they forget the creative thing – some must come – money ain't no good just for its own sake, the side effects seem to be most valuable!"

Roedd 'Goodtime Charlie' wedi mynd yn fethdalwr beth bynnag, clwb Les Connoisseurs wedi'i gau ac yntau'n sgwatio yno wedi gosod styllod ar draws y drws i rwystro'r beilïod rhag dod i mewn tra byddai yntau'n cael ei fwydo trwy dwll cudd gan ei gydnabod. O dan yr amgylchiadau, hwyrach bod hwylio i Lydaw yn ddewis doeth. Ond fyddai hynny ddim heb ei drafferthion a hynny cyn gadael Caerdydd. Gwenllïan sy'n ategu fersiwn Meic o'r hanes a gofnodwyd ganddo wrth iddo derfynu cyfrol gyntaf ei hunangofiant.

"Dwi'n cofio ni'n mynd lawr i swyddfa'r *Western Mail* a ffotograffydd yn tynnu llun o Meic gyda mandolin yn ei ddwylo a rhywun arall yn sgrifennu pwt o stori amdano. 'Fed up and off to Brittany' oedd y pennawd i'r erthygl a ymddangosodd trannoeth. Mi dreulion ni beth amser wedyn mewn bar gerllaw, lle'r oedd hi'n amlwg nad oedd yr Eifftiwr, a gadwai'r lle, a Meic yn cyd-dynnu. Fe fuon ni'n siopa hefyd am gyfarpar gwersylla a phetha angenrheidiol fel corcsgriws, agorwyr poteli a dwy gyllall a fydde'n handi i dorri caws a ffrwytha, mae'n siŵr. Mi aed â'r rhan fwyaf ohonyn nhw adra i'r fflat cyn i ni fynd lawr i'r docie i ffarwelio â'r ddinas a ffarwelio â Chymru.

"Pan oedden ni'n disgwyl am fwyd yn Angelino's mi ddaeth yna blismyn i mewn i'r bwyty a mynnu fod rhaid i Meic fynd i swyddfa'r heddlu. Dwi'n cofio Meic yn cynhyrfu ac yn dweud wrtha i ei fod yn siŵr mai'r Eifftiwr yn y bar hwnnw yn gynharach yn y dydd oedd y tu ôl i hyn. Cafodd Meic ei gam-drin a dwi'n meddwl iddo geisio dianc a chael ei gam-drin yn waeth wedi iddyn nhw ei ddal a'i roi mewn gefynna a'i lusgo 'nôl i'r orsaf yn James Street.

"Dwi'n ei gofio'n gweiddi arna i, 'Cer i moyn Vidler, go and get Vidler' sef cyfreithiwr oedd o'n ei nabod. Mi geisies inne ddianc wedyn ond cael fy nhynnu 'nôl. Bu rhaid i'r ddau ohonom dreulio'r noson mewn celloedd ar wahân yn y swyddfa ganolog yng nghanol y ddinas wedyn. Roedd rhaid i ni wacáu ein pocedi. Tebyg eu bod yn gobeithio dod o hyd i gyffurie ym meddiant Meic. Ond mi gafwyd hyd i'r gyllall ddiniwed oedd gen i, yn do. Daeth cyfreithwyr i'n gweld ben bora ac roeddan i o flaen y llys cyn cinio. Ond am ein bod yn pledio'n ddieuog cafodd yr achos ei ohirio am gyfnod," meddai Gwenllïan.

Anelodd Meic Stevens a Gwenllïan Daniel am long Brittany Ferries yn Plymouth yn llwythog o'r angenrheidiau gwersylla, gan adael drama'r llys a'r arfau peryglus yn y dociau ar ei hanner, a chan ddyheu am gyrraedd Roscoff a phennod newydd yn hanes y cerddor. Roedd wedi syrthio mewn cariad â merch ddeng mlynedd yn iau nag ef a hithau wedi ymserchu'n llwyr ynddo yntau. Hwyliwyd ar 16 Mehefin 1974 ond bu rhaid dychwelyd ar gyfer y gwrandawiad llys ar 22 Awst. Rhyddhawyd y ddau ar fechnïaeth o £30 yr un.

"Roeddan nhw'n ein cyhuddo o fod ag arf peryglus yn ein meddiant, o wrthsefyll cael ein harestio ac o ymosod ar yr heddlu wrth iddyn nhw gyflawni eu dyletswydda. Llwyddodd bargyfreithiwr Meic – John Blackburn Gittings o gwmni Lincoln Hallinan – i'w gael yn ddieuog ar bob cyhuddiad. Roeddwn i wedi gofyn am gael yr achos yn Gymraeg ac roedd fy mrawd, Huw, a oedd yn fargyfreithiwr ei hun, wedi trefnu i dwrna arall fy nghynrychioli. Rhyddhad amodol oedd fy nedfryd i am fod gen i arf peryglus yn fy meddiant.

"Mi ddywedodd un o'r plismyn wrth roi tystiolaeth ei fod wedi fy holi pam oedd y gyllall yn fy meddiant a fy mod wedi dweud, 'Well, this is the docks. I've got to defend myself, you know'. Roedd hynny'n cael ei ystyried yn gyfystyr â chyffesiad fy mod yn bwriadu defnyddio'r gyllall fel arf. Mewn gwirionedd roedd y gyllall yn dal mewn papur lapio ers i mi ei phrynu, ac wedi anghofio ei gadael yn y fflat gyda gweddill y geriach oeddwn i," meddai Gwenllïan.

Yn ôl yr adroddiad ym mhapur nos Caerdydd, y *South Wales Echo*, roedd John Curran wrth amddiffyn Meic wedi pwysleisio bod y gyllell yn newydd a heb ei hogi am fod y diffinydd newydd ei phrynu at bwrpas gwersylla yn Llydaw. Roedd hi yng nghês gitâr Meic am mai dyna lle cadwai ei eiddo fynychaf. Doedd dim bwriad i'w defnyddio fel arf i anafu neb, felly, oedd dadl y cyfreithiwr. Ychwanegodd mai'r rheswm dros ohirio'r achos cyhyd oedd am fod ei gleient 'wedi bod ar daith broffesiynol fel cerddor yn Llydaw'. Gollyngwyd yr achos.

Doedd dim cyfeiriad at achos Gwenllïan yn y papur nos, ond dengys cofnodion y llys i'r drosedd honedig ddigwydd yn West Bute Street ac mai *lock knife* oedd yr arf peryglus yn ei meddiant. O dan y Ddeddf Atal Troseddau doedd dim hawl cario arf o'r fath y gellid ei ddefnyddio i anafu. Dyfarnodd yr ynad, Hywel ap Robert, fod Gwenllïan Daniel yn euog o'r drosedd a'i dedfrydu i dalu £5 o ddirwy o fewn mis a'i rhyddhau'n amodol am ddeuddeg mis.

Doedd ymddangos o flaen Ynadon Dinas Caerdydd ddim yn brofiad dieithr i Meic am iddo gael dirwy o £25 a gorchymyn i dalu £13 o gostau yn gynharach yn y flwyddyn ym mis Mawrth wedi iddo gyfaddef bod ganddo arf peryglus yn ei feddiant – cyllell boced bum modfedd – bod ganddo 242 miligram o ganabis yn ei feddiant a'i fod wedi torri ffenestr. Gollyngwyd cyhuddiad yn ei erbyn o geisio torri i mewn i glwb nos gyda'r bwriad o ddwyn wedi iddo bledio'n ddieuog a'r erlyniad yn penderfynu peidio â chyflwyno tystiolaeth yn ei erbyn ar y mater.

Digwyddodd yr amgylchiadau bisâr yn oriau mân y bore y tu fas i glwb Les Connoisseurs ar nos Fawrth 5 Chwefror. Roedd dau o ohebwyr y *Western Mail* yn byw mewn fflat uwchben y clwb. Clywodd Michael Slater a John Flatt sŵn gwydr yn torri, a chan gredu fod rhywun yn ceisio torri i mewn i'r clwb, ac fel dinasyddion da a chydwybodol, fe gysyllton nhw â'r heddlu. Pan gyrhaeddodd yr heddlu fe ddaeth y Cwnstabl Andrew Macklan o hyd i Meic yng nghanol cratiau wedi'u dymchwel yn yr iard gefn. Aethpwyd ag ef o dan brotest i swyddfa'r heddlu, ei archwilio a chael hyd i ganabis resin yn ei boced a'r gyllell wedi'i chlymu y tu fewn i'w esgid dde.

John Curran oedd yn amddiffyn Meic, a dywedodd ei bod yn ddigon hawdd esbonio'r amgylchiadau. Roedd ei gleient 31 oed wedi bod am bryd o fwyd yng nghwmni Charles Bethel, perchennog Les Connoisseurs, yn gynharach yn y noson ond y ddau wedi colli ei gilydd yn ddiweddarach. Roedd y ddau yn ffrindiau clòs ers pymtheng mlynedd, meddid. Wrth ddychwelyd yn hwyrach gwelodd Meic olau yn y clwb, a chan gredu fod rhywrai'n dal yno ceisiodd gael mynediad, ond cyfaddefodd iddo fod yn ffôl i dorri ffenestr. Esboniwyd nad oedd yn ddyn treisgar ond ei fod yn cario cyllell er mwyn ei ddiogelwch ei hun, am ei fod wedi colli swm sylweddol o arian pan ymosodwyd arno beth amser ynghynt. Fe'i gorchmynnwyd i dalu £5 o iawndal i Charles Bethel am achosi difrod.

Erbyn yr haf roedd yna orwelion newydd yn ymwhêdd, wrth gwrs. Llydaw amdani a hynny yng nghwmni merch a oedd i bob golwg yn deall ac yn gwerthfawrogi ei anian. Hanai Gwenllïan o gefndir hollol wahanol i'w chariad am ei bod yn aelod o deulu dosbarth canol uwch a roddai bwys ar 'y pethe' a'r gorau a berthynai i'r diwylliant Cymreig. Trodd ei mam at yr Eglwys Babyddol o dan ddylanwad Saunders Lewis, un o benseiri cenedlaetholdeb modern a fu'n Llywydd Plaid Cymru am 13 mlynedd.

Yn wir, J. E. Daniel a olynodd Saunders yn Llywydd y Blaid am bedair blynedd wedi 1939 ar ôl iddo fod yn Is-lywydd er 1930. Bu farw mewn damwain ffordd yn 1962. Yn ddiddorol, fel Saunders cafodd ei fagu yn y traddodiad Anghydffurfiol, ac yn fwy na hynny roedd ymhlith diwinyddion disgleiriaf ei genhedlaeth yng Ngholeg Bala-Bangor, coleg diwinyddol enwad yr Annibynwyr. Gadawodd y coleg yn 1946 am ei bod yn amlwg na châi ei benodi'n Brifathro wedi tröedigaeth ei wraig, Catherine, at y ffydd Babyddol.

Yn wir, roedd hyd yn oed yr enw Gwenllïan ei hun yn cyniwair y cof o un o drasedïau pennaf hanes Cymru. Gwenllïan oedd unig ferch ac unig blentyn Llywelyn ap Gruffudd, tywysog brodorol olaf Cymru. Wedi iddo gael ei ladd gan luoedd Edward 1, yng Nghilmeri yn 1282, cymerwyd ei ferch i leiandy yn Lloegr lle treuliodd gweddill ei bywyd. Ni chaniatawyd iddi adael Sempringham yn Swydd Lincoln erioed. Gofalwyd na fyddai'n rhoi genedigaeth i blentyn rhag i'r llinach dywysogaidd barhau.

Ar ryw olwg doedd gan Gwenllïan Daniel ddim angor teuluol cadarn pan fentrodd i Lydaw i fyw ar y gwynt yng nghwmni dyn dipyn yn hŷn nad oedd gan ei theulu, ei brodyr Sion a Huw, ei gefaill Iestyn, a'i chwaer Anna fawr o olwg arno beth bynnag. Chwalodd ei briodas. Aethai'r ddeiet meicrobiotig i'r gwellt ers meitin. Am amryw o resymau doedd y galwadau yn cynnig gwaith ddim yn llifo i'w gyfeiriad mwyach. I bob pwrpas roedd yn *persona non gratis* yn y BBC. Credai y dylai fod wedi cael cyfle i gynhyrchu recordiau i Gwmni Sain ar sail ei brofiad a'i arbenigedd yn y maes ar ôl gweithio yn rhai o stiwdios mwyaf modern Llundain. Dadleuai ei fod wedi cynorthwyo i osod y cwmni ar ei draed trwy gynhyrchu rhai o'r recordiau cynharaf. Ond roedd Hefin Elis wedi'i benodi'n gynhyrchydd llawn-amser erbyn hynny.

Bwriadai Meredydd Evans roi'r gorau i'w swydd fel Pennaeth Adran Adloniant Ysgafn BBC Cymru a chredai Meic y gallai lenwi ei sgidiau, neu o leiaf fod yn gyfrifol am gyfran o arlwy'r adran. Ond sylweddolai eraill nad doeth oedd ymddiried cyfrifoldeb i Meic, yn arbennig pan oedd symiau sylweddol o arian yn y fantol. Pa ansoddeiriau a ddefnyddiodd Michael Povey i ddisgrifio'i gymeriad, dywedwch – 'anodd, anystywallt, annibynadwy'?

Ond doedd hynny ddim i amau ei athrylith a'i dalent fawr. Credai ei fod eisoes wedi profi ei hyblygrwydd trwy gyfansoddi caneuon am bynciau'r dydd ar fyr rybudd i raglen deledu yn ogystal â chyfansoddi cerddoriaeth ar gyfer cynhyrchiad theatrig. Po fwyaf yr her, parotaf fyddai i fynd ati i gyflawni. Byddai Lyn Ebenezer, hyd yn oed yr adeg honno, wedi dadlau y dylid bod wedi cyflogi Meic yn enw'r genedl.

"Dyna fydde unrhyw genedl wâr yn ei wneud. Dwi wastad wedi dweud y dylid bod wedi cynnal Meic, a'r dramodydd Wil Sam, am eu bod yn drysore cenedlaethol. Roedd gan y ddau'r fath wreiddioldeb unigryw," meddai. Oedd, roedd gan Meic Stevens ddawn aruthrol, ond fel llawer i athrylith deuai anhrefn yn haws na threfn iddo yn ei fywyd personol a chymdeithasol.

A phrin y byddai hi'n stori dylwyth teg yn Llydaw chwaith, er y bwriad i gyfrannu at ddadeni'r canu Celtaidd. Serch hynny, byddai'r berthynas rhyngddo a Gwenllïan, er yn danllyd ar adegau, yn arwain at gyfansoddi rhai o'i ganeuon serch mwyaf dirdynnol a'r mwyaf ingol yn y traddodiad cerddorol Cymraeg yn ei grynswth. Oedd, roedd pennod newydd ar fin cychwyn, ond ni fyddai'r rhialtwch yn pylu. Byddai Gwenllïan yn cefnu ar ei gweithgarwch gwleidyddol ac ar weithredu torcyfraith yn enw Cymdeithas yr Iaith Gymraeg.

Doedd uniaethu â'r brwydrau dros yr iaith ddim yn apelio at Meic er bod y mwyafrif o'r ieuenctid a'i hedmygai, a'i gyd-berfformwyr yn sioeau'r Eisteddfod, yn weithredwyr brwd yn rhengoedd Cymdeithas yr Iaith. Arall oedd y chwyldro y ceisiai ef ei greu. Perfformiai Meic yn Gymraeg neu yn Saesneg yn ôl y galw, a doedd e ddim yn ymddiheuro am hynny. Doedd hynny ddim i ddweud ei fod yn llugoer nac yn ddi-hid tuag at y Gymraeg. Aeth yn dân golau rhyngddo a'r arch-ddarlledwr Vincent Kane yng nghlwb y BBC rhywdro, pan fynnai hwnnw y byddai'n gwrthwynebu, hyd at waed, unrhyw fwriad i orfodi addysg Gymraeg ar ei blant.

Roedd Meic eisoes wedi ceisio cyfleu ei rwystredigaeth mewn cyfweliad dadlennol gyda William H. Owen yn *Y Cymro* ym mis Ionawr 1973. Gofynnwyd iddo sut oedd yn teimlo pan âi ar lwyfan a chlywed y gynulleidfa'n sibrwd ac yn twt-twtian o'i weld yn sefyll o'u blaenau mewn jîns cwiltiog, hat ar ei ben a'i wallt yn hir a hwythau newydd glywed un o'r 'Hogiau' yn perfformio.

"Mi fydda i'n teimlo fel mynd gartref a gofyn pam ddois i yma yn y lle cyntaf. Roeddwn i'n canu 'Galarnad Jeremeia' yn Ystalyfera yn ddiweddar ond doedden nhw ddim yn gwybod am beth oedd y gân yn sôn. Y cyfan roedden nhw'n ei gofio oedd 'Y Brawd Houdini' a Bara Menyn," oedd ei ymateb.

Gwnaed y cyfweliad yn ei gartref yn Heol Evansfield yng Nghaerdydd. Roedd yn grac am nad oedd Teledu Harlech yn rhoi gwaith iddo i gyfansoddi caneuon i blant. Ac am y BBC ei ddyfarniad oedd; "Dydyn nhw ddim yn deall y byd pop modern ac mae gen i fwy o *know how* am gerddoriaeth fodern na nhw".

Ar y pryd roedd *Gwymon* yn rhif wyth Siart Deg Uchaf *Y Cymro* a ddynodai werthiant recordiau Cymraeg. Ar y brig roedd recordiau gan Hogia'r Wyddfa a Hogie Llandegái ynghyd â record 'Pan Ddaw'r Dydd' gan Heather Jones. Pwysleisiodd Meic fod ei ganeuon yn bwysig iddo.

"Fe ddywedir pethau pwysig ar *Gwymon*. Os bydden nhw'n tynnu'r geiriau allan a'u cyhoeddi nhw yn *Y Faner* fe fydden nhw'n dweud 'ffantastig'. Mae caneuon yn bwysig i mi a fedra i ddim ond sgrifennu am bethau sydd wedi digwydd. Rydw i'n sgrifennu mewn darluniau ac mae hynny'n digwydd mae'n debyg wrth fy mod wedi astudio celfyddyd yng Nghaerdydd ar ôl i mi adael yr ysgol," meddai.

Arhosodd *Gwymon* yn rhif wyth am wythnos neu ddwy wedi cyhoeddi'r cyfweliad cyn diflannu o'r siart yn gyfan gwbl. Ddeufis wedi'r erthygl yn *Y Cymro* ymddangosodd erthygl yn y *Western Mail* lle'r oedd y cerddor unwaith eto yn cwyno am ei fyd. Mynnai nad oedd ganddo arian, ac mai mater o fyw o'r llaw i'r genau oedd hi a phrin ennill digon i ddilladu ac ysgolia ei ddwy groten.

Yn wir, tra oedd John Owen-Davies yn ei holi fe ddaeth beili i'r drws yn hawlio £20 am deganau oedd wedi'u prynu. Esboniodd Meic fod yna dân wedi bod yn y tŷ, dangosodd y dystiolaeth a diflannodd y beili. Roedd y cyfweliad yn ddadlennol o ran y modd y gwelai Meic ei hun fel artist.

Cwynai fod gwaith yn brin, ac yn ôl y gohebydd roedd Meic yn rhy onest i ddweud ei fod yn 'gorffwys', fel y gwnâi artistiaid eraill pan na ddeuai'r galwadau ffôn. Yn ôl yr arfer doedd e ddim yn swil i ddweud ei ddweud nac o gyhoeddi ei hun fel y gorau o blith artistiaid y cyfnod.

"A semi-literate Welshman such as myself is the foremost Welsh, as well as English, songwriter in the country today. What does that say about those who work only in Welsh? I know a lot of people say about me, 'Who is this man and where does he come from? He was not a member of the Urdd so who is he to be doing what he is doing? These are the stupid kind of questions they keep asking themselves. They pose too many petty problems for themselves.

"I have nothing to lose. I can say what I believe about my people. There are a lot of guys, both English and Welsh, who have made a lot of bread pushing the Welsh bandwagon, but I am not one of them and I am proud to say so. I do not go round soliciting for work like some of my fellow singers. I do not hang about television studios. If people want me they will contact me. I have never made a lot of money, and I am not in this business to make money," meddai'n ddiflewyn ar dafod.

Tebyg na wyddai'r gohebydd am y £60,000 hwnnw o flaendal a roddodd Warner Brothers yn ei fanc yn gyfnewid am beidio â thalu breindal ar ei gynnyrch a hynny cyn dechrau recordio *Outlander*. Aeth Meic yn ei flaen i sôn am ei fagwraeth yn Solfach a'r rheidrwydd fu arno i fynychu'r capel ddwywaith y Sul a theirgwaith oni bai iddo wrthryfela. Cyfaddefa fod llawer o'r trigolion yn ei ystyried yn 'grwt gwyllt' ac yn gadael llonydd iddo felly i fod ar ei ben ei hun, i fod yn greadigol gyda'i ddwylo ac i arlunio. Mynna'r gohebydd fod Meic ar ryw olwg yn hynod o wylaidd wrth iddo esbonio'i swyddogaeth mewn bywyd.

"What I am doing is going through life and having experiences and putting them down. I am glad I can play music so well, it is a vehicle. When you sing the message gets through easily. I have not taken drugs since I was 19, although I smoke occasionally now, but I never buy dope. I keep telling people this and they don't believe me. The Welsh think 'there is got to be something about him', they have got to explain me away or rationalise me.

"I feel privileged for people to say 'we consider you something' but I cannot consider myself a folk-singer. I can't say what I consider myself. At least they are considering me. Most people don't get any considerations at all these days. They sign forms and go to collect the dole. I have never drawn the dole and never will. I will not co-operate with the system. I respect the system and what it is trying to do for my people, but can't they let me be on my own and be myself? I hardly ever go to the doctor and have never been in hospital. I feel that I am really out of my time. I feel as though I should have been living 100 years ago."

Pan gyhoeddodd *Y Cymro* ddiwedd mis Mehefin 1974 fod Meic oherwydd yr holl ansicrwydd a phrinder gwaith yng Nghymru yn codi ei bac ac yn symud i Lydaw, cafwyd y datganiad canlynol.

"Cred y canwr a'r cyfansoddwr fod gormod o artistiaid yng Nghymru yn orawyddus i sefydlu statws iddynt eu hunain naill ai trwy deledu neu drwy wleidyddiaeth, yn hytrach na datblygu safon cerddoriaeth ysgafn. Bu'n feirniadol iawn ar agweddau o drefniadau adloniannol y BBC a HTV Cymru; dau gorff a fu'n hael eu nawdd iddo am gyfnod hir, a phan gafodd gynnig gan gynrychiolydd o Ffrainc i ymgartrefu'n Llydaw ni phetrusodd i dderbyn."

Yn rhyfedd iawn, yr wythnos ganlynol, roedd Caroline Griffiths o Bengwndwn, Blaenau Ffestiniog wedi anfon llun a beintiwyd ganddi o lawes un o recordiau Meic i'w gyhoeddi yng Nghlwb *Y Cymro*. Cafodd y llun le amlwg gan Dewyrth Tom, wrth gwrs. O leiaf roedd rhywun yn ei gweld yn chwith fod Meic Stevens yn ein gadael.

Gwlad y Sioni Winwns amdani.

Mae'n rhaid bod gwynt yr heli ar y cwch yn ei gynnig ei hun fel llen rhwng dau fyd. Roedd Meic Stevens yn cefnu ar orffennol a droes yn syrffedus ac yn wynebu dyfodol a addawai fod yn gyffrous, a hynny yng nghwmni croten ifanc a oedd yn barod i rannu gobeithion. Agorai pennod newydd yn hanes y trwbadŵr wrth iddo fynd ar drywydd y dadeni Celtaidd fel roedd wedi'i ymgorffori ym mhersonoliaeth ac yng ngherddoriaeth Alan Stivell.

Erbyn haf 1973 roedd Alan Stivell Cochevelou wedi gwerthu dros 300,000 o recordiau yn Ffrainc. Roedd ennill cystadleuaeth Cân Geltaidd yn yr Ŵyl Ban-Geltaidd gyntaf ddwy flynedd ynghynt wedi bod yn hwb i'w yrfa. Ymhlith yr alawon ar ei record *Renaissance of the Celtic Harp* y flwyddyn honno roedd nifer o eiddo ap Huw wedi'u codi o Lawysgrif Penllyn.

Cyn ymroi i berfformio'n llawn-amser roedd y telynor wedi astudio Saesneg ac Astudiaethau Celtaidd ym Mhrifysgol Rennes. Esboniodd ei genhadaeth o hybu cerddoriaeth Geltaidd rhagor na cherddoriaeth Lydewig yn unig mewn rhifyn o'r *Cymro* ym mis Mehefin y flwyddyn honno.

"Mae rhai pobol wedi eu carcharu gan gerddoriaeth ysgrifenedig. Ond mae cerddoriaeth Geltaidd yn anodd ei sgrifennu – rhaid mynd i mewn iddi yn ddyfnach na hynny, neu mae pethau pwysig fel y rhythm a'r ffordd mae'n cael ei chanu yn mynd ar goll. Roedd pobl Llydaw yn dal i lynu wrth yr hen ganu Lladinaidd – *cha-cha* ac ati – ac yn casáu popeth Llydewig. Penderfynais fod yn rhaid mynd ati i gychwyn chwyldro gofalus yng ngherddoriaeth Llydaw, trwy ganu sŵn cyfoes allan o'r canu gwerin traddodiadol.

"Roedd pobl y radio yn Ffrainc yn arfer chwerthin am ben canu Llydewig. Erbyn hyn maen nhw nid yn unig yn gorfod ei gymryd o ddifrif, ond yn gweld fod modd hyd yn oed ei fwynhau! Nid y radio sy'n dweud wrthyf beth i'w wneud. Fi sy'n cynhyrchu'r hyn a fynnaf a hwythau'n gorfod ei dderbyn am fod y gwrandawyr yn eu gorfodi. Yn Llydaw roedd y bobl wedi arfer teimlo'n israddol ac yn ddibwys, a bod rhaid iddyn nhw efelychu'r Ffrancwyr ym mhopeth. Dydyn nhw ddim yn teimlo lawn mor israddol erbyn hyn," meddai.

Y flwyddyn honno hefyd cafodd Stivell ei ddyfarnu'n 'Bersonoliaeth Gwerin y Flwyddyn' gan y cyhoeddiad cerddorol *Melody Maker* a'i record *Chemins de Terre* yn record werin y flwyddyn. Roedd yna broffil uchel i gerddoriaeth Geltaidd draddodiadol, felly, a'r caneuon 'Bwthyn Fy Nain' a 'Ffarwél Aberystwyth' yn rhan annatod o berfformiadau llwyfan Alan Stivell. Siawns nad oedd yna groeso i gerddor o Gymro i ganol y pair hwn, hyd yn oed os nad oedd yn chwarae'r offerynnau gwerin traddodiadol nac yn ei gyfyngu ei hun i ganu caneuon ac alawon traddodiadol.

Cynhaliwyd parti ar y cwch wrth i'r teithwyr grynhoi o amgylch Meic a'i gitâr. Ni chaewyd y bar ar y *Pen-ar-Bed* nes cyrraedd pen y siwrne yn Roscoff. Dadebrodd Meic a Gwenllïan mewn bar gerllaw gyda chymorth coffi du a sawl joch o cognac cyn symud i gaffi i fwynhau pryd o *crêpes complets*, sef brecwast cyflawn gyda chyflenwad helaeth o seidir ffarm. Croeso i Lydaw. Roedd y byd i gyd yn wyn y bore hwnnw. Doedd wybod beth oedd yn eu disgwyl.

Ar sail ymweliadau blaenorol Gwenllïan â Llydaw yng nghwmni ei gefaill, Iestyn, ar un achlysur ac yng nghwmni Catrin, chwaer Sian Edwards, dro arall ynghyd â'i hadnabyddiaeth o Annaïg Gwernig pan ddatblygwyd cyfeillgarwch mewn cynhadledd o'r Gyngres Geltaidd yn Iwerddon rywbryd, roedd yna fras gynllun wedi deor. Anelu am Rennes oedd y nod. Cyrhaeddwyd y ddinas hynafol ar gyrion dwyreiniol Llydaw wedi teirawr o daith trên o Morlaix. Y bwriad oedd cysylltu ag Annaïg a weithiai mewn siop recordiau fawr ac yna trefnu cyfweliad gyda gŵr dylanwadol yn y byd adloniant, Hervé de Bélizal, yn y gobaith y medrai roi trefn ar yrfa Meic.

Ni lwyddwyd i ymwrthod â'r demtasiwn o alw heibio

rhibidirês o fariau ar hyd y *boulevard* tra disgwylid i Annaïg ddod i'w cyfarch. Pan ddaeth fe dywysodd y ddau i swyddfa ddestlus yn Rue Saint Michel gan fynnu eu bod yn yfed llond piser o goffi du heb yr un diferyn pellach o cognac. Gosododd Meic ei garthen wlân liwgar, wedi'i gwehyddu yn ffatri Tregwynt, Sir Benfro, ar lawr a syrthio i gysgu arni.

Pan geisiwyd ei ysgwyd ar ddihun clywodd lais yn ei gyflwyno i Hervé de Bélizal, a gwelodd ddyn trwsiadus gyda barf bwch gafr yn sefyll uwch ei ben. Clywodd hwnnw'n datgan geiriau i'r perwyl, 'shwt y'ch chi'n disgwyl i fi reoli hwnna'. Aflwyddiannus fu ymdrech Meic i godi ar ei draed. Syrthiodd yn bendramwnwgl anniben ar y garthen drachefn a dyna lle bu. Doedd yr yrfa gerddorol ddim wedi cyrraedd yr un ffon ddringo.

Ond fe adferwyd ychydig ar y sefyllfa dros ginio drannoeth pan oedd y gwin a'r seidir *bouché* yn llifo a'r sgwrs yn tasgu uwchben y *crêpes* diddiwedd dros gyfnod o ddwy awr a ddaeth i ben gyda dracht o Calvados. Roedd yr *entrepreneur* yn gyfarwydd â'r record *Gwymon*, ac yn awyddus i gyhoeddi rhai o'r caneuon oddi arni ar ffurf recordiau byr ar label Musidisc o Baris a fyddai'n cyflenwi jiwcbocsys y wlad. Ar yr un pryd roedd Annaïg wrthi'n defnyddio'i chysylltiadau i sicrhau cyfleoedd i Meic berfformio mewn gwyliau ar draws y wlad. Cofia am y cyfnod yn dda.

"Roeddwn i'n ffrindiau da gyda Gwenllïan cyn hynny, wrth gwrs. Ac ydw, dwi'n cofio am Meic yn gorwedd ar lawr fel sach o datws yn swyddfa de Bélizal. Wrth i mi ddod i'w adnabod doeddwn i ddim yn ei chael yn hawdd dygymod â'r modd roedd yn yfed nes mynd dros ben llestri," meddai Annaïg.

Edrychai pethau ar i fyny wedi'r cyfan. Doedd dim lle i ddanto. Dim ond mwynhau'r haul, y cwmni a'r seidir *bouché* a byddai pob dim yn disgyn i'w le. Ond roedd yna un anhawster. Roedd tâp y record *Gwymon* yn Abertawe yn swyddfa Recordiau'r Dryw yng ngofal Dennis Rees. Penderfynwyd mai tasg Gwenllïan fyddai cyrchu'r tâp. Yn y cyfamser roedd llety wedi'i drefnu mewn llofft yn y Rue Saint Michel a oedd yn dipyn o ryfeddod, yn eiddo i Gwendal Denez a fu'n *assistant* yn dysgu Ffrangeg yn Ysgol Gyfun Rhydfelen ger Pontypridd am gyfnod. Caiff Meic ddisgrifio'r cartref oddi cartref yn ail gyfrol ei hunangofiant, *Y Crwydryn a Mi*.

> Roedd y canllaw derw wedi'i dreulio'n llyfn fel sidan gan ganrifoedd o ddwylo gweision stabl. O drawstiau derw hynafol a dellt a phlaster y gwnaed yr adeilad ei hun. Ar ben y grisiau yn edrych dros y cwrt roedd towlad ddwy stafell, stordy porthiant gynt lle byddai'r gweision stabl yn cysgu. Bellach, heb wair, na gwellt, na cheirch, roedd yma naws lom, fynachaidd. Digon o le i ddau fyfyriwr, eu llyfrau, ychydig o ddillad a fawr ddim arall at hynny – dim ond dwy gadair, dau wely bach, hen ford dderw, silffoedd llyfrau a chegin fach, ffwrn calor gas a sinc. Roedd yna giwbicl cawod hefyd a lle chwech drewllyd nodweddiadol Ffrengig – pam maen nhw i gyd yn gwynto'r un peth? Y styllod derw noeth gwreiddiol oedd ar lawr, fel bwrdd hen long sych grimp, yn nychu ar y traeth ers ache, yn drist ac wedi mynd yn angof. Roedd dwy ffenest lydan yn edrych dros y cwrt – ro'n i'n teithio mewn amser eto, yn gallu clywed gwynt llofft stabal slawer dydd. "Cartref yw cartref, ta faint mor dlawd yw e," meddwn i. Ac yn wir, hon fyddai ein towlad haf nes i'r gair fynd ar led ein bod ni wedi cyrraedd – clerwr o Gymro a chanddo dwr o ganeuon roedd y Llydawyr erioed wedi eu clywed a merch hardd wrth f'ochr. Ro'n i'n barod i'w rocio hi eto, roedd yr amser wedi dod, allwn i'i deimlo ym mêr fy esgyrn.

Cofia Gwendal am y cyfnod yn dda ac am ei gyfarfyddiadau â Meic, ryw ddwy flynedd ynghynt, mewn clybiau nos megis y Quebec a'r Casablanca yn nociau Caerdydd. "Dwi'n cofio cael sgwrs hir ag ynte a Tessa, a hithe'n cwyno nad oedd Meic yn cael llawer o gyfle i weithio i'r cyfrynge yng Nghymru. Dyma fi'n awgrymu hwyrach y dylai fentro i Lydaw. Byddem yn cyfarfod yn rheolaiodd wedyn yng nghwmni fy nghyfaill, Erwan Kervella. Pan ddaeth i aros yn fy fflat yn ystod haf 1974 wedyn fe wnaeth enw iddo'i hun o fewn fawr o dro yn Llydaw a hynny fel canwr roc yn hytrach na chanwr gwerin. Roedd pobl yn ei hoffi am nad oedd yn ceisio ymddwyn fel seren roc. Roedd e'n uniaethu â'r bobl yn hawdd iawn," meddai.

Daeth Per Denez, tad Gwendal, a oedd yn fardd Llydewig adnabyddus ac yn aelod o Adran Geltaidd Prifysgol Rennes, heibio gyda llond bocs o ddanteithion i'r lletywyr tlawd cyn eu tywys am bryd o fwyd. Unwaith eto roedd teimlad o ddoe yn cyniwair ym meddwl Meic.

> Aeth â ni i *crêperie* hen fel pechod yn Rennes – fel cegin rhywun. Roedd yn arfer mynd yno gyda'i rieni pan oedd yn grwtyn bach, a'r un hen wraig wnaeth *crêpes* i ni, ar dân agored, a ninnau'n eu bwyta gyda llond powlenni o laeth enwyn, ac yn yfed y *cidre bouché* wrth gwrs. Roedd hwn hefyd yn brofiad hudolus heb ei ail, yn ffenest ar fyd hŷn, yn cyflym ddiflannu bryd hynny, (bellach wedi hen fynd), ffordd o fyw mwy diniwed, symlach ac iachach. Meddyliais am Blodwen, fy nain o Solfach. Dyna'i ffordd hithau. Dyddiau dedwydd.

Cofia Gwendal yr ymweliad â'r *crêperie* hynod hwnnw ond pwysleisia mai *galettes*, bwyd gwerinwyr cefn gwlad, a wnaed gan yr hen greadures ac nid *crêpes,* bwyd y cyfoethogion trefol. "Fyddech chi ddim yn mynd i nofio ar ôl bwyta'r llaeth enwyn a'r seidir ar ei ben. Roedd e fel bricsen yn eich stumog. Defnyddid gwenith yr hydd i wneud y naill a gwenith i wneud y llall," meddai.

Ofer fu'r tridiau a dreuliodd Gwenllïan yn cyrchu tâp *Gwymon* o Abertawe. Nid ei bod wedi dychwelyd yn waglaw chwaith. Ond rhoddwyd y tâp anghywir iddi.

"Doeddwn i ddim yn dallt y pethau yma, nag oeddwn i. Y cyfan wnes i oedd derbyn yr hyn roedd Dennis Rees yn Recordiau'r Dryw yn Abertawe yn ei roi i mi ac i ffwrdd â mi 'nôl i Plymouth i ddal y cwch i Ffrainc. Dwi'n cofio cyrraedd yr ochr draw a cheisio codi tocyn i fynd i Rennes a finna bum ffranc yn brin. Dyma ddyn caredig y tu ôl i mi yn rhoi pum ffranc i mi chwara teg iddo fo. Mae'n siŵr ei fod yn poeni y byddai'n colli'r siwrna ei hun po fwyaf oeddwn i'n oedi.

"Dwi'n cofio cyrraedd Saint Michel wedyn lle'r oedd Meic wrthi'n perfformio. Wnaeth o ddim cymryd sylw ohono i. Roeddwn i'n flin dros ben. Wrth gwrs, ar ôl rhoi'r tâp iddo ynte a Hervé de Bélizal dyma'n nhw gofyn lle'r oedd tâp hanner arall y record. Doedd hwnnw ddim gen i. Diolch byth, wnaethon nhw ddim gofyn i fi fynd ar siwrna arall neu mae'n siŵr y buaswn i wedi ffrwydro," meddai Gwenllïan.

Doedd pethau ddim yn mynd yn rhy dda o ran trefniadaeth hybu gyrfa Meic yn Llydaw. Ond trwy ychydig o ddyfeisgarwch technegol llwyddwyd i godi'r caneuon oddi ar gopi glân o'r record a chyhoeddi record sengl ar gyfer y jiwcbocsys. Roedd 'Brenin y Nos' i'w chlywed yng nghaffis Llydaw. Er ni chafwyd dilyniant i'r sengl honno. "Dwi'n siŵr petai Meic wedi disgyblu ei hun ychydig yn fwy, bydde Hervé de Bélizal wedi gwneud tipyn i hybu ei yrfa yn Llydaw. Falle y byddai wedi trefnu iddo recordio deunydd, pwy a ŵyr? Ond nid felly y bu," meddai Annaïg.

Anfonodd Meic gerdyn post at Peter Swales yn Efrog Newydd yn ei hysbysu ei fod wedi cefnu ar yr 'UK' am byth ond ei fod yn dal yn awyddus i wneud enw iddo'i hun yn America fel cerddor. Awgrymodd ei fod am recordio albwm yno gyda Kevin Westlake a Ronnie Lane yn cynorthwyo a Giorgio Gomelsky, a fu'n gysylltiedig â'r Yardbirds a'r Blossom Toes, yn cynhyrchu. Dywedodd hefyd fod ganddo 'shit french band' yn cyfeilio iddo, bod un o'i ganeuon Cymraeg ar y jiwcbocsys ymhobman, bod ganddo nofel bron ei chwpla a bod Tessa wedi mynd i fyw gyda gwerthwr hufen iâ yn Broad Haven.

Serch hynny, doedd dim prinder cyffro. Ceisiodd haid o Ffrancwyr meddw, wedi camgymryd Meic am Sais, godi twrw gydag ef yn Chez Minouche, bar Arabaidd, lle'r oedd yn ffefryn ymhlith y cwsmeriaid ar gownt ei ganu. Fu'r Arabiaid o yrwyr lorïau fawr o dro cyn hebrwng y Ffrancwyr oddi yno, a phan gyrhaeddodd yr heddlu roedden nhw'u hunain wedi diflannu. Doedden nhw ddim am glywed eu hoff gân, 'Maggie May', y noson honno.

Cafwyd cyfle i berfformio a difyrru yn rhai o'r gwyliau hefyd yn ogystal ag mewn ambell dafarn, mewn dinasoedd megis Kemper, a hynny pan oedd hi'n Steddfod yng Nghymru, heb unrhyw hiraeth am Gymru fach.

Roeddwn i wrth fy modd ac yn falch ein bod ni yma. Yma, ymhell o ffug-wleidyddiaeth y sîn cerdd yng Nghymru! Bob nos, byddwn yn eistedd ym mhen draw'r bar, fy ngitâr acwstig i nghanlyn, ac yn rhaffu caneuon Cymraeg, y rhan fwyaf ohonyn nhw o'm gwaith fy hun. Chwaraeais i rywfaint o ganu'r felan, cefn gwlad a chowboi Americanaidd oedd yn cael croeso mawr. Roedd y bar bob amser dan ei sang. Ro'n nhw'n gynulleidfa astud, gampus. Roedd gen i harnais harmonica a dwy delyn yr arferwn ni'u canu. Doedd yna ddim meicroffon!

Doedd dim tâl wrth y drws felly rhaid eu bod nhw'n codi mwy am y diodydd. Roedd ein bwyd a'n diod ni ar draul y tŷ. Byddwn i'n chwarae tair set tan hanner nos. Dwy Lydawes y tu ôl i'r bar yn gwerthu llwyth o ddiod, seidir gan mwyaf, gwin a gwahanol fathau o gwrw'r Cyfandir. Roedd y silffoedd uwchben y bar yn llawn dop o wirodydd o bob lliw a llun. Roedd Tŷ Michou yn enwog ar hyd a lled Llydaw, yn un o gadwyn o farrau cerdd y byddwn i'n chwarae'r rhan fwyaf ohonyn nhw maes o law. Doedd dim byd tebyg i hyn yn ôl yng Nghymru.

Ar y penwythnos cyrhaeddodd llond gwlad o gerddorion wedi bod yn perfformio yng Ngŵyl Lorient, y mwyaf o'r gwyliau Celtaidd, ac fe drodd yn un steddfod o sesiwn byrfyfyr hir. Tebyg bod cymryd rhan mewn achlysur o'r fath nid yn unig yn gofiadwy ond cystal bob tamed ag unrhyw enwogrwydd neu lwyddiant masnachol i'r cerddor o'r iawn ryw. Roedd yna ragor o groeso Llydewig i ddod wrth i Meic a Gwenllïan dderbyn gwahoddiad i gartref y bardd Llydewig, Youenn Gwernig, y gellid yn hawdd ei gamgymryd am yr actor cowboi, John Wayne. Reiat o barti arall.

Hawdd credu bod Meic a Youenn yn eneidiau cytûn gan fod y Llydäwr wedi treulio deuddeng mlynedd o'i fywyd yn Efrog Newydd ac yn nhafarndai Greenwich Village yng nghwmni Jack Kerouac, Pete Seeger, y Brodyr Clancy, Joan Baez a Bob Dylan a'r criw tan iddo ddychwelyd i'w famwlad yn 1969. Digon yw dweud fod y Llydawyr yn gwybod sut i loddesta a sut i estyn croeso.

"Roedd hi wastad yn barti yn y cartref a dwi'n gwybod fod Meic a fy nhad yn dod ymlaen yn dda. Roedd fy nhad yn ei werthfawrogi am eu bod o'r un anian ac yn rhannu'r un diddordebau creadigol. Roedden nhw'n cael llawer o hwyl yng nghwmni ei gilydd," yw atgof Annaïg, y ferch, sydd hefyd wedi sefydlu ei hun fel llenor Llydewig.

Canfu Meic fod yna lawer a oedd yn gyffredin rhwng y Llydawyr a'r Cymry ond roedd yna bethau nad oedd yn gyffredin rhwng y cefndryd Celtaidd hefyd. Fe'i hatgoffwyd o ffordd syml o fyw cenhedlaeth ei fam-gu yn Solfach gan yr hyn a welai yng nghefn gwlad Llydaw, y bwydydd plaen wedi'u codi o'r tir ac o'r môr, gwisgoedd y gwragedd yn sgertiau llaes duon a ffedogau a'r hetiau bach yna wedi'u crosio ar eu pennau. Pwy ohonom na fu'n tynnu eu lluniau wrth ochr y ffordd pan oeddem ar ein gwyliau yn Llydaw yn ystod y cyfnod hwnnw?

Ond roedd Llydaw wedi glynu at ei Phabyddiaeth hefyd tra oedd y drefn honno wedi'i disodli gan Anghydffurfiaeth ymhlith y Cymry. Cynhelid gwyliau cyson yn gysylltiedig â'r eglwys. Ymddengys nad oedd dirwest yn rhan o eirfa'r Llydawyr. Wedi'r cyfan, roedd seidir yn gynnyrch afalau'r perllannau, a'r un modd y *chouchenn* (medd) a'r *lambig* (seidir wedi'i ddistyllu).

Galwad i ddawnsio i gyfeiliant y *Kan ha diskan* yw'r Fest Noz. Perthyn naws gyntefig i'r ddawns dorfol i gyfeiliant y pibau *biniou* a'r *bombard* traddodiadol. Nid erys hyd yn oed atgof o achlysuron o'r fath yng Nghymru wedi i Biwritaniaeth a Methodistiaeth gollfarnu'r fath afiaith. Ni ellir ond eu brith ddychmygu yn nisgrifiad Meic o'r Fest Noz a welodd ger Douarnenez, lle'r oedd llwyfan wedi'i godi yn erbyn wal hen eglwys Geltaidd.

> Cyflymodd rhythm y pibau a mynd yn fwy croch, a chyn bo hir roedd yna gryn bedwar neu bum cant o bobol yn dawnsio mewn rhes donnog hir, law yn llaw, yn gadwyn hir o ddawnswyr yn troi ac yn troelli, yn gweu ac yn gwargrymu i gyfeiliant y gerddoriaeth. Welswn i erioed mo'i debyg. Pan oedd y dawnswyr wedi blino neu am gael hoe fach am joch neu fwgyn, deuai eraill i'w lle, yn rhywbeth llwythol diddiwedd ac arno liw arallfydol y cynfyd yn fôr o olau'r tanau'n neidio. Wedyn cododd y lleuad ac roedd yr arena, a'r môr y tu draw, yn arian lledrithiol a'r fflamau'n neidio'n

felyn, yn felyngoch ac yn goch, yn britho cysgodion y rhes oedd yn dawnsio dan lamu a sigo, yn gweu ac yn cordeddu ac yn ymsythu fel sarff anferthol yn y gwelltglas.

Ond peidiodd y gwyliau a'r galwadau i berfformio pan ddaeth yr hydref. Dychwelwyd i Gymru yn gyfoethog o brofiadau ond mor dlawd â llygoden eglwys. Yn ôl y stori apocryffaidd gadawodd Meic a Gwenllïan Gymru gyda phum punt yn eu pocedi a dychwelyd gyda phum *cent*. Soniwyd na chadwyd addewidion i dalu am berfformiadau oherwydd y syniad a fodolai ymhlith trefnwyr nad oedd y canu yn ddim mwy na hobi i Meic yn hytrach na bywoliaeth. Pan ddychwelwyd treuliwyd peth amser yn Solfach cyn i Gwenllïan benderfynu ymrestru ar gwrs hyfforddi i fod yn athrawes ym Mangor. Bu'r ddau'n byw am gyfnod yn y cyffiniau ac fe ymrestrodd Meic hyd yn oed i ddilyn cwrs Saesneg yn y brifysgol ym Mangor. Ni pharodd hynny'n hir.

Ond doedd y cysylltiad â Llydaw ddim wedi peidio. Cydiodd yr awch a hwyliwyd dros y don droeon yn ystod yr hafau dilynol. Sefydlodd Meic ei hun yn rhan o arlwy'r gwyliau a'r Fest Nozau. Roedd y gwleddoedd a'r *cider bouché* yn ymhwêdd. Roedd yna ddisgwyl iddo fod yno wrth i'r bri ar gerddoriaeth werin Geltaidd gynyddu. Ond doedd dim sicrwydd y byddai'n cadw ei gyhoeddiad bob tro, am ryw reswm neu gilydd. Cofia'r arch-sgwennwr am Lydaw, Gwyn Griffiths – nid oedd yr un haf pan na fyddai'n treulio'i wyliau draw yno yn y cyfnod hwnnw – yr achlysur penodol hwnnw pan welodd enw Meic mewn print mân ar boster o dan enw Youenn Gwernig mewn llythrennau breision. Ond dim ond enw Meic a welwyd ym Morgat y noson honno.

Am gyfnod bu Meic yn croesi'n gyson yng nghwmni'r Cadillacs, y cerddorion o'r Cymoedd a Chaerdydd a fu'n aelodau o fandiau megis Kimla Taz a Racing Cars yn eu tro. Er mor gyfarwydd oedden nhw â theithio ac o anwadalwch y byd roc a rôl, roedd Llydaw yng nghwmni Meic yn dipyn o fedydd tân, fel y cofia'r chwaraewr harmonica o'r Porth, Lyn Phillips.

"Dwi'n cofio cwmpo mas ar y ffordd draw yn y fan. Arian o'dd asgwrn y gynnen. A fydden ni'n ca'l ein talu a faint fydden ni'n ca'l ein talu o'dd yn poeni bois y band. Stevens fel arfer yn gweud fel hyn ac yn gweud fel arall, gweud bo ni'n mofyn gormod a bod pawb yn cymryd mantes ohono fe a bant â hi. Roedd yna dipyn o densiwn rhyngom cyn dechre gigio. Dwi'n siŵr fy mod i wedi mynd i aros gyda rhywun arall y noson gynta honno yn hytrach na chysgu yn yr un man â Meic.

"Bydde Gweltaz ar Fur gyda ni wedyn yn ceisio cadw peth trefen. Yn yr ail gìg wedyn fe ddechreuodd y cecran wrth i ni fwynhau'r wledd a'r gwin cyn perfformio. Toethan 'to am arian. Buodd rhaid i'r rhan fwya ohonon ni fynd ein ffordd ein hunen y noson honno 'to. Y noson wedyn fe ddechreuodd y dadle pan oedden ni ar y llwyfan.

"Fe wedodd Stevens wrth y bois fy mod i wedi'i fygwth â chyllell. Wel, os do. Fe wydden nhw nad o'dd hynny'n wir. Fe roies i begen iddo. 'Ma fe wedyn yn dod amdana i. Da'th rhyw ferch rhyngddon ni. Ond ro'dd y mwlsyn mor ddall nes i fod e'n rhoi pelten i'r ferch rhwng ei llyged! Ro'dd adolygiad o'r gìg yn y papur trannoeth yn cwpla gyda'r geirie 'and Welsh hostilities ceased at midnight'.

"Ond do'dd hynny ddim cweit yn wir. Dwi'n cofio ar y noson ddwetha pan o'dd pawb yn mwynhau pryd o fwyd wedi'i drefnu gan Gweltaz. Digonedd o fwyd y môr nawr a chasgenni seidir yn bob man. 'Ma Stevens yn mynd mas i'r gegin, yn taro'i ben yn erbyn cwpwrt a dod 'nôl miwn gyda cwt cas yn gwaedu uwchben ei lygad. Gwenllïan yn rhedeg miwn o rhywle wedyn a gweiddi arna i, 'Beth wyt ti wedi neud iddo fe nawr, Phillips?' O'n i'n byta wystrys wrth y bwrdd fan'ny'n meindio musnes yn hunan. Ieffach. Pam pigo arna i?

"A gweud y gwir bydde'n well os bysen ni wedi ffeindio'n ffordd ein hunen 'nôl i Gymru. Bydde'r fan wastad yn ca'l ei harchwilio yn y porthladd a'i thynnu'n ddarne. Achos ein bod ni'n fand roc a rôl o'n nhw'n meddwl ein bod ni'n cario cyffurie wrth gwrs. Bydde Stevens yn gwatwar y swyddogion yn dweud mai yn y ceir posh o'dd y cyffurie ac yn mynnu bod pob dim o'dd wedi'i ddatgymalu'n ca'l ei roi 'nôl yn iawn. Ffeindion nhw ddim byd byth. Cofiwch, falle bydde rhai ohonon ni'n cynne spliff fydden ni wedi'i gwato'n rhywle wrth yrru bant o'r porthladd," meddai Lyn.

Cofia Pete Hurley, y chwaraewr gitâr fas, mai un helynt hir fu'r daith honno. Ond gall chwerthin am ben y profiad erbyn hyn. Ni fu mwy o bererindod roc a rôl byth wedyn.

"Doedden ni ddim yn gallu ffeindio'r lle roedden ni i fod i aros rhywle ym mherfeddion cefn gwlad. Doedd yr un ohonon ni wedi bod yn Llydaw o'r blaen. A doedd Stevens ddim yn cofio'r ffordd. Sdim rhyfedd ein bod ni'n teimlo'n flin ar ôl rhyw bedair awr o yrru heb wybod lle'r oedden ni. Dyma Meic yn gweld tafarn ac yn credu iddo fod yno o'r blaen. Mewn â fe a dda'th e ddim mas am hydoedd. Dreifio 'to yn ddiddiwedd.

"Meic yn beio Gwenllïan nawr am nad o'dd hi'n gwbod y ffordd. Doedd hi ddim help nad oedd Meic yn gweld yn dda beth bynnag. Dyma ni'n ca'l cyfarwyddyd i droi i'r chwith yn y diwedd ac i mewn â ni i gae rhyw ffarm. Dyna lle'r oedden ni bois y band yn aros mewn rhyw adeilad llawn llwch a llawr pridd. Dyna lle'r oedden ni'n gweiddi ac yn ymladd ymhlith ein gilydd.

"Welson ni ddim llawer o Meic yn ystod y pythefnos. Yn sicr wnaeth e ddim gorffen pob gìg. Roedd rhaid i ni ei godi ar y llwyfan neu ei godi oddi ar ei stôl wedi iddo syrthio am y seithfed tro. Fe ddwedodd e ei fod wedi darganfod fod gan Gweltaz ar Fur seler win. Fe a'th e lawr i'r seler a welson ni ddim ohono am ddeuddydd. Roedd rhaid i ni wneud rhai gigs ar ein penne ein hunen. Bydde dyfalu mawr yn ein plith a fydde Meic yn troi lan gyda'r nos a shwt gyflwr fydde arno wedyn. Yn sicr, fuodd e ddim yn sobor gydol y daith. Chawson ni ddim o'n talu'r un ffranc a bu rhaid i ni dalu am ein siwrne ein hunen adre ar y fferi. Fe fuodd yna wahanu rhyngom wedyn," meddai Pete.

Cafodd rhywfaint o helyntion y daith ym mis Gorffennaf 1981 eu cofnodi gan Meic ei hun ar ffurf dyddiadur pythefnos yn y cylchgrawn *Sgrech*. Nodwyd bod y fan wedi torri i lawr, ond roedd yn fawr ei ganmoliaeth o berfformiadau'r 'Cads' a fu'n gwneud ambell sbot ar eu pen eu hunain. Gwnaed y perfformiad olaf gyda'r Cadillacs yn cyfeilio nos Lun 20 Gorffennaf, mewn clwb nos o'r enw Le Commodore yn Quimper; "Roedd y lle 'ma'n lle drud uffernol. Clwb nos go iawn yn llawn *swells* a phobl posh. Ta waeth, aeth popeth yn iawn ond doedd dim llawer yno oherwydd y prisiau," meddai Meic. Y noson ddilynol roedd Meic yn perfformio ar ei ben ei hun yn yr awyr agored yn y ddinas a'r gynulleidfa'n bwyta ac yfed ar fyrddau gerllaw.

Ond pan ymddangosodd y rhifyn dilynol o'r cylchgrawn ymddengys fod yna gamddealltwriaeth wedi digwydd, gormod o ddychymyg wedi'i ddefnyddio neu roedd cof rhywun yn ddiffygiol. Anfonodd Aled Francis Roberts lythyr o Neuadd John Morris Jones ym Mangor. Hyd yn oed os oedd yn 'swell' a 'posh' ym mis Gorffennaf roedd yn fyfyriwr digon tlawd mae'n siŵr ym mis Tachwedd. Roedd e yn Le Commodore ac wedi'i siomi.

"Yn anffodus, ar y nos Lun nid oedd safon ei berfformiad yn agos at yr un a gafwyd yn Ti Jozik ddeufis ynghynt. Yr oedd y geiriau yn annealladwy a golwg hanner cysgu ar Meic er bod gwaith cerddorol y Cadillacs yn safonol dros ben. Er siom (a methiant ariannol) y nos Lun daeth sawl un yn ôl y noson wedyn ynghyd â nifer o bobl o'r ardal. Cawsant eu siomi eto – dim golwg o Meic Stevens trwy'r noson – a neb yn gwybod yn union lle yr oedd (ni chafwyd eglurhad y diwrnod wedyn chwaith). Diolch byth bod y Cadillacs yno i chwarae gyda tipyn o help gan Patrice Marzin a Jakaz," meddai'r myfyriwr.

Ond yn fwy na hynny roedd Aled yn flin iawn ac o'r farn bod Meic yn gwneud drwg i enw Cymru. Roedd Meic hyd yn oed wedi'i wylltio'n gandryll ar achlysur blaenorol yng Nghymru.

"Blin iawn oedd y gynulleidfa a'r rheolwr fel canlyniad i ymddygiad Meic. Dywedodd y rheolwr mai dyma'r tro cyntaf ac yn wir y tro olaf iddo estyn gwahoddiad i grŵp o Gymru i chwarae yn y Commodore. Ac nid dyna'r tro cyntaf i hyn ddigwydd. Cefais yr un profiad ym Mhlas Coch yn 1979. Disgwyl trwy'r nos am y perfformiwr, a hyd yn oed wedyn dim gair i ymddiheuro neu i egluro paham na ddaethai i'w gyhoeddiad. Ai fel yma y bwriada Meic Stevens drin bob cynulleidfa o hyn ymlaen? Mae o'n codi digon ar y trefnwyr fel y mae hi, a diolch o galon iddo am weithio mor galed i ddadwneud yr enw da sydd i gerddoriaeth Gymraeg (yn grwpiau ac yn gorau) yn ne-orllewin Llydaw," meddai'n gopsi ar ei ddicter.

Er gwaetha'r helyntion, neu hwyrach oherwydd yr helyntion shwtrin shildrins, cred Gwenllïan fod yr ymweliadau â Llydaw wedi bod yn werth chweil.

"Doedd y teithie i Lydaw ddim yn llwyddiant yn ariannol ond mi syrthiodd y Llyds mewn cariad â Meic. Roedden nhw'n hoffi ei gymeriad anarchaidd a'i egni ac, wrth gwrs, ei fiwsig. Roedd ei ddilynwyr yn ffyddlon iddo am flynyddoedd a dyna'r rheswm pam gafodd o gymaint o waith yn Llydaw. Dim byd gwell gan y Llyds na gweld ffeit rhwng Meic a Lyn Phillips ar y llwyfan. Roedd rhyw *frisson* yn bresennol pan oedd Meic mewn cyngerdd. Dwi'n meddwl fod y cyfnodau yn Llydaw wedi gwneud lot dros hunanhyder Meic. Gwnaeth ffrindie gyda cherddorion gwych ac roedd y rheini'n ei barchu e," meddai.

A doedd ymweliadau â Llydaw ddim yn gyflawn i'r un Cymro ifanc yn ystod y cyfnod hwnnw heb daro heibio tafarn Tŷ Elize. Cymro o Ferthyr Tudful oedd landlord y gyrchfan hynod ym mherfeddion y wlad yng nghyffiniau Morlaix, ryw hanner can milltir i'r de o Roscoff. Cyfeiria Meic at Byn Walters fel 'y corryn', 'wedi'i wisgo mewn crys gwerinwr heb goler, wasgod, watsh a chadwyn a thrwser melfarêd'. Mae disgrifiadau Meic o'r lle yn Breughel-aidd yn ei fanylder, ond prin y byddai'r un mynychwr a gofia'r lle yn anghytuno â'i ddedfryd. Cofier nad yw Ffrainc erioed wedi rhoi llawer o bwys ar gydymffurfio â rheolau Ewropeaidd o ran glanweithdra a diogelwch na'r un dim arall.

> Mae'r dafarn mor frwnt a sgrwblyd; mae fflwcs ym mhobman, ffrwcsach di-werth, cadeirie wedi torri, meincie garw, posteri wedi colli'u lliw yn hysbysebu cyngherdde a *Fest-nozau* (twmpathe

dawns Llydaw) sydd wedi hen fynd yn angof. Cantorion a cherddorion gwerin, Che Guevara, Sitting Bull, Alan Stivell a Georges Brassens. Stwff y chwedege! Mae sgarffie tartan carpiog a macyne poced yn gorweddian ar hyd silffoedd y ffenest, jyrsis yn dylle pryfed i gyd, a phethe eraill nad oes neb moyn dod i'w nôl nhw. Mae'r dafarn fel lle yfed mae'r anifeilied wedi anghofio amdano fe. Dyma'n gwmws fan ar gyfer dawns tramps neu gynhadledd flynyddol ryngwladol crwydriaid – pecynne sigaréts wedi'u crychu, cachu llygod, baw stlymod, clêr wedi marw yn fframie llychlyd y ffenestri, crugyn o fwngrelod crachlyd yn chwyrnu dan y ford ac ysbrydion miliwn o boteli gweigion. Llwch, llwch, llwch, llwch anniwall. Llwch canrifoedd o botio, yn gymysg â gwynt chwys, baco a mwg coed sy'n gwneud yr awyrgylch yma. Mae gwagle, hudo a sglerosis yn hongian yma, prin yn anadlu. Yfwch nawr, talwch wedyn!

A phe na bai hyn yn ddigon i gyfleu naws y lle, meddyliwch petaech chi'n treulio'r nos yno.

Os oes rhaid i chi gysgu yno byth, fel dwi wedi'i wneud sawl tro, a chithe'n rhy feddw i yrru, dim pàs, dim cartre, neu mae'ch cartre chi'n rhy bell, bydd rhaid i chi fynd lan i'r stafell uwchben y bar, lan stâr gul, droellog trwy'r drws nesa at y cownter. Bydd rhaid i chi gysgu 'da heicwyr neu feicwyr o dramor, cerddorion uchel eu cloch o Iwerddon, meddwon o Gymry ar y cnap yn Llydaw, clerwyr crwydrol, artistiaid wedi mynd yn angof, alcis, pobol ar ddisberod, cŵn crwydr ac ambell i groten dinboeth. Byddwch chi'n cysgu mewn llofft hir isel, o dan hen drawstie derw, 'Clecwyr Pen', sy'n dal to llechi cam, a gallwch chi weld ambell lygedyn o leuad a llewych y sêr trwyddo fe. Ar y llawr pren llychlyd mae yna dair matres yn berwi â llau; pentwr o flancedi mochaidd a mwy eto o ddillad wedi'u taflu, lle cewch chi yn eu canol nhw ddillad tamaid bach mwy personol na sydd lawr llawr yn y bar! Mae 'na gelfi wedi torri yn domenni yn y corneli. Dyma ystafell wely beatnik. Fyddwch chi byth yn cofio mynd i'r gwely, fwy na thebyg, na chwaith yn gwybod lle byddwch chi pan ddihunwch chi! Ac fe gewch chi'ch dihuno'n go arw gan sŵn di-baid cloch yr eglwys ar bwys.

Os yw o gysur, ni fydd rhaid i chi ddygymod â'r amgylchiadau mwyach am i'r lle gael ei losgi'n ulw ym mis Chwefror 2010, ac am nad oedd gan y perchennog fath o yswiriant yn y byd, tasg araf fu gwireddu'r freuddwyd o ailgodi'r dafarn a'i hailagor. Roedd yn wanwyn 2013 cyn i'r dasg gael ei chwblhau, a braf dweud nad dychwelyd i'w chyflwr blaenorol fel y bu am ddeng mlynedd ar hugain yw hanes Tŷ Elize. Mae'n dafarn braf a chysurus bellach.

Tra byddai Meic yn perfformio'n gyson yn Llydaw ni ellir dweud iddo gyrraedd yr un uchelfannau ag Alan Stivell ei hun, a gafodd lwyddiant yn rhyngwladol ar draws Ewrop ac yn America. Roedd rhai o gwmnïau mawr y cyfnod, megis Phillips a Fontana, yn cyhoeddi ei recordiau ac roedd ganddo asiant a rheolwyr yn trefnu teithiau. Roedd ar dân dros roi sylw byd-eang i'r canu Celtaidd fel y soniodd ym mhapur *Y Cymro* ym mis Chwefror 1976.

"Rheswm arall dros lwyddo yn America yw seicoleg. Mae math o snobyddiaeth yn bodoli yn Ffrainc na cheir mohono yn unman arall, sy'n dweud bod rhaid llwyddo yn America cyn cael eich derbyn o ddifrif. Pan lwyddaf yno bydd rhagfarn yn erbyn Llydawyr, sy'n dal i fodoli yn Ffrainc, yn diflannu'n llwyr. Y delyn yw fy mhrif offeryn a defnyddio gitarau trydan ac ati i gyfoethogi rhythm y caneuon Celtaidd a wnaf. Mae mwy o apêl mewn triniaeth o'r fath i feddyliau'r mwyafrif o ieuenctid yn Llydaw. Rwy'n derbyn dylanwad America ond dwi'n gwrthod bod yn Americanwr," meddai.

Ac roedd Alan Stivell o'r farn bod y Cymry ar ei hôl hi.

"Dydy'r Cymry ddim mor barod i ddawnsio, a beth ddigwyddodd i'r traddodiad offerynnol? Rwy'n credu bod dylanwad y canu Tiwtonaidd o'r Almaen wedi gwneud y Cymry i ganu'n lleddf, gan roi'r caneuon gwerin traddodiadol naill ochr. Diwygiadau crefyddol oedd yn bennaf cyfrifol am hyn, ynte? Rwyf am i'r Llydawyr sylweddoli mai Llydawyr ydynt gan obeithio y byddant yn ymddwyn felly wedyn. Rwyf am iddynt sylweddoli gogoniant eu diwylliant, a'r un modd y Celtiaid eraill. Rwyf am iddynt ymateb i'm cerddoriaeth

Geltaidd, oherwydd eu cerddoriaeth hwy ydyw wedi'r cyfan," meddai.

Adleisiodd Meic nifer o sylwadau Alan Stivell yn *Y Cymro* ym mis Mai 1978 pan esboniodd fod yr un anian yn perthyn i'r Cymry a'r Llydawyr ond eu bod wedi cael eu harwain ar hyd llwybrau gwahanol.

"Collwyd llawer o'r 'hwyl' traddodiadol yng Nghymru pan orfodwyd ef i symud o'r ffair a'r dafarn i'r pulpud a'r sêt fawr. Difrifolwyd llawer o'r alawon gwerin a'u haddasu'n emynau. Ers hynny cafodd y Cymry hi'n hawdd i gyfansoddi geiriau ond yn anodd i gyfansoddi cerddoriaeth," oedd byrdwn ei ddadansoddiad.

Hwyrach bod Meic Stevens yn chwarae'r offeryn anghywir o ran mwynhau llwyddiant cyffelyb i Alan Stivell. Ond roedd ei anian i beidio ag ymddiried mewn asiant neu reolwr yn andwyol i'w obeithion am lwyddiant masnachol ar raddfa eang. Er, yn sicr, fe dynnodd Meic sylw at Gymru a'i gwneud yn haws i grwpiau gwerin megis Ac Eraill, Ar Log, Mynediad am Ddim a Plethyn yn yr un cyfnod gael troedle yng ngwyliau haf y Llydawyr. Trwyddynt hwy roedd cerddoriaeth Cymru'n rhan o'r Brezhoneg Raok hefyd.

Bu Alan Stivell yn ei dro yn perfformio droeon yng Nghymru gan lenwi Theatr y Capital yng Nghaerdydd ar un achlysur gan arwain y gynulleidfa mewn dawns Lydewig mas i'r stryd ac yn ôl drachefn i'r llwyfan. Ei weithred gofiadwy arall yn ôl Siân James, y gantores werin o Ddyffryn Banw, tra oedd yng Nghymru oedd taro yffach o rech ddrewllyd yn ei char pan oedd yn ei hebrwng i rywle neu'i gilydd.

Ac er nad oedd Annaïg Baillard, fel yr adwaenir hi bellach, yn hoff o Meic Stevens y meddwyn, a chan dderbyn nad oedd wedi cyrraedd yr un uchelfannau ag Alan Stivell o bell ffordd, mae'n barod i gydnabod bod y Cymro ymhlith y cyntaf i hyrwyddo'r canu Celtaidd yn Llydaw.

"Roedd yna gerddorion yn dod draw o Iwerddon, ond offerynwyr oedden nhw tra oedd Meic yn canu mewn iaith Geltaidd. Roedd hynny'n wahanol ar y pryd. Rhaid cydnabod ei fod yn boblogaidd. Ni fyddai'n dod 'nôl dro ar ôl tro oni bai am hynny. Roedd rhywbeth yn arbennig yn ei ganeuon. Roeddwn yn ei werthfawrogi fel artist oedd yn gweld pethau yn ei ffordd unigryw ei hun.

"Wrth gwrs, roedd materion yn gyffredin i ni. Doedden ni ddim am gael ein troi'n Ffrancwyr fwy nag oedd y Cymry am gael eu troi'n Saeson. Roeddwn yn edmygu Meic am ei fod yn cynrychioli Cymreictod cadarn. Ond, na, doeddwn i ddim yn gallu dygymod â'r newid yn ei bersonoliaeth pan fyddai wedi cael gormod i yfed. Ac roedd hynny'n digwydd yn aml," meddai Annaïg.

Roedd Gweltaz ar Fur yn gyfarwydd â chaneuon Meic cyn iddo'i gyfarfod am ei fod wedi prynu'r record hir *Outlander* pan oedd yn astudio yn Nghaerwysg. Pan aeth ati i drefnu'r Ŵyl Geltaidd gyntaf yn Lorient roedd yn awyddus i ddenu Meic yno, ond roedd yr Eisteddfod Genedlaethol yn cyd-daro.

"Anfonais wahoddiad iddo trwy gwmni Warner Brothers am fy mod inne'n artist gyda'r cwmni ar y pryd hefyd. Roedd fy llythyr yn Saesneg ond roedd ateb Meic yn Gymraeg a minne ddim yn deall yr iaith ar y pryd. Yn ffodus roedd fy nhad yn deall digon o Gymraeg i gyfieithu ac i ddweud wrthyf na fedrai Meic ddod draw i berfformio yn 1972 i rannu llwyfan gyda'r Dubliners, Brenda Wootton, Alan Stivell, y Chwiorydd Goadeg, a Gilles Servat. Mae'r llythyr hwnnw gen i yn rhywle o hyd," meddai Gweltaz.

Cofia Gweltaz yn dda am y tro cyntaf i'r ddau gyfarfod. "Yn nhafarn Ti Michou yn Kemper y cyfarfyddais â Meic. Roedd hwnnw'n dafarn cenedlaetholgar iawn. Roedd yna arwydd yno'n gwahardd Ffrancwyr a chŵn – *Interdit aux Français et aux chiens*. Ond yn ddiweddarach fe ganiatawyd mynediad i gŵn. Ond fe ddaeth Meic wedyn i berfformio yn Lorient yn 1974 ac fe wnaethon ni rannu llwyfan. Meic oedd y cefnder Cymreig coll roeddwn i wedi bod yn chwilio amdano.

"Roedd gennym ni Glenmor a ystyrid yn gymeriad cryf. Roedd Meic i ni yn gymeriad tebyg yn cynrychioli Cymru am ei fod yn defnyddio'r iaith. Cyn hynny academwyr oedd y Cymry a ddeuai draw i Lydaw a doedden nhw ddim yn dal sylw y bobl gyffredin fel roedd Meic yn gwneud. Roedd gennym nifer o gerddorion Gwyddelig yn dod draw ond offerynwyr oedden nhw. Doedden nhw ddim yn defnyddio'r iaith Geltaidd. Am ei fod yn defnyddio'r iaith roedd Meic yn cael gymaint o groeso dwi'n meddwl," meddai Gweltaz, ei fentor Llydewig.

12

Gôg yn y goedwig

Cyfnod digon hesb fu hi'n gerddorol i Meic Stevens 'nôl yng Nghymru wedi'r haf cyntaf hwnnw yn Llydaw. Ymddengys mai dal ar gau'n dynn oedd drysau'r BBC ac HTV. Mae'n rhaid ei fod wedi domi ar y gambren rywle a hynny'n go helaeth. Am fod Gwenllïan yn dilyn cwrs hyfforddi fel athrawes ym Mangor ymgartrefwyd ym Methesda. Symudwyd i Ddolwyddelan wedyn pan oedd Gwenllïan ar ymarfer dysgu yn Ysgol y Moelwyn, Blaenau Ffestiniog ac i Harlech pan gafodd swydd yno.

Ond ym mis Tachwedd 1974 roedd Meic wedi ceisio denu ychydig o Lydaw i Gymru. Trefnodd daith i'w gyfaill o gerddor, Gweltaz ar Fur. Trefnwyd y cyngerdd cyntaf yn nhafarn y Llew Gwyn, Cerrigydrudion, a oedd ym mherchnogaeth Ronnie Williams, y digrifwr, ar y pryd. Ond ni welwyd Gweltaz. Roedd streic bost yn Ffrainc wedi'i gwneud hi'n amhosib trefnu manylion munud olaf y daith arfaethedig. Serch hynny, rhoes Meic berfformiad gwefreiddiol ar ei ben ei hun yng nghornel y bar.

Swynwyd y gynulleidfa fechan gan ei fedrusrwydd ar y gitâr. "Mae o'n gwneud i'r gitâr siarad" oedd dyfarniad un o'r ffyddloniaid yno. Yn y cwmni roedd y bonheddwr o faledwr, Arfon Gwilym, a phan ganodd 'Bugeilio'r Gwenith Gwyn' fe gyfeiliodd Meic iddo'n ddiymdrech ddistaw nes gwefreiddio'r cwmni. Ni welwyd Gweltaz yn y cyngherddau dilynol ym Mangor, Caernarfon, Aberystwyth na Harlech chwaith.

Wedi symud i Fethesda wedyn fu Meic fawr o dro yn ymgynefino â thafarndai a thrigolion lliwgar yr ardal. Fel arfer gwelai'r hud a berthynai i'r ardal na fyddai llygaid rhywun arall yn ei weld, a hwnnw'n hud nad oedd wedi'i gyfyngu i'r hen ffordd Gymreig o fyw. Roedd yna ddylanwadau Dwyreiniol yn Nyffryn Ogwen.

> Pobol Bagwan Orange chwil i fyny'r allt yn Rachub yn eu gwisgoedd piws a melyngoch yn fwclis ac yn amwledau gymaint a welech chi, a thalismanau, pibau clai, smôcs mwg drwg, bongiau, drymiau a ffiolau cardod, dechrau rhywbeth a diwedd rhywbeth arall. A dyna chi'r llanc Les Morrison, newydd ddod allan o'r ysgol plant drwg am ryw fân gamwedd (does gan y barnwr ddim piti dros fois Pesda!). Roedd wedi cyfarfod â Mary Bell yno, y llofrudd dau blentyn, ac yn dweud ei bod hi'n hen hogan iawn! Les a'i laslances hardd, Jenny, yn byw tali mewn bwthyn wedi hanner mynd â'i ben iddo yn Gerlan, y gwynt yn chwibanu trwy'r tyllau yn y to, ond yn llawn cariad, hapusrwydd a ffydd. Anfarwol!
>
> Tex a Dennis Slash, Gordon y peiriannydd a Jim Spread y plastrwr, Joe Hat y gwirionyn doeth ar y bryn wnaeth gitâr unwaith o fin lludw. Ac ar yr un pryd roedd y "Pennau" yn Braichmelyn ar draws y ffordd yn ei dal hi'n rhacs ar y stwff cemegol ac yn smocio gwellt a hashish. Jim Perrin y dringwr creigiau enwog yn teipio'i fysedd yn bytiau mewn carafán wrth sgrifennu'i erthyglau papur newydd a'i lyfrau cyntaf. Yr un tiwtor oedd gennym ni'n dau ym Mhrifysgol Bangor, Anthony Conran – yntau'n un o selogion mawr canu gwerin.

Cofia Jim Perrin y cyfnod yn dda am y sgyrsiau helaeth am lenyddiaeth ac am alwad ffôn annisgwyl a gafodd un bore pan oedd yn byw yng Nghwm Pennant.

"Meic oedd yno, yn ffonio o'r Bryncir Arms yng Ngarndolbenmaen. Roedd hi'n ddiwrnod marchnad yno a'r dafarn ar agor trwy'r dydd. Roedd y lle'n llawn ffermwyr a Meic yn mynnu fy mod yn mynd draw. Fe fyddwn i'n gweithio gyda rhai o'r ffermwyr hynny o bryd i'w gilydd. Roedd y *craic* yn dda. Yno y buom ni nes ei bod wedi hen dywyllu. Roedd y ffermwyr wedi mynd adre ac fe gawsom ni bryd o fwyd.

"Dwi'n cofio mynd allan i'r buarth yn hwyr y nos gan ddweud fy mod yn mynd at fy nghar ac y byddwn yn rhoi lifft adra i Meic. Yr hyn dwi'n ei gofio nesaf oedd dihuno ymhen ychydig oriau a'm hwyneb yn llwydrew i gyd. Roeddwn wedi syrthio dros ryw ffens a rowlio i lawr i ffos. Yn ffodus roeddwn yn gorwedd ar fy nghefn neu fe allai fod yn llawer gwaeth wrth i mi rewi yn y fan a'r lle.

"Gwelwn y sêr uwchben ond roedd fy mreichiau'n gwrthod symud. Dadebrais gan bwyll a chanfod fod chŵd wedi rhewi ar fy ngwyneb. Rywsut, fe yrrais adref. Mae'n rhaid bod Meic wedi credu fy mod wedi mynd adre hebddo wedi'r cyfan. Bûm yn gorwedd yn y gwely o dan dwy neu dair o garthenni trwchus am ddeuddydd wedyn yn ceisio atal fy nannedd rhag clecian. Pan welais Meic ymhen rhyw wythnos roedd ganddo'r gras i ofyn i mi os oeddwn wedi cyrraedd adre'n ddiogel heb wybod dim am fy helynt," meddai Jim.

Cofia Meic am yr achlysur gan ddweud mai da o beth oedd fod gan Jim, fel dringwr profiadol, brofiad helaeth o wersylla ymhob tywydd neu gallasai pethau fod lawer yn waeth arno'r noson honno.

Rhoes Meic gynnig ar astudio cwrs prifysgol hefyd. Cofrestrodd i astudio Saesneg a Hanes Cymru ym Mangor yn hydref 1978. Doedd dim pwynt iddo astudio Cymraeg, meddai, am ei fod eisoes yn medru siarad yr iaith ac mae llenorion Saesneg oedd yn mynd â'i fryd beth bynnag. Prin ei fod wedi mynychu fawr o'r darlithiau Hanes Cymru am ei fod o'r farn nad oedden nhw'n berthnasol. Cafodd hwyl ar y tiwtorials a gynhaliwyd gan Anthony Conran yn ei gartref yn sôn am farddoniaeth Chaucer a chwedlau cynnar. Daeth y grŵp hwnnw i ben a bu rhaid i Meic ymuno â grŵp arall oedd yn trafod dramâu Shakespeare, a dyna'r farwol i'r cwrs coleg.

Hwyrach nad oedd y ffaith iddo orfod hel ei draed o Neuadd Emrys Evans lle'r oedd yn lletya yn ystod yr wythnos o gymorth chwaith. Aeth yn ffrwgwd rhyngddo a haid o fyfyrwyr swnllyd un noson pan oedd yn ceisio astudio gweithiau John Donne, Christopher Marlow a Homer. Doedd Meic ddim yn medru canolbwyntio ar ei waith yn hwyr y nos. Awgrym y Warden oedd y dylai adael rhag tywallt rhagor o waed ar hyd y coridorau. Cofia Jim Perrin am ymdrechion y myfyriwr aeddfed 36 oed.

"Roedd Meic yn cymryd y gwaith yn llawer mwy o ddifrif nag yr oedd llawer yn tybio. Dwi'n cofio rhoi benthyg llond berfa o lyfre iddo. O ran hynny dwi'n dal i ddisgwyl eu cael nhw 'nôl. Dwi ddim yn meddwl fod yr Adran Saesneg wedi trin Meic yn anrhydeddus ar y pryd. Byddai ei enwogrwydd a'i dalent wedi ennyn eu dicter a'u heiddigedd. Y disgrifiad teg o'r darlithiau Shakespeare oedd diflas, anhreiddiadwy, diawen a di-fflach ac yn cael eu hailbobi o flwyddyn i flwyddyn.

"Nyth o wiberod oedd yr Adran Saesneg ar y pryd, heblaw am rai eithriadau nodedig. Pe bai Meic wedi bod o dan adain yr eithriadau mae'n bosib y byddai wedi gwneud mwy ohoni, ond ni chredaf y byddai wedi'i gyffroi na'i gynhyrfu chwaith. Roedd llawer gormod o greadigrwydd ac egni yng ngwythiennau Meic i'r criw academaidd fedru ei ddygymod. Roedd Meic yn ormod o her iddyn nhw," meddai Jim.

Mentrodd Meic ar ryw dymor o gwrs academaidd ryw flwyddyn wedi iddo gyhoeddi ei record hir Gymraeg gyntaf ers *Gwymon* bum mlynedd ynghynt. Bu'n gyfnod hir o hesb a llwm o gofio am yr holl gynnyrch a gafwyd ar ddechrau'r degawd. Cyhoeddodd Recordiau'r Dryw gasét o 11 o ganeuon *Meic a'r Bara Menyn* – y rhai hynny oedd eisoes wedi ymddangos ar feinyl gynt – yn 1973.

Llwyddodd Eurof Williams i gynnwys 'Santiana' a 'Dic Penderyn' ar gyfer record amlgyfrannog o'r enw *Lleisiau* a fyddai'n cael ei chyhoeddi yn 1976 ar label Adfer, y mudiad a oedd yn annog y Cymry Cymraeg i grynhoi yn y bröydd Cymraeg. Recordiwyd y ddwy gân yn y cyngerdd llai na llwyddiannus hwyr y nos hwnnw a drefnwyd yn Theatr Gwynedd pan oedd Alan Jenkins yn cyfeilio i Meic.

Ond roedd yna gryn edrych ymlaen pan ddeallwyd fod Meic wrthi'n recordio yn stiwdio Sain yn Llandwrog. Chafodd y gynulleidfa ddisgwylgar mo'i siomi. Cafwyd clwstwr o ganeuon a brofai fod yr hen law yn dal i'w medru hi o ran cyfansoddi a pherfformio. Roedd yna greadigrwydd ac egni i'w teimlo.

Dyma'r record sy'n cynnwys 'Rue St Michel', 'Gwenllian', 'Cwm y Pren Helyg' a 'Douarnenez'; caneuon hafaidd wedi'u cyfansoddi yn Llydaw, caneuon serch a chân hiraethus drymlwythog ei harwyddocâd am Solfach. Y teitl annisgwyl oedd *Gôg*. Doedd yna ddim cân o'r un enw ar y record, damaid mwy nag oedd yna gân o'r enw 'Gwymon' ar y record honno o'r un enw chwaith. Wrth gwrs, mae'r gwcw lon yn dychwelyd yn flynyddol i faeddu aml i nyth. Ac o ystyried y cyfieithiad Saesneg o 'gwymon' gellir ei ddehongli fel cyfeiriad at marijuana'r môr.

Ond roedd y llun clawr yn sinistr gyda'i awgrym o ddewiniaeth ddu ac adleisiwyd hynny mewn caneuon megis 'Dim Ond Cysgodion', yn llawn awgrymusedd o'r helyntion treisgar yng Ngogledd Iwerddon ar y pryd, ac 'Y Crwydryn a mi', a awgrymai nad oedd yna noddfa iddo yntau a'i gyd-grwydriaid. Gwenllïan oedd y ferch ar y clawr mewn gwisg wen laes yn ymdebygu i wrach wen.

Digon yw dweud bod Meic Stevens yn gweld ei hun yn dderyn dieithr yn y Gymru oedd ohoni. Fel y gwcw ni wyddai'n gwmws i ble roedd yn perthyn, ai i Gymru ynteu i Lydaw, ac yn barod i hedfan yr eiliad y deuai'r chwiw. Ond roedd e yn ei ôl, hyd yn oed os dim ond dros dro, ac yn cynnig ei fyd-olwg ei hun drwy ei ganeuon. Tynnwyd y llun clawr gan Garry Stuart a oedd yn byw ym Methesda ar y pryd.

"Dwi'n cofio ei bod hi'n oer ac yn ganol gaeaf. Roedden ni wedi ceisio creu tanau drwy losgi dail a choed mân i greu awyrgylch. Dwi'n meddwl fod y syniad wedi'i drafod dros beint. Roedden ni'n ceisio creu awyrgylch hynafol i gyfleu rhywfaint o'r gwrthdaro rhwng y da a'r drwg. Dwi'n credu mai Jim Spread oedd yn cynrychioli'r diafol yn y llun a Gwenllïan wedyn mewn rhyw fath o wisg ganoloesol.

"Mae Meic fel petai'n troi i ffwrdd ond eto'n barod i gael ei hudo gan Gwenllïan. Roedd Meic yn ei weld ei hun fel rhywun o'r tu allan, yn doedd?" meddai'r ffotograffydd o Gaergybi a dreuliodd ei yrfa wedyn yn tynnu lluniau moto-beics, Harley Davidsons yn bennaf, tra oedd yn byw yn Ffrainc cyn symud i Preston.

Doedd yna fawr o gerddorion yn ymwneud â recordio'r

albwm dros gyfnod o bum diwrnod. Heblaw am Meic ei hun roedd Hefin Elis, cynhyrchydd cyflogedig cyntaf Sain, yn canu organ a phiano. Trwy ddamwain roedd Hefin yno mewn gwirionedd am iddo gael galwad frys pan na chyrhaeddodd cerddor o'r enw Pal o'r Drenewydd oherwydd rhyw gawlach yn y trefniadau. Caryl Parry Jones a Sioned Mair, o'r grŵp swynol Sidan, oedd y lleisiau cefndir, Ronnie Agate ar y drymiau ac Andy Boggey ar y gitâr fas. Roedd Ronnie ac Andy yn aelodau o The League of Gentlemen roedd Meic wedi dod ar eu traws yn chwarae yng nghlybiau Dyffryn Ogwen. Hwn oedd eu profiad cynta o recordio mewn stiwdio.

"Pan fydden ni'n whare yn Bethesda yn y clwb criced neu'r clwb pêl-droed bydde Meic bob amser am ddod i'r llwyfan i ganu gyda ni. Gan amlaf bydde fe wedi cael tipyn i yfed, a'r hyn dwi'n ei gofio wrth rannu'r meic gyda fe oedd ei anadl am ei fod yn drewi o arlleg. Bydden ni'n cael tipyn o hwyl. Roedd e'n gerddor da ei hun. Roeddwn i'n rhyfeddu at y ffordd roedd e'n chware ei gitâr acwstig Fender yn y stiwdio. Roedd *Gôg* yn albwm arbennig o dda," meddai Andy.

Cystal oedd y caneuon nes i Andy, yn ddiweddarach, fel un hanner y ddeuawd canu gwlad, Iona ac Andy, recordio 'Douarnenez' a 'Menyw yn y ffenestr'. Rhith o wyneb dynes a welodd yn syllu trwy ffenestr yn ardal Garndolbenmaen pan oedd yn teithio mewn lorri casglu creaduriaid trig a ysgogodd y gân am y 'fenyw'. Medrai'n hawdd fod yn wyneb gwelw Gertie Hooper yn syllu trwy ffenestr ei charafán o gartref diarffordd yn ardal Cas-mael yn Sir Benfro. Perthyn naws iasol i'r gân.

Gŵr dall o'i enedigaeth ond a welai'n glir yr hyn a gyfleai'r beirdd a'r llenorion a astudiai oedd gwrthrych y gân 'Dai Dall'. Byddai Dave Reid, a oedd yn enedigol o Durham, yn chwarae'r gitâr fas ar lwyfan gyda Meic weithiau. Fyddai hi'n ddim i Meic ei ddannod am ei ddallineb, wrth gwrs. Crwydrodd Dave ar hyd y cyfandir ar ei ben ei hun. Cyhoeddodd gyfrol o farddoniaeth, *Fox Horizon Blues,* yn 1972.

Rywbryd yn ystod y cyfnod hwn y daeth Bryn Fôn ar draws Meic a ffurfio cyfeillgarwch a fu'n fendithiol iddo'n ddiweddarach wrth gychwyn ei yrfa fel actor, a chyfeillgarwch a barodd dros y blynyddoedd. Astudio ymarfer corff a wnâi Bryn yn y Coleg Normal ym Mangor. Roedd hefyd wedi ffurfio'r grŵp roc Crysbas ac yn dechrau ennill ei blwyf fel lleisydd gyda chaneuon fel 'Draenog Marw' a 'Blŵs Tŷ Golchi'.

"Roedd yna dipyn o hipis wedi symud i fythynnod ar hyd Dyffryn Ogwen a Nant Ffrancon ffor'na yng nghanol y saithdega. Dyma nhw'n cychwyn gŵyl yno ac yn gwahodd bandia Susnag i chwara. Wel, dwi'n cofio hogia lleol fath â Les Morrison yn eu perswadio nhw i gynnwys grwpia Cymraeg a dyma Crysbas yn cael gwahoddiad. Roedd Meic Stevens yno hefyd. Gŵyl i'r teulu o'dd hi ac yn gorffan tua pump i chwech o'r gloch.

"Wel, dwi'n cofio mynd i stafell gefn y Douglas Arms a'r gitârs yn dod allan. Dyma Stevens yn dechra mynd trwy'i betha. Dyma fo'n deud rhwbath wrth un o'r merchad swnllyd lleol. Y funud nesa dyma hi'n ei hitio ar ei ben efo stôl nes ei fod o ar ei hyd. Dyma ni'n ei godi a'i osod i orwedd ar y bwrdd snwcar. Trwy lwc mi ddo'th o ato'i hun. Aeth allan i gael awyr iach. A dyna a fu.

"Pan oeddan ni'n barod i fynd dyma rai o'r merchaid yn deud eu bod nhw am ddod hefo ni. A'r adag hynny roedd criw ohonom yn byw ym Mhenmynydd ar Ynys Môn. Ond do'dd y merchaid ddim am ddod os oedd Stevens hefo ni. Doedd dim golwg o Meic beth bynnag. Felly, i ffwrdd â ni yn y fan. Iawn, parti'n mynd yn ei flaen yn iawn wedyn.

"Ond ymhen rhyw chwartar awr dyma gnoc ar y drws. Pwy oedd yno ond Mr Stevens. Mi oedd o wedi cuddiad yng nghanol yr offer yn nghefn y fan, yn toedd. Rhaid oedd ei wahodd i mewn. Cafwyd heddwch a maddeuant rhyngddo a'r merchaid.

"Mi gysgodd Meic ar y soffa ac mi fytodd ginio Sul efo ni. Mi arhosodd eto dros nos. A deud y gwir doedd dim argoel ohono'n gadal. Trannoeth dyma fo'n deud tua hanner dydd, 'Reit dwi'n mynd nawr bois, diolch yn fowr i chi'. Ond tua amsar swper dyma fo yn ei ôl. A dyma'r un peth yn digwydd bob dydd wedyn am gyfnod. Rhyw, 'So long, bois' amsar cinio ac i ffwrdd â fo.

"Does gen i ddim syniad hyd y dydd heddiw i lle fydda fo'n mynd yn y pnawnia chwaith. Ond bob nos tuag amsar swpar mi fydda cnoc yn y drws a rhyw 'O helô, dwi 'nôl'. Felly y dois i i'w nabod o. Mae gen i ryw feddwl mai haf 1978 oedd hi," meddai Bryn.

Ysbeidiol oedd y gwahoddiadau i Meic i berfformio yn ystod ail hanner y saithdegau, yn sicr yn y digwyddiadau mawr. Perfformiodd yn y Twrw Tanllyd cyntaf hwnnw a drefnwyd gan Gymdeithas yr Iaith ym Mhontrhydfendigaid yn 1975. Doedd e ddim yn y Twrw y flwyddyn ganlynol ond fe berfformiodd yng Ngwesty Llwyndyrys yn ystod wythnos Eisteddfod Genedlaethol Aberteifi 1976 ac mewn noson o'r enw Cymanfa Corwen, ynghyd â Heather Jones a Hergest, ar ddiwedd y flwyddyn.

Yng ngwanwyn 1977 wedyn mewn noson o'r enw Ffwlbri Ebrill a drefnwyd gan y Gymdeithas, eto ym Mhafiliwn Corwen, cyrhaeddodd rhyw ddeng munud cyn i'r noson ddechrau yn cario ei gitâr acwstig. Ond o weld bod y grŵp Chwys, o'r de-orllewin, yn perfformio yno cafodd afael ar gitâr Fender a chanodd fersiynau roc o'i ganeuon gyda'r bechgyn yn cyfeilio iddo ar eu hofferynnau trydan. Dyna ddigwyddodd yn y Twrw Tanllyd y flwyddyn honno hefyd wrth iddo chwarae'n droednoeth ar lwyfan y Bont. Fe'i gwelwyd yn Berw Borras yn Eisteddfod Wrecsam hefyd.

Trwy gael band i gyfeilio iddo roedd Meic yn cynnig dimensiwn o'r newydd i'r gynulleidfa yn hytrach na'i fod wastad yn perfformio ar ei ben ei hun i gyfeiliant ei gitâr acwstig. Doedd yntau ddim wedi mentro i'r cyfeiriad hwn ers i'r grŵp James Hogg gyfeilio iddo ar y rhaglen deledu *Disc a Dawn* ac yn y sioe *Gwallt yn y Gwynt* yn Eisteddfod Hwlffordd 1972. A chyda cyhoeddi'r record *Gôg* roedd yna hyrfa o'r newydd yn perthyn i yrfa Meic.

Doedd y gŵr o Solfach ddim wedi troi'i gefn ar y byd cerddorol yn ystod y cyfnod wedi iddo ddychwelyd o Lydaw.

Ond roedd yntau'n teimlo bod y byd cerddorol yng Nghymru o leiaf wedi troi'i gefn arno yntau. Ni fyddai Meic yn gwrthod yr un cyfle i chwarae'n fyrfyfyr. A dyna a wnâi'n gyson pan oedd yntau a Gwenllïan yn byw yn Harlech yn yr un stryd â cherddor a hanai o Aberystwyth o'r enw Anthony Griffiths. Roedd y ddau'n parchu ei gilydd.

Cyn iddo gofrestru ar gwrs yng Ngholeg Harlech roedd Anthony hefyd wedi bod yn bysgio ar hyd y cyfandir. Doedd neb tebyg iddo am chware gitâr *ragtime*, ac roedd wedi chwarae gyda'r gitarydd John James o Lanbedr Pont Steffan a oedd yn adnabyddus ar hyd y clybiau gwerin. Cofiai Anthony am Meic yn ymweld â Chlwb Gwerin Aberystwyth.

"Mae'n rhaid fy mod i tua 16 oed pan oeddwn i'n rhoi help llaw yn y Clwb. Dwi'n cofio Meic yno gyda Spike Woods a merch o'r enw Pauline un noson. Heblaw am ganu'r caneuon cyfarwydd fe chwaraeodd ganeuon o'i waith ei hun. Dwi'n cofio amdano'n canu 'Clown in the Alley'. Roedd e wedi creu argraff.

"Roedd e nid yn unig yn edrych y busnes ond fe oedd y busnes, yn ei ddillad denim a'r gwallt hir. Wnaethon ni ddim siarad y noson honno, ond fe ddeuthum i ar ei draws yn ddiweddarach wedyn ym Manceinion yng nghwmni Ian Chisholm, a phan fuodd e'n sefyll am sbel gyda Brian Moss yn y Borth. Do, fuon ni'n jamio tipyn yn y Golden Lion yn Harlech," meddai Anthony.

Ac o gofio bod Anthony yn ymddiddori mewn dringo, tynnu lluniau a'r hen chwedlau Celtaidd, yn ogystal â bod yn gerddor hyfedr, gallwch ddychmygu bod y sgwrsio a'r strymio'n tasgu yn y cyfnod hwnnw, yn arbennig o ddeall bod y dafarn a'r tafarnwr hefyd yn hynod, yn ôl disgrifiad Meic.

> Lle rhyfedd ydi'r Golden Lion. Hen Wyddel oedd y perchennog, Mr Carroll, oedd yn ei wythdegau siŵr o fod ar y pryd. Clociau ar hyd y lle ym mhobman, o bob lliw a llun, y stafelloedd lan y stâr i gyd wedi'u cau â hoelion ar wahân i'w stafell e, a phob hydref pan oedd hi'n dechrau oeri byddai Carroll yn ei bachu hi

> am ei wely am y gaeaf fel arth yn cysgu'r gaeaf. Gwynfor a'i wraig fyddai'n gofalu am Mr Carroll ac yn mynd lan â phrydau bwyd iddo. Roedd ganddo fachyn wedi'i sgriwio yn y nenfwd a rhaff hir yn sownd ynddo er mwyn gallu tynnu'i hun lan i fwyta ac yfed. Pan gynhesai'r tywydd byddai'n codi, yn mynd i lawr stâr ac yn ymgartrefu mewn cegin yn y cefn yn llawn clociau. Ambell waith byddai'n gofyn i ni fynd i'w stafell i chwarae cerddoriaeth Wyddelig a fe gaem gwrw am ddim a llawer o hwyl. Y tu ôl i'r bar roedd yna gythraul o dwll mawr oedd yn arwain i'r seler. Doedd dim caead ar y twll a nawr ac yn y man byddai Gwynfor yn syrthio i lawr y grisiau cerrig i'r seler ac yn gorfod cysgu'r nos yno, yn rhy feddw i ddringo o'no fel arfer.

Yn yr amgylchiadau rhyfedd hyn seliwyd cyfeillgarwch rhwng Meic ac Anthony. Byddai'r cerddor o Aberystwyth yn chwarae rhan allweddol yng ngyrfa Meic maes o law er gwaethaf y tensiynau rhyngddynt ar adegau. Doedd y berthynas rhwng Meic a Gwenllïan ddim yn fêl i gyd chwaith wrth iddi hi geisio canolbwyntio ar ei gyrfa fel athrawes Hanes tra oedd Meic, i bob pwrpas, yn byw ar y gwynt. Fe fu yna wahanu.

"Roeddwn i wedi gorffan gyda Meic yn hydref 1977 pan oeddwn i wedi symud i Gaernarfon wedi iddo fy ngadael i lawr yn ddifrifol. Dwi'n meddwl mai prinder arian oedd wrth wraidd fy mhenderfyniad i fynd. Doedd dim gwaith gan Meic a doedd fy nghyflog i ddim yn ddigon i'n cynnal ni'n dau, hynny a rhesymau eraill. Gadewais G'narfon a mynd i weithio i Ymddiriedolaeth Archeolegol Morgannwg Gwent, yn y swyddfa oedd ganddyn nhw yn Abertawe.

"Wedyn, dyma Meic yn fy ffonio fi yn nhŷ fy modryb lle roeddwn i'n aros i ddeud i fod o am fynd at hen gariad yn yr Iseldiroedd. Doeddwn i ddim isio iddo fynd i ffwrdd, yn enwedig at ddynes arall – mympwyol 'ta be, dwn i ddim! Felly, dyma ni'n cwrdd yn Abertawe, yn gneud pob math o addewidion i'n gilydd, a meddwi'n rhacs yn nhafarn yr Adam and Eve. Yn fuan wedyn, yn gynnar yn y gwanwyn yn 1978, fe symudes i at Meic yn Heol Conwy, Caerdydd, a dyna lle fues i tan ddiwedd 1981," meddai Gwenllïan.

Os oedd yna graciau'n ymddangos yn y berthynas o bryd i'w gilydd, doedd dim amau serch Meic at Gwenllïan. Cofnodwyd hynny'n ddiamwys orchestol yn y gân 'Gwenllïan' a glywyd ar y record *Gôg* yn 1977. Mae llais Meic, wrth gwrs, yn cyfleu dyfnder a thanbeidrwydd ei deimladau.

Ti sydd yn adlewyrchu golau'r hydref yn dy wallt.
Ti sydd yn chwerthin fel yr haul, yn rhych y llanw hallt.
Ti sydd yn nyddu dwylaw'r caethwas yn ei sidan swyn,
carcharor ffyddlon fyddaf yma'n rhydd,
yng nghell ei chariad mwyn.

Fel y gwenoliaid yn eu tymor cynnes mae hi'n dod.
Angel y dydd a dirgel nos erioed mae wedi bod.
Gwelwch ei rhyfedd ryw yn bwydo fflamau gwan fy nhân,
carcharor ffyddlon fyddaf wrth ei haelwyd hudol,
cariad glân.

Weithiau ar y gwynt, mae lleisiau gynt yn galw,
yn yr eira ar Eryri, olion yn y niwl.

Ti yw ewynnog frig y tonnau'n yfflon ar y traeth.
Ti yw y crwydryn unig dan y lleuad ar ei thaith.
Dy lygaid gwyrdd yw'r allwedd hardd sy'n agor porth fy nhŷ.
Dy gariad ffyddlon fyddaf tra bo dŵr y môr
yn llenwi'r lli.

Yn gyfleus iawn roedd y fflat yng Nghaerdydd union gyferbyn â thafarn y Conway, yn ardal Treganna, lle byddai llawer o bobol y cyfryngau a heidiau o Gymry Cymraeg i'w gweld yn gyson. Temtid rhai o'u plith yn ôl i'r fflat ar draws y ffordd wedi stop tap. Roedd hi'n barti byth a hefyd, wrth gwrs. Penderfynodd Meic fod angen addasu'r fflat.

Ar y llawr gwaelod ro'n i'n byw, y tu ôl i ffenest fwa anferth ar ochr dde'r drws ffrynt mewn fflat dwy ystafell. Bu unwaith yn un ystafell fawr hyfryd, bellach wedi'i rhannu'n flêr â phared styllod a phren haenog. Gyda chaniatâd y landlord chwalais i hwn a'i luchio i'r seler wag. O gwmpas canol y nenfwd roedd mowldiau plaster hardd, dail troed yr arth a ballu, pethau Groegaidd! Dyma grafellu, sandio a pheintio'r llawr â farnis tywyll lliw derwen, wedyn â llond llwyth lorri o bren o le achub coed yn nociau Caerdydd dechreuais godi croglofft. Roedd hi'n mynd ar hyd yr ystafell, yn wyth troedfedd o uchder ac yn ddeg troedfedd o led, a phileri pinwydd wyth troedfedd, chwe modfedd ar eu traws, yn ei chynnal. Roedd iddi risiau pren tebyg i gaban cwch hwylio ac oddi tani gegin fach a phopty ynddi, sinc, cypyrddau a bwrdd mawr wedi'i wneud o ddrws pinwydd. Roedd gennym silffoedd llyfrau gosod, hen seld Edwardaidd a soffa o flaen hen le tân teils.

13

Dic Penderyn a Vic Parker

YN FUAN WEDI symud i'r brifddinas roedd yn ymddangos fod yna newid byd ar fin digwydd o ran creadigrwydd Meic Stevens. Cynigiwyd yr her iddo i weithio ar opera roc *Dic Penderyn* roedd Theatr yr Ymylon yn bwriadu ei llwyfannu yn ystod Eisteddfod Genedlaethol Caerdydd 1978. Doedd hynny ddim heb ei helbulon. Mewn gwirionedd roedd hi'n ben set ar Norman Florence, cyfarwyddwr y cwmni, oherwydd doedd yna fawr mwy na thri mis cyn dyddiad llwyfannu'r sioe a doedd ganddo ddim sgript. Y gred oedd fod Hywel Gwynfryn ac Endaf Emlyn wedi gwrthod cynnig i sgriptio a chyfansoddi caneuon.

Wedi cyfweliad meddwol a phryd o fwyd mwy meddwol fyth cytunodd Meic i sgriptio a chyfarwyddo'r sioe. Wedi sobri a meddwl dros anferthedd y dasg, ac ar anogaeth Geraint Jarman, penderfynodd Meic wahodd y bardd a'r llenor, Rhydwen Williams, i gydgyfansoddi. Roedd Rhydwen wedi bod yn ymchwilio cyfnod y terfysg a fu ym Merthyr yn 1831, ac ar ben hynny gwyddai Meic y medrai gydweithio ag ef am eu bod ill dau o'r un anian ac yn eu tro yn medru taranu yn erbyn y sefydliad Cymreig.

> Roedd Rhydwen yn un o'r bois, ond hefyd yn un o'n bois ni, yn dipyn o lo tarw, nid un o'r pegors criw Duw glân eu buchedd hynny, er y byddai'n aml yn ymddangos felly. Byddai Geraint a fi'n

> ei weld yn aml yn dod allan o'r hen lyfrgell ganolog neu'n ymochel yn nrws rhyw dafarn ar Stryd y Santes Fair, hen gôt law flêr a mwffler amdano. Roedd Rhydwen 'run peth â ni, yn fab afradlon. Hefyd, roedd hi'n fain arno, 'run peth â ni! Doedd Rhydwen ddim yn annhebyg i un arall o f'arwyr llenyddol, T. Glynne Davies, yn un o gas bethau'r sefydliad Cymreig ond yn ddyn na allen nhw mo'i anwybyddu. Ro'n nhw'n torri'u cwys eu hunain, yn llenorion tan gamp, yn yfwyr mawr ac yn chwedleuwyr heb falu cachu.

Ond roedd y berthynas rhwng Meic a Norman Florence, y gŵr o Dde Affrica a oedd wedi priodi Cymraes, yn helbulus a llawn tyndra o'r cychwyn cyntaf. Doedden nhw ddim yn cyd-dynnu. Medrai Meic gydweithio â phobl gyffelyb greadigol yn ddirwgnach, ond mynd o dan ei groen a wnâi'r sawl a oedd yn ei dyb ef yn ffwdanu am fân drefniadau gan dynnu sylw at ei awdurdod byth a beunydd.

Ceisio osgoi'r gŵr a ddisgrifiai fel 'cadiffán mawr tew, annifyr a milain' a wnâi Meic tra oedd yn cyfansoddi alawon yn y bore yn swyddfa'r cwmni mewn hen gapel yn Heol Crwys cyn cyfarfod â Rhydwen dros ginio i drafod ei ymdrechion yntau'r bore hwnnw. Roedd ambell i beint o Brains SA yn fodd o iro'r trafod ac ymestyn yr awr ginio. Ond y canlyniad fu i Meic gyflwyno tapiau'r sioe, wedi'u cwblhau, i Norman Florence gan ddweud nad oedd am wneud ddim mwy â'r cynhyrchiad. Felly y bu, a hynny er bod Gwenllïan wedi'i chyflogi fel swyddog y wasg gyda Theatr yr Ymylon erbyn hynny ond yn gweithio ar gynyrchiadau eraill yn bennaf.

Eto, er tegwch, cyn iddo roi'r ffidil yn y to roedd Meic wedi sicrhau gwasanaeth Pete Edwards, mab yr actor Meredith Edwards, i fod yn gyfrifol am y cyfarwyddo llwyfan. Byddai Pete yn gwneud cryn enw iddo'i hun fel cyfarwyddwr a chynhyrchydd llwyfan a theledu maes o law. Mynnodd Florence hefyd recordio pedair o'r caneuon a'u cyhoeddi fel dwy record sengl ar label y cwmni. Mae'r caneuon hynny, 'Pe Medrwn', 'Cân Nana', 'Bach, Bach' a 'Llygad am Lygad' gyda'r caneuon tlysaf a gyfansoddwyd gan Meic Stevens.

"Doeddwn i ddim yn ei gweld hi fel opera roc, rywsut. Ro'dd Rhydwen a finne'n cyfansoddi fel y bydde Rodgers a Hammerstein yn gwneud. Bydde Rodgers yn cyfansoddi'r alawon ar gyfer sioeau fel *Oklahoma* a *South Pacific* a'r llall yn sgrifennu'r geirie. Dyna shwt fydden ni'n gwneud; sgrifennu geirie i gyd-fynd â'r alawon," meddai Meic.

Huriwyd cerddorion o blith y gorau yng Nghaerdydd ar gyfer y recordio yn stiwdio Stacey Road y BBC; Richard Dunn ar yr allweddellau, Roger Gape ar y gitâr fas, Tich Gwilym ar y gitâr ac Arun Ahmun ar y drymiau. Mair Robbins a Meic ei hun oedd y lleisiau, ynghyd â chriw a wahoddwyd o'r dafarn. Huriwyd y cerddorion uchod ynghyd â Myfyr Isaac ar gyfer y sioe ei hun.

Mynnodd Meic gastio'r sioe cyn iddo olchi ei ddwylo ohoni. Dewiswyd Dyfed Tomos i chwarae rhan Dic Penderyn, Meic Povey i chwarae rhan Crawshay, Sioned Mair i chwarae rhan Nana, y brif ferch a Bryn Fôn i chwarae rhan Lewsyn yr Heliwr. Hwn oedd cyfle cyntaf Bryn Fôn i actio'n broffesiynol. Roedd y rheolau ar y pryd yn caniatáu cynnig dau gerdyn Equity fesul cynhyrchiad i'r sawl nad oedd yn aelod o undeb yr actorion.

Ystyriwyd Lewsyn yn gymeriad corfforol a fyddai'n ymddangos heb ei grys yn ystod y rhan helaethaf o'r sioe. Am ei fod wedi astudio addysg gorfforol yn y coleg am dair blynedd nid clerchyn o ddyn mo Bryn Fôn. Meddai ar ysgwyddau a chyhyrau gwerth eu gweld, ac nid rhyfedd iddo gael ei lun yn ddiweddarach fel 'hync' yn un o'r cylchgronau ysgafn. Medrai ganu yn ogystal. Gwyddai Meic am ei allu wedi'r cyfnod hwnnw yn lletya o dan yr un gronglwyd yn Sir Fôn.

Profodd y sioe yn llwyddiant amgenach na *Nia Ben Aur* a lwyfannwyd yn Eisteddfod Caerfyrddin 1974. Llwyfannwyd honno ar lwyfan y brifwyl, a phrofodd y system sain yn drech na'r cynhyrchwyr. Llwyfannwyd *Dic Penderyn* yn y Theatr Newydd yng Nghaerdydd gyda'i hadnoddau sain sefydlog. Lluniwyd set gadarn o ddur ac o'r herwydd ni ellid ystyried mynd â'r sioe ar daith. Er gwaethaf y berthynas fregus rhwng Norman Florence a Meic Stevens rhaid diolch i'r *entrepreneur* am fentro a rhoi'r cyfle i'r cyfansoddwr. Profodd Meic o'r newydd bod ganddo'r ddawn i gyfansoddi caneuon cofiadwy. Serch hynny, yn rhydd o hualau'r cynhyrchiad, buan y dychwelodd patrwm byw yn 55, Heol Conwy i'w normalrwydd hectig.

> Byddai diwrnod arferol yn cychwyn tua un ar ddeg gyda brecwast anferth o'r badell a sudd ffrwythau a choffi cryf. Wedyn mynd am dro trwy Barc Bute i'r dre i fynd i yfed gyda ffrindiau yn yr Old Arcade yn Stryd yr Eglwys. Yno y bydden ni'n potio Brains S.A. tan dri neu hanner awr wedi. Wedyn, fel arfer, cerdded yn ôl i Conway Road gydag ambell un i'n canlyn, prynu mwy o lysh a dal i yfed nes i'r Conway agor. Draw i'r Conway tua saith a dal i fynd tan stop-tap am hanner awr wedi deg neu un ar ddeg. Wedyn, os oedd rhywrai ar eu traed o hyd, dal i fynd ar draws y ffordd tan oriau mân y bore. Buasai llyfr ymwelwyr wedi bod yn dda o beth – yna byddai modd gweld enwau'r enwogion, y drwgenwogion a'r rheini a enillodd fri yn eu priod feysydd.

Ond doedd dim croeso yn nhafarn y Conway bob amser. Er mor amyneddgar a hawddgar oedd Jack a Megan Chidgey, y landlordiaid, roedd cyflwr rhai o'r llymeitwyr weithiau mor warthus nes bod rhaid eu gwahardd er lles a mwynhad y cwsmeriaid cymedrol. Doedd amryfal breswylwyr rhif 55 ddim wedi eu hanwylo'u hunain i drigolion gweddill y stryd, a byddai yna wrthdaro o bryd i'w gilydd. Cofia Rhys Huws y cyfnod yn dda am y byddai'n ymwelydd cyson â chartre Pete a Nell Meazey ym mhen arall y stryd.

"Rhyw noson yn orie mân y bore clywid sŵn trwmped yn dod o ben ucha'r stryd. Roedd rhywun wedi agor ffenest rhif 55 a doedd dim taw ar y trwmpedwr. Wel, fe ddihunwyd y stryd gyfan ac fe gododd tua hanner ohonyn nhw i brotestio. Wyddwn i ddim fod pobol dosbarth canol yn gallu rhegi cystel tan y noson honno. Wrth gwrs, erbyn i'r heddlu gyrraedd roedd y trwmpedwr wedi tewi, y ffenest wedi'i chau a neb yno'n cyfaddef bod yna unrhyw beth ots i'r cyffredin wedi digwydd. Llond y fflat o bobol yn cysgu'n dawel a Meic wedi newid mewn fflach i bâr o byjamas yn gweiddi ar yr heddlu, yn grac am iddyn nhw ei ddihuno am dri o'r gloch y bore ac yn bygwth cysylltu â'r prif gwnstabl am ei fod yn cael ei haraso byth a hefyd a bant â hi.

"Bryd arall wedyn, pan fyddwn i yng nghartre Pete a Nell, byddem yn clywed sŵn crât o gwrw yn cael ei lusgo ar hyd y palmant wedi stop tap. Meic fydde yno yn cario gitâr yn ei law rydd neu ar ei gefn. Bydde cerddorion gwerin fel Siwsann George a'i ffrindie yno gan amlaf a bydde Meic wrth ei fodd yn jamio yn eu cwmni. Bydde'r sesiyne ddim yn cwpla nes bod y poteli'n wag a hithe gan amla'n gwawrio. Ond dwi'n trysori'r nosweithie hynny nawr am fy mod wedi gweld Meic ar ei ore'n trin y gitâr," meddai Rhys.

Ar un adeg yn ystod y cyfnod hwn cyrhaeddodd gŵr garw yr olwg o ganol Llundain i ymuno â'r criw. Roedd Rowland Davies yn gweithio i Adran Cyllid y Wlad Ei Mawrhydi ac yn canolbwyntio ar gasglu dyledion a chanfod unigolion nad oedden nhw hwyrach wedi boddran talu treth incwm ers wnifeintoedd. Roedd 'Rowley Coch', â'i drawswch coch bras, yn hanu o Ddyffryn Aman, a'r un mor gyfarwydd â meysydd pebyll yr Eisteddfod Genedlaethol ag oedd â dihirod Dwyrain Llundain. Ar ôl tua pythefnos o lymeitian bu raid iddo ddychwelyd i Lundain gan ddweud wrth ei gyflogwyr nad oedd damed callach ynghylch amgylchiadau ariannol ei brae nac yn wir o'i union breswylfan. Ond roedd wedi cael yffach o hwyl.

Yng nghanol yr halibalŵ hwn ac yn sgil llwyddiant yr opera roc *Dic Penderyn* roedd Meic wedi ailddarganfod yr awch i gyfansoddi, a hynny trwy gydio mewn prosiectau uchelgeisiol. Lluniodd synopsis o syniad am un o chwarelwyr Bethesda yn Arfon yn dianc i Fethesda yn Maryland yn America rhag gormes yr Arglwydd Penrhyn, y perchennog chwareli.

Byddai'n stori gyfarwydd ym mha le bynnag roedd cyfalafwyr diegwyddor yn ecsploetio'r gweithwyr yn ystod cyfnod y Chwyldro Diwydiannol. Byddai'n taro tinc cyfarwydd. Ond pwy oedd yn mynd i ariannu *Hirdaith a Chraith y Garreg Ddu*? Honna Meic iddo berswadio Ruth Price yn y BBC, ei gymdoges o ardal Mathri ger Solfach, i gynnig comisiwn a llogwyd stiwdio Stacey Road y Gorfforaeth a'r peiriannydd sain, Des Bennett, i recordio cyfres o ganeuon.

Y syniad oedd fod 'y chwarelwr' yn dod ar draws gwahanol arddulliau o ganu yn ystod ei bererindod drwy America. Dros gyfnod o dri mis recordiwyd nifer o ganeuon, tra byddai Meic yn ymneilltuo am gyfnodau i gyfansoddi yng nghartref hen ffrind, Fiona Fleming, yn Swydd Henffordd. Recordiwyd Laverne Brown, un o fois y dociau, yn canu cân waith 'O Rosie' y byddai'r arwr yn ei chlywed yn cael ei chanu gan garcharorion du yn Mississippi; cân a recordiwyd gan Alan Lomax yn y 1930au yn un o garchardai'r dalaith.

Rhoddwyd cyfle i jazzwyr Caerdydd chwarae 'Lord, Lord, you sure been good to me', 'The Saints' a chân offerynnol o'r enw 'St Phillip's Street Breakdown' wrth i'r chwarelwr deithio trwy New Orleans. Recordiwyd cân y felan 'Vicksburg Blues', o waith Laurie Jenkins, gitarydd o Gaerdydd, wrth i'r daith gerddorol arwain 'Dafi Bach' i Chicago, yn ogystal â chrugyn o ganeuon o waith Meic ei hun.

Edrychai pob dim yn obeithiol. Onid oedd yna glincer o raglen ar fin cael ei chwblhau? Onid oedd gallu creadigol Meic yn cael ei wthio i'r eithaf? Caneuon eraill a gyfansoddwyd fel rhan o'r prosiect oedd 'Arglwydd Penrhyn', 'Cyllell Drwy'r Galon' a 'Y Storm'. Ond och ac aw, yn ôl Meic, fe darwyd Ruth Price yn dost. Ni ddychwelodd i'w gwaith am fisoedd, ac yn wir bu raid iddi ymddeol. Gyda hynny daeth y prosiect i ben ac ymddengys na ŵyr neb ddim am fodolaeth y traciau sain mwyach.

Ond mae fersiwn Meic o'r union amgylchiadau yn dipyn o ddirgelwch i Ruth am ei bod yn sicr na chynigiodd gomisiwn ar gyfer y prosiect. Er iddi fod yn sâl ac o'i gwaith am gyfnod nid ymddeolodd tan 1984, ac ar y pryd hi oedd pennaeth yr adran fyddai wedi arolygu prosiectau o'r fath. Waeth beth oedd yr union amgylchiadau, siom a diflastod i Meic a'r cerddorion oedd gorfod gadael y syniad ar ei hanner o ystyried bod yr ysfa greadigol wedi'i chyffroi. Ond doedd dim danto i fod chwaith.

Mewn cyfweliad yn *Y Cymro* ym mis Mawrth 1979 soniodd Meic ei fod eisoes wedi llunio synopsis o opera roc yn seiliedig ar hanes un o gymeriadau'r Mabinogion, Pwyll Pendefig Dyfed. Dywedodd ei fod yn awyddus i gyfansoddi pedair opera yn seiliedig ar y Mabinogion a'u teithio am yn ail flwyddyn pe câi nawdd i fwrw ati i sgrifennu ac addewid o nawdd i'w perfformio. Ddaeth yna ddim o hynny. Tua'r adeg yma y soniodd y byddai'n barod i farw'n hapus pe medrai gyfansoddi un gân debyg i 'Bugeilio'r Gwenith Gwyn'.

Aed ati i ailrecordio'r caneuon cynnar yn Stacey Road ym mis Ebrill 1979 a'u cyhoeddi ar LP ar label Recordiau Tic-Toc. Mae'n werth chwilio am gopi petai ond i glywed sacsoffon John Roberts ar 'Merch o'r Ffatri Wlân'. Ceir fersiwn fywiog os nad llawn gorfoledd o gân felan, 'Gwely Gwag', a glywid byth a hefyd ar y radio, gyda'r allweddellau'n cael lle amlwg; a dyna yw hanfod y *blues* wedi'r cyfan, sef troi profiad o adfyd yn destun gorfoledd nes bydd y profiad dirdynnol gwreiddiol wedi'i fwrw o'r neilltu.

Ailryddhawyd y caneuon ar ffurf casét gan Sain yn 1991. Mae nifer o'r caneuon, gan gynnwys 'Merch o'r Ffatri Wlân' a 'Gwely Gwag', i'w clywed ar y set o dair gryno-ddisg Meic Stevens *Disgwyl rhywbeth gwell i ddod* a gyhoeddwyd gan Sain yn 2002. Richard Dunn, Roger Gape ac Arun Ahmun oedd y cerddorion eraill, ynghyd â Heather Jones yn cyfrannu llais cefndir.

Beryl Davies, horwth o ddynes roedd ei chymeriad yn gymesur â'i maint, a fuddsoddodd gyfran o'i ffortiwn i sefydlu'r label. Roedd gwreiddiau Beryl yn Sir Gâr ond roedd yn un o drigolion Heol Conwy, yn un o ffyddloniaid y dafarn ar ben y stryd ac wrth ei bodd yng nghwmni pobl liwgar fel hi ei hun na hidiai ddim am gonfensiwn.

Cyfrannodd Geraint Jarman y nodiadau ar glawr y record, argraffwyd y clawr yn lleol a gludwyd mil o'r dalennau yn gloriau yn rhif 55, Heol Conwy, gan wirfoddolwyr wedi'u recriwtio wedi'r sesiwn brynhawnol arferol lawr yn yr Old Arcade. Llun o Meic gyda chenhinen Pedr yn llabed ei got wedi'i dynnu ar Ddydd Gŵyl Dewi y tu fas i dafarn y Conway oedd ar y clawr. Clywid y caneuon byth a hefyd ar y radio a gwerthwyd yr albwm yn ddidrafferth wedi'i chyhoeddi ym mis Awst 1979. Doedd Meic ddim am orffwys ar ei rwyfau o weld bod ei yrfa nawr wedi aildanio.

Albwm o ganeuon Saesneg oedd ar y gweill nesaf. Gyda chefnogaeth ariannol Beryl Davies ac anogaeth Gwenllïan Daniel, penderfynwyd llogi stiwdio Jacobs yn nhref farchnad Farnham yng nghanol cefn gwlad Surrey. Llogwyd nifer o gerddorion profiadol o Gaerdydd a'r Cymoedd oedd wedi mwynhau llwyddiant yn y siartiau gyda'r gân 'They shoot horses don't they?' pan oedden nhw'n aelodau o'r grŵp Racing Cars.

Gwyddai Graham Williams, Ray Ennis, Pete Hurley, Dodo Wilding a Tony Lambert, a oedd newydd fod yn chwarae allweddellau gyda Bonnie Tyler, beth oedd beth o ran gwaith stiwdio. Fe fu rhai ohonyn nhw'n aelodau o The Incredible Alex Harvey Band hefyd. Yn wir, fe fu farw Alex ym mreichiau Graham. Ymunwyd â nhw gan John 'Rubble' Roberts a chwaraewr sacs arall, George Khan, a oedd yn gerddor sesiwn yn Llundain, ynghyd â Heather Jones a Sioned Mair. Roedd Gwenllïan a Beryl yno hefyd yn cadw llygad ar bawb ac yn cyflenwi eu hanghenion er mwyn hwyluso'r gwaith recordio.

Recordio yn ystod oriau'r nos a wnaed gan gychwyn ar ôl pryd swmpus o fwyd a chwpla tua saith o'r gloch y bore mewn pryd ar gyfer brecwast hael wedi'i baratoi gan y cogydd preswyl. Doedd dim prinder diodydd na mwg drwg, yn ôl arfer y cyfnod, a'r nod oedd canolbwyntio ar greu cerddoriaeth o'r ansawdd gorau yn ystod yr oriau pan fydd y synhwyrau ar eu mireiniaf. Roedd Lyn Phillips yno hefyd. Yn wir fe, yn anad neb, oedd wedi crynhoi'r cerddorion ynghyd, sef criw'r Cadillacs fel roedden nhw'n eu galw'u hunain erbyn hynny. Oherwydd hynny teimlai Lyn ddyletswydd i wneud yn siŵr y byddai pob dim yn mynd yn hwylus yn ystod yr wythnos.

Roedd yn fwriad i Lyn ei hun chwarae ei harmonica ar y traciau. Trefnwyd iddo wneud hynny ar y diwrnod olaf pan oedd pob dim arall wedi'i gwblhau. Ond pan aeth i mewn i'r stiwdio ni chlywodd y peiriannydd, Ken Thomas, o Gaerfyrddin, yr un nodyn o'r organ geg waeth pa nobiau roedd yn eu troi ar ei ddesg. Yn wir, roedd mei-nabs wedi cwympo i gysgu â'r harmonica yn ei geg a doedd dim modd ei ddihuno. Doedd trwmgwsg ddim ynddi. Yr unig sŵn a glywid oedd sŵn rhochian, nid sŵn cerddoriaeth organ geg y felan. Erbyn hynny roedd yr amser stiwdio yn dirwyn i ben a doedd dim modd aildrefnu recordio'r sŵn harmonica pan fyddai Lyn yn effro.

Nid yw cof Lyn yn arbennig o glir am y digwyddiad, na chwaith helyntion yr wythnos gyfan o ran hynny. "Dwi'n cofio bob tro fyddwn i'n gweld Stevens bydde spliff fowr dew 'da fe yn ei ddwylo yn amlach na pheidio. A finne'n ffaelu deall. Ond wedyn dyma fi'n sylweddoli ei fod e'n helpu'i hunan i'r baco o'dd gen i wedi'i gwato o dan y gwely! Roedd hi'n wythnos weddol ddi-drefn ond yn yffach o hwyl. Dwi'n cofio mynd adre ar y dydd Sadwrn a ninne'r Cadillacs ar frys am fod gìg 'da ni'r nosweth honno. Ond roedd rhaid i Meic alw fan hyn a galw fan'co i weld rhywun o'dd e'n ei nabod. Do'dd ddim shwd beth iddo ddod 'nôl i'r fan. Roedd pawb yn mynd yn mental, byt," meddai Lyn.

Cof pennaf Pete Hurley o'r wythnos yw gweld Meic yn eistedd yn yr ystafell reoli gyda'r het ddu cantel lydan ar ei ben. "Dyna lle'r oedden ni'n gwrando ar y tracie gyda'r peiriannydd ac ynte'n newid hyn a'r llall ac yn troi pob math o nobs. Dyma fe'n troi at Stevens yn y diwedd ac yn gofyn iddo am ei farn. Ro'dd yr het ddu wedi'i thynnu lawr dros ei lyged. Dim ymateb. Dyma'r peiriannydd yn holi eto ymhen tipyn. Dim ymateb. Pam o'dd e mor ddywedwst? Pawb yn edrych ar ein gilydd. Yn sydyn, dyma hi'n gwawrio arnom nad canolbwyntio gwrando o'dd Meic ond cysgu'n sownd. Ro'dd e wedi bod yn cysgu ers meitin. A fe o'dd y cynhyrchydd!" meddai Pete.

Ond yn ystod yr wythnos honno yn 1979 cyfansoddodd Meic ei gân deyrnged i Vic Parker sydd bellach yn un o'i glasuron. Bu farw Parker yn 1978 ac fel rhan o'i angladd bu'r jazzwyr yn gorymdeithio ar hyd Stryd Bute yn chwarae cerddoriaeth New

Orleans yn deyrnged i ŵr a edmygid gan bob cerddor. Roedd Meic yno yn eu plith wrth i'r galaru barhau am ddiwrnodau yn nhafarndai'r dociau. Mae'n werth gwrando ar hanes y cyfansoddi er mwyn sylweddoli sut oedd y broses greadigol yn gweithio.

> Roedd Parker, hen jazziwr du ei groen o Tiger Bay, yn annwyl gan bawb a dysgodd beth wmbreth i mi am ddifyrru. Tua diwedd y sesiynau ro'n i ar f'eistedd wrth biano yn y stiwdio yn ystod saib rhwng caneuon. Roedd hi wedi'r wawr a ninnau i gyd yn dechrau blino. Ro'n i'n sgrifennu geiriau mewn llyfr nodiadau a ngitâr ar fy nglin ar yr un pryd â chwarae tôn fesul nodyn ar yr allweddell, wedyn yn rhoi cynnig ar y cordiau gitâr yng nghywair D lon.
>
> Disgynnodd y gân arna i fel manna o'r nefoedd, a'r geiriau hefyd. Mae hyn yn digwydd yn aml, rhywbeth wedi nhanio i am wn i, f'ysbrydoli os mynnwch chi. Roedd Tony wedi ymuno â ni, wnes i ddim sylwi i ddechrau. "Be di hwnna? Mae'n hyfryd." "Wn i ddim," meddwn i. Roedd Pete Hurley, oedd fel arfer ond yn eistedd yno'n smocio, wedi ymuno hefyd. "Cerwch i nôl Ken," meddwn i wrth rywun. Daeth Ken i mewn a dechrau ad-drefnu meics o'n cwmpas ni wrth i ni chwarae. Nid ymarfer mono, roedd hi fel petai'r gân fel hud o'r gwynt. Daeth llais Ken trwy'r system sain-gyfeirio. "Well i chi ddod i wrando ar hwn."
>
> Wydden ni ddim ein bod ni'n recordio. Am funud neu ddwy ro'n ni wedi cael ein cipio i ddimensiwn arall – o'm rhan i, dwi'n cofio bron dim am wneud y gân; dyna'r tro cyntaf i mi'i chanu erioed. O ble gebyst daeth llinell fel "Snow white, star black, blueful horns, rock on?" A dyna 'Rock on Victor' ar un cynnig.

Cofia Graham Williams, y gitarydd o'r Rhondda, yr achlysur yn dda a chofia fel y rhyfeddai at yr hyn oedd yn digwydd. "Newydd ddod 'nôl o'r dafarn oedden ni. Dyma Meic yn mynd i ishte ar ei ben ei hun yn y gornel. Rown i'n gweld ei fod e wrthi'n sgriblan rhywbeth. Cyn pen dim dyma fe'n canu'r geirie rhyfeddol yma yn deyrnged i Victor Parker i gyfeiliant ei gitâr. Ac roeddwn i'n meddwl adeg hynny mai felly y dyle hi fod heb unrhyw offerynne eraill yn gefndir iddi. Roedd y gân wedi llifo mas ohono fe.

"Roeddwn i, chi'n gweld, yn gwerthfawrogi'r gân gymaint â hynny'n fwy am fy mod wedi cael y fraint o glywed Vic Parker a Ray Norman yn chware i lawr yn y docie. Dim ond pedwar ohonon ni oedd yno. Roedd y bocsiwr Joe Erskine yn un ohonon ni. Ond roedd e'n brofiad bythgofiadwy i glywed y bois 'ma'n whare jazz. Ac roedd Meic wedi cyfansoddi teyrnged cwbl deilwng i Vic. A dwi ddim yn synnu ei fod wedi gwrthod ei gwerthu i fod yn gân deyrnged i Charlie Parker. Cân Meic yw hi, yn dyfe. Ma hi'n fwy gwerthfawr iddo fe nag arian.

"Cof arall sy gen i o fawredd Meic yw ei glywed ryw noson ar ôl rhyw gìg yn rhywle, wedi i effaith y 'moddion' bylu, yn ishte yn y gornel ac yn canu un o ganeuon Woody Guthrie yn ddistaw iddo'i hun. Fe ddaeth y gân yn fyw. Ma pawb yn gallu canu, on'd yn nhw? Dyna'r cam nesa wedi dechre siarad. Ond nid pawb sy'n gallu dweud stori'n dda er eu bod nhw'n gallu dweud y geirie. Ac nid pawb sy'n gallu canu cân yn dda er eu bod nhw'n gwybod y geirie a'r diwn. Ond roeddwn i'n gwrando'n stond ar Meic.

"Gall rhywun fod yn berchen ar lais godidog ond dyw hynny ddim yn golygu ei fod yn gallu dweud stori ar gân gydag argyhoeddiad chwaith. Y noson honno fe ddeallais i bod gan Meic y gallu prin hwnnw. Yn anffodus, am nad oes gen i fawr o Gymraeg, dwi ddim yn gallu dweud a yw'n medru creu yr un awyrgylch wrth ganu ei ganeuon Cymraeg. Os ydyw, wel, mae cynulleidfaoedd sy'n rhugl yn yr iaith yn freintiedig. Fedra i ddim talu teyrnged yn uwch na hynny.

"Ma'r perfformiad tawel hwnnw gan Meic o 'Deportee (Plane Wreck at Los Gatos)' a sgwennwyd gan Woody Guthrie yn 1948 wedi i 28 o ffermwyr o Fecsico gael eu lladd wrth gael eu hedfan 'nôl i'w gwlad wedi aros yn fy nghof. Gallwn i sôn llawer am yr helyntion a gafwyd yng nghwmni Meic. Roedd e'n byw y bywyd roc a rôl ac yn ei gor-wneud hi'n aml o ran y cyffurie a'r ddiod. Ond i mi, ar ddiwedd y dydd, y perfformiad tawel hwnnw yn y gornel sy wedi'i serio ar fy nghof. A chofiwch, dwi ddim yn ganwr. Dim ond gitarydd wdw i," meddai Graham.

Mae Pete Hurley wedyn, er gyda'r cynta i adrodd am yr

helyntion yng nghwmni Meic yn Llydaw ac yn y stiwdio ac ar lwyfan, yn fwy na pharod i dalu gwrogaeth.

"Er gwaethaf yr holl halibalŵ a'r ynfydrwydd tost, does dim dwywaith yn fy marn fod Meic yn un o'r cyfansoddwyr gorau, os nad y gorau, a welwyd yng Nghymru erioed. Odi, ma fe'n gymeriad sy'n cynnig her. Ac rydych chi naill ai'n hoff ohono neu dydych chi ddim. Roeddwn i'n chwerthin nawr o gofio amdano mewn gìg yn Solfach yn dod ar y llwyfan mewn siaced wen smart lliw hufen oedd yn waed i gyd. Roedd e wedi torri'i hunan yn ddrwg wrth siafio yn yr ystafell gefn. Doedd e ddim yn deall pam oedden ni i gyd yn piso chwerthin am nad oedd e wedi sylwi ar y gwaed.

"Ond fe gefais i'r anrhydedd o chware gydag e yn Steddfod Bro Morgannwg yn 2012. Mi oedd e'n gwbl foneddigaidd. Mae'n siŵr bod yna ugain mlynedd os nad mwy ers i mi chware fel rhan o'i fand. Roedd hi'n bleser cael gwneud. Ac mae'n rhaid ei bod hi'n anodd iddo ynte'r diwrnod hwnnw am ei fod newydd gael cadarnhad fod ganddo ganser yn ei wddf," meddai Pete.

Hywel Gwynfryn, gyda'i gynildeb arferol, ddywedodd rywbryd wrth geisio crynhoi hanfod dawn a phersonoliaeth Meic Stevens, "Lle mae camp mae yna hefyd rhemp". Dyma enghraifft berffaith o'i ddisgrifiad o'i gyfaill. O ganol rhemp y gwin a'r mwg drwg, y bwgi fel cath i gythraul, ar garlam gwyllt fel mellten i bren bondibethma drwy oriau'r nos, daeth camp y gân deyrnged i un o gantorion amlyca'r dociau, 'Rock on Uncle Victor'. Daeth y fersiwn Gymraeg yn adnabyddus fel 'Gwin a Mwg a Merched Drwg', wrth gwrs.

Recordiwyd albwm o ganeuon o fewn wythnos ar gost o £5,000 nad oedd yn ddim namyn newid mân i'r cwmnïau mawr na feddylient ddwywaith ynghylch gwario £50,000 a dwbwl hynny ar gynhyrchu record hir ar y pryd. Roedd gan Meic ffydd yn y cynnyrch a chredai y byddai bron yn fater o ocsiyna'r tâp rhwng y prif gwmnïau i weld pwy fyddai'n barod i'w ryddhau, ei hyrwyddo a'i farchnata. Credai'r Cadillacs eu bod ar fin rhoi'r gorau i gynnal gigs mewn clybiau a neuaddau siang-di-fang ac y byddai rhyw gwmni go fawr yn trefnu teithiau ar eu cyfer. Dim ond troi i fyny fyddai angen iddyn nhw ei wneud. Byddai cludiant a llety a phob dim wedi'i drefnu ar eu cyfer i bob man. Hawdd breuddwydio.

Ond anghofiwyd am un ffactor. Er bod hen gyfeillion Meic ers dyddiau Manceinion, Chris Wright a Doug Davey, yn hoff o'r albwm, ni lwyddwyd i berswadio cwmni Chrysalis i fuddsoddi'u harian yn y fenter. Cerddoriaeth pync, os gellir ei alw'n gerddoriaeth, âi â bryd pawb ar y pryd. Roedd Meic yn gandryll.

> Yr unig gerddoriaeth roedd gan y cwmnïau recordiau mawr ddiddordeb ynddo oedd ffycin pync. Johnny Rotten cachlyd a'i holl fêts baw isa'r domen. Wnaeth hynny ddim hyd yn oed taro mhen i: jôc oedd pync, ond nid i'r labeli recordiau mawr sy'n dilyn ei gilydd fel defaid, a mwy o arian 'da nhw nag o glem. Ffycin pync, pync pislyd, pync cachlyd. Roedd y gerddoriaeth yma, tapiau Farnham, yn hen ffasiwn!!! Tan hynny ro'n i bob amser yn cyfeirio at yr albwm fel *The Farnham Sessions*. Tarodd Dave Reid, fy nghanwr gitâr bas gynt, ar enw tan gamp, The Green Apple Quickstep, yn golygu cyrraedd y tŷ bach o drwch blewyn yn ystod pwl cas o'r dolur rhydd. Dyna i chi synnwyr digrifwch Dave yn mynd dros ben llestri eto.

Siom a dadrithiad unwaith eto, yn union fel y prosiect *Hirdaith* a adawyd ar ei hanner. Doedd gobeithion ddim yn cael eu gwireddu.

Serch hynny fe wasgwyd 500 o gopïau o *Cider Glider (The Farnham Sessions)* ac aed â'r rheiny, wedi'u cyhoeddi ar label Tic-Toc, ar ymweliad arall â Llydaw yng nghwmni'r Cadillacs yn 1981. Ond o bob adfyd fe ddaw rhyw wynfyd. O leiaf roedd gan Meic griw o gerddorion medrus y medrai ddibynnu arnyn nhw nawr i gyfeilio iddo mewn gigs wrth iddo ddiosg mantell y canwr gwerin gyda'i gitâr acwstig. Roedd Meic yn drydanol. Ond a fedrai'r Cads ddibynnu ar Meic yng nghanol y rhemp?

14

Nos Du, Nos Da

CYMAINT OEDD BWRLWM y canu roc Cymraeg ar ddiwedd y 1970au a dechrau'r 1980au nes ei bod yn bosib i artist lenwi neuadd go fawr yng Nghaerdydd ar drothwy gêm rygbi ryngwladol. Ar noson olaf mis Chwefror 1980 roedd Meic Stevens a'r Cadillacs wedi'u llogi i berfformio yn y Top Rank yng nghanol y ddinas. Argoelai'n noson dda i'r holl Gymry ifanc hynny fyddai wedi heidio i'r brifddinas o'r gogledd a'r gorllewin. Ond nid felly y bu. Yn wir, noson shimpil oedd hi.

Doedd Meic a'r Cadillacs ddim i'w gweld ar yr un donfedd. Mynych fu tiwnio'r gitâr rhwng caneuon, sydd wastad yn arwydd nad yw Mr Stevens yn ei hwyliau gorau. Roedd yn lled amlwg na fu ymarfer ymlaen llaw na chwaith drafodaeth ynghylch pa ganeuon fyddid yn eu chwarae, yn ôl pob tebyg. Cafwyd hoe wedi'r ymdrech i berfformio rhyw hanner dwsin o ganeuon. Pan ailgydiwyd, mentrwyd chwarae rhai o'r caneuon cynt yr eilwaith ond heb fawr o lwyddiant. Ceisiodd Lyn Phillips ddilyn arweiniad trwsgl Meic trwy chwarae'r harmonica hyd eithaf ei allu. Ond doedd dim yn tycio.

Rhoddwyd hoe i Meic wedyn a chydiodd y Cadillacs yn yr awenau. Ond am eu bod yn canu yn Saesneg doedd hynny ddim yn plesio'r dorf. Anelodd un pynter boerad i wyneb Lyn Phillips. Doedd Dafi'r Efail Fach, yn hunangofiant D.J. Williams *Hen Dŷ Ffarm*, erioed wedi bod yn sicrach ei anel wrth boeri i lygad y cwrcyn broc. Daeth Bryn Fôn i'r llwyfan i ganu rhai o ganeuon yr opera roc, *Dic Penderyn*.

Neidiodd dynes benfelen i'r llwyfan wedyn a doedd dim amau ei dawn wrth iddi ei rocio hi. Wel, roedd Cathy Chapman yn gyfnither i Dave Edmunds, wedi'r cyfan. Ond yn Saesneg y canai. Mentrodd Meic yn ôl i ganu 'Cân Walter' heb gyfeiliant y band, gyda chymorth Bryn Fôn. Ond roedd y Cadillacs wedi diflannu erbyn hynny a'r cwch wedi suddo go iawn. Afraid oedd mentro canu 'Brawd Houdini' a chael pawb i glapio. Roedd y cwch ar wely'r môr erbyn hynny.

Yr hyn a brofodd y noson oedd fod y traddodiad o fynychu gìg gan Meic Stevens heb wybod p'un a fyddech yn cael eich gwefreiddio neu eich diflasu, wedi'i sefydlu. Ond roedd wedi plesio yng Ngŵyl Padarn Roc ym Methesda y mis Gorffennaf cynt. "Mae ei ymddangosiade mor brin fel bod clywed yr hen ffefrynne'n brofiad braf," oedd dyfarniad Dylan Iorwerth yn *Y Cymro*. Yn Steddfod Caernarfon yn y Twrw Tanllyd ar faes Cae'r Saeson ar y nos Fawrth wedyn fuo yna erioed y fath beth.

Un o ganeuon mwyaf poblogaidd y grŵp rocecer, Y Trwynau Coch, o Gwmtawe, ar y pryd oedd 'Mynd i'r Bala mewn cwch banana' sef un o ganeuon Bara Menyn. Wel, os do, fe ymunodd Meic a Geraint Jarman â'r bechgyn ar y llwyfan i greu uchafbwynt cofiadwy. Rhaid na fu mwy o gyffro yn un o gyfarfodydd y Diwygiad. Unwyd sawl cenhedlaeth o ieuenctid yn nodau'r gân a sgrifennwyd dros ugain mlynedd ynghynt.

Doedd dim dwywaith fod gan Meic Stevens ei ddilynwyr a'i edmygwyr ymhlith y genhedlaeth iau. Fe'i dewiswyd yn Brif Ganwr Unigol Gwobrau Blynyddol *Sgrech* bedair blynedd o'r bron rhwng 1981 a 1984. Trefnai'r cylchgrawn Noson Wobrwyo enfawr ym Mhafiliwn Corwen gan amlaf. Byddai pawb o bwys o blith cerddorion y cyfnod oedd yn rhan o'r hyn a elwid yn sîn roc Gymraeg yno'n bresennol i dalu gwrogaeth i un a gyfrannodd yn helaeth i wneud y fath beth yn bosib. Yn un o rifynnau'r cylchgrawn nododd Myrddin ap Dafydd un o'r rhinweddau a oedd yn gwneud cyfraniad Meic mor arbennig; "Daeth griddfan-ganu'r dyn du yng nghorsydd y Mississippi yn rhan o gŵyn y Cymro am ei dynged yntau," meddai.

Ond doedd y perfformiadau yn nosweithiau *Sgrech* ddim yn fêl i gyd chwaith. Tebyg bod y gynulleidfa wedi cynefino ag annibendod o bryd i'w gilydd, ac os nad bron yn anwylo ymddygiad o'r fath o leiaf yn ei ddisgwyl ac yn ei oddef. Bu gwamalrwydd Meic yn drech nag Anthony Griffiths ar un achlysur.

"Roedd Meic wedi gofyn i fi gyfeilio iddo. Popeth yn iawn. Ond doedd dim siâp arno'n trefnu rhywfaint o ymarfer ymlaen llaw. Roedd materion eraill yn mynd â'i sylw yn y gwesty. Dyma dipyn o weiddi yn digwydd rhyngddon ni. Ma rhaid i fi gyfaddef fy mod wedi fy nghythruddo. Gwneuthum ryw esgus fel mynd mas i moyn fish a chips neu rywbeth. Euthum i ddim 'nôl i'r gwesty. Euthum i ddim i'r noson chwaith. Euthum i adref," meddai Anthony.

Ond er y gwamalu, pwy o blith y rhai a oedd yn bresennol yn y Great Western Hotel ger prif orsaf rheilffordd Caerdydd ar ddechrau mis Mai 1981 na fedrai edmygu dawn ac athrylith Meic wrth iddo ganu 'Bobby Sands' am y tro cyntaf? Bu farw'r merthyr Gwyddelig ddiwrnod neu ddau ynghynt, yn 27 oed, wedi 66 diwrnod o ymprydio yng ngharchar Long Kesh. Roedd y gweriniaethwr wedi'i ethol yn Aelod Seneddol San Steffan mewn isetholiad ychydig ynghynt gyda mwyafrif o ychydig o dan 1,500 o bleidleisiau dros yr ymgeisydd Unoliaethol.

Cynhaliwyd ralïau a gwrthdystiadau ar draws y byd yn erbyn y modd roedd Bobby Sands wedi'i drin gan lywodraeth Llundain, ac mewn cydymdeimlad ag achos y Gweriniaethwyr a ddeisyfai ryddid i Iwerddon gyfan. Yn union fel yr ysgogiad dros gyfansoddi 'Tryweryn' a 'Dic Penderyn', wedi'i gyffroi gan yr hyn a ystyriai'n gamwedd yn erbyn dynoliaeth roedd Meic, yn hytrach na'i fod yn Weriniaethwr pybyr yn cefnogi trais.

> Ma 'na filoedd yn dy gefnogi di
> a tithau yn y carchar,
> clyw sgrech y llywodraeth: 'Ysbeiliwr ffôl!
> Troseddwr! Thyg! – gwatwar.
> Ond beth bynnag maen nhw'n ddweud yn dy erbyn di,
> dioddefaint ac angau ddewisaist ti
> i gael heddwch yn Iwerddon a chael bod yn rhydd,
> Bobby Sands.

Darllenais am dy dristwch yn y *Western Mail*
mewn erthygl olygyddol:
'Bu farw Sands yn y Long Kesh jêl –
derbyniwch y ffaith fel rhybudd.'
Yn ei farn, wnest ti farw dros ffyrnigrwydd gwyllt,
terfysg, dychryn y bom a'r dryll,
lladrata a mwrdro oedd dy ddull,
Bobby Sands.

'Nid merthyr yw Sands' ebe Llais y Sais,
'ond gwystl mewn dwylo gwydlon,
esgus gwarthus i gael mwrdro mwy –
ac ma Sands yn ddigon bodlon
i farw dros y terfysg hwn
lladrata, mwrdro, y bom a'r gwn.'
Ond fe eith ei enw i lawr, mi wn,
gyda Padraig Pearse a Connelly.

Yn ystod y perfformiad byw cyntaf hwnnw gellid clywed plufyn yn taro'r llawr. Roedd yn berfformiad syfrdanol ac ysgytwol. Cymaint felly nes iddo hidlo Meic o bob emosiwn. Gwir a ddywedwyd am y gamp a'r rhemp yn gyfochrog. Yr eiliad nesaf aeth yn dân golau wrth i Meic ddechrau difyrio hwn a'r llall a bwrw ati i diwnio'i gitâr yn ddidorreth. Roedd y noson wedi'i cholli. Ond roedd yn bosib trysori'r eiliad o athrylith a gafwyd wrth weld a chlywed esgor ar gân ddirdynnol.

Doedd dim prinder galwadau i berfformio ar ddechrau'r 1980au, yn arbennig os byddai'r Cadillacs ar gael i gyfeilio. Tebyg bod y galwadau mor niferus nes ei bod yn amhosib i Meic fod yn bresennol ym ymhobman ac iddo fagu enw am beidio â bod yn ei gigs ei hun. Ei brif gyflogwyr yn ystod y cyfnod prysur hwnnw fyddai Cymdeithas yr Iaith Gymraeg, a fyddai'n trefnu prif gigs yr Eisteddfod Genedlaethol yn ogystal â dawnsfeydd mawreddog gydol y flwyddyn ledled y wlad. Ond doedd gan y trefnwyr cyson am yn agos i ddeng mlynedd, sef y brodyr Rhodri a Tegid Dafis o Landudoch yn y de, a Dyfrig Berry o Lanrwst yn y gogledd ddim un cwyn ynghylch Meic.

"O'n profiad ni fe fydde Meic wastad yn troi lan ac fe fydden ni wastad yn ei dalu y swm fydden ni wedi'i addo iddo. Hyd yn oed os bydden ni wedi digwydd gwneud colled ar y noson fe fydden ni'n cadw at y fargen gan wybod y bydden ni'n gwneud iawn am y golled yn y ddawns nesaf fydden ni'n ei threfnu. Roedd hynny'n rhan o'n hethos ni wrth ddelio â pherfformwyr. Dwi'n gwybod bod rhai'n ceisio talu llai na'r hyn a gytunwyd trwy ddweud eu bod nhw wedi disgwyl mwy i droi lan a bant â hi, a falle bod hynny'n cynddeiriogi Meic o bryd i'w gilydd.

"Roedden ni, wrth gwrs, yn awyddus i gefnogi cerddoriaeth Gymraeg, ac o ganlyniad roedden ni am gefnogi'r artistiaid. Falle bydde rhai trefnwyr dim ond yn cynnal noson i godi arian i rywbeth lleol ac yn ceisio bargeinio ymhellach wedyn. Nid fel'ny roedden ni'n ei gweld hi. Cofiwch, rhaid dweud ein bod ni'n bryderus pan drefnon ni Twrw Tanllyd ym Mhontrhydfendigaid un flwyddyn pan nad oedd Meic wedi cyrraedd ar gyfer yr ymarfer sain am un o'r gloch yn ôl y disgwyl. Tua thri o'r gloch dyma bostfeistres y pentre'n dod draw â thelegram wrth Meic yn dweud y bydde fe'n cyrraedd erbyn pump. A whare teg o'dd e 'na whap wedi pump 'fyd. A dim trafferth wedyn," meddai Rhodri.

Atega Dyfrig Berry mai'r un oedd y patrwm pan fyddai'n llogi Meic i berfformio ar hyd y gogledd yn enw Cymdeithas yr Iaith Gymraeg. Roedd angen rhoi tipyn bach mwy o sylw iddo nag i artistiaid eraill.

"Roedd yna wastad y pryder na fydda fo'n troi i fyny. Ond i fod yn deg, dwi ddim yn credu i Meic erioed ein gadael i lawr trwy beidio â throi i fyny. Dwi'n cofio mewn un steddfod doedd o ddim wedi troi i fyny ar gyfer rhyw sesiwn ar y maes ac roedd o i fod gyda ni y noson wedyn. Ffonio pobl yng Nghaerdydd wedyn i geisio cael gafael arno, a chwara teg mi ddoth i berfformio. Roedd hynny'n rhan o'r drefn. Cysylltu â fo mla'n llaw bob tro. Roedden ni wastad yn awyddus i'w gael i berfformio oherwydd roedden ni'n gwybod y caem berfformiad cwbl wefreiddiol bob hyn a hyn. Fydda yna ddim taw arno pan oedd o ar ei ora," meddai Dyfrig.

Ond falle na fyddai pob dim yn mynd yn hwylus ar y llwyfan bob amser ymhlith y cerddorion eu hunain, fel y cofia Lyn Phillips.

"Steddfod Machynlleth 1981 dwi'n meddwl o'dd hi. Ma Meic yn torri llinyn ei gitâr am yr eilwaith. Bant â fe o'r llwyfan a gweud wrthon ni am gadw i whare. Wel, o'dd wyth munud yn amser eitha hir i whare darn offerynnol. Ma fe 'nôl ac yn eistedd ar y llwyfan. Ond ro'dd y llinynne'r holl le i gyd. Dim siâp arno. O'dd hi wedi canu, byt. Fe gododd ar ei drâd a bant ag e a 'na ddiwedd ar y noson wedyn.

"Bryd arall fydden ni'n ca'l strops mowr gyda rhywrai o'dd yn grac bod ni ddim yn siarad Cymrâg. Gog mowr fynychaf. Wel, dwi o'r Rhondda, a rhai o'r bois arall 'fyd, ond synnon ni'n siarad Cymrâg. Cheson ni ddim o'n magu i siarad yr iaith. Ma 'mhlant i wedi ca'l addysg Gymrâg, wrth gwrs. Ta beth, bydde Meic yn sefyll lan droston ni a wastad yn troi i'r Saesneg yn lle ein bod ni'n ca'l ein cadw mas o'r sgwrs. Ieffach, bydde'r byrdde a'r cadeirie'n dechre hedfan wedyn, byt. Fel'na o'dd hi," meddai Lyn.

Cofia Rhys Huws yn dda am yr helyntion steddfodol hefyd.

"Dwi'n cofio Meic yn teithio 'nôl i Gaerdydd 'da fi o Steddfod Wrecsam yn 1977. Dyna beth o'dd halibalŵ. Dydd Sul o'dd hi ond ro'dd rhaid galw ymhob tafarn o'dd ar agor, wrth gwrs. Dwi'n ei gofio yn rhoi gorchymyn i fi stopo'r fan tu fas i Llanidloes rywle. O'dd e Stevens wedi gweld baner Jac yr Undeb fawr yn chwifio ar ben clawdd. Mae'n rhaid bod yna rhyw ddathliad brenhinol ar y pryd. O fewn ychydig funude iddo ddod 'nôl i'r fan yn cario'r faner fe sgrialodd car yr heddlu heibio. Dyma fe'n gwneud twll ynddi a'i gwisgo am ei ben ac yn cyflwyno'i hun fel hynny ymhob tafarn arall ar y ffordd adre wedyn.

"Dwi'n cofio gweithio fel bownser o flaen y llwyfan yn Twrw Tanllyd Steddfod Gorseinon yn 1980 wedyn. Jarman o'dd ar y llwyfan a Meic yn ishte yn y tu blaen y tu fewn i sgrin ddiogelwch. O'dd popeth yn mynd yn iawn. Ond wedyn dyma bois cocos Penclawdd a rafins Bethesda yn penderfynu y bydde hi'n syniad da i ddechre pwno'i gilydd. Wedd hi fel y Gorllewin Gwyllt wrth i ryw gant ohonyn nhw hemo'i gilydd.

"Daeth criw ohonyn nhw dros y sgrin a diflannodd Meic o dan haid o gyrff wrth i bawb ddal i bwno'i gilydd. Tra o'n i'n ceisio cadw trefn ar bethe dyma fi'n gweld Stevens trwy gornel fy llygad yn cripan o dan y llwyfan ar ei bedwar yn llusgo crêt o gwrw. Sai'n meddwl bod ni wedi'i weld e wedyn y noson honno," meddai Rhys.

Cythryblus oedd y berthynas rhwng Meic a Gwenllïan unwaith eto. Penderfynodd Gwenllïan adael Caerdydd a dychwelyd i'r gogledd i weithio i Ymddiriedolaeth Archeolegol Gwynedd ar ddiwedd 1981. Tebyg nad oedd y ffaith bod dau drempyn wedi penderfynu y medren nhw godi clicied ffenestr mynediad i rif 55, Heol Conwy fel y mynnen nhw, o ddim cymorth. Wedi un o'u hymweliadau, diflannodd casgliad o emau Gwenllïan. Mae'n siŵr y gellid sgrifennu drama ddirfodol am y sefyllfa. Symudodd Meic i'r gogledd hefyd yn y gobaith o adfer y berthynas, ond bu raid iddo sylweddoli nad oedd modd i hynny ddigwydd. O ganlyniad cyfansoddwyd un o'r caneuon serch mwyaf dirdynnol a gyfansoddwyd erioed yn Gymraeg, 'Môr o Gariad', gan gerddor a bardd a oedd yn ei dridegau hwyr. Cofia Meic yr union achlysur.

> Yn nhŷ Carys Dafydd – Carys Parc – ym Mangor y dechreuodd y gân. O'n i wedi bod yn yfed lot o win a dyma whâr Carys, Sioned, yn cerdded mewn. O'dd drws y tŷ yn arwain yn syth i mewn i'r stafell. Dyma Sioned yn dod mewn a gweud, 'Sdim byd yma heno.' Finne'n ateb, 'O's, ma hon,' a dal potel wag o win lan. 'O,' medde hi. 'Dim ond gwaddod gwin.' Ac fel'na dechreuodd y gân: "Sdim byd yma heno..." ac wedyn ymlân i 'yn y botel, gwaddod gwin'. Sioned a fi'n towlu brawddege at 'yn gilydd o'dd y dechre.
>
> Wedyn fe alwodd Gwenllïan gyda fi yn y fflat (ym Methesda) a gweud eto bod popeth wedi darfod. Fe wedes i wrthi am y gân odd ar waith. Ac fe berswadies hi i aros gyda fi nes inni bennu'r gân. A dyna beth ddigwyddodd. Ma'r gân, felly, yn waith tri o bobol ac wy'n credu bod hi'n gweithio.

Yn gweithio yn wir! Uniaethodd cenedlaethau o ieuenctid â'r gân wrth bendrymu dros golli cariad, waeth beth oedd yr amgylchiadau, pan oedd eu poteli gwin yn wag. Ac fe ddeil hynny i ddigwydd eto, glei.

Eistedd yma'n unig 'ben fy hun,
heno sdim amynedd i helbul byd,
ond mae'r nos yn ffoi,
fel mae'r byd yn troi,
fel y môr o gariad a roddais i ti.

Sdim byd yma heno ond adlais cariad mawr
a'n gwydrau gweigion ar y llawr
ac i gwpla'r llun
yn y botel, gwaddod gwin –
gwaddod y môr o gariad a roddais i ti.

Hwn oedd cariad glân,
hwn oedd cariad ffôl,
roeddwn i ar dân –
nawr sdim ar ôl.

Strydoedd oer y ddinas, strydoedd mor llawn
atgofion fydd amdani, ei serch a'i dawn.
Serch hynny, mae'n rhaid byw,
ymuno efo hwyl y criw.
Sych yw'r môr o gariad a roddais i ti.

Medrwn oll symud i rhythm y gân wrth ddarllen y geiriau. Medrwn oll ddal y llafariaid hir wrth glywed Meic yn ei chanu yn ein hymwybod.

Daeth cyfle i'w gosod ar record pan aed i stiwdio Sain yn Llandwrog ym mis Mawrth 1982. Anthony Griffiths oedd yn gyfrifol am y riff hyfryd yng nghanol y gân. Ond doedd y gŵr o Aberystwyth ddim yn y stiwdio gydol y cyfnod recordio chwaith. Yn wir, fe gododd ei bac a'i gwadnu hi.

"Dwi'n cofio aros gyda Meic yn Bethesda ar y pryd. Roedd e wrthi'n cyfansoddi hyd y funud olaf. Fi oedd yn ei yrru i'r stiwdio. Roedd hi'n amser anodd iddo am ei fod newydd gwpla gyda Gwenllïan. Roedd yna ymdeimlad o bob dim yn digwydd ar y pryd yn y stiwdio. Hynny yw, doedd yna ddim ymarfer wedi bod ymlaen llaw. Roedd rhaid i mi fod ar flaenau fy nhraed.

"Dwi'n cofio dal yn ôl wrth recordio 'Bobby Sands' am fy mod yn gorfod dilyn y newidiadau cyweirnod. Dwi'n credu i mi gael eitha hwyl arni wrth recordio 'Môr o Gariad' wedyn. Ond ar ôl tair noson o recordio rhwng hanner nos a phump y bore roedd rhaid i mi roi'r gore iddi. Roedd y tyndra'n ormod i mi. Roeddwn i wedi llwyr ymlâdd ac euthum adre," meddai Anthony.

Doedd gan Meic ddim gitarydd, felly, i gwblhau'r albwm. Awgrymodd swyddogion Sain y dylai gymryd hoe cyn ailgydio ynddi. Ond pan darodd heibio tafarn y Glôb ym Mangor yn ddiweddarach yn y dydd pwy oedd yno ond ei hen gyfaill o Lydaw, Gweltaz ar Fur. Yn ei gwmni roedd gitarydd ifanc deunaw oed o'r enw Patrice Marzin. Aed yn ôl i'r stiwdio y noson honno i gwblhau'r albwm, a gitâr Patrice, y cyfaill mewn cyfyngder, sydd i'w chlywed ar y caneuon 'Capel Bronwen' a 'Y Meirw Byw', y gân agoriadol.

Ar yr albwm honno y clywir 'Dic Penderyn' a'r hyfryd 'Bethan mewn Cwsg', yn ogystal â 'Cegin Dawdd y Cythraul' a oedd yn deyrnged i Alan Harries, un o haid o ddringwyr oedd wedi cartrefu yn ardal Llanberis ac a fu farw mewn damwain car yn 1976. Bu Meic yn byw a bod yng nghwmni'r dringwyr am gyfnod gan fod y partïa diddiwedd a'r byw ar erchwyn y dibyn yn apelio ato. Fyddai'n ddim i aelodau o'r criw ddringo wal tafarn y Black Boy yng Nghaernarfon neu hyd yn oed y castell ei hun yn hwyr y nos.

Tebyg bod teitl y record, a theitl y gân olaf *Nos Du, Nos Da*, yn adlewyrchu'r tywyllwch a deimlai Meic oedd yn ei amgylchynu ar y pryd wedi colli cariad Gwenllïan, a oedd bellach wedi rhedeg yn sych grimp. Mae'r llun clawr o Meic, yn arbennig ar y cefn, o eiddo Gerallt Llywelyn fel yng ngeiriau'r ffotograffydd ei hun bron yn *neanderthal* ei naws, sef yn ymdebygu i ddyn cyntefig a fodolai dros 50,000 mlynedd yn ôl.

Nos du, nos da ffrindiau
Sdim goleuni yn ein tŷ
Sdim un seren, does dim lleuad
Does dim hwyliau ar y lli
Yma heno hebddot ti.

Yma heno heb dy gariad
Dwn i ddim beth yw dy fwriad,
Fo'lon marw am dy gwmni,
Gwenlli, be sy?

Sibrwd gwatwar, mwg y dafarn
Gwn i be sy'n mynd ymlaen,
Ar ôl y fflach fe ddaw y daran,
Nid hwn yw'r lle i bethau cain,
Mond pennau bach a bwgan brain.

Heddiw, fory, drennydd, rhywbryd
Fe ddaw'r llanastr i ben,
Yn y pen draw bydd datguddiad,
Eglurhad daeth i 'mhen,
Ga i llygad hebog glas y nen.

Er gwaethaf hynny, roedd Meic wedi'i blesio gan yr hyn a grëwyd. Gwrandewch ar y gân 'Saith Seren', er enghraifft, a'i chyfeiriadau Beiblaidd wrth iddi adleisio dameg y Mab Afradlon. Mae'r modd y defnyddiai Meic ei lais yn ei wneud yn offeryn ychwanegol ynddo'i hun.

Drannoeth roedd hi'n 13eg o Fawrth, fy mhen-blwydd. Codais fy nghyflog a'i chychwyn hi am Gaerdydd. Dydd Sadwrn oedd hi ac yn eistedd ar glawdd glas ar fin y ffordd ger Penygroes trois fy radio dransistor ymlaen a chlywed tair o'r caneuon o *Nos Du, Nos Da* ar sioe fore Sadwrn Hywel Gwynfryn. I'm tyb i daeth *Nos Du, Nos Da* â hud i'w ganlyn. Bu'n gaffaeliad i chwalu'r tywyllwch a'r felan a fu'n mwydro 'mhen i'n lân ers cyhyd. "I ble'n awr?" meddwn yn fy mhen. Daeth yr ateb fel barcud yn saethu o'r awyr las heulog honno yn y gwanwyn. Llydaw! Llydaw! Llydaw!

15

Gitâr yn y Twll dan Stâr

LLE BYNNAG YR âi Meic, boed dianc i Lydaw neu i Lundain, ymddengys nad oedd dianc rhag cysgod cariad ei fywyd, Gwenllïan. Treuliai gyfnodau o amgylch Bangor a Chaernarfon yn y gobaith o'i gweld o bryd i'w gilydd a cheisio cynnau'r hen hwyl. Cyfansoddwyd cân o hiraeth cignoeth amdani, 'Mynd i Ffwrdd Fel Hyn'.

Creulon ydi'r gwenu,
finnau'n dechrau synnu
ac oer yw cannwyll cariad, marwaidd fflam.
Sgrech y brain mewn coron ddrain
fy nghariad, a fy ffrind.

Cytgan
Wyt ti'n meddwl bod e wedi darfod?
Wyt ti'n meddwl bod e wedi mynd?
Wyt ti'n meddwl bod ti'n gallu mynd i ffwrdd fel hyn?

Wyt ti'n amau bod ti ddim mewn cariad
yn dy fwthyn dan y muriau?
Ond esgus ydi'r bywyd newydd hwn,
gwên y gwin a dringo'r graig,
maen nhw wedi clymu'r rhaff mor dynn.

Cytgan

Hen gartre'r Defisied llengar a cherddorol ym mhentre Llanfyrnach yn y Preselau. Er y coed ysblennydd a amgylchynai Sunny Hill yn nyddiau Soli'r Crydd a'i deulu, mae sicrhau mynediad i'r lle heddiw yn dipyn o gamp. Brynach oedd y mwyaf talentog o'u plith. Symudodd ei ewythr, Walter, i Solfach yn y 1870au. Blodwen, ei ferch yntau a'i wraig Anne (Mam Roza), oedd mam-gu Meic.

Blodwen a'i gŵr, William Henry, fagodd Meic i bob pwrpas – Mam a Dada, fel y galwai hwy.

Blodwen Davies yng nghwmni pedwar o'i phlant: Betty, mam Meic, a oedd yn bianydd glew; Ivor a gymerai arno'r cyfrifoldeb o ddisgyblu Meic ar y cyd â'i blant ei hun; Rhys, y bu Meic yn lletya yn ei gartref am gyfnod byr pan aeth i Gaerdydd, a Sidney a oedd fel Ivor yn saer coed o fri. Bu'n gwneud gwaith cerfio yn Eglwys Gadeiriol Tyddewi. Bu farw'r mab hynaf, Walter (ar y chwith), ar y môr yn ystod yr Ail Ryfel Byd pan suddwyd llong danfor. 'Cân Walter' wrth gwrs yw un o gyfansoddiadau mwyaf cyfarwydd Meic. Roedd brawd arall, Haydn (ar y dde), yn forwr ar yr unig long danfor o dair na chafodd ei suddo yr un adeg. Ymfudodd i Awstralia. Bu farw Stuart yn blentyn.

Meic yn perfformio yng Nghlwb Gwerin Hwlffordd yn 1964, yn seler siop gerddoriaeth Swales.

Perfformio yn Undeb y Myfyrwyr ym Manceinion, fel y gwnâi'n gyson yng nghanol y 1960au.

Cyhoeddwyd *Byw yn y Wlad* adeg Eisteddfod Bangor 1971. Priododd Meic a Tessa Bulman yn ystod yr wythnos a chynnal neithior i'w chofio yng Ngwesty'r Castell. Dyma gyfnod Caerforiog, pan symudodd y teulu i ffermdy ar gyrion Solfach. Isobel (Wizz) a Bethan yw'r ddwy groten yng nghanol y clatsh y cŵn.

'Mae'n uffachol o oer!' Gwahoddwyd Meic i berfformio yn Helsinki gan Glyn Banks yn 1985. O'r ymweliad hwnnw y deilliodd nifer o ganeuon y record hir *Lapis Lazuli* yn ddiweddarach yn y flwyddyn.

Hanai Tessa Bulman o bentref Cumwhinton ger Caerliwelydd. Cyfarfu'r ddau ym Manceinion pan oedd hi'n astudio celf. Dyma'r unig ddynes iddo ei phriodi. Deil i fyw yng ngorllewin Cymru, yn cadw ceffylau a dilyn Bwdïaeth.

Dai Evans yw un o gyfoedion bore oes Meic a ddysgodd iddo gyflawni melltith. Nid bod angen fawr o anogaeth arno.

Gwenllïan Daniel, merch yr Athro J. E. Daniel a'i wraig, Catherine, o Fangor. Bu Jac Daniel yn Llywydd Plaid Cymru am gyfnod. Gwenllïan yw gwrthrych nifer o ganeuon serch Meic a chariad mawr ei fywyd.

Roedd Meic yn dipyn o ffefryn yn Llydaw, yn enwedig pan oedd y Cadillacs yn cyfeilio iddo. Bu'r gwin bob amser yn help i iro'r llwnc.

Meic yn perfformio ar ei ben ei hun ym Maenclochog ar adeg cyfres o gyngherddau ffarwel pan gyhoeddodd ei fod yn symud i Ganada at ei gariad ar y pryd, Elizabeth Sheehan. Ond o fewn saith mis roedd 'nôl ym Maenclochog mewn cyngerdd Croeso 'Nôl ym mis Gorffennaf 2010.

Bu'n rhaid duo enwau rhai o'r artistiaid a oedd i fod i gymryd rhan yn y Parti Pen-blwydd 65 oed yn 2007. Ni welwyd rhai o'r lleill ar y llwyfan chwaith. Tipyn o dreth ar amynedd y gynulleidfa oedd perfformiad Meic ei hun y noson honno oherwydd dylanwad y ddiod a'r mwg melys.

Y Parti Pen-blwydd 70 oed yn y Royal George, Solfach, ym mis Mawrth 2012. Lyn Phillips, Meic ac Anthony Griffiths yn ail-fyw'r dyddiau da.

Lyn 'Perks' Perkins, Max Cole, a fu'n cyfeilio ar rai o sesiynau recordio cynnar Meic i Recordiau'r Dryw, ac Al Young, aelod brwd o'r grŵp sgiffl cynnar hwnnw yn Solfach, yn hel atgofion.

Ife Siwsi sy ar y teleffon?

Ni lwyddodd Elizabeth Sheehan i berswadio Meic i ymgartrefu yn Nyffryn Comox, Canada. Ond deil y berthynas i ffynnu. Tynnwyd y llun pan oedd y ddau ar wyliau yn Sbaen yn hydref 2015.

Gwrthodiad ydi'r neges,
hunanddigonol yw y bregeth
a finnau'n cysgu'n amal efo'r gwn.
Synhwyrus, esmwyth, croen a gwallt
dy arfau byth mor llym.

Cytgan
Wyt ti'n gallu troi y gyllell eto?
Wyt ti'n gallu troi y gyllell, ffrind?
Wyt ti'n meddwl bod ti'n gallu mynd i ffwrdd fel hyn?

Ond roedd rhaid 'ymuno â hwyl y criw' 'run fath. A dyna a wnaed yn Llydaw yn ddi-os. Ystyriai Meredydd Morris hi'n fraint i gael ymuno ar y daith fel gitarydd blaen yn ystod haf 1982. Roedd eisoes wedi magu profiad o gigio fel aelod o fand Rhiannon Tomos.

"Meic oedd fy arwr pan oeddwn yn dysgu sut i chwara gitâr. Doedd yna neb tebyg iddo. O ran hynny, does yna neb tebyg iddo. Ond rhaid deud fod y daith i Lydaw yn lled anhrefnus. Dwi'n cofio mai Mike Santos oedd ein gyrrwr. Gŵr yn hanu o ynysoedd Cape Verde oddi ar arfordir Gorllewin Affrica ond ganddo acen gref Caerdydd am ei fod wedi'i fagu yn y dociau. Byddai'n gwisgo het fawr Panama. Marc Jones a Marc Williams oedd y ddau gerddor arall wedyn. Dwi'n cofio hi'n mynd yn dipyn o ffrae rhyngom ar ôl mynd trwy'r tollau yr ochor draw. Daeth yn amlwg fod gan Meic a Santos ddigon o gyffuria a fedrai rhoi'r cwbl ohonom yn y carchar am flynydda petaem yn cael ein dal.

"Rhyw i fyny ac i lawr oedd y gigs wedyn. Weithia roedd yn amlwg nad oedd yna fawr o gyhoeddusrwydd wedi bod, ond bryd arall yn y gwylia mi fydda yna dorf dda yno. Roedd yn amlwg fod gan y Llydawyr dipyn o feddwl o Meic. Roedd yna gariad tuag ato. A hwyrach erbyn hynny bod y strancio ar lwyfan yn rhan o'r act ac yn rhan o'r apêl. Yn aml byddai naill ai'n shambls llwyr neu yn wych wych. Roeddwn i'n gwerthfawrogi'r cyfle'n fawr ond ar yr un pryd roeddwn i'n falch o gael dod adre. Roedd perfformio yn Tŷ Elize yn dipyn o brofiad wrth i ddiodydd a bwydydd o bob math ymddangos o rywle.

"Ar y ffordd 'nôl roedd rhaid gwneud yn siŵr nad oedd gennym gyffuria yn unman. Fe fu'r swyddogion tollau'n drylwyr yn mynd trwy bob dim a hyd yn oed yn tynnu fy ngitâr ar led. Roedd yna dipyn o herian ar y ddwy ochr. Daethpwyd o hyd i dabledi asbrin oedd gen i ac roedd y swyddogion yn mynnu taw cyffuria anghyfreithlon oeddan nhw. Cawsom fynd ar ein ffordd ar ôl rhyw chwe awr. Taith fythgofiadwy, ond taith nad oeddwn o reidrwydd am ei hail-fyw.

"Bûm i'n cyfeilio dipyn efo Meic yn y cyfnod hwnnw ar ddechra'r 1980au. Dwi'n cofio un o nosweithia *Sgrech* yng Nghorwen pan ddechreuodd Meic ei set trwy chwara 'Mynd i Ffwrdd Fel Hyn'. Wow. Roeddwn yn teimlo fel rhoi fy ngitâr o'r neilltu a jyst gwrando arno. Doedd gweddill y perfformiad wedyn ddim cystal. Dwi'n cofio gìg yn ystafell gefn yr Angel yn Aberystwyth yn llawn myfyrwyr. Dechreuodd Meic diwnio'r gitâr a thiwnio'n ddiddiwedd ar gyfer canu 'Môr o Gariad' nes ei fod yn gweiddi arna i, 'Hey Mered, this guitar is fucked, completely fucked, man.'

"Doeddwn i ddim yn deall beth oedd yn bod ac yn dechre dyfalu ar ba gyffuria oedd o cyn gofyn beth yn hollol oedd yn bod. 'Show me what's wrong, Meic,' medda fi. 'Whenever I change chords the guitar sounds the same, it's fucked, man,' oedd yr atab gefais. 'Let me have a look,' meddwn i. O edrych, roedd yn amlwg beth oedd yn bod. Roedd y capo ganddo ar ben y bumed ffret. Doedd dim modd newid cyweirnod felly. Dyma fi'n cydio yn ei arddwrn a rhoi ei fysedd heibio i'r capo. Popeth yn iawn wedyn a fynta'n canu'n berffaith. 'Amazing, man, amazing,' oeddwn i'n gael ganddo wedyn am weddill y noson. Er y troeon trwstan a'r profiada eithafol, roedd hi'n fraint cael cyfeilio iddo," meddai Meredydd.

Un digwyddiad annisgwyl, ymhlith llawer, tra oedd y criw yn Llydaw oedd ymddangosiad Suzy Slade yng nghartref y cenedlaetholwr Llydewig, Louis L'Officiel, yn Restparcou yng nghanol cefn gwlad diarffordd ardal Pullaouen. Roedd

Suzy wedi cyfarfod â Meic yn un o nosweithiau *Sgrech* yng Nghorwen ac yn ddiweddarach mewn gìg gan y grŵp Man, o Lanelli, yn y Top Rank yng Nghaerdydd. Erbyn hynny roedd yr hogan o Fangor yn fyfyrwraig yng ngholeg Goldsmiths yn Llundain yn astudio Saesneg a Drama. Roedd ganddi ddawn i ddod o hyd i Meic yn y mannau mwyaf annisgwyl. Edmygai Meic ei dyfalbarhad.

> Ar drywydd pleser roedd hi o hyd; yn ferch benderfynol, yn wyllt ac yn gaeth i hwyl, a doedd ei misdimanars allgyrsiol yn effeithio dim ar ei bywyd academaidd. Roedd ei meddwl a'i chorff yn chwim, ei chof yn anhygoel a chanddi ddychymyg byw, ym mhob ystyr. Roedd hi'n llyncu llyfre, bob amser â'i thrwyn mewn llyfr, ac academia yn dod yn rhwydd iddi – roedd hi'n dipyn o ysgolhaig.
>
> Byddwn i'n trio ei hosgoi hi'n fwriadol, ac yn mynd i gwato yng Nghymru neu yn Llydaw, ond bydde hi bob amser yn llwyddo i ddod o hyd i fi. Roedd hyn yn dân ar fy nghroen i ond, ar yr un pryd, yn bluen yng nghap dyn canol oed. Gallai Suzy fod wedi gwneud gwaith ffantastig i MI6! Yn amal byddai'n rhoi sioc i bawb trwy gyrraedd rhyw le dirgel a diarffordd gefen nos heb fag, heb arian a heb ddillad ond y rhai oedd amdani.

Ym mis Mawrth 1983 aed i stiwdio Sain i recordio *Gitâr yn y Twll dan Stâr* gan ddefnyddio'r offerynwyr fu drosodd yn Llydaw ac a fyddai'n cyfeilio'n gyson i Meic ar y pryd mewn gigs ledled y wlad. Cynhwyswyd rhai o ganeuon *Hirdaith,* y rhaglen deledu na chafodd ei chwblhau, sef 'Arglwydd Penrhyn', 'Cyllell trwy'r galon' a 'Dociau Llwyd Caerdydd' ynghyd â chaneuon serch dwys megis 'Mynd i ffwrdd fel hyn', 'Aros yma heno' a 'Sdim eisiau dweud ffarwél' yn ogystal â'r ffwrdd â hi 'Dwi eisiau dawnsio' a'r anfarwol 'Ysbryd Solva'. Ond doedd y broses o recordio ddim yn fêl i gyd, yn ôl yr hyn a gofia Meredydd Morris.

"Roeddem yn ymwybodol bod Meic o dan dipyn o straen. Roedd o'n dal i alaru mewn ffordd ar ôl Gwenllïan. Doedd pethe ddim yn mynd yn dda yn y stiwdio o gwbl. Dwi'n cofio un diwrnod dyma Meic yn gofyn am rywfaint o flaendal ac yn ei gael. I ffwrdd â fo wedyn a ninna heb orffan y gwaith stiwdio. Cafodd y peiriannydd lond bol a chymryd amsar i ffwrdd. Buom yn chwilio am Meic ar hyd tafarndai'r gogledd wedyn am y rhan ora o wythnos. Daethpwyd o hyd iddo yn yr Anglesey yng Nghaernarfon. Roedd ei bres o wedi mynd i ben erbyn hynny.

"'Nôl â ni i'r stiwdio ac roeddem un gân yn brin. Dyma Meic yn penderfynu recordio 'Ysbryd Solva', cân roedd o wedi'i chyfansoddi flynyddoedd ynghynt, a dyma fo'n gwneud ar un cynnig. Gwych. Er y gwamalu cynt, roedd yn fraint i mi gael bod yno i wrando arno ac i fod yn dyst i'r digwyddiad. Roeddwn wedi gweld y ddau begwn. Ac mae gen i barch mawr iddo hyd y dydd heddiw," meddai Meredydd.

Y cantorion cefndir ar y record oedd Mari Llwyd a Menna Medi, am eu bod yn wybyddus i Meic o gwmpas tafarndai Bangor ac yntau'n dueddol o gysgu ar eu soffa, a Suzy Slade, a oedd erbyn hynny'n gariad iddo.

"Dwi'n cofio mynd i stiwdio Sain pan ddyliwn i fod yn astudio at gwrs Cyfathrebu yn y Normal. Roedd Meic wedi 'nghlywed i a Mari Llwyd yn chware'r piano ac yn canu emyne yn y Glôb, ac mi ofynnodd i ni ganu ar ei LP. Cofio mynd i Sain a chanu tair cân nad oeddem erioed wedi'u gweld cynt. Galwyd ni'n 'Triawd Troednoeth' achos bod ni'n canu heb sgidie, mae'n siŵr. Llawer o atgofion am Meic yn dod i aros efo ni i Sgwâr y Fron – tŷ bach teras ym Mangor Ucha oedd yn berchen i Carys Parc – ac yn y flwyddyn o'n i yno ro'n i'n rhannu'r tŷ efo Mari Llwyd a Sioned, chwaer Carys Parc. Dyne sut roedd Meic yn crasho allan efo ni amball dro. Dyddie difyr," meddai Menna.

Waeth faint o ddyfalu a wneir, does dim arwyddocâd penodol i gynllun clawr record *Gitâr yn y Twll dan Stâr* na chysylltiad rhwng y teitl ac un o'r caneuon chwaith. Ceir llun o'r Meic Stevens golygus yn dal gitâr drydan gyda phob dim wedi'i oleuo'n chwaethus yng nghwt glo Gerallt Llywelyn ym mhentref Carmel ger Caernarfon. Ond hwyrach y gallai rhywun mwy craff na'i gilydd gyfrif y poteli cwrw gwag a'r poteli cwrw llawn sydd yn y llun a gweld arwyddocâd yn hynny o beth. Cofia Gerallt yr achlysur.

"Y syniad gwreiddiol oedd tynnu llun o Meic yn bodio yng nghysgod gorsaf niwcliar Trawsfynydd i gyd-fynd â'r gân 'Perygl yn y fro'. Ond doedd dim posib gwneud hynny am fod yr orsaf o'r golwg yn y niwl. Felly, adra â ni i fa'ma a chael ychydig o gawl. Dyma ni'n rhyw botsian wedyn ac yn meddwl am y selar a'r hen gwt glo. Dyma ni'n ei oleuo a gosod beth bynnag oedd wrth law yn y llun i geisio'i wneud yn ddiddorol, a dyna ni. Mae arwydd CND yn digwydd bod ar y drws, gyda llaw. Mae Meic yno ar ei ben ei hun gyda'r gitâr ac maen nhw'n digwydd bod yn dipyn o fets, yn tydyn? Ma nhw'n mynd efo'i gilydd fel pupur a halen," meddai Gerallt.

Ymhen dwy flynedd cafwyd y record *Lapis Lazuli*. Tony Lambert ar y piano a'r acordion, Pete Hurley ar y gitâr fas, Graham Williams ar y gitâr drydan a Mark Williams ar y drymiau oedd y cerddorion yn stiwdio Sain. Roedd gan Gerallt Llewelyn ran yn y cywaith am mai fe a dynnodd y llun sydd ar y clawr cefn o'r bechgyn yn chwerthin yn harti, y tu fas i dafarn y Goat yn Llanwnda, a hynny am fod Meic wedi taro yffach o rech wrth i'r camera glician.

Llun o wyneb y Meic dwys yn edrych i'r cyrion sydd ar y clawr blaen wedi'i dynnu gan Stan Ciosek yn Helsinki. "Dwi'n edrych mor oer yn y llun, ro'n i'n crynu oherwydd y rhew, yr eira a'r fodca!" meddai Meic. Yn wir, taith i berfformio yn y Ffindir, yn 1982 medd Meic yn ei hunangofiant, ond 1985 oedd hi yn ôl dyddiadur Glyn Banks, y Cymro a oedd yn ddarlithydd yn Helsinki. Yn 1985 y cyhoeddwyd *Lapis Lazuli* beth bynnag. Yn sicr, bu'n gyfnod ffrwythlon o ran cyfansoddi, waeth pryd yn union oedd hi. Mae disgrifiad Meic o'r profiad o sgrifennu'r brif gân 'Lapis Lazuli' yn agoriad llygad.

> Ro'n i'n darllen llyfr am y Beatles ar y pryd ac mae'n siŵr ei fod wedi f'ysbrydoli i, oherwydd ar y daith hon crisialodd albwm cyfan o ganeuon newydd. Dyna sut fydda i'n gweithio; mae gen i bob amser alawon a syniade am eiriau'n mynd trwy 'mhen. Mae

rhai'n ffurfio'n glou iawn ac fel petaen nhw'n dod i glawr glatsh. Weithie, dim ond gwaith chwarter awr yw nodi cân ar bapur. Ymhlith y caneuon hyn mae 'Tryweryn', 'Erwan', 'Bobby Sands', 'Douarnenez', 'Oxblood', 'Y Brawd Houdini'. Dwi ddim yn deall yn iawn sut mae hyn yn digwydd, ond dwi'n falch ar y diawl ei fod e. Beth bynnag, sgrifennais albwm cyfan ar y fordaith honno, ar fy nhraed drwy'r nos yn sgriblan yn ddi-stop.

Ges i'r profiad anhygoel o weld yr haul yn codi dros orwel Rwsia, a phelydrau rhyfedd o ole'n fflachio, wedi'u hadlewyrchu am filltiroedd ar draws ehangder rhewllyd y Baltig oedd yn dalp o iâ. Doedd e ddim bellach yn fôr ond yn gae anferth o rew oedd fel petai'n dyrnu ac yn curo gan belydrau gwaetgoch y wawr. Weles i erioed mo'r fath las a meddyliais am y garreg lapis lazuli – a ddaeth yn deitl yr albwm. Mae'r gân yn cynnwys rhythm y llong wrth iddi hwylio rhwng ynysoedd bach du yn gaeth yn y rhew. Roedd cychod pysgota bach bob hyn a hyn, wedi'u gadael yn wag pan ddaeth y rhew mawr. Roedd yr olygfa'n anhygoel wrth i'r llong fawr droi tua phorthladd Helsinki, ond roedd hi'n oer, oer, oer ac ymhell, bell, bell o un man fues i o'r blân.

Mae cof Glyn Banks o'r cyfnod yn dal yn fyw. Cofia 'Lapis Lazuli' yn cael ei chyfansoddi yn ei fflat ac am yr helynt pan fu ond y dim i Meic gael ei rwystro rhag dod i mewn i'r wlad.

"Roeddwn i yn y porthladd yn disgwyl i'r llong *Silja Line* fwrw angor. Wedi rhyw awr o ddisgwyl roedd y teithwyr i gyd wedi dod i'r lan ond dim sôn am Meic. Neges dros y *tannoy* wedyn yn gofyn i fi fynd at y swyddogion tollau a'r heddlu. Doedd dim arian gan Meic ac roedd rhaid i mi roi sicrwydd fy mod yn gyfrifol am ei letya ac am brynu tocyn dychwelyd iddo. Roeddwn i wedi rhagweld hyn.

"Ond ar ben hynny roedd Meic yn gwisgo capan balaclafa du a sbectols tywyll ac yn cario cês gitâr. Roedden nhw'n ei amau o fod yn derfysgwr, yn aelod o'r IRA. Llwyddais i'w perswadio i'r gwrthwyneb. Doedd Ffindir ddim yn rhan o'r UE ar y pryd ac roedd rheolau mynediad a chael caniatâd i weithio yn llym iawn. Beth bynnag, i ffwrdd â ni i chwilio am dafarn.

"Roedd Meic yn dal i wisgo'r balaclafa. Nawr, yn y dyddie hynny roedd rhaid aros mewn rhes i fynd i mewn i dafarn gan amlaf a bydde yna ddyn wrth y drws. Gwrthodwyd mynediad i'r ddau ohonom mewn sawl tafarn oherwydd gwisg Meic a'r ffaith ei fod yn mynnu sgwrsio â phawb yn y rhes. Doeddech chi ddim yn gwneud hynny ar y pryd. Dim ond pan fydden nhw'n feddw fydde'r brodorion yn siarad.

"Beth bynnag, aed i mewn i Sant Uhru, tafarn nodedig ar gyfer artistiaid a bohemiaid ac ati. Roedd Meic wrth ei fodd yno a'r brodorion yn cymryd ato ac yn talu am ei ddiodydd, diolch byth. Fe wnaethon ni ddathlu Gŵyl Ddewi yno un nos Wener. Codais innau'r Ddraig Goch ac fe ganodd Meic ychydig o ganeuon. Fe ddiflannodd un noson yng nghwmni artist o Rwsia. Trefnais ychydig o gigs ar ei gyfer ac mi oeddwn yn rhyw fath o reolwr iddo. O leiaf roeddwn i'n cadw'r arian ac yn rhoi arian poced yn unig i Meic. Wedi'r cyfan, doedd gen i ddim llawer o arian ar y pryd ac roedd rhaid i mi dalu am docyn dychwelyd Meic.

"Rhaid dweud iddo roi perfformiad gwych gerbron myfyrwyr Saesneg y brifysgol. Ond roedd rhai o'r myfyrwyr yn siomedig nad oedd wedi gwisgo mewn dillad traddodiadol Cymreig yn hytrach na dal i wisgo'r balaclafa du a'r sbectols tywyll. Dwi'n meddwl eu bod am iddo iodlan yn Gymraeg hefyd. Dwi'n cofio ei fod o'n cyfansoddi dipyn pan oedd yn y fflat ar ei ben ei hun yn ystod y dydd. Ac roedd Suzy yn ffonio'n reit aml, a dyna sut daeth y llinell 'Siwsi'n galw ar y teleffon'," meddai Glyn.

Credai Meic ei hun fod *Lapis Lazuli* ymhlith y gorau o'i recordiau. Ceir arni nifer o ganeuon cofiadwy y byddai'n eu perfformio'n fyw yn gyson megis y gân felan 'Lawr ar y Gwaelod', yr hyfryd 'Noson Oer Nadolig', y gân goffa 'Erwan' a'r ffwrdd â hi 'Siwsi'n Galw'. Ac os am ddarbwyllo'r sawl a fynna mai caneuon ffwrdd â hi digon diniwed gydag ambell gân ddwys yw swm a sylwedd cynnyrch Meic, wel, gwrandawer ar y gân 'Sylvia', nad yw'n sôn am un o'i gariadon ond yn hytrach am Sylvia Plath, yr Americanes a briododd y bardd o'r Pennines, Ted Hughes, ac a gyflawnodd hunanladdiad yn 30 oed. Darllenodd Meic nofel hunangofiannol Plath, *The Bell Jar*, ar y daith i Helsinki. Gwrandewch ar y ddelwedd sy'n ffurfio'r gytgan; "Ond cariad wnaeth droi'n ddiferyn o ddŵr sy'n llifo fel eog i'r môr."

Roedd yna nifer cynyddol o'r genhedlaeth iau bellach am bwysleisio fod dawn Meic Stevens yn llawer amgen na'r gallu i gyfansoddi cân bop a fyddai'n cael ei chanu am getyn cyn y byddid yn ei anghofio. Yn eu plith roedd Dafydd Rhys, brawd hŷn Gruff, a fyddai'n ddiweddarach yn ennill sylw rhyngwladol fel aelod o'r Super Furry Animals. Roedd Dafydd yn sgrifennu yn *Y Cymro* ym mis Medi 1985.

> Hyd yma, annigonol ac at ei gilydd anaeddfed fu beirniadaeth lenyddol gerddorol ddifrifol ar ganu cyfoes yn Gymraeg. Golyga hyn fod cynnyrch artistiaíd o ddawn diamheuol fel Meic Stevens yn aml iawn yn cael eu hanwybyddu neu eu trin yn unig fel adloniant ysgafn lastwredig... Rhaid sylweddoli fod Stevens yn ŵr o athrylith ramantaidd arbennig sy'n dinoethi ei hun yn emosiynol drwy gyfrwng y broses greadigol o gyfansoddi a pherfformio. Mae nifer helaeth o ganeuon Meic Stevens wedi cyrraedd y statws o fod yn anthemau, emynau a chaneuon gwerin ein cyfnod ac mae ôl myfyrio dwys a fflachiadau o ysbrydoliaeth gyfrin ar lawer ohonynt. Mae canu roc yn ei hanfod yn gofyn arfer dwy grefft greadigol wahanol iawn i'w gilydd – y grefft o gyfansoddi a'r grefft o berfformio.

Gellir gwerthfawrogi'r geiriau a'r farddoniaeth o'u darllen ar bapur:

> Glas fel lapis lazuli. Y mae'r môr yn rhew i gyd.
> Eira araf, esmwyth yn fy llaw.
> Gwawr fel lapis lazuli. Eira dros y môr o hyd.
> Enfys ar y gorwel ochr draw.
> Mae dŵr y môr mor las â lapis lazuli.
> Glas fel lapis lazuli'n fflachio yn fy llygad i.
> Pêl yr haul fel tân trwy gwmwl baw.
> Gwawr fel lapis lazuli. Glas fel lapis lazuli.
> Enfys dywyll ar y gorwel ochr draw.
> Mae llais y môr mor las â lapis lazuli.
> Glas fel lapis lazuli.
> Trwy'r eira gwyn rwy'n gweld y tir.

> Cychod wedi maglu yn y drych.
> Glannau lapis lazuli. Creigiau tir, gwyn a du.
> Sŵn y llong fel mellten yn ei rhych.
> Mae sŵn y môr mor las â lapis lazuli.

Ond rhaid clywed yr alaw a'r llais cyn gwerthfawrogi'r cyfanwaith. Dyna pryd y daw'r darluniau'n fyw. Mae 'Erwan' yn gân deyrnged bwerus i gyfaill o Lydaw. "Roedd Erwan, fel ma'r gân yn gweud, yn hen ffrind o Lydaw. Fuodd e'n gweithio fel cynorthwy-ydd dysgu Ffrangeg yn Ysgol Rhydfelen ac odd e'n aros yng Nghaerdydd. O'n i'n arfer cwrdd ag e a lot o Lydawyr eraill, yn arbennig Gwendal Denez, yng nghlwb Barbarellas. Roedd Erwan yn genedlaetholwr mawr ac wedi gwneud lot i'r mudiad ysgolion meithrin Diwan. Buodd e hefyd yn gweithio i Alan Stivell fel *tour manager* ac roedd e'n enwog iawn yn Llydaw.

"Fe fydde fe'n trwytho'r plant yn hen draddodiade'r wlad a mynd â nhw mas i'r awyr agored, i'r meysydd a'r trâth, i'w dysgu nhw. Fe fuodd e mewn damwain pan fwrodd lorri mewn i'w gar e. Ond fe achubwyd ei fywyd ac ro'dd e'n gwella yn yr ysbyty. Sgrifennodd e lythyr at ffrind, Gareth ap Sion, yn gweud bo fe wedi bod yn Nhir na n-Og ac wedi dod 'nôl. Ond wrth iddo fe wella, o'dd e mas yn cerdded yn yr ardd yn yr ysbyty un diwrnod pan gadd e *embolism* a buodd e farw. Colled fawr i Lydaw – i Gymru hefyd achos roedd e'n siarad Cymrâg yn rhugl ac yn meddwl y byd o'r Cymry," meddai Meic.

Ym mis Hydref 1986 rhoddodd Suzy enedigaeth i Erwan. Ar y pryd roedd Meic a Suzy yn byw mewn bwthyn ar rent ym mhentref Llithfaen yn Eifionnydd. Man diarffordd ac unig, yn ôl disgrifiad Meic o'r lle:

> Byddem yn torri boncyffion bob dydd yn y goedwig uwchlaw pentre anghyfannedd Nant Gwrtheyrn ymhell islaw ar lan y môr. Rhoddai Suzy help llaw i lusgo'r boncyffion yn ôl dros y bryn i gefen y tŷ lle treuliwn i'r bore'n eu llifio. Roedd y lle tân carreg yn anferth ac yn dal boncyffion pedair troedfedd yn hawdd. Roedd iard lo drws nesa i ni ond roedd glo'n ddrud a hithau'n fain arnon

> ni. Roedd John Glo bob amser yn feddw, yn caru gyda gwraig tafarnwr yr unig dafarn yn y pentre, Tafarn y Vic. Dyna dwll o le llwm; gŵr y dafarn a'i ferch yn ei harddege yn swatio o flân tân bach, doedd fawr neb yn mynd yno. Roedd ganddo waith arall fel trafaeliwr. Sais oedd e, dwi'n credu, ond doedd dim ots beth oeddech chi yn Llithfaen, doedd neb yn becso dim. Ychydig o bobol oedd yno a do'n nhw ddim i'w gweld yn gwneud dim, ar wahân i ddyn fel gafar wanwyn oedd yn gyrru'r bŷs a byth yn dweud na bw na be wrth neb.

Roedd yr amgylchiadau yn y bwthyn yn ddigon cyntefig; tân trydan dau far a phentyrrau o flancedi gwlân i geisio cadw'n gynnes. Prin y math o le i fagu plentyn ym misoedd y gaeaf pan oedd yna wresogyddion a chyfarpar llawer mwy hylaw ar y rhelyw o aelwydydd. Nid rhyfedd fod Suzy wedi symud i fwthyn a brynwyd iddi gan ei thad ym Methesda. Ond amod ei thad oedd gwahardd Meic rhag croesi'r trothwy a bu raid iddo ufuddhau.

Rhoddir cydnabyddiaeth i Eddie a Linda Lloyd Davies o Wasg Helygain, y Rhyl am eu cymorth wrth gynllunio clawr *Lapiz Lazuli*. Byddai Meic yn treulio cryn amser yn dablach yn swyddfa'r wasg yn y cyfnod hwnnw, gan arwain Eddie ar gyfeiliorn o bryd i'w gilydd.

"Bydde Meic yn perfformio yng Nghlwb y Triban yn y Rhyl yn aml ac yn aros acw falle am wythnos neu fwy. Dwi ddim yn meddwl fod yna gartre penodol ganddo ar y pryd. Bydde fe'n eistedd yn y gornel am orie yn cynllunio clorie gan godi'i sbectols ar ei dalcen. Bryd arall falle fydde fe'n diflannu am y diwrnod i'r dafarn. Dwi'n cofio un diwrnod doedd dim arian ganddo a dyma Tom, landlord y Bee, yn ei holi a oedd ganddo rywbeth o gwbl i dalu am ddiod. Dyma Meic yn tynnu cabatshen mas o'i sach gan ofyn i Tom gyda'r wên ddrygionus yna a wnele honno'r tro. Yn gyfnewid am y gabatsen fe gafodd yfed trwy'r dydd wedyn! Roedd hi'n fargen dda i Tom am y bydde Meic yn diddanu ei gwsmeriaid gyda'i bresenoldeb.

"Bryd arall bydde rhaid i fi ei yrru i Ysbyty Ifan i weld René

Griffiths a oedd yn gweithio ar do yn rhywle. Ond er chwilio'n ddyfal yn y glaw doedd dim golwg ohono. Tancad fawr wedyn. Dwi'n cofio mynd i fwyty Indiaidd yng Nghorwen rywbryd â chrêt o gwrw gyda ni. Dyna'r peth, chi'n gweld, fyddech chi fyth yn gwybod be fydde'n digwydd pan oeddech chi yn ei gwmni. Dwi'n cofio cyrraedd Bangor yn hwyr un noson a Meic wedi penderfynu ei fod am ddod o hyd i Gwenllïan, a oedd wedi cymryd 'lloches wleidyddol' yng nghartref ei brawd, y Barnwr Sion Daniel. Fe fuon ni tu fas i'r cartre teuluol am hydoedd.

"Dyna lle'r oeddwn i'n cuddio yng nghanol y rhododendrons tra oedd Meic yn gweiddi ar Gwenlli. Ond doedd dim yn tycio. Draw i Bethesda wedyn i'r lle roedd e a Gwenllïan wedi bod yn cartrefu. Dihuno'r cymdogion yn yr orie mân i gael llefrith a choffi. Y lle'n llawn llunie gan Kyffin Williams a llyfre drudfawr Gregynog a Meic yn ddigon parod i'w cynnig i bwy bynnag oedd am eu cymryd. Gwrthodais y cynnig, wrth gwrs.

"A dweud y gwir doedd pethe materol ddim yn cyfrif llawer i Meic. Fydda fo ddim yn cael ei dalu fawr ddim am wneud gigs weithia, medda fo. Ond wedyn pan fyddai ganddo arian fe fyddai'n hynod o hael. Byddai'n prynu anrhegion i'r plant acw, Guto, Sian a Bethan, byth a hefyd. Fe brynodd grochenwaith drudfawr iddyn nhw rywbryd. Pan gollon ni Bethan fe gawson ni lythyr hyfryd ganddo. Roedd hynny'n dangos ei ochr dyner a'i ddyngarwch.

"Byddai'n bleser bod yn rhai o'i gigs pan oedd ar ei ore. Dwi'n cofio cyngerdd yng Nghastell Gwrych rywbryd pan ddiffoddwyd y trydan. Roedd pawb mewn tywyllwch ac mewn panig. Doedd dim posib i'r grŵp Brân berfformio heb drydan. Dyma Meic yn rhoi tri chwarter awr o berfformiad acwstig yn y tywyllwch na ellid rhagori arno.

"Wrth gwrs, bydde dylanwad y mwg drwg mor drwm fel na bydde awydd perfformio arno bryd arall. Bydde gwynt y marijuana mor gryf nes gwneud i minne deimlo'n gysglyd. Dwi'n credu mai yn Llanelwy oedden ni pan ddechreuodd Beryl Davies chwifio ei ffon a gweiddi arno, 'Come on Stevens, stop this Celtic melancholia and get on with it'. Roedd gan Beryl gyflenwad helaeth o seidir Henffordd ac roedd gwrando arnyn nhw ill dau yn gomedi ynddo'i hunan.

"Roedd Meic yn bartnars mawr gyda gŵr o'r enw Ken Post a fyddai'n mynychu Clwb y Triban. Ar ôl noson hwyr dyma'r ddau'n penderfynu mynd draw i'r orsaf rheilffordd i gael diodydd rhad. A'r peth nesa dyma nhw'n cyrraedd Caergybi. A'r peth nesa wedyn dyma nhw'n cyrraedd Dulyn ar y fferi. Roedd rhaid i Ken ffonio adre wedyn i ddweud pam nad oedd wedi cyrraedd adre. Cafodd y stŵr mwyaf am ei fod wedi mynd i Ddulyn yn hytrach na Belfast. Unoliaethwraig o Belfast oedd ei wraig.

"Ar achlysur arall dyma Meic yn cnocio ar y drws tua hanner nos yng nghwmni Erwan a oedd yn dal yn fabi. Dyma fo'n gofyn am fanana i Erwan gan ddweud ei fod newydd wedi'i dynnu oddi ar y fron. Roedd hi yn ei fwriad i fynd â'r plentyn i Lydaw, meddai fe, er mwyn ei fagu draw yno. Roeddwn wedi fy syfrdanu a cheisiais ei ddarbwyllo i beidio â gwneud hynny. Daeth yr heddlu heibio ond llwyddodd Meic i'w perswadio mai fo oedd y tad a'i fod yn ymddwyn yn gyfrifol.

"Trannoeth roedd ganddo daliad siec breindaliadau wrth Gwmni Sain ac fe brynodd *papoose* a phethau tebyg fyddai eu hangen ar Erwan yn siop Mothercare. Aeth y ddau ar y trên o Amwythig i Gaerdydd. Ond diolch byth mi lwyddodd rhywun i'w berswadio i beidio â bod mor wirion â mynd i Lydaw. Dwi'n meddwl iddo fynd i Solfach yn y diwedd," meddai Eddie'r Inc, fel y'i gelwid.

Ymddengys fod canol y 1980au wedi bod yn gyfnod anodd i Meic. Roedd yn anwadal, a menter oedd ei logi i berfformio. Byddai'r trefnwyr ar bigau'r drain yn becso p'un a fyddai'n cadw addewid a ph'un a fyddai yna strach wedi iddo gyrraedd. Tyfodd ei oriogrwydd yn ddihareb. Byddai rhai yn ei ystyried, mewn iaith bob dydd, 'yn dipyn o bwrsyn' bellach. Ond wedyn medrai ei ddilynwyr nodi eu deg uchaf o berfformiadau gwamal a deg uchaf eu berfformiadau llai gwamal a dadlau ymhlith ei gilydd pa rai ddylai fod ar y brig. Ond prin bod hynny'n tynnu oddi ar ei fawredd wrth osod ei gyfraniad cyfan yn y glorian.

Am fod Meic yn gymaint o sgadenyn hallt yn y cyfnod hwn, bonws, felly, oedd tystio i un o'r perfformiadau di-fai hynny.

Bu bron iddi fynd yn draed moch pan oedd disgwyl iddo berfformio yng nghlwb Sat'z ym Mangor ym mis Mehefin 1985. Doedd dim golwg ohono'n cyrraedd i ymarfer a chyfarwyddo â'r cyfleusterau sain. Yng nghanol pryder y trefnwyr cafwyd galwad ffôn wrth yr heddlu yn yr Amwythig. Doedd dim modd i Meic deithio fodfedd ymhellach ar y trên am nad oedd yn medru dod o hyd i'w docyn teithio.

Bu'n rhaid rhoi sicrwydd y byddai arian yn ei ddisgwyl yng ngorsaf Bangor i dalu am y daith pan gyrhaeddai. Dyna a fu, daethpwyd o hyd i gitâr ar ei gyfer a chafwyd chwip o berfformiad am dri chwarter awr. Fe'i gwahoddwyd 'nôl i berfformio'r wythnos ganlynol, a'r tro hwnnw bu Neil Williams a Hefin Huws, dau o aelodau'r grŵp Maffia Mr Huws, yn chwarae'r gitâr fas a'r drymiau iddo.

Tua'r adeg yma y gwelwyd rhyddhau ffilm Karl Francis *Yr Alcoholig Llon* gyda Dafydd Hywel yn y brif ran. Bwriad y ffilm oedd adlewyrchu dirywiad cymdeithas lofaol trwy gyfrwng cyflwr yr alcoholig a'i deulu. Gwelwyd Meic yn y ffilm yn chwarae rhan cameo gweinidog ar ddisberod. Tebyg fod y symboliaeth yn ddirdynnol am yr ymddangosai mewn cyflwr saith gwaith yn waeth na Dewi Emrys, y gweinidog a'r bardd go iawn a syrthiodd o ras ac a fu'n byw ar y gwynt ymhlith y digartref ar hyd yr Embankment yn Llundain am gyfnod.

"Roedd gen i duedd i gastio pobol nad oedden nhw'n actorion go iawn. Roedd hi'n anodd ar adegau rhyngdda i a Meic am fy mod i wedi rhoi'r gore i yfed ac ynte heb. Ond ar y cyfan rhaid dweud ei bod yn bleser gweithio gyda Meic ac roedd e'n gweithio ar y rhan oedd ganddo. Cofiwch, canwr a chyfansoddwr yw Meic wrth gwrs, a dwi'n ei edmygu am ei ddawn," meddai Karl Francis.

Yr un pryd, rhaid nodi i Meic gael clod ei genedl pan gafodd ei wneud yn aelod o'r Orsedd yn Eisteddfod Llambed 1984. Llun ohono yn y wisg werdd sydd ar glawr trydedd cyfrol ei hunangofiant *'Mâs o 'Mâ'*. Mynna nifer o steddfodwyr yr wythnos honno mai uchafbwynt yr ŵyl iddyn nhw oedd bod yn bresennol yn un o dafarndai'r dre y prynhawn hwnnw pan oedd Meic a'i fam, Bet, wrth y piano, yn difyrru cyfeillion a chwsmeriaid. Ond erbyn 1988 roedd yr anwadalwch wedi mynd o dan groen o leiaf un sylwebydd, yn sgrifennu o dan y ffugenw 'S L Webydd', yn y cylchgrawn *Barn,* wrth dafoli gweithgareddau Eisteddfod Genedlaethol Casnewydd y flwyddyn honno:

> Mae Stevens bellach wedi troi yn barodi eitha pathetig ohono'i hun gyda'i strancio dadleugar a'i fethiant cyson i gofio geiriau hyd yn oed ei ganeuon enwocaf yn ddigon i flino ei gefnogwyr mwyaf pybyr.

Serch y gwamalrwydd diarhebol fe gyhoeddwyd dau gasét o ganeuon cyn diwedd y degawd; *Gwin a Mwg a Merched Drwg* ar label Sain yn 1987 a *Bywyd ac Angau* ar label Fflach yn 1989. Y brif gân sy'n deyrnged i Vic Parker sy'n achub y naill rhag dinodedd cymharol ac mae'r llall yn gyfuniad o ganeuon Saesneg a Chymraeg a threfniannau o alawon traddodiadol yn adlewyrchu dylanwad cymar Meic ar y pryd, Fran Batin, a oedd yn chwarae'r melodeon.

Roedd y portread o Vic Parker, wrth gwrs, yn cyfleu naws dyn a feddai gymaint o fywiogrwydd yn ei fysedd gitâr ag oedd yn ei lygaid llym. Yng ngolwg Meic roedd Vic yn rhan o draddodiad cerddorol Cymru am ei fod yn rhan o ferw cerddorol cerddorion croenddu dociau Caerdydd. Prin y byddai'r un o'r caneuon eraill ar y casét hwnnw i'w chlywed yn rhan o set fyw gan Meic.

Casetiau hyrwyddo a gyhoeddwyd gan Fflach yn hytrach na chasetiau masnachol. Ymhlith yr alawon mae 'Tŷ Coch Caerdydd', 'Machynlleth', 'Pib Ddawns Gwŷr Wrecsam' a 'Pretty Polly'. Ystyriai'r brodyr Richard a Wyn Jones hi'n anrhydedd i gael Meic i ddefnyddio'u stiwdio yn Aberteifi. Roedd y modd y defnyddiai Meic y stiwdio yn agoriad llygad i'r ddau.

"Wedd e'n gwbod yn gwmws beth o'dd e'n moyn. Fe ddysgon

ni lot o dricie am dechnege stiwdio trwy wylio Meic wrthi. Fe fydde fe'n ca'l y gore mas o'r cerddorion 'fyd. Synnon ni eriôd wedi teimlo'r fath feibs mewn stiwdio. Wedd Meic yn greadigol ac fe welon ni ambell eiliad o athrylith pan o'dd e wrthi. Wedd ambell gyfnod yn fwy bishi na'i gilydd a falle bydde fe'n newid ei feddwl ynglŷn â rhwbeth. Wedd ei blentyn e a Fran, Elfed, 'da nhw yn y stiwdio yn fabi bach ar y pryd. Yr unig drueni yw nad oes fersiwn cryno-ddisg o'r casét hwnnw ar gael erbyn hyn," meddai Richard a Wyn.

Roedd nodiadau llawes Norman a Rosalind Lewis – aka Gari a Nia Melville o Gwmtawe – yn cyfeirio at statws Meic yng Nghymru ac yn ceisio'i osod yn ei gyd-destun rhyngwladol, a hynny mewn 'Cymraeg Mwnt':

> Ychydig iawn o berfformwyr heddiw, yn canu yn y Gymraeg, all ddweud â'u llaw ar eu calon ei fod wedi llwyddo nid yn unig i oroesi barn gyhoeddus anwadal a gwamal dros bum mlynedd ar hugain, ond hefyd wedi llwyddo i'w goncro. Mae Meic Stevens yn un o'r perfformwyr hynny.
>
> Cynnyrch hinsawdd gerddorol o rock 'n roll, blues, skiffle ac R and B ganol y pumdegau, graddiodd Meic drwy nifer o fandiau jazz a roc Caerdydd, gan ddatblygu steil a oedd i aros yn rhan bwysig o'i ddeunydd. Yn ystod y chwedegau cynnar dilynodd Meic ôl troed un o'i brif arwyr – Woody Guthrie. Roedd steil cynnil ond teimladwy Woody o ysgrifennu a pherfformio yn gweddu i anian gerddorol Meic i'r dim. Yn ystod y cyfnod yma ysgrifennodd Meic rai o'i ganeuon mwyaf cofiadwy.
>
> Fel Woody (ac i raddau llai un disgybl ifanc arall, Robert Zimmerman) nid oedd Meic yn ofni 'dweud hi fel y mae'. Y mae caneuon fel 'Yr Eryr a'r Golomen' gyda'r geiriau brathog yn erbyn Rhyfel Vietnam, a 'Tryweryn' sy'n ymosod ar y math o feddylfryd Seisnig imperialaidd oedd yn bygwth boddi cymunedau Cymreig cyfan er mwyn diwallu syched miliynau Midlands Lloegr, yn enghreifftiau nodedig... Meic Stevens, bardd, arlunydd, baledwr, ffigwr pwysig ym myd canu roc a gwerin Cymru ers dros bum mlynedd ar hugain, ac, mae'n siŵr, am bum mlynedd ar hugain i ddod.

Daeth Meic ar draws Fran Batin mewn parti yng Nghaerdydd a darganfod fod ganddyn nhw ddiddordeb cyffelyb mewn cerddoriaeth. Cafodd Fran ei magu mewn cartref moethus yn Surrey ond gwrthryfelodd yn erbyn ei chefndir, gan adael cartref yn ddwy ar bymtheg oed i fyw mewn carafán yn Eryri a chymysgu gyda'r dringwyr byd-enwog oedd yn byw o gwmpas Llanberis. Dysgodd Gymraeg yn ddigon da i gael ei chyflogi gan asiantaeth Sgrin yng Nghaernarfon a oedd yn hyfforddi technegwyr ar gyfer y byd teledu. Buan y symudodd Meic ati hi a'i mab pedair oed, Marcel, mewn fflat gyferbyn â'r Black Boy yn y dref. Roedd 'C'nafron' yn siwtio Meic i'r dim.

> Dwi'n teimlo'n gartrefol mewn shwt amgylchfyd shibwchedd diymhongar ac mae pobol y dre yn ffwrdd-â-hi ac yn gyfeillgar. Ma bron pob un yn Gymry Cymraeg, a hi yw'r dre ola yng Nghymru o faint sylweddol lle mae'r Gymraeg yn iaith gynta ac i'w chlywed ble bynnag ewch chi. Mae'r pentrefi mynyddig o'i chwmpas hefyd yn gadarnleoedd y Gymraeg.
>
> Ar hewl gefen gul iawn, Stryd Pedwar a Chwech, mae tafarn y Black Boy. Adeilad hanesyddol o'r unfed ganrif ar bymtheg yw'r Black, puteindy yn ôl y sôn, sydd wedi cadw peth o awyrgylch yr oes o'r blân. Dwi wedi aros yno'n feddw, wedi meddwi ac wedi neud ffŵl ohona i fy hunan yno fwy o weithie nag y mae'n dda 'da fi gofio, a dyna lle cwrddais i ag Al Harris, Sam Roberts, Pete Minx a rhai o'r dringwyr eraill y byddwn i'n cymowta 'da nhw ar ddiwedd y saithdege. Dyna hefyd lle ces i fy nal gan y landlord yn y gwely gyda dwy ferch, yn yfed siampên a smocio mwg drwg a chael fy ngwahardd o 'no am byth. Ond erbyn hyn, dwi'n mynd i yfed yno'n amal pan fydda i yn ardal Cnafron. Iechyd da.

Fu Meic a Fran ddim yn hir cyn symud i dŷ teras yn Llanrug ac yna i Dreganna yng Nghaerdydd lle'r roedd ganddyn nhw un ystafell a chegin. Ganwyd Elfed yng Nghaerloyw a hynny am fod Meic a Fran wedi mynd i aros mewn carafán ger Coleford ar y pryd. 'Nôl yng Nghaerdydd ganwyd Megan adeg y Nadolig ac o fewn ychydig ddyddiau cafodd Meic ei hun yng nghelloedd yr heddlu gerllaw a hynny am iddo roi hebryngad i'r criw yn un o ystafelloedd y tŷ oedd yn rhannu cegin â nhw.

Roedd y pedwar ohonyn nhw wedi bod yn defnyddio cyffuriau caled gan adael llanast yn y gegin. Cafodd Meic ei ryddhau o ofal yr heddlu heb ei gyhuddo ac roedd y jyncis wedi symud i rywle arall.

Symudodd y teulu o bump i dŷ cyngor yn Llaneirwg ar ochr ddwyreiniol y ddinas wedyn. Ganwyd Brynach yn 1985 ar ddiwrnod pen-blwydd Betty, mam Meic, a hithau'n orweddiog yn Ysbyty Llwynhelyg. Rhuthrodd Meic i Hwlffordd i'w gweld a bu farw drannoeth a'i chladdu ymhen yr wythnos. Ond doedd trefniadau'r angladd ddim yn llwyr wrth fodd Meic.

> Roedd y ficer wedi herwgipio'r angladd ynghyd â rhyw grinc sychdduwiol arall; bydde'r ddau'n paredio o gwmpas bob dydd Sul yn eu gwisgoedd eglwysig. Roedd yn gas gan fy nheulu'r llith o Epistol Paul at y Corinthiaid ond da o beth oedd iddyn nhw ddewis 'The Old Rugged Cross' ac emyn y morwyr, 'For Those in Peril on the Sea'. Ro'n i mewn breuddwyd o hyd a dwi ddim yn cofio gadael yr eglwys. Ro'n i'n siŵr mod i wedi gweld bachgen â gwallt gwyrdd llachar yn y gynulleidfa ac, fel mae'n digwydd, nid rhith oedd e, ond un o feibion pync fy mrawd, Martin. *Vegans* oedden nhw i gyd ac roedd yn rhyfedd eu gweld nhw yn eu siwtie a'u dillad smart a daps cynfas du am eu traed am nad o'n nhw'n gwisgo pethe lleder.
>
> Roedd hi'n grêt gweld y teulu unweth 'to, yn enwedig Wncwl Rhys, brawd ieuenga Mam. Ond dwi ddim yn lico angladde. Ych a fi. Doedd dim twrw yn angladd Bet, er parch iddi. Ond bu i'r pianydd ein siomi ni a thrista'r sôn doedd dim digon o gerddoriaeth nac emosiwn yn rhan o'r gwasanaeth. Gwnaethon ni'n iawn am 'ny'n ddiweddarach ac aeth hi ddim yn brin o ddiod am eiliad! Aeth pawb wedyn i dŷ Val i gael bwyd a gwin a dod â'r daith i ben yn y Royal George y noson honno. Claddwyd Bet ym medd y teulu yn Penuel ger y Victoria Inn, Roch, lle bydde hi'n canu'r piano ar ambell nos Sadwrn. Ond dyna ni, mae hi wedi mynd!

'Nôl yng Nghaerdydd penderfynodd Fran ei bod am ddilyn cwrs ffilm ym Mhrifysgol Sheffield a chyfrifoldeb Meic wedyn oedd magu tri phlentyn bychan a gofalu am Marcel. Mynna mai dim ond pedair gwaith ddychwelodd Fran o Sheffield mewn pum mlynedd. "Fi oedd y tad anghofiedig yn Llaneirwg," meddai. Pen draw'r anghydfod oedd gwrandawiad llys dros warchodaeth y plant. Penderfynodd yr ynadon o blaid Meic yn dilyn honiadau carlamus a chroesholi dramatig.

Doedd dim dwywaith fod y berthynas â Fran wedi bod yn danllyd drachefn. Cyfaddefa Meic eu bod yn cwmpo mas fel ci a chath. "Roedd hi'n cael blas ar fy lambastio â ffeministiaeth ac yn pallu ystyried gwisgo colur na dillad benywaidd. Doedd Fran ddim yn un am drafod," meddai.

Fel y merched eraill yn ei fywyd, cafodd Fran y profiad o deithio a pherfformio yn Llydaw. Cafodd Peter Swales gerdyn post o Lydaw yn ystod un o'r ymweliadau hynny gyda'r neges; "... living like lords, what a band (my band) Don't Wake the Baby it's called. A blind bassist, anorexic drummer, shizophrenic piano man and Fran on the melodeon et moi!! Get us a gig at Carnegie Hall immediately." Ni roes Meic ddisgrifiad ohono'i hun chwaith.

Gwahoddwyd Fran i gyflwyno sylwadau ar gyfer y gyfrol hon ond doedd hi ddim am wneud. Cadarnhawyd fod y berthynas rhwng Meic a Fran yn ffyrnig ar adegau gan Rhys Huws wrth iddo gofio am ddigwyddiad pan oedd yn gwarchod y drysau yng Nghlwb Ifor Bach.

"Dwi'n cofio cnoc ar y drws. Wrth i mi ei agor dyma ddynes yn rhuthro i mewn yn cario babi. Cyn fy mod yn gwybod yn iawn beth oedd yn digwydd roeddwn yn magu'r babi. Rhuthrodd y ddynes i mewn i'r bar yn syth at Stevens a oedd eisoes wedi bod yno ers ychydig orie. Cyn pen dim roedd yr awyr yn las gan regfeydd. Doedd cwmpo mas ddim ynddi. Roedden nhw'n filain gynddeiriog.

"Deallais wedyn bod Meic wedi gadael Fran a'r baban yng Nghanolfan y Chapter tua saith o'r gloch gan ddweud ei fod yn mynd i chwilio am arian gan rywun er mwyn cael bwyd a pethe. Wedd e wedi cwrdd â rhywun yn y bar wrth gwrs a sesh amdani! Dyna pam oedd hi'n draed moch wedyn rhyw deirawr yn ddiweddarach. 'Na lle wên i fel dyn y drws yn ceisio tawelu popeth i lawr tra'n llythrennol yn dal y babi! Dwi ddim yn ame nad oedd a wnelo'r digwyddiad hwnnw rywbeth â'r ffaith na fu croeso i Stevens yn Ifor Bach am sbel wedyn," meddai Rhys.

Ond yn ystod y cyfnod gyda Fran treuliodd y teulu cyfan gyfnod yn Dijon yn nwyrain Ffrainc ar wahoddiad y bardd a'r cerddor Ffrengig, Hubert-Félix Thiéfaine. Fe'i hystyrid yn dipyn o ffigwr cwlt yn Ffrainc yn cyfansoddi caneuon yn llawn delweddau rhyfedd a thywyll. Roedd ei gyfansoddiadau'n debyg i ddarluniau Salvador Dalí. Esbonia Meic y cysylltiadau.

"Roedd cynhyrchydd o Efrog Newydd, oedd yn gysylltiedig â Marianne Faithfull, am recordio fersiyne Saesneg o ganeuon Thiéfaine. Fe ofynnwyd i fi gyfieithu rhai ohonyn nhw. Buon ni draw yno ambwti bythefnos. Synna i'n gwbod beth dda'th o'r caneuon Saesneg ond fe gyfieithes i rai ohonyn nhw i'r Gymrâg wedi 'ny. Dyna beth yw 'Yfory y Plant', 'Ware'n Noeth' a 'Hiraeth Bregus'," meddai Meic.

Wedi'r gwahanu oddi wrth Fran roedd byd Meic yn troi o gwmpas yr ysgol feithrin ac Ysgol Gymraeg Bro Eirwg yn Llanrhymni heb fawr o gyfle i berfformio na chyfansoddi.

> Pan fydde'r plant yn cysgu byddwn i'n aros ar fy nhraed tan yr oriau mân, yn sgrifennu, yn chware ac yn arlunio. Aeth hyn mlân am beth amser. Dyw pethe byth yn aros yn llonydd. Gwylio'r plant yn prifio o flân fy llygaid ac yn newid o ddydd i ddydd – dyna daith a hanner. Roedd yn gyfnod hapus a'r plant yn neud yn dda yn yr ysgol.

Wedi'r achos llys symudodd y teulu yn 1995 i fyw yn East Tyndall Street yn ardal East Moors o Gaerdydd. Roedd Elfed yn ddeg, Megan yn naw a Brynach yn wyth. Canolbwyntio ar fwydo ac ysgolia'r plant oedd tasg bennaf Meic dros y deng mlynedd nesaf.

16

Y nawdegau a *Beti a'i Phobol*

CYN I MEIC gymryd cyfrifoldeb llwyr dros fagu'r plant fe brofodd blynyddoedd cynnar y nawdegau yn gynhyrchiol o ran gwaith stiwdio. Yn ystod haf 1991 cyhoeddwyd casét *Ware'n Noeth* o naw o ganeuon ar label Meic ei hun, a *Ware'n Noeth (Bibopalwla'r Delyn Aur)* yn cynnwys tair cân ychwanegol ar gasét a chryno-ddisg ar label Sain. Recordiwyd y caneuon yn stiwdio Les Morrison ym Methesda gan ddefnyddio cerddorion lleol yn bennaf yn ogystal â Chôr y King's Head.

Recordiwyd rhai o'r caneuon hynny a gyfansoddwyd ar y cyd â Hubert-Félix Thiéfaine, 'Ware'n Noeth', 'Hiraeth Bregus' a 'Sandoz yn Loudon Square'. Cyfansoddai'r Ffrancwr ganeuon swreal. "O'dd e'n sgrifennu caneuon fel o'dd Salvador Dali yn peintio; caneuon bisâr yn llawn delwedde od iawn," meddai Meic. Cyfeirio at ddynes hynod a wna 'Ware'n Noeth'.

"Ma hi'n cyfeirio at gyfarfod bisâr â rhyw fenyw ym Mharis, rhyw hipi Ffrengig o'dd dros y top yn llwyr — ne falle ma *bohemian* ddylen i weud, nid hipi. O'dd pobol od yn byw ym Mharis pan o'n i draw yno yn 17 oed. O'n nhw'n dal i fyw'r syniad *existensialism* ddoth yn boblogaidd gyda'r *bohemians* wedi'r Rhyfel.

"Dreulies i lot o amser ym Mharis. O'n i draw 'na adeg y *riots* yn y Sorbonne. Ro'dd lot o fynd ar y lle. O'n i'n byw'r rhan fwya o'r amser yn ardal St Michel — ddim yr un lle ag sy yn y gân, gyda llaw — ond yn y Latin Quarter. O'dd caffi 'na, gyferbyn â Notre Dame de Paris, lle o'n i'n gallu cysgu. Popoff's o'dd ei enw fe ac ro'dd perfformwyr fel Rambling Jack Elliot a Happy Traum yn arfer dod yno. O'dd hyn chydig cyn cyfnod Bob Dylan. O'dd dim sôn am Bob bryd hynny, tua 1959–60. O'dd y lle yn llawn cymeriade," meddai.

Ar yr olwg gyntaf hawdd tybio mai cân deyrnged i gyfaill Meic, Mike Santos o'r dociau yng Nghaerdydd, yw 'Sandoz yn Loudon Square'. Darluniwyd y gân yn gelfydd ar y rhaglen deledu *Fideo 9* wrth i Meic a Mike gerdded y dociau yn eu cotiau hir du a'u hetiau du. Ond er bod 'y gwrcath ddu' yn gyfeiriad at y gŵr croenddu, cân am gyffuriau yw hi mewn gwirionedd.

"Ma lot wedi cal ei neud o LSD fel *designer drug* ffasiynol. Ond do'dd e ddim cystal â *mescaline,* cyffur naturiol sy'n cal ei neud mas o fath o gactws sy'n tyfu yn ne-orllewin America a Mecsico. Ma pethe bach rownd fel botyme yn tyfu arno fe, ac o hwnnw ma'r *mescaline* yn cal ei neud. Ma fe'n ymestyn y meddwl ac yn dwysáu'r dychymyg. Dim ond Indiaid Cochion mewn llefydd fel Arizona sy'n gallu'i neud e'n iawn, ac o'dd e'n gorfod cal ei smyglo mas yn gloi cyn iddo fe golli'i nerth. O'dd e'n boblogedd iawn gyda'r deallusion 'nôl yn y pum a'r chwedege am ei fod e'n codi'r ysbryd a rhoi lot o egni. O'dd Aldous Huxley yn un o'r rhai o'dd yn ei gymryd e.

"Fe gafodd ffrind i fi, Lucy Rees, brofiad rhyfedd mas yn Arizona pan aeth Indiad Coch â hi i ben Mynydd y Duw Chwerthin. Cyn dringo'r mynydd ro'dd yn rhaid iddi gymryd *mescaline.* Fe welodd hi'r mynydd yn goleuo ac fe glywodd hi lais y duw yn chwerthin. Ond pan ddihunodd hi'r bore wedyn do'dd dim un marc arni er bod hi wedi bod yn cerdded milltiroedd drwy'r cactws a heibio *rattlesnakes* peryglus heb gael ei brathu. Ma llawer o storis am ddoctoried oedd yn iwso *mescaline* ar y milwyr yn Fietnam fel arbrawf er mwyn eu cal nhw i ymladd heb ofid," meddai Meic.

Byddai nifer o'r caneuon oddi ar y casét *Ware'n Noeth* yn cael eu chwarae mewn perfformiadau byw, yn arbennig 'Cathy (Bibopalwla'r Delyn Aur)', a berthynai i gyfnod cynharach eto o ran ei chyfansoddi. Cathy Chapman, merch o Gaerdydd sy'n chwaer i Paul Chapman o'r bandiau Skid Row ac UFO, a chyfnither i'r cerddor, Dave Edmunds, yw gwrthrych y gân.

"Roedd Cathy yn arfer whare yn y tafarne rownd Caerdydd, yn arbennig ardal City Road. Whare gitâr ro'dd hi, telecaster gwyn. Dyna beth yw'r 'tele bach tlws o dan y stâr' yn y gân. Yn ogystal â whare gitâr ro'dd hi hefyd yn gantores wych iawn," meddai Meic.

Pan fyddai'n perfformio yn y de-orllewin byddai'n rhaid rhoi tro ar yr 'Incredibyl Seicedelic Siliseibyn Trip i Grymych', a chryn gamp fyddai cofio'r holl eiriau. Roedd y portread hwn o'r 'Fro Gymraeg' yn dipyn gwahanol i eiddo caneuon Tecwyn Ifan ac Ac Eraill, ac yn go wahanol ei naws i ganeuon gwledig Bois y Frenni, y criw noson lawen a hanai o ardal Crymych.

Roedd y faled yn sôn am helyntion hipis y Preselau ac yn deyrnged i un o ewythrod Meic, Harri Meredydd Davies neu Harri Discharge fel y'i gelwid am ei fod yn rhofio calch a glo o'r llongau a ddeuai i borthladd Solfach. Bydde fe'n cofio'r hen Ffair Feigan yn ardal Eglwyswrw cyn iddi gael ei hatgyfodi gan yr hipis yn y 1970au. Meddai Harri'r ddawn hefyd i shinco peint mewn pedair eiliad. "O'dd dim llwnc ganddo fe. O'dd e'n gymeriad uffernol. O'dd dim ishe LSD ar Harri i fod yn seicedelig," meddai Meic.

Ac os oes angen unrhyw brawf o amlochredd Meic fel cyfansoddwr a rhychwant y dylanwadau arno does ond angen gwrando ar y pum cân a drafodwyd uchod, o'r swreal ac abswrd yn y traddodiad Ewropeaidd, i'r dinesig cyfoes, y traddodiad cyffuriau hynafol a'r raligamps gwledig cyfoes yn nhraddodiad baledi ffair Lefi Gibbwn a'i debyg, oll ar yr un gryno-ddisg.

Gyda llaw, os collodd Lyn Phillips ei gyfle am anfarwoldeb yn Farnham yn 1979 oherwydd trwmgwsg, fe glywir ei harmonica ar 'Dewch Lawr', y gân olaf ar y gryno-ddisg *Ware'n Noeth (Bibopalwla'r Delyn Aur)*.

Os oedd yna fytheirio wedi bod am anwadalwch Meic mewn gigs wrth i nifer adleisio sylwadau S. L. Webydd yn Eisteddfod Casnewydd 1987 ei fod yn ei barodïo'i hun, roedd yn ymddangos hefyd fod yna dro ar fyd wrth i Huw Gwyn, mewn rhifyn o'r cylchgrawn roc *Sothach* yn 1991, gydnabod yr hyn a fu, ond tystio hefyd i ddychweliad yr hen loywder.

> Ychydig fisoedd yn ôl roedd 'na lawer ohonom wedi cael llond bol ar ymarferion meddwol y bardd. Y trueni oedd bod Stevens mor boblogaidd nes ei fod yn cael ei ganmol gan ambell un hyd yn oed ar noson ddi-hwyl! Ond wedyn, mae'r cerddor hwn wedi atgyfodi'n ddiweddar. Cafwyd stoncar o noson anhygoel yng Nghlwb y Bont, Pontypridd llynedd. Roedd perfformiad 'Un Dydd, Rhyw Ddydd' yn aruchel fel canwr gwerin. Yn Ninas Mawddwy yn ddiweddar gwelwyd Meic yn arwain un o'r perfformiadau *jam-blues* gorau a welwyd yn y Canolbarth. Ac wrth gwrs roedd yr argraff ddofn gafwyd ganddo fel y baledwr yn Sesiwn Fawr Dolgellau yn ystyrlon ac yn gadael pawb yn syllu'n ddidramgwydd ar y ffefryn hwnnw o Solfa – Meic Stevens.

Yn 1992 cyhoeddwyd *Dim ond Cysgodion/Y Baledi* gan Sain, sef cryno-ddisg o bedair ar bymtheg o ganeuon a recordiwyd rhwng 1971 a 1991. Mae'n rhaid bod ei chyhoeddi'n rhyw fath o anrheg pen-blwydd i Meic wrth iddo ddathlu'r hanner cant. Deil honno ymhlith y goreuon o ran gwerthiant cynnyrch Meic – dros dair mil a hanner. Roedd y prynwyr yn gyfarwydd â'r caneuon ymlaen llaw ac yn prynu am fod eu ffefrynnau wedi'u casglu ynghyd ar un ddisg. Fe wnaed rhaglen deledu awr o hyd hefyd a oedd yn deyrnged i Meic a ddarlledwyd ar S4C. Cafodd *Y Brawd Houdini* ei dangos droeon wedi'r dangosiad cyntaf hwnnw yn 1988.

Serch nifer o raglenni cyffelyb wedyn, cred llawer mai dyna'r rhaglen fwyaf uchelgeisiol o lwyddiannus a wnaed i geisio tafoli athrylith Meic Stevens. Nid y lleiaf o'r rhesymau dros hynny oedd cyfraniad ei fam, Betty Stevens, a rhai o drigolion Solfach megis y pysgotwr 'Sharkey' Phillips, a gofiai Meic yn grwt bach yn mentro i'r môr. Angie Roberts oedd yn cyfarwyddo'r rhaglen honno a wnaed gan Gwmni'r Nant.

"Cefais sgyrsiau hir, hir gyda Meic cyn ei ffilmio yn dweud ei stori mewn cadair esmwyth yn ei fwthyn bach yn Llanrug.

Roedd hyn sawl mis cyn y *shoot* go iawn a defnyddiais ei hanes fel rhyw fath o sgript ar gyfer y rhaglen ei hun. Roedd Meic yn grêt am helpu darganfod y lleoliade iawn – roedd y jazz bar yng Nghaerdydd, er enghraifft, fel rhywbeth allan o *downtown* New Orleans, ac roedd o wastad yn gwybod yn union beth o'n i eisiau allan o *shot*, pa fath o emosiwn. Roedd gweithio efo'i fiwsig yn brofiad wna i drysori am byth.

"Ddaru Cwmni'r Nant ddewis criw technegol y gwyddem y byddai Meic yn gyffyrddus yn gweithio gyda nhw. Roedd y dyn sain, Mike Shoring, yn byw yn ardal Solfach ac mi oedd o a Meic yn ffrindiau. Y prif ddyn camera wedyn oedd Dafydd Hobson, a ddaeth yn ddiweddarach yn un o ddynion camera gorau byd teledu Prydain. Gwefr oedd cyfarwyddo nifer o'r darnau yn Solfach. Ffilmio y Brawd Houdini ei hun gyda phlant yr ysgol, a dal ar gamera ddarn hollol unigryw gyda Meic a'i fam wrth y piano yn nhafarn y pentref.

"Ar ddiwrnod ola'r ffilmio, roeddem wedi trefnu cyngerdd cyhoeddus yng Nghaernarfon gyda Meic a band llawn. Roedd Meic wedi dewis rhai o'r cerddorion gorau posib i'w gefnogi. Yn yr ymarfer yn y prynhawn dwi'n cofio dal fy anadl wrth wrando ar ei ddehongliad o 'Lawr ar y Gwaelod'. Roedd o mor deimladwy. Hud a lledrith go iawn. A diolch byth ein bod ni wedi recordio'r rihyrsal oherwydd erbyn y cyngerdd ei hun, yn anffodus, roedd y sefyllfa wedi troi, a thymer ac ymddygiad Meic wedi dirywio braidd!

"Roedd hi fel petai o wedi defnyddio'i holl egni yn y prynhawn, wedi cyrraedd perffeithrwydd, a dyna hi, dim ond ymlacio oedd ar yr agenda wedyn. Dwi'n credu i ni ddefnyddio clip gan Brian Godding, un o'r cerddorion o Lundain, yn dweud rhywbath fel, 'The rehearsal was fine but then things just went from bad to worse'. Ond roedd o'n dweud hynny gyda gwên lydan ar ei wyneb, achos roedd profiad y pnawn wedi bod mor anhygoel. Roedd Meic wedi rhoi pob dim i'r perfformiad hwnnw. Roeddem wedi bod yng nghwmni athrylith."

Roedd Gwenno Dafydd yn bresennol yn y rihyrsal a'r

'cyngerdd' ac yn gyfrifol, ar y cyd â Heather Jones, am y lleisio cefndir. Wedi'r profiad y noson honno fe benderfynodd Gwenno nad oedd am weithio gyda Meic fyth eto.

"Does dim amheuaeth am ei ddewiniaeth a'i ddawn fel cerddor a bardd ond roedd ei agwedd tuag at bawb y noson honno yn ffiaidd, tuag at y gynulleidfa a cherddorion ar y llwyfan.

"Dwi erioed wedi cael fy nhrin â'r fath amarch mewn sefyllfa broffesiynol. Fe gerddes oddi ar y llwyfan pan ddechreuodd regi a bytheirio ar bawb. Fe benderfynes yn y fan a'r lle na fyddwn yn gweithio iddo fyth eto. A dwi ddim wedi. A dweud y gwir, chawson ni ddim ymarfer gwerth sôn amdano mlaen llaw am fod Meic naill ai ddim wedi troi lan neu am nad oedd mewn hwylie i ymarfer ar ôl troi lan.

"I fod yn deg, pan dwi wedi'i weld wedi hynny ma fe wastad wedi bod yn gwrtais iawn tuag ata i, ni'n cael sgwrs deidi, yn sôn am ei ddwy ferch dwi'n gyfeillgar gyda nhw lawr yn Nhyddewi, ac fe gefais wahoddiad i'w barti pen-blwydd lawr yn y Gyfnewidfa Lo, i lansiad ei lyfr ac fe roddodd gopi o un o'i gryno-ddisgiau i mi. Ond na, doeddwn i ddim yn hoffi beth oeddwn i wedi'i weld o'r dyn yn hytrach na'r cerddor y noson honno yng Nghaernarfon.

"Roeddwn i'n teimlo fel ffŵl yn gwneud stumie gwag ar y llwyfan, achos ein bod ni ddim wedi ymarfer yn deidi o flaen llaw. Roeddwn i'n teimlo cywilydd o flaen y gynulleidfa oherwydd ymddygiad Meic. Roedd e'n gwbl amhroffesiynol a doeddwn i ddim am fod mewn sefyllfa o'r fath fyth eto," meddai Gwenno.

Hyd yn oed os oedd Gwenno wedi'i siomi, a hynny'n ddealladwy, roedd carfan helaeth o wylwyr S4C wedi'u plesio gan yr arlwy ar y sgrin, a neb yn fwy nag adolygydd teledu'r *Western Mail* ar y pryd, Wynne Lloyd. Nododd fod Cwmni'r Nant yn haeddu gwobr Oscar Gymreig am lwyddo i gynnal awr o raglen am Meic Stevens am ei fod yn greadur mor anghonfensiynol ac yn amhosib ei osod yn dwt a chymen mewn unrhyw gategori creadigol. Â yn ei flaen i'w gymharu ag un o adar creigiau ei gynefin – yr aderyn drycin neu wylan y weilgi.

> Meic, a stormy petrel in the Welsh pop music world, returns home often, and like the birds nearby leaves once again to chart new routes and meet new people. He is very much in the mould of the medieval wandering minstrel – rooted in Solva but never there long enough to rot.
>
> His account of the triple tragedy in his mother's life with whom he shared some of his pub sequences was most poignant and revealed in him a tenderness of soul which is so often manifested in his songs. Not for him the political issues of the day but troubadour ballads about love lost and found and elegies for family and friends. His infuriating misuse of language is tempered by his deep expression of genunie feeling in such songs as 'Lapis Lazuli', 'Walter' and 'Môr o Gariad'.

Deil Brian Godding i drysori'r cyfleoedd hynny a gafodd i chwarae gyda Meic ers iddyn nhw ddod i adnabod ei gilydd yn Llundain ar ddiwedd y 1960au. "Gyda Meic yr hyn rydych chi'n ei weld yw'r hyn rydych chi'n ei gael. A dwi'n edmygu hynny. Ma fe'n ysbryd rhydd. Mae e wedi creu gelynion yn ystod ei yrfa, ydi, ond dydyn nhw ddim yn elynion go iawn. Mae ganddo lawer o ffrindiau hefyd. Pan fydd pethe'n mynd yn dda ar y llwyfan gyda Meic ma nhw'n arbennig o dda. Ond pan fyddan nhw'n mynd yn ddrwg, wel, dyna hi. Dwi wedi chwarae gyda llawer i gerddor tipyn gwaeth. Be fyddwn i'n ei ddweud am Meic yw, 'He's a forthright geezer', a rhaid i chi dderbyn hynny," meddai Brian.

Yn 1993 cyhoeddwyd *Er Cof am Blant y Cwm*. Hwyrach mai'r brif gân ei hun oedd yr unig un gofiadwy, o leiaf yn yr ystyr na fyddai'r un o'r deg arall i'w clywed yn aml ar y radio, nac ar lwyfan pan fyddai Meic yn perfformio. Mae amgylchiadau cyfansoddi'r brif gân yn taflu goleuni ar y broses greadigol. Dengys mor dynn yw gafael Solfach ar Meic. Mae'n enghraifft arall o'r caneuon pwerus a gyfansoddodd am gynefin ei filltir sgwâr er na chyfyngodd ei hun i'r filltir honno erioed. Yn wir, ai'r gân hon sy'n cynrychioli pen llanw ysfa greadigol y cyfansoddwr?

> O'n i wrthi'n gorffen y sesiyne recordio yn Stiwdio Sain 'nôl ym mis Ionawr ac ro'dd gormod o ganeuon 'da fi. Penderfynes i adael tair cân allan o'r record. Ond ro'dd angen cân newydd arna i hefyd, un fydde'n ffitio i thema'r record ac fe daeth hon i fi mas o'r awyr. Ro'n i wedi colli Mam, ac fe ddaeth y geirie i fi wrth feddwl amdani hi. Ro'dd y dôn gyda fi ers amser, ers tua 1963, os wy'n cofio'n iawn. Ma lot o done fel 'na 'da fi. 'Wy'n eu cyfansoddi nhw ac wedyn yn eu hanghofio nhw nes bod rhywbeth yn digwydd i'w deffro nhw. Ac fel 'ny digwyddodd hon.
>
> Ar ddiwedd y sesiwn ro'dd pawb wedi pacio'u hofferynne a pharatoi i adael. Ond fe wnes i whare a hymian y dôn i Richard Dunn a gweud wrtho fe am ei whare hi ar y piano. Fe wedodd e bo fe'n leico hi ac fe es i i'r gornel a sgrifennu'r geirie mewn tua cwarter awr ac fe recordion ni hi yn y fan a'r lle. Ro'n i'n gwbod shwd gân o'dd hi i fod — cân i Mam a'i chenhedlaeth hi. Sdim llawer ohonyn nhw ar ôl erbyn hyn. Ac ma'r gân, fel lot o 'nghaneuon i, yn mynd 'nôl i Solfa a'i ddyffryn hyfryd pan o'n ni'n blant.
>
> Yn ddiddorol iawn, roedd hon yn un o dair cân hales i mewn i gystadleuaeth Cân i Gymru, ond gafodd hi ei gwrthod. Hon oedd y gore o'r tair 'da fí. Ond dyna fe, chi byth yn gallu dibynnu ar feirniaid, odi chi?
>
> Er Cof am Blant y Cwm
>
> Melyn aur a choch, mae'r byd yn troi,
> ym mynwent nos mae'r eira'n fôr o dan y lloer,
> llwyd a gwyn ac arian rhwng y tonnau du,
> tonnau trist yr atgof wnes i gladdu ddoe.
>
> Cytgan:
> Trwy fflamau distaw hydref af
> cyn rhew y gaeaf llwm.
> Dros grib y Moelfryn af am dro
> er cof am blant y cwm.
>
> Mae lleisiau plant yn chwarae'n galw draw
> a lawr y cei mae'r cychod hwyr yn hwylio mas,
> cariadon yn y graig o dan yr eithin gwyllt,
> cusanodd yn y machlud ar y cribin glas.

O bont Caerforiog lawr i allt Caerfrân,
mi grwydrais hyd y dyffryn yn yr awyr iach,
swper fydd y brithyll aur o Felin-bach
a dwy gwningen wedi'u blingo yn y sach.

Mewn adolygiad yn y cylchgrawn *Barn* cyfeiriodd Derec Brown at gerddor o Mississippi a oedd ugain mlynedd yn hŷn na Meic ac roedd sôn am y ddau yn yr un gwynt yn sicr yn codi statws y cerddor o Gymro. Byddai ambell ddarllenydd wedi'i syfrdanu gan y gyffelybiaeth. Ond trwy ei gymharu â John Lee Hooker roedd yn fodd o werthfawrogi maintioli y gŵr o Solfach o'r newydd.

Mae gan John Lee Hooker, y canwr *blues* sy'n dal i ganu a recordio ac yntau yn ei saithdegau, lu o edmygwyr ym myd cerddorion a thu hwnt. Mae Meic Stevens yntau uwchlaw pob ffasiwn, ac yn denu edmygwyr newydd i'r gorlan o hyd wrth ddal ei afael ar y cefnogwyr selog yr un pryd. Dengys y casgliad hwn ei onestrwydd, ei ofnau, ei hiwmor a'i hoffter o sawl math o gerddoriaeth – conglfeini ei lwyddiant parhaus.

Hwyrach ei bod yn syndod na ddaeth un o ganeuon Meic Stevens erioed i'r brig yng nghystadleuaeth Cân i Gymru. Dros y blynyddoedd enillodd nifer o ganeuon tila sydd wedi hen fynd i ebargofiant erbyn hyn. Ond wedyn mae'n anodd gwerthfawrogi llawer o ganeuon Meic heb ei glywed ef ei hun yn eu canu. Dyw geiriau ar bapur ddim yn cyfleu'r nodau a'r mynegiant sy'n taro'r glust. Ond yn nodweddiadol mae gan Meic ei ddamcaniaeth ei hun pam na chafodd lwyddiant ac nid yw'n fyr o ddweud hynny.

Y dyddiau hyn mae rhyw goc oen didoreth, sy'n meddwl ei fod yn gallu sgrifennu caneuon, yn gallu ennill £10,000 am berfformiad di-ddrwg di-dda ar *Cân i Gymru*. Mae'r bobol sy'n rhedeg y tŷ siang-di-fang yna – tŷ cadi ffans yw e, tybed? – wedi gwrthod cynifer o 'nghaneuon i. Fel'na mae hi. Allwn i gynhyrchu albwm cyfan o fy methiannau *Cân i Gymru*. A dweud y gwir, dydw i erioed wedi'i hennill hi. Mae hyd yn oed rhai o 'nghaneuon enwocaf i, fel 'Môr o Gariad', 'Shwmae Shwmae', 'Daeth Neb yn Ôl', 'Nos Du Nos Da', 'Rhosyn yr Anialwch', 'Rhosys Gwyllt y Tân' i enwi ond dyrnaid, heb ddod i ben â hi. Peidiwch â 'nghamddeall i, fe fuodd rhai caneuon da yn y gystadleuaeth, ond erbyn hyn y cribinwyr arian sy'n ben ar yr holl sioe.

Rydw i'n cofio unwaith iddyn nhw dderbyn un o 'nghaneuon i, ond roedd y syniad ohona i'n cynrychioli Cymru yng nghystadleuaeth ganu Celtavision yn dân ar groen y grymoedd mawrion, a dyna'i diwedd hi. Dro arall, roedd rhaid tynnu cân o'r enw 'Troi y Cylchau' yn ôl am fod cyfansoddwr caneuon anhysbys di-Gymraeg wedi cwyno 'mod i wedi copïo un o'i ganeuon! Do'n i ddim hyd yn oed yn nabod y brawd!

Mae 'na bethe rhyfedd ar droed yn *Cân i Gymru*. A does a wnelo gwneud cerddoriaeth dda ddim â'r peth. Gwneud arian drwg sy'n mynd â hi! Ond mae hyn yn wir yn gyffredinol am ddarlledu Cymraeg: mae bob yn ail Dwm, Dic neu Fagi sy'n cael gradd yn y Gymraeg yn meddwl eu bod nhw'n gallu gwneud rhaglen deledu, a myn diawl dyna beth maen nhw'n ei wneud, sy'n rhoi'r farwol i gynulleidfaoedd S4C. Prin, o gwbwl, y bydda i'n gwylio'r sianel honno erbyn hyn – mae'r rhaglenni'n ddi-fflach a dweud y lleiaf. Mae pobol yng Nghymru a allai wella safon y darlledu, ond mae'r cribinwyr arian yn eu cadw nhw draw, er mawr golled i ddiwylliant Cymraeg!

Yn 1994 cyhoeddwyd cryno-ddisg *Voodoo Blues* ar label Bluetit Records, sef casgliad o ganeuon y felan yn bennaf a recordiwyd rhwng 1978 a 1992. Y bwriad oedd ei dosbarthu ar draws Ewrop gan sefydlu Meic Stevens fel artist rhyngwladol. Nid oes iddi arlliw o Gymreictod ond clywir Meic yn perfformio fel canwr *blues* o'r iawn ryw. Defnyddiwyd cyfanswm o 25 o gerddorion a lleisiau cefndir ar y tri ar ddeg o draciau, a recordiwyd yn stiwdio Sain a stiwdio Jacobs yn Farnham. Mae'r cerddorion yn tasgu, a Meic ar ei orau. Dengys y nodiadau ar y llawes ar ba wastad y ceisiwyd gosod Meic.

Meic Stevens (from Solfa, in Pembrokeshire) is one of Europe's greatest undiscovered songwriters. He is a legend in his own country, yet remains relatively unknown outside his native Wales. Belgium has its Jacques Brel, the Netherlands has its Boudewijn

De Groot and France its Hubert-Félix Thiéfaine. These artists have one thing in common with Meic Stevens. They have all earned the respect their work deserves through singing in their native tongues. The vast body of Meic Stevens' recorded work since his debut in 1965 has been in Europe's oldest written language alongside Basque: Welsh.

Collectors of 1960s folkadelia will probably be aware of his *Outlander* album, released in 1970 on Warner Bros. You can't buy a copy today without parting with a substantial amount of money. This album that you have so shrewdly invested in this time around is a compilation of songs in the English language that he recorded between 1978 and 1992. Many have only been available on often bad quality bootlegs and this is their first official outing.

Meic Stevens' songs span the whole gamut of musical experience. He is as adept in writing and performing the most harrowing blues number as he is in composing the most passionate love song. From folk through to rock and roll Meic Stevens hits the mark each time. But what do you say to a guy who's hung out with the likes of Syd Barrett, shared a bottle of the hard stuff with Gene Vincent, and been cursed on a wet night in Manchester by Alex Sanders, king of the English witches?

Right, let's talk about songs. 'Rock on Victor' is a moving tribute to Tiger Bay's jazz genius, the late great Victor Parker. 'John Burnett' tells the tale of the night one of Meic's closest friends was stabbed to death after leaving a party in Birmingham. 'Timothy Davey' is the harrowing tale of how a teenager could languish in a Turkish jail on a hashish possession charge. Perhaps the strangest song on the album is 'Railroad Line' which is based on a true story. A friend of Meic's was convicted of stealing an actual rail line which he intended to sell for scrap, and was accordingly sentenced to four years at Her Majesty's Pleasure for the offence. 'The Blues Run The Game' is a cover of the Jackson C. Frank classic. Incidentally, Jackson, an American in London during the early sixties, was one of Meic's contemporaries on the Soho folk scene. But that's another story.

Cafodd cyfansoddiad Jackson Frank ei recordio gan Simon and Garfunkel a nifer o artistiaid eraill dros y blynyddoedd. Paul Simon gynhyrchodd ei unig record hir yn 1965 pan oedd y ddau ohonyn nhw'n perfformio mewn clybiau gwerin ar draws Lloegr. Pan oedd yn un ar hugain yn 1964 cafodd Jackson iawndal o $110,500 am fod hanner ei gorff wedi'i losgi mewn ffrwydriad pan oedd yn yr ysgol yn Cheektowaga, yn nhalaith Efrog Newydd, ddeng mlynedd ynghynt. Bu'n dioddef yn ddifrifol o afiechyd meddwl tan ei farwolaeth yn 1999.

Ym mis Hydref 1994 cyflwynodd Radio Cymru gyfres newydd o'r rhaglen *Beti a'i Phobol*. Roedd y rhaglen, lle'r oedd y gyflwynwraig hyfedr, Beti George, yn holi gwesteion oedd wedi eu hamlygu'u hunain ym mywyd Cymru, wedi hen sefydlu ei phlwyf. Y gwestai cyntaf a ddewiswyd gan y cynhyrchydd, Menna Gwyn, oedd neb llai na Meic Stevens. Wrth i'r rhaglen gychwyn clywir tincial gwydrau. Roedd Meic wedi tynnu botel o win coch a dau wydryn o'i fag. Bob hyn a hyn clywyd sŵn arllwys gwin i un gwydr. Doedd Beti, wrth reswm, ddim wedi derbyn y gwahoddiad i flasu'r gwin. Doedd rheolau'r BBC ddim yn caniatáu iddi. Yn wir, doedd rheolau'r Gorfforaeth ddim yn caniatáu alcohol mewn stiwdio recordio. Aed ati i recordio sgwrs gan hepgor parchu'r rheolau arferol. O wrando'n astud gellid clywed eglurder lleferydd Meic yn dirywio o dipyn i dipyn.

Cafwyd sylwadau dadlennol. Soniodd Meic am apêl y dociau yng Nghaerdydd a'r hud a deimlai yno ar sail yr holl straeon a glywsai gan ei wncwlod 'nôl yn Solfach ei blentyndod. Cofiai fel roedd y lle'n ferw o gerddoriaeth jazz, ond bod hynny wedi peidio bellach gyda dirywiad y porthladd. "Ma docie heb y llonge fel dyn heb geillie, myn yffarn i," meddai.

Cafwyd fersiwn gwahanol o'r geirda honedig a roddodd Bob Dylan i feistrolaeth Meic Stevens o'r gitâr. Y tro hwn honnai fod yna ddadl rhwng pobl Warner Brothers a Bob Dylan ynghylch ansawdd gitaryddion. "'The only guy you ought to listen to is Mike Stevens,' medde Bob, a fynte'n *stoned* yn ishte yn y gornel," medde Meic.

Soniodd amdano'i hun yn sefydlu clwb gwerin o'r enw Twisted Wheel ym Manceinion gan wahodd holl gerddorion

Llundain i berfformio yn eu tro. Byddai pawb yn cymryd sbîd, amffetaminau a 'purple hearts' i gadw ar ddi-hun pan fydden nhw'n chwarae trwy'r nos. Soniodd am gerddorion fel Phil Seamen a Tubby Hayes yn y clybiau jazz yn cymryd cyffuriau caled trwy nodwyddau ond ei fod e ei hun wedi cadw'n glir o'r rheiny.

Soniodd fel y byddai'n cymryd mescalin pur wedi'i baratoi gan Frodorion Cyntaf Califfornia a oedd yn ei alluogi'n llythrennol i weld trwy wal. Ni fentrodd ar fwy na hanner dwsin o'r anturiaethau hynny wrth iddo bwysleisio mai mater o ymchwil oedd cymryd cyffuriau o'r fath iddo. Yr un modd roedd hashish pur wedi'i baratoi gan lwythau brodorol Patan yn Nepal yn fodd o hyrwyddo'r dychymyg. Yr un pryd condemniai'r farchnad gyffuriau sy'n gwneud llanast o fywydau pobl ac sy'n rhan o'r fasnach arian a dim byd arall.

Fe'i gorfodwyd i gymryd gwersi canu "fel rhyw boy soprano, myn yffarn i, yn canu 'The lambs were coming homeward one by one'," meddai gan ddynwared ei hun yn geirio'n eglur pan oedd yn grwtyn, cyn iddo glywed 'Heartbreak Hotel' a chefnu ar unrhyw yrfa steddfodol neu ymuno â Chôr y Gadeirlan yn Nhyddewi.

Wrth ymateb i'r cwestiwn mynych hwnnw ynghylch ei berthynas â Warner Brothers cyffesodd ei fod yn difaru na fyddai "wedi stico 'da nhw" o ran yr antur a'r arian gan fod arian yn fodd o wneud bywyd yn gysurus. Ond, yn y pen draw, fel canwr gwerin, bodlon fyddai pe bai pob cân dda o'i eiddo yn cyrraedd 'archifau'r meddwl'.

Pan ofynnwyd iddo beth roedd yn ei gasáu fwyaf, wedi iddo bwslo am ychydig cafwyd yr ateb; "Pobol fel Margaret Thatcher, epitom o bopeth dwi ddim yn parchu, *thief, robber, hypocrite* a Satanist o bosib." Gyda hynny cafodd y sgwrs ei dirwyn i ben. Bwriad Meic wedi cwpla'r botel o win oedd mynd am dro i'r Old Arcade yng nghanol y ddinas cyn teithio i'r gorllewin.

Y dewis o ganeuon a chwaraewyd yn ystod y rhaglen

oedd darn gan 'Lonnie' Johnson, y gitarydd jazz croenddu o America, wedi'i recordio yn 1927; Bob Dylan yn canu 'Don't think twice it's alright'; Heather Jones yn canu ei gyfansoddiad 'Blodau Gwyllt y Tân' a Django Reinhardt a Stéphane Grappelli yn chwarae 'Lady Be Good'.

Ar ddiwedd y rhaglen cyhoeddwyd mai'r baswr ac enillydd y Rhuban Glas yn yr Eisteddfod Genedlaethol, Richard Rees o Bennal fyddai'r gwestai yr wythnos ddilynol, yn cynrychioli traddodiad go wahanol.

O ran awen Meic Stevens cyhoeddwyd casét *Meic Stevens Yn Fyw yn Sowroco* ar label Sain yn 1995 wedi'i recordio yn Steddfod Bro Colwyn mewn pabell lle'r oedd hi'n llethol o dwym. Dim ond Meic a'i gitâr a'i harmonica. Mae'n gofnod teilwng o ddawn Meic fel dehonglydd ei ganeuon ei hun. Disgrifia Meic yr awyrgylch yn ei nodiadau ar y llawes.

"Bois bach, wedd hi'n dwym!! Bell dros 100 Fahrenheit. A 'na le wên i ar y llwyfan – fi a gitâr fach Seagull acwstic, dou fowthorgan a fflagon o seidir. Wedd dou ffrind 'da fi hefyd – Mike Shoring a Mark Jones – achos wên i wedi penderfynu recordio'r gìg. Wên i'n drybeilig o dwym, y nerfe'n dynn a wên i'n whysu fel ceffyl.

"Wedd y gynulleidfa'n ffano'u hunen gyda pamffledi, papure – unrhyw beth y gallen nhw gael gafael arno, ac ar ôl bob yn ail gân wedd pobol yn neidio o'u sedde a rhuthro am y drws i gael tipyn o awyr! Wedd hyn yn achosi problem fowr achos fel wedd yr awyr iach yn dod miwn i'r *sauna* trw'r drws bob ochor i'r llwyfan, wedd y gitâr yn mynd yn bell mas o diwn!! Fe glwmes i sgarff sidan las rownd 'y mhen i stopo'r whys gwmpo ar y tanne. Wedd y whys yn llifo mas ohona i – a phawb arall, siŵr o fod!" meddai Meic.

Yn ôl ei arfer, Hubert Mathias oedd yn cymysgu'r sain y diwrnod hwnnw, fel y byddai yntau a Jim O'Rourke yn gwneud yn gyson yn enw Cwmni Rocyn yn nigwyddiadau Cymdeithas yr Iaith. Cofia'r achlysur yn dda am fod Meic wrth ganu'r gân 'Crymych Trip' wedi canu'r linell 'a Hubert yn dangos ei ben-ôl'. Oedd, roedd yna hwyl a rhialtwch i'w gael wrth gymysgu sain i Meic. Ond mynna Hubert fod yna adegau pan nad oedd pethau cystal.

"Wedd Meic ei hunan yn gallu bod yn boen yn y pen-ôl weithie. Wedi cal gormod o jiws, falle. Dwi'n cofio yn un o nosweithie *Sgrech* yng Nghorwen dyma fe'n gweiddi lawr y meic yng nghlyw pawb, 'Hubert, cer 'nôl i ffycin Crymych i ddreifo ffycin JCB, 'na gyd ti'n gallu neud 'chan.' Wel, os do fe, ma fi lawr i'r llwyfan i gael gair 'da fe. Yn un peth, dwi ddim yn dreifo JCB a doeddwn i ddim am gael fy nhrin fel 'na. Fe wellodd pethe tamed bach wedyn. Ma fe'n hanner ymddiheuro. Ond am sbel wedyn fydden ni'n ceisio osgoi cymysgu'r sain iddo fe. Wên i'n ceisio cadw mas o'i olwg e.

"Ond wedyn desum i ddeall bod y cwmpo mas yn rhan o'r hwyl. Wên i wedi sefyll lan iddo fe beth bynnag a wedd e'n gwbod na alle fe ddim mentro gormod. Wedd e'n gwbod bo fi'n neud fy ngore drosto. Rhyw 'Blydi hel, Hubert sy 'ma heno 'to', o'dd hi wedyn. Wedd hi wastad yn fater o trwm neu ysgawn gyda Meic. Lot o nonsens weithie, ond bryd arall pan o'dd e ar ei ore, yn enwedig pan fydde'r Cadillacs yn cyfeilio iddo, wedd e'n ffantastig. Sdim gair arall amdani.

"Gesum i syndod wedyn pan ffoniodd rhywun fi o gwmni Barcud yn dweud bod Meic yn pallu gwneud rhaglen deledu iddyn nhw os na bysen i yno'n cymysgu'r sain. Wên i'n meddwl eu bod nhw'n tynnu 'nghoes i. Ond, na, dyna o'dd ei ddymuniad e, mae'n debyg. Mae'n rhaid fy mod i'n neud rhywbeth yn iawn wedyn 'te.

"Dwi'n cofio rhannu diod 'da fe yn y Black Boy yng Nghaernarfon wedyn. Wedd rhyw Americanwr yn hofran fan'ny ishe siarad â Meic. Wedd e'n cynnig arian mowr iddo i gyfansoddi sgôr ar gyfer ffilm. Wedd e o ddifri. Ond do'dd dim amynedd 'da Meic i siarad ag e. Dyma Meic yn dweud wrtho'n y diwedd, 'Can't you see I'm busy, can't you see I'm talking to my friend from Crymych?' a hynny mewn iaith tamed bach yn fwy lliwgar. Dyna ddiwedd ar sgôr y ffilm.

"Wel, diawch, whare teg i ti, wên i'n meddwl i fi fy hunan, ma rhwbeth yn dy ddiawledigrwydd di wedi'r cyfan. Er mor dynn o'dd hi arno'n ariannol doedd e ddim yn mynd i gymryd rhan mewn prosiecte dim ond er mwyn yr arian. Dwi wedi dod i nabod e'n dda dros y blynydde. Dwi wedi'i achub e o sawl picil ar lwyfan. O edrych 'nôl dwi'n wherthin am ben yr annibendod. Ma Meic yn dderyn mowr. Ma fe'n dipyn o sgadenyn ond wedd y cwbwl yn werth y drafferth dim ond i fod yn yr achlysuron hynny pan o'dd pob dim yn mynd fel injan winio," meddai Hubert.

Tra oedd Meic yn recordio yn Stiwdio Fflach fe gyfrannodd gân o'r enw 'Bwgan ar y Bryn' ar gyfer record fer a gyhoeddwyd gan Ail Symudiad, grŵp Richard a Wyn Jones, perchnogion Fflach. Clywyd dwy o'i ganeuon a dderbyniwyd ar gyfer cystadleuaeth *Cân i Gymru* ar gasetiau hefyd; 'Rhosyn yn yr Anialwch' yn 1991 a 'Yr Eglwys ar y Cei' yn 1993.

Yn 1997 cyhoeddwyd *Mihangel,* casét o ddwsin o ganeuon oedd bron i gyd yn gywaith rhwng Meic a Rob Mills, cyfansoddwr o Gaerdydd a fu yn y carchar yn America am gyfnod. Doedd y casgliad ddim yn taro deuddeg am na ellid dweud eu bod yn ganeuon nodweddiadol o Meic Stevens. Serch hynny, un cyfraniad nodedig oedd eiddo Billy Thompson ar y ffidil. Byddai'r bartneriaeth yn para ar lwyfannau byw maes o law.

Daeth Bernie Holland o Lundain i'r sesiwn recordio yn Llandwrog a daeth y miliwnydd loteri, Tony Lambert, yr hen bartner o ddyddiau'r Cadillacs, draw o Wlad Thai lle'r oedd wedi ymgartrefu. Mark Jones, fel arfer bellach, oedd ar y gitâr fas, a Hefin Huws ar y drymiau. Bernie, yr hen fêt o ddyddiau Llundain, fyddai'n trefnu dwy gân bob nos cyn i'r criw fynd i'r Black Boy neu'r Anglesey am ddiodydd a phryd o fwyd.

'Cecilia' a 'Gettysburg' a glywid amlaf ar y radio. Roedd y naill yn sôn am butain yn ennill ei bywoliaeth trwy siarad yn fochedd ar y ffôn yn Los Angeles a'r llall yn cyfeirio at frwydr waedlyd ar ddiwedd Rhyfel Cartref America. Un o ryfeddodau'r casét oedd Heather Jones yn canu 'Blodau Gwyllt y Tân' mewn llais dwfn deniadol. Ond doedd dim arlliw o Solfach i'w glywed ar yr offrwm. Trodd awen Meic yn hesb wrth iddo ganolbwyntio ar fagu ei blant yn y cyfnod hwn.

Roedd Hefin Huws, prif leisydd Maffia Mr Huws a drymiwr nifer o grwpiau eraill, wedi dod i'w adnabod yn dda erbyn hyn a phan ofynnodd iddo pam na fyddai'n recordio'i ganeuon ei hun, cafodd yr ateb gan Meic na fedrai feddwl am destunau y medrai sgwennu amdanyn nhw, am ei fod wedi cyfansoddi pob dim roedd e am ei gyfansoddi.

"Roeddwn i'n byw yng Nghaerdydd am gyfnod a byddwn i'n galw i'w weld hwyrach dwy neu dair gwaith yr wsnos. Yr hyn oedd yn fy nharo i oedd bod ganddo bob amsar tair sosban yn ffrwtian – un yn cynnwys cyri, un yn cynnwys bolognaise a'r llall yn cynnwys lobscows dwi'n meddwl. Bydde'r plant i mewn ac allan o'r tŷ bob munud. Dyna oedd yn mynd â'i amsar o'r dyddia hynny. Roeddwn i'n ei gofio fo er pan oeddwn i'n hogyn bach, wrth gwrs, ac ynta'n byw yn Bethesda.

"Dwi'n cofio mynd i Lydaw ar fy mhen fy hun wedyn pan oeddwn yn bedair ar bymtheg a phwy welwn i gyda'i gitâr ar y sgwâr yn Kemper ond Meic. Ar ôl ymweld â sawl bar yn ei gwmni doedd gen i ddim syniad lle'r oeddwn i wedi gadael fy mag na chwaith ym mha westy roeddwn i fod i aros erbyn diwadd y noson. Ond mi ddoth rhyw *gendarme* digon cyfeillgar i roi help llaw i mi.

"Flynyddoedd yn ddiweddarach wedyn, pan oeddwn i drosodd yno efo Maffia, mi gefais fy synnu mor boblogaidd oedd o yno. Dwi'n cofio chwara o flaen torf enfawr un noson a phan ganodd Meic y gân 'Erwan' dyma'r gynulleidfa i gyd ar eu traed ac yn canu efo fo ac yn cynnau eu leiters.

"Dwi'n cofio gìg yng Nghlwb Rygbi Bethesda rywbryd wedyn. Roeddan ni newydd ddychwelyd o Lydaw, a deud y gwir. Roeddwn i ac Edwin Humphreys yn chwara hefo tipyn o bawb ar y pryd – Bob Delyn a'r Ebillion, Jecsyn Ffeif, Steve Eaves a Meic yn ogystal â fy ngrŵp fy hun. Iawn, dyma *sound check* Meic tua thri o'r gloch. Mi oedd o'n flin. Doedd dim yn ei blesio. Mi oeddwn i'n chwara'n rhy sydyn, medda fo. Toeddwn i ddim. Roedd gen i fetronôm wrth fy nhraed ac roedd tempo caneuon pawb roeddwn i'n chwara efo nhw wedi'i osod yn y cof.

"Dyma Edwin yn deud rhwbath wedyn a Meic yn deud wrtho, 'Who the fuck are you? Get off my stage'. Mi aeth Edwin at y bar yn do, a dyna lle fuodd o. Roedd criw *Fideo 9* yn recordio'r gìg nawr. Dyma Meic yn holi lle'r oedd Edwin. Dyma fi'n deud wrtho, 'Wel, mi wnest ti ddeud wrtho am fynd i'r diawl'. Doedd o ddim yn medru gweld Edwin o'i flaen yn y bar, wrth gwrs. Rargian roedd y gwin wedi cymryd drosodd erbyn hynny. Mi oedd o'n mynd yn rhwystredig wedyn am na fedra fo wneud be o'dd o isio. Y gwin coch oedd yn siarad, yn de. Mi fydda fo'n ceisio cael gwarad ar ei rwystredigaeth trwy ei gael o allan ar rywun arall.

"Ond wedyn, pan fydda fo ar ei ora, cyn i'r gwin gymryd drosodd, doedd yna neb tebyg iddo. Wrth gwrs ei fod o'n uffar o gyfansoddwr. Pan fydda i'n sgwennu ambell faled, ei lais o fydda i'n ei glywad yn ei chanu yn fy mhen. Ond mi oedd o'n chwara fath â hogyn ifanc. Roedd yr ynni a'r egni'n rhyfeddol o ystyried ei oedran.

"Gwyliwch ei fysedd o ar y gitâr. Mi fydda fo'n gwybod be o'dd o isio yn y stiwdio wedyn. Dwi'n cofio nad oedd o'n hapus gyda Heather yn canu 'Blodau Gwyllt y Tân'. Dyma fi'n digwydd deud 'Well, it's a man's song'. A dyma fo'n deud, 'That's it, man, sing it like a man', a doedd dim taw arno nes bod Heather yn gneud hynny.

"Dwi bob amsar yn meddwl mai yn Llydaw mae ei galon o. Ma'r ffordd o fyw yno yn ei siwtio. Canu a chwara a mwynhau yn y barie am ei fwyd a'i ddiod. Mi oedd hynny'n rhoi mwy o blesar iddo na'r gigio o flaen torfeydd, dwi'n meddwl. 'Dan ni wedi colli hynny yng Nghymru, yn do? Yn hytrach na seinio'r dôl, mi fydda cerddorion yn Llydaw yn cael cyflog dim ond iddyn nhw ddangos dau boster yr wythnos i brofi eu bod wedi perfformio yn rhywle.

"Dwi'n gwybod fy hun teimlad mor wych yw hynny. Rhyw dro, pan oedd gennym ychydig ddiwrnoda'n rhydd rhwng gigs draw yno, mi gawson ni ein tywys gan griw o'r Llydawyr o far i far yng nghefn gwlad i wneud dim byd ond canu a mwynhau. Mynd â diwylliant at y bobl go iawn a'r bobl yn dod aton ni unwaith roedd y si ar led ein bod yn y dafarn. Dwi'n meddwl mai trefniant felly fydda'n siwtio trwbadŵr fath â Meic Stevens yng Nghymru. Ia, ac er ei bod hi'n fain arno'n ariannol yn aml iawn dwi erioed yn ei gofio heb gitâr dda yn ei ddwylo," meddai Hefin.

Ym mis Ionawr 1998, mewn cyfweliad gyda Kate Crockett yn yr wythnosolyn *Golwg*, bu Meic yn sôn fel yr oedd hi arno ar y pryd, a hynny fel arfer, heb flewyn ar ei dafod, gan edrych 'nôl ar y cyfnod y bu o dan adain Warner Brothers.

"Mae'n mynd lawr i beth wnes i gyda'r Warner Brothers yn 1969, a jyst dweud, ffwcio chi, dydych chi ddim yn fy nefnyddio i. Sa i ishe gwybod am eich cachu *show business* chi. Cerddor ydw i a dwi eisiau creu cerddoriaeth. Sa i ishe bod yn blydi Rod Stewart a phobol felly. Os y'ch chi'n moyn prynu'r gerddoriaeth fe gewch chi, ond chewch chi ddim prynu'r dyn... Dwi ar *income support!* Wir i ti! Un o'r *musicians* gore ma Cymru wedi gweld mewn hanes y genedl i gyd – a dwi ar *fucking income support*. Ma rhywbeth mas o'i le."

Yn yr un cyfweliad, roedd yr hyn oedd ganddo i'w ddweud am y modd y gafaela cerddoriaeth yn ei gorff a'i enaid yn ddadlennol.

"Dydi cerddoriaeth ddim yn adloniant i fi. Ma cerddoriaeth yn rhyw fath o – o fyw... O'n i bron yn mynd i ddweud ymchwil – ond mae e fel... byw. *That's the way I live*. Ma rhyw ffrindie i fi sy'n pysgota, gartre, maen nhw'n mynd mewn cychod pren ar y lli, i bysgota. Dwi'n pysgota, ond dwi ddim yn mynd mewn cwch bren ar y lli, dwi'n mynd bron yn noeth, mas, sdim cwch amdana i, sdim injan 'da fi. Dwi'n hel sŵn... Chi'n mynd lan i'r Royal Oak, a'r *rapport,* cwrdd â rhywun sy'n gallu whare neu canu, ac ma popeth yn clicio, mae'n naturiol – whiw! Mae e'n dod i 'mhen i, yn cerdded lawr y stryd, neu ar y bws i Aberystwyth, ar y Traws Cambria, a rhyw dôn fach yn dod, mas o'r ether! Mae e'n blydi *brilliant*."

Arwydd o fawredd Meic, a'r statws a roddwyd iddo, oedd

ei fod uwchlaw'r cecru a fu yn y cyfnod hwn ynghylch p'un a ddylai artistiaid Cymraeg droi i ganu yn Saesneg neu beidio wedi cyfnod 'y chwyldro' ar ddiwedd y 1960au a'r 1970au, pan fyddai cam o'r fath yn cael ei ystyried yn ddim llai na brad ymhlith cenedlaetholwyr ifanc. Roedd Meic wedi bod yno, wrth gwrs. Doedd e ddim yn un i ddilyn ralïau Cymdeithas yr Iaith nac i uniaethu â'r un garfan wleidyddol.

Ni fyddai i'w weld yn cyd-ganu 'Fe orchfygwn ni' mewn gwrthdystiad nac yn morio canu 'Ar Fryniau Bro Afallon' gyda'r criw fin nos. Ar ryw olwg, fel artist, roedd o uwchlaw hynny. Roedd o'n fwy na diddanwr a oedd wedi ymdynghedu i achub y Gymraeg drwy strymio gitâr. Feiddiai neb ei feirniadu am ganu yn Saesneg. Roedd ganddo fersiynau Cymraeg a Saesneg o'r rhan fwyaf o'i ganeuon, yn ogystal â *repertoire* eang o ganeuon y mawrion o blith y cantorion gwerin cynnar.

Ym mis Mai 1998 roedd Meic yn perfformio yn Saesneg yng ngwesty'r Eastgate, ym Mhenfro, gyda chymorth ei hen gyfaill, Maxi Cole. Roedd BB Skone yno a lluniodd adolygiad ar gyfer y papur wythnosol *Western Telegraph*, o dan y teitl 'Welsh Hero with a Chequered Past'. Mae'n werth ei ddyfynnu'n helaeth am ei fod yn cynnig gwerthfawrogiad gŵr na fyddai'n gyfarwydd â Meic y perfformiwr Cymraeg.

Roedd BB Skone ar ben ei ddigon am ei fod newydd ddychwelyd o Ŵyl y Gelli Gandryll, lle'r oedd wedi cyfarfod ag un o'i arwyr, John Cale, y Cymro o'r Garnant ac Efrog Newydd a Los Angeles. Cyfeiria at Maxi Cole fel Jim Carew a chyfeiria at John Lee Hooker yn yr un gwynt â Meic Stevens.

> And so it was, three days later and nursing a hangover as big as a Zeppelin riff, as painful as a poke in the ear with a Celine Dion record, I found myself in Pembroke's Eastgate Hotel listening to that other Welsh hero, Meic Stevens. Internationally Meic Stevens may be more cultish than Cale, but in his own country he is a legendary singer songwriter. He's to Wales what Christy Moore and Dick Gaughan are to Ireland and Scotland respectively – a major influential, pioneering talent.
>
> No lesser a person than Gorky's (yes, them again) lead singer

and keyboardist, Euros Childs, once told me he thought Meic Stevens was Wales' greatest songwriter. Meic Stevens certainly has a long and chequered history going back to the Sixties. One of the albums he recorded then, *Outlander*, currently changes hands for a three figure sum, and tonight he's joined on second guitar by a man who contributed to that album and who still occasionally guests with Meic Stevens, Jim Carew.

Together they played two long sets which ranged from the shambolic to the sublime, often in the same song. Meic Stevens has gained something of a reputation as an erratic performer, which is maybe one of the reasons that greatness has eluded him. Another reason is, of course, that many of his songs are in the Welsh language (though not tonight). It's downright disgusting that the folk roots mafia, who'll dish out plaudits to seemingly any old band, from Timbuktu to Tibet, who play 'authentically' in a language few of us understand, continue to ignore the wealth of Welsh talent on its own doorstep.

Understandably, this was a Pembroke pub gig after all, we're talking about the place where Norman wisdom built a castle, Meic Stevens laced his set with familiar standards from the worlds of rock, blues, country and folk. A few Dylans here, a Little Richard there, a couple of verses of the great Hank Williams' 'Your Cheating Heart', a hesitant bar-room standard 'Maggie May' – they all played their part in making a memorable show, each were stamped with Meic Stevens' unique performing style, his guitaring in particular was both powerful and unpredicable.

Jim Carew shouldn't be underestimated. He's no slouch when it comes to Telecasting. Unfortunately it was often too far back in the mix. Meic Stevens also gave him a hard time. But, to be fair, following Meic Stevens must be a bit like playing with an individualist such as John Lee Hooker – even the best find it difficult to hang in there with his idiosyncrasies. The best bits, at which Meic Stevens excelled, were the bluesy numbers and his own songs. But a lot of it was ragged. Not the sort of ragged that comes from audacious experimentation, no, the sort of ragged born of lack of preparation, a seat of the pants, buskers' ragged trouserness. However, I also enjoyed some fearsome and fiery guitar duels when both guitarists appeared to be playing Russian roulette with the other man's head as the target; it was awesome (c. Boxcar) stuff.

> Anyway, the night rolled mellowly along, increasingly alcohol fuelled, its furrow well and truly dug. Sober as a judge, half remembering the weekend's momentous events, wondering where all those cuts and grazes could have come from, I left the Eastgate and went gently into the night.

Roedd BB Skone wedi profi'r gwych a'r gwachul yng ngwesty'r Eastgate ym Mhenfro.

17

Y Pafiliwn, yr Old Cross a Chanada

GYDA THROAD Y milflwyddiant wynebwyd cyfnod o gadarnhau statws Meic Stevens fel un o'n cyfansoddwyr gwerin amlycaf wrth i gynulleidfaoedd werthfawrogi ei glasuron o'r newydd. Pylodd y ddawn greadigol a chanolbwyntiodd Meic ar gyflwyno'r caneuon cyfarwydd o'r newydd yn ei ddull dihafal ei hun. Cafodd gymorth Cerddorfa Genedlaethol Gymreig y BBC i wneud hynny ar dri achlysur; yn Neuadd Brangwyn, Abertawe ar ddiwedd 1999 mewn cyngerdd i groesawu'r milflwydd newydd ac mewn cyngherddau diweddarach a drefnwyd gan Radio Cymru yn Ysgol Dyffryn Aman yn 2002, ac eto yn Neuadd Brangwyn yn 2004.

Y flwyddyn ganlynol cyhoeddwyd cryno-ddisg *Meic a'r Gerddorfa* o naw o'r caneuon cyfarwydd hyn a ganwyd i gyfeiliant cerddorfa. Roedd Meic ei hun wrth ei fodd ac yn arbennig gyda threfniannau John Quirk, y cyfarwyddwr cerdd, o'i ganeuon ond yn cyfaddef fod potel o win wedi chwarae ei rhan i sicrhau llwyddiant y cyngerdd cyntaf hwnnw.

> Roedd anferthedd y cyngerdd yn taro rhywun yn syth. Roedd o leia 70 o chwaraewyr yn y gerddorfa, ac roedd band roc (gitâr fas, gitâr flaen, allweddelle a drymie) ar ben 'ny. Myfyr Isaac, ro'n yn ei adnabod yn bur dda, oedd yn arwain y grŵp a fu'n fand mewnol yn HTV am rai blynydde a'i aelode'n chwaraewyr roc a ffync profiadol iawn. Allwn i ond dychmygu sut sain fydde'n dod o'r cwbwl. Ro'n i'n teimlo'n nerfus iawn, felly dechreuais yfed gwin yn fy stafell

wisgo. Mae bob amser lot o sefyllian obutu yn y math 'ma o gigs oherwydd rhyw drafferthion technegol, a'r ffaith bod byddin o bobol ynghlwm â'r digwyddiad a uffarn o lot o waith anodd i'w wneud.

Dwi'n credu mai'r botel honno o Rioja wnaeth y tric gan i ni ymarfer am orie heb drafferth yn y byd. Roedd y dechnoleg yn rhyfeddol, pob offeryn yn cael ei gymysgu'n unigol gan feic acwstig wedi'i fachu'n ddyfeisgar ar yr offeryn. Ges i sgwrs 'da un o'r technegwyr sain a ddwedodd fod y meics yn costio £2,500 yr un. Cerddorfa gyfan wedi'i chymysgu fesul offeryn a'r rheini wedi'u bwydo i gymysgydd anferth oddi ar y llwyfan. Roedd 'na bedwar bas dwbwl!

Roedd holl signale'r consol cymysgu cynta ar bwys y llwyfan yn cael eu trosglwyddo i declyn soffistigedig wrth ddrws cefen yr adeilad ac wedyn i sganiwr mewn lori anferth mas ar y stryd. Roedd ceblau, peirianwyr a recordwyr sain ar hyd y lle ym mhob man fel sbageti. "Shwt ddiawl ma hyn yn mynd i weithio?" Ond dyna i chi wyrth wnaeth y bois hyn i gyd. Dim strach, dim ond bwrw ati'n dawel bach, cam wrth gam, neb yn gweud dim, popeth yn hamddenol, y gore welais i'r BBC yn gweithio ar ddarllediad allanol erioed, er mai recordiad sain yn unig oedd y gìg. Ces i fy llorio'n llwyr pan glywais i'r gerddorfa'n chware fy nghaneuon.

Ystyriai John Quirk hi'n fraint i drefnu caneuon Meic ar gyfer y gerddorfa ac roedd y ffaith fod y ddau'n parchu ei gilydd fel cerddorion o gymorth i ddwyn y maen i'r wal.

"Ma caneuon Meic yn dwyllodrus o syml. Ma'r alawon yn brydferth ac yn llawn croes-alawon celfydd. Ma strwythur y melodïe a'r harmonïe yn llawn gonestrwydd ac uniongyrchedd. Ma hynny'n beth prin iawn. Ma fe'n canfod dwyster mewn symlrwydd. Roedd 'Dim ond Cysgodion', y gân gyntaf ar y gryno-ddisg, yn gweddu'n dda i driniaeth gan gerddorfa lawn.

"Ma Meic yn dalent unigryw, wrth gwrs. Ma ceisio'i gorneli weithie mor anodd â cheisio dal iâr fach yr haf. Wrth lunio'r sgôr roeddwn i'n ceisio caniatáu ar gyfer y cyffyrddiade bach ychwanegol hynny o wreiddioldeb ma Meic mor hoff o'u cynnwys yn ei berfformiade. Roedd y ddau ohonon ni'n ymddiried yn ein gilydd. Dwi'n gwybod nad oes yr un person creadigol yn hoffi colli gafael ar ei greadigaeth a dwi'n gobeithio bod ein partneriaeth wedi gwneud cyfiawnder â'r deunydd gwreiddiol.

"Gwyddwn fod Meic yn anfodlon â'r modd y cafodd peth o'i waith ei drin gan y cyfrynge yn y gorffennol ac roeddwn i am i Meic ei hun fod yn hapus â'r trefnianne. Wrth gwrs, ma Meic yn medru bod yn anwadal weithie ond o dan yr anwadalwch hwnnw ma 'na sylwedd na all neb ei ddwyn oddi arno," meddai John.

Roedd yna haid o bobl Solfach wedi eu gwahodd i fod yn bresennol a hynny'n bennaf i weld Meic yn cael ei anrhydeddu gan y BBC am ei artistri ar hyd y blynyddoedd wrth i'w hen gyfaill, Hywel Gwynfryn, gyflwyno meic aur iddo. Wedi'r cyngerdd gleiodd Meic hi o Neuadd Brangwyn, yng nghwmni bois Solfach, i'r Cricketers Arms i fwynhau rhagor o Rioja. Pennaeth Rhaglenni Radio Cymru ar y pryd oedd Aled Glynne, a gwahoddwyd Meic, ymhlith nifer o sêr eraill, i berfformio mewn cyngherddau pellach.

"Gan fod perfformiad Meic mor arbennig, mi benderfynon ni ei wahodd i ddau gyngerdd tebyg arall yn y de-orllewin. Mae ei ganeuon ar CD o'r enw *Meic a'r Gerddorfa*. Mae'r caneuon i gyd yn arbennig iawn. Mae'n werth gwrando ar y gwahaniaeth rhwng ei fersiwn gwefreiddiol o 'Gwely Gwag' a'r fersiwn gwreiddiol ganodd o ar ei record hir *Gwymon* yn y 70au. Maen nhw mor wahanol; mae Meic yn taro nodau anhygoel wrth ganu efo'r gerddorfa.

"Ac wrth wrando ar y CD, dwi'n dal i wenu wrth wrando ar 'Victor Parker'. Mae 'na gymeradwyaeth fyddarol ar ôl y gân. Pam? Wel, y gwir ydi fod Meic wedi cael chydig o drafferth cofio rhan o'r gân ac roedd yn rhaid iddo roi'r gorau i'w chanu, a'i chanu eto – a hynny sawl tro. Ac er bod ambell aelod o'r gerddorfa yn gwgu, yn twt-twtio ac yn siŵr o fod yn dyheu am berfformio mewn cyngerdd clasurol a pharchus, roedd y gynulleidfa wrth eu boddau yn gwylio Meic yn mynd drwy'i bethau; roedd yn chwerthin yn uchel dros y lle ac yn cyfathrebu'n wych gyda'r dorf. Un peth bach... os newch chi wrando ar y fersiwn yma, mi wnewch chi sylwi nad ydi Victor Parker yn marw! Ond y peth mawr ar y noson oedd bod Meic a'r gerddorfa wedi llwyddo i gyrraedd diwedd y gân!" meddai Aled.

Ond hwyrach mai ym mis Awst 2002 y gwelwyd penllanw'i yrfa wrth iddo gael ei anrhydeddu gan yr Eisteddfod Genedlaethol yn Nhyddewi, pan gafodd ei wahodd i gynnal cyngerdd yn y Pafiliwn. Roedd y maes mewn gwirionedd yn nes at Solfach nag oedd at y ddinas. Cafwyd cyngerdd gorchestol, a'r pafiliwn dan ei sang. Roedd y mab afradlon wedi dychwelyd a'r llo pasgedig wedi'i rostio er anrhydedd iddo.

> Penderfynais gymryd yr anrhydedd o ddifri a bod yn gydwybodol ynghylch y cyfle gwych yma, a rhoi perfformiad bythgofiadwy. Ro'n i wedi bod yn aros am gyfle fel hyn, a dyma fe, hud unweth 'to! Bydde'r gyllideb yn fodd i roi band gwirioneddol dda at ei gilydd. Ymarfer am wythnos yn Neuadd Goffa Solfach oedd y trefniant. Rhentais fwthyn i'r band, a bydde'r adran linynnol yn cyrraedd ar y dydd Iau, diwrnod y cyngerdd – roedd eu rhanne nhw wedi'u sgrifennu ar bapur a phob un ohonyn nhw'n gallu darllen cerddoriaeth ar yr olwg gynta, dim problem.
>
> Roedd yr awyrgylch, y disgwylgarwch a maint yr awditoriwm yn ddigon i godi ofn ar rywun ond doedd dim byd i'w ofni. Am unweth, ro'n ni wedi bod yn ymarfer fel lladd nadroedd am wythnos. Yn wir, do'n i erioed wedi ymarfer o gwbwl ar gyfer unrhyw sesiwn recordio. Roedd hi'n noson llawn her. Ond aeth y cyngerdd yn rhagorol, dim un cam gwag, dim un nodyn o'i le, yr holl waith a'r paratoi trylwyr wedi bod yn werth chweil a'r gynulleidfa gyda ni yr holl ffordd. Profiad gwych a charreg filltir yn fy ngyrfa fel canwr.

Y prif gerddorion oedd yn rhan o'r achlysur hanesyddol hwnnw oedd Dave Reid, ar y gitâr fas, Mark Williams ar y drymiau, Patrice Marzin ar y gitâr a Billy Thompson ar y ffidil, ynghyd â Heather Jones fel llais cefndir a John Quirk yn arwain pumawd llinynnol yn ogystal â chanu'r piano. Cafwyd eitemau'n llawn nwyf gan y chwiorydd Eirian, Buddug ac

Elin James o Aberteifi hefyd. Roedd y dorf ar ei thraed mewn edmygedd ar y diwedd.

Erbyn hynny roedd Billy Thompson, y ffidlwr a oedd wedi trwytho ei hun yng ngherddoriaeth y sipsiwn, wedi dod i adnabod Meic yn dda ac wedi ychwanegu dimensiwn cyffrous i berfformiadau Meic dros y blynyddoedd.

"Dwi'n cofio chwara gìg yng Nghlwb Ifor Bach yng Nghaerdydd ar ôl gêm rygbi ryngwladol pan oedd Cymru wedi ennill. Dyma rywun o'r gynulleidfa'n gweiddi ar Meic i'w hatgoffa nhw o'r sgôr y diwrnod hwnnw. Ymateb Meic, gan ddifetha rhywfaint o'r awyrgylch, oedd dweud nad chwara rygbi oedd ar y gweill ar y pryd ond chwara cerddoriaeth. Roeddwn inna'n gwybod wedyn ei fod o ddifrif ynglŷn â cherddoriaeth.

"Y gwaith cynhyrchu cyntaf i mi ei wneud oedd y gryno-ddisg *Ysbryd Solva* i Meic. Y drefn oedd ei fod yn dod draw i fy stiwdio bron bob bore am bythefnos yn cario cania o lagyr. Y cam callaf wedyn oedd rhoi'r gora i recordio am hanner dydd a'i gadal hi tan trannoeth. Mi fydda fo'n cyrraedd yn y bora eto yn cario'r lagyr ac yn rhyfeddu fy mod i wedi llwyddo i yfad beth oedd dros ben y diwrnod cynt. Y canlyniad beth bynnag oedd creu'r sŵn byw fyddai gennym ar y pryd mewn gigs.

"Ar lwyfan wedyn bydde Meic yn rhoi'r arwydd i mi bob hyn a hyn i chwara unawd gan adael hynny i fy nychymyg i, ac wedyn byddwn yn dychwelyd i'r rôl o gefnogi'r gân a llais Meic. Roedd gitâr acwstig a ffidil yn gweddu i'w gilydd, rywsut. Cyd-ddigwyddiad llwyr oedd fy mod yn creu sŵn gwylanod ar 'Ysbryd Solva' heb ddeall fod y gân yn cyfeirio at yr adar. Doeddwn i ddim yn deall nac yn siarad Cymraeg ar y pryd.

"Ydw, dwi'n cofio'r cyngerdd yn yr Eisteddfod yn dda. Roedd yn braf treulio wythnos yng nghwmni Patrice Marzin, Dave Reid a Heather Jones. Aeth pob dim yn iawn. Dwi'n cofio gwneud gìg fy hun hyd yn oed gyda Patrice a Gary Phillips yn y Royal George yn ystod yr wythnos," meddai Billy.

Un sy'n cofio'r noson yn y Pafiliwn yn dda ac sy'n dal i

ryfeddu, yn ei gartref yn Nhwrci, at yr ymateb gwefreiddiol y noson honno yw hen gyfaill Meic o Hwlffordd a Llundain, Peter Swales.

"Dwi'n cofio cael cinio gyda Meic yng ngwesty'r Grove yn Nhyddewi y prynhawn hwnnw ac yna ei gymryd e a'i gitarau i'r gìg. Wel, roedd e'n achlysur bendigedig gydag awyrgylch gynnes braf. Roedd Meic ar ei orau a doedd yna'r un eiliad ddiflas. Yn wir, roeddwn yn teimlo'n freintiedig i fod yn bresennol i fwynhau'r achlysur. Roedd y band a'r cantorion cefndir wedi creu argraff arnaf ac yn arbennig y gitarydd o Ffrainc. Roeddwn yn hynod falch dros Meic," meddai Peter.

Tra oedd yn loetran ar y Maes cyn y cyngerdd cafodd Meic ei holi gan newyddiadurwr o'r enw Richard Marshall ar gyfer cylchgrawn gwerin o'r enw *Folk Minority*. Yn ôl y disgwyl soniodd Meic am yr artistiaid adnabyddus y bu'n cymysgu â nhw yn ystod ei gyfnod yn Llundain, ac yn ôl y disgwyl doedd ei sylwadau ynghylch materion eraill ddim yn ymylu ar fod yn gonfensiynol na gwleidyddol gywir. Gwell dyfynnu talp o'r sylwadau yn union fel y cawson nhw eu cofnodi yn y cyhoeddiad. Gellir tybio bod Meic hefyd yn rhoi prawf ar hygoeledd yr holwr, a oedd yn amlwg yn arddel y safbwynt traddodiadol ynghylch y Cymry yng ngolwg y Saeson.

> "Oh God, look, the druids are coming. I better hide the beer. They're just about to crown the bard. You need to watch these guys. They're all in the masons! Another dubious organisation. How have things changed? Well, music has always been music to me. I just hope I age gracefully. I certainly have had a lot of fun. I met and worked with a lot of people who were in the forefront of modern music like Reggie King of The Action, Gary Farr, Cat Stevens, Steve Winwood, they were all sympathetic to each other. We all knew each other and stuff. And other people. We were everywhere. We did a lot of good music. We all went our separate ways but I think we still made good music."
>
> "How important was it that you are Welsh? I mean, everyone's aware of Irish folk music, the Irish Celtic sound. But the Welsh is less known."

"Well, it's not important beyond the fact that I happen to be Welsh, that's all. The guy that everyone should bend the knee to is Alan Stivell – the thing had gone really flat and he started the new Celtic wave of Celtic revival music. There's no doubt about it. I went to Brittany just to see what was going on. There was nothing happening at the time in Ireland. Very little happening here. I always thought it was important to record in Welsh. A minority language. It's a minority race too. There aren't many of us. The Paddies are all Catholics, they don't have any birth control so they're all shagging away and we are basically being told not to shag. The Welsh are weird, you know! There's some of them passing by us now with the green hoods. I wouldn't dream of going around bloody dressed like that though! Good luck to them though...

"I'm unknown. I'm a loner. I've never been involved with agents or anything like that. I don't push it. I've never pushed it. It's just a localised thing you know. It's about keeping it away from showbiz really. I keep on telling people, I've been telling them for years and years, I don't want to get involved in that. I'm sure people don't believe me. I could have made millions and millions from Warners in the sixties. I could have been up there with Van the Man and Neil Young and people like that. A lot of good guys, John Sebastian, Tim Buckley, a lot of good guys. It's not for me. I knew all those guys. They used to encourage other artists.

"I don't bloody care. I don't care a fuck. Van Morrison, Bob Dylan, they can't sing anymore. Their voices are fucked. I don't know why they bother, especially Morrison. They're multi-millionaires. What are they doing it for? Dylan and his never-ending tour, it's just a bloody excuse. More money! What else is he going to do? But I really don't understand. I know one thing. They're upsetting a hell of a lot of die-hard fans by not being able to come up to scratch anymore. And what do you expect? They're old. The mileage. I wouldn't go on stage unless I thought I could cut it. Now singing in Welsh. It's been detrimental to me. It's been an impediment because hardly anyone can speak fucking Welsh. They can hear the sound. This is the thing. The Irish did this. All the successful Irish singers and groups sang in English. Or they did instruments. But there's some tremendous music.

"But with me, it's like, a prophet in his own land... you know the old adage? There was this time I was taken into protective custody. I was wanting to sleep off the booze, was climbing and was going to sleep on the mountains. But they didn't know that. So they took me in because they thought if they left me there I might freeze to death on the mountain. It was a very cool night. A diamond night. Fantastic. You can see the air on the mountains on a night like that. It's so clear. One o'clock in the morning and the moon is shining down and it reflects off the rocks of the mountains. A wonderful place. If you know what you are doing. Anyway, they took me in. But I got away with it. I hadn't done anything wrong. I had to go to court. All the way from Cardiff to this arsehole of nowhere. It's well up in the mountains and no one would ever go there. Never mind. A pain in the arse and such a waste of time.

"Anyway, do the Welsh appreciate me? Well here, on my home ground, I was very surprised that they asked me here to do this. They're very strict and straight you know. It proves that they're coming round. There's not a Christian, Buddhist or Muslim in the band. None of us go to church. We're all bloody eccentric. We read stuff and play jazz. So it's surprising they asked us."

Os oedd Meic wedi'i gymryd i'r ddalfa er ei ddiogelwch ei hun pan oedd yn crwydro'r mynyddoedd yn ei fedd-dod, mae'n siŵr bod ambell wrthdrawiad gyda'r heddlu, a manteisio ar eu lletygarwch dros nos o bryd i'w gilydd, yn rhan o fyw a bod pob trwbadŵr gwerth ei halen. Onid oedd yna ambell i gwnstabl castell yn difyrio Dafydd ap Gwilym, druan?

Adroddir stori am Meic wedi cyngerdd hynod o lwyddiannus yn Theatr Gwynedd yn myllio'n llwyr pan ddywedodd y rheolwr y byddai siec yn cael ei anfon yn y post yng nghyflawnder yr amser. Cymaint oedd y strancio a'r bytheirio ar ran Meic nes i'r rheolwr ei gloi ei hun yn ei swyddfa a ffonio'r heddlu. Am fod swyddfa'r heddlu ar draws y ffordd roedd dau neu dri ohonyn nhw yng nghyntedd y theatr o fewn hanner munud. Bu Meic yn ddigon cyfrwys i dynnu un ohonyn nhw i'r naill ochr ac esbonio bod y camddealltwriaeth wedi'i ddatrys a'i fod yn ddiolchgar iddyn nhw am ddod mor sydyn. Ar ben hynny cafodd ei dalu mewn arian parod gan y rheolwr yn y fan a'r lle.

Dro arall roedd Meic wedi gosod ei gitâr ar ben wal tra oedd yntau ac un o'i gerddorion yn disgwyl tacsi. Codwyd y ddau gan y tacsi ond anghofiwyd y gitâr ddrudfawr Gibson Roy Smeck 1927 gwerth tua £3,000. Cryn ofid wedyn ynghylch diogelwch yr offeryn. Roedd Meic yn gyndyn i gysylltu â'r heddlu am fod ganddo ddeunydd ym mocs y gitâr na fyddai'n ddoeth i'r glas i'w weld. Ildiodd yn y diwedd. Cysylltodd â'r heddlu a chanfod bod rhyw gymwynaswr wedi mynd â'r gitâr iddyn nhw. Aeth i'w chyrchu'n sydyn cyn iddyn nhw gael cyfle i'w harchwilio'n fanwl a chanfod y marijuana.

Doedd ond ychydig wythnosau cyn Steddfod Tyddewi ers i Peter Swales gladdu ei dad, Joffre, ac roedd Meic wedi ffeindio'i ffordd i'r angladd yn Hwlffordd. Mynnodd dalu am bryd o fwyd i Peter a'i wraig, Julia, drannoeth. Ond yn anffodus, pan drefnwyd cyngerdd coffa i Joffre Swales ym maes awyr Llwynhelyg, Hwlffordd yn 2003, doedd dim golwg o Meic, er iddo wirfoddoli i gymryd rhan. Roedd wedi cwympo i gysgu yng ngwesty'r Mariners a heb ddihuno nes oedd y cyngerdd wedi hen ddibennu. Doedd cyfarfyddiad nesaf Peter a Meic ddim yn rhyw ffrwythlon iawn chwaith.

"Cefais alwad ffôn ddisymwyth ganddo i ddod i'w gyfarfod yng ngwesty'r Mariners ar fyrder, rywbryd yn gynnar yn 2006, ond ar ôl cyrraedd doedd dim croeso iddo yno am ryw reswm. Bu rhaid i ni fynd i'r Greyhound ar draws y ffordd wedyn. Wedi ychydig o ddiodydd dyma fi'n sôn, wrth fynd heibio fel petai, fy mod yn ystyried symud i Twrci. Wel, os do, bu raid i mi ddioddef rhyw araith led ynfyd yn erbyn Mwslemiaid. A dweud y gwir, roeddwn yn falch o gael gadael ar ôl gweld Meic ar ei waethaf," meddai Peter.

Bu ei gysylltiad nesaf â Meic ym mis Mawrth 2006 yn bisâr drachefn, ac yn wir yn rhan o ffars o'r mwyaf er bod iddo ei ochr ddifrifol hefyd.

"Cefais alwad frys i fynd i swyddfa'r heddlu yn Hwlffordd. Ar y ffordd yno cyfarfyddais â hen ffrind a soniodd fod Meic wedi cael ei arestio y noson gynt mewn gwesty yn rhywle yn chwifio dryll. Doedd yna neb yn swyddfa'r heddlu i siarad â mi, a thra oeddwn yn disgwyl dyma gyfreithiwr yn cyrraedd gan ddweud ei fod ynte wedi cael ei alw hefyd i gyfarfod â Meic. Ymhen hir a hwyr cafodd ynte fynd i mewn ond dywedwyd nad oedd croeso i mi ar y pryd. Bu raid i mi fynd. Gadewais nodyn yr addawodd y plisman y byddai'n ei roi i Meic. Dyna fy nghysylltiad olaf â fy nghyfaill," meddai Peter o'i gartref yn Nhwrci.

Roedd y digwyddiad hwnnw yn benllanw cyfnod a dreuliodd Meic mewn bwthyn yn ardal Tyddewi gyda'i deulu yn trefnu ail briodas ei ferch hynaf, Wizzy. Ar y noson olaf, ar ôl i'r plant ddychwelyd i Gaerdydd ac wedi iddo lanhau'r bwthyn, penderfynodd Meic dreulio'r noson yn yr Old Cross Hotel. Roedd hi'n nos Lun, Mawrth 5, ac yn noson dawel yn y gwesty. Cafodd gwmni dynes leol, Denise Guy, a fuasai'n gariad iddo ers tua pedair blynedd, am bryd o fwyd ac ychydig o win. Ond pallodd y gwin, a dyna pryd dechreuodd y trafferthion. Er ei fod yn aros yn y gwesty, gwrthodwyd rhoi potel arall o win iddo. Rhoddodd Meic bryd o dafod i'r weinyddes, a phan sylweddolodd na ddeuai rhagor o win fe bwdodd ac aeth yntau a Denise i'r gwely. Ond yng ngolwg y rheolwraig doedd mater y cweryl ddim ar ben.

Pennawd prif stori tudalen flaen y papur lleol, y *County Echo*, ddiwedd yr wythnos oedd, 'Rock star had pistol at hotel'. Soniodd yr erthygl am heddlu arfog ynghyd â chŵn yn amgylchynu'r gwesty yn yr oriau mân. Honnwyd iddo ymddwyn yn fygythiol tuag at y staff ac iddo gael ei arestio ar amheuaeth o fygwth lladd am fod ganddo wn (Walther 66 .202 llawddryll nwy) yn ei feddiant ar ben y cwpwrdd dillad yn ei ystafell.

Y gwir amdani oedd fod Meic yn cysgu'n drwm pan gurwyd ar ei ddrws a'i orfodi i ddod mas gyda'i freichiau yn yr awyr. Edrydd Meic yr hanes, sy'n chwerthinllyd oni bai am y ffaith fod rhywrai nad oedden nhw'n adnabod y gwalch wedi gwneud môr a mynydd o ddigwyddiad y byddai llawer o'i gydnabod lleol yn ei ystyried yn ymddygiad digon cyffredin ar ran Meic.

> "Ie, iawn," medde fi, yn ceisio gwisgo dillad cyn gynted ag y medrwn i. Roedd Den wedi deffro bellach ac wrthi'n cuddio'r hash.

"Den, ni'n cael ein rêdo 'to." (Ro'n ni wedi cael ein rêdo o'r blân, am gyffurie, pan o'n ni yn y gwely yng Nghaerdydd, felly doedd hyn yn ddim byd newydd.

Gorffennais wisgo, a gallwn i glywed ci heddlu yn cyfarth yn y coridor, felly agorais y drws a sefyll yn ôl â 'nwylo ar fy mhen. Hedfanodd y drws ar agor led y pen a daeth dau blismon mewn du a helmedi am eu penne i mewn, gwasgode Kevlar amdanyn nhw, ac anelu pistole Browning yn syth at 'y mhen a 'nghalon.

"Rhowch y blydi pethe 'na i gadw," meddai Den, oedd erbyn hyn yn ishte yn borcyn yn y gwely yn dangos pâr godidog o fronne!

"Ca dy ben, Den, ma hyn yn *serious*," medde fi, wrth i'r trydydd comando mewn du roi gefynne am fy nwylo y tu ôl i 'nghefen.

Ces i fy archwilio, fy llusgo mas a fy martsio i lawr y stâr heibio i ragor o Ninjas a bleiddgi anferth yn cyfarth nerth esgyrn ei ben, mas drwy'r drws ffrynt, i lawr llwybr yr ardd, a fy lluchio'n ddiseremoni i fan heddlu. Wedyn bant â ni, wyddwn i ddim i ble. Gyrru a gyrru. Ro'n i wedi colli trac o'r amser erbyn i'r fan stopio. Ces fy llusgo i faes parcio a fy martsio i beth o'n i'n credu oedd swyddfa'r heddlu. Diflannodd y rhyfelwyr mewn du mewn chwinciad a ches i fy martsio i lawr rhyw goridor a'm gwthio i gell lle roedd bync a phot piso, a ffenest fach â barie yn uchel ar un wal. "Be ddiawl yw hyn?" meddwn i'n uchel ond doedd neb i ateb, felly gorweddais ar y bync a mynd i gysgu.

Fore trannoeth aed â fi mas o'r gell gan ddau blismon i'r stafell gyfweld a'm cyhuddo o fod yn berchen ar ddryll. Dryll, pa blydi dryll? Doedd gen i ddim dryll, dwi erioed wedi bod yn berchen ar ddryll. Be oedd yn digwydd – *set-up?* Mae rhywun wedi 'ngwneud i'n fwch dihangol. Dyna oedd yn mynd drwy fy meddwl wrth i fi lofnodi ffurflenni mechnïaeth ac yn y blân. Ro'n i wedi neud 'ny o'r blân, ond pam a beth oedd yn digwydd? Yr unig beth oedd yn y stafell yn y gwesty allai fod yn anghyfreithlon oedd tamaid bach o hash, tua chwarter owns, ond doedd hynny ddim yn drosedd bryd 'ny; roedd gofyn llawer mwy na hynny i gael cyhuddiad o feddu ar gyffurie. Jôc oedd hyn, mae'n rhaid!

'Nôl yn y gell wedyn, ac aros ac aros, am orie ac orie, camu 'nôl a mlân yn aros i rywun ddod i roi esboniad. Ar un adeg ro'n i'n cerdded o gwmpas y gell yn canu pob anthem genedlaethol wyddwn i, wedyn ishte i lawr ar y bync a chanu llond gwlad o ganeuon y Beatles. Ro'n i wedi anghofio am y CCTV ar y wal – rhaid bod y cops ar ddyletswydd yn piso chwerthin!

> Dechreuodd y gole yn y ffenest bylu ac allwn i ddim ond dyfalu faint o'r gloch oedd hi. Wedyn agorodd y drws a gofynnwyd i fi ddilyn plismon i stafell fach lle roedd bwrdd a chadeirie. Gwahoddwyd fi i ishte. Wedyn daeth dau gop gweddol ifanc di-iwnifform ac ishte gyferbyn â fi. Dwedodd y ddau 'mod i wedi fy nghyhuddo o fod yn berchen ar ddryll ac o fygwth saethu'r barmed ddiawl ro'n i wedi cwmpo mas â hi yn y gwesty!

Y canlyniad fu ei ryddhau ar fechnïaeth, ei wahardd rhag mynd yn agos i Dyddewi am dri mis, ei siarsio i beidio â chysylltu â Denise Guy, a oedd yn dyst dros yr erlyniad, meddid, ac i ddisgwyl gwŷs i ymddangos gerbron Llys Ynadon Hwlffordd. Bu sawl gwrandawiad a gohiriad llys cyn i'r achos ei hun gael ei gynnal ym mis Tachwedd. Roedd Alun Lenny yn un o'r gohebwyr a oedd yno.

"Dwi'n cofio tyst o'r enw Victoria Skeats, menyw braidd yn siarp a di-hiwmor yr olwg, yn dweud wrth y llys nad oedd Meic wedi'i blesio gan yr hyn oedd ar y fwydlen yn yr Old Cross y nos Lun honno. Hi oedd dirprwy-reolwraig y gwesty. 'Mr Stevens is known to us as an awkward customer. He demanded a poached egg on fillet steak,' meddai. Wel, mae'n siŵr y gall sawl un ddweud am duedd Meic i ymddwyn yn lletchwith ond ar ôl y pryd bwyd roedd Meic yn awyddus i gael potel arall o win coch. Wedi'r cyfan, roedd e wedi llogi stafell yno.

"Ond barnai Ms Skeats na ddylai'r gwesteiwr gael rhagor i yfed. Doedd hi ddim yn gwerthfawrogi bygythiad Meic ynghylch ble y byddai'n gosod ei fys pe na bai'n cael rhagor o win. Ond roedd y bygwth yn waeth yn ôl y tyst. 'He said he was going to blow my brains out with a gun he had upstairs. I was absolutely terrified – I was just sick to my stomach,' meddai. Gwadodd bod yr helynt wedi codi am iddi holi 'Why are all you Welshies so racist?'

"Roedd yna ddyn o'r enw Gwilym Roberts, a oedd ar ei wyliau yn Nhyddewi ar y pryd, yn rhoi tystiolaeth hefyd yn dweud iddo glywed bygythiade Meic ynghylch defnyddio gwn. Yn ôl tystiolaeth Meic ei hun doedd e ddim wedi bygwth neb.

Roedd wedi mwynhau pryd o fwyd pan gafodd ei sarhau gan y rheolwraig, meddai. 'She was very aggressive. I just thought she was a weirdo. She was having a go at me. I probably did swear at her but I never threatened to shoot her. It's crazy,' meddai wrth yr ynadon.

"Wedi iddo ynte a'i gariad fynd i'r gwely y ffoniodd Ms Skeats yr heddlu, mae'n debyg, gan ddweud bod gŵr arfog yn bygwth ei saethu er bod y gŵr hwnnw yn ei ystafell wely a hithe heb weld gwn. Roedd hithe, ynghyd â Gwilym Roberts a'i wraig, Janet, o Aberystwyth, wedi cloi eu hunen yn y bar mewn ofn, medden nhw.

"Wrth eistedd yn gwrando ar yr achos yn llys ynadon Hwlffordd mynnai'r llinell 'Yna daeth y fuzz, tua chant mewn fan' droi yn fy mhen – llinell oddi ar un o ganeuon yr albwm *Gwymon,* 'Shw mae, shw mae', a gyhoeddwyd 34 mlynedd ynghynt pan oedd yr Eisteddfod Genedlaethol yn Hwlffordd. Dyna lle'r oeddwn mewn llys yn y dref yn gwrando ar dystiolaeth oedd yn gwireddu geiriau'r gân honno. Pwy feddyliai?

"Er i Meic fynnu mai pac o gelwydd gan yr heddlu a'r bobl yn y gwesty oedd y cyfan, fe'i cafwyd yn euog o ymddwyn yn fygythiol. Bu rhaid iddo dalu dirwy o £500 ynghyd â £450 o goste. Roedd eisoes wedi dweud na fedrai wneud gwaith yn y gymuned fel rhan o'r gosb am ei fod yn dioddef o'r crudcymale yn ei ddwylo a'i ysgwydde. Gofynnodd am amser i dalu gan ei fod yn dibynnu ar fudd-daliade. A dyna dristwch. Canwr a allai fod yn filiwnydd yn crafu byw am iddo droi ei gefn ar Warner Brothers a dewis canu yn Gymraeg. Trwy ei dlodi y cawsom ni'r Cymry y fath gyfoeth o ganeuon yn ein hiaith," meddai Alun.

Ffars oedd y digwyddiad o'r dechrau i'r diwedd. Mae'n amlwg nad oedd Ms Skeats yn gyfarwydd â chaneuon y gwesteiwr na chwaith yn gyfarwydd â thrin gwesteiwyr 'anodd'. Roedd Meic yn ei gynefin. Doedd hithau ddim. Caniataodd i'r sefyllfa fynd dros ben llestri heb eisiau. Byddai'r brodorion wedi trin y sefyllfa'n wahanol ac 'wedi dod i ben â Meic', ys gwedon nhw, mae'n siŵr. Wedi'r cyfan, y cyhuddiad yn ei erbyn oedd achosi braw neu bryfocio trais. A byddai rhai'n dweud nad oedd hynny'n anarferol yn hanes Meic a bod storm mewn cwpan de wedi mynd allan o reolaeth.

Ond does wybod beth sydd rownd y gornel o ystyried y modd y gwna Meic Stevens fyw ei fywyd. Un peth sy'n sicr, mae'r annisgwyl yn siŵr o ddigwydd. Dyna ddigwyddodd pan syrthiodd mewn cariad â lodes saith ar hugain oed ac yntau'n chwe deg a phump. Roedd Lleuwen Steffan yn gerddor proffesiynol, wedi'i thrwytho ei hun mewn pob math o gerddoriaeth ac yn cyfansoddi ei chaneuon ei hun. Cymar delfrydol ar ryw olwg ond gydag amser profodd uniad yr hen glacwydd a'r ŵydd ifanc y byddai'r ffraeo'n arwain at oeri serch, os nad ymwahanu.

Tra oedd y berthynas ar ei hanterth cyfrannodd y ferch o Riwlas ger Bangor rywfaint o lais cefndir ar y gryno-ddisg *Icarus* a recordiwyd yn 2007, a hynny am fod Meic o'r farn nad oedd llais Heather Jones, a oedd eisoes wedi'i recordio, yn taro deuddeg ar y pryd. Bu Jaci Williams hefyd yn cyfrannu llais cefndir. "Roedd ein perthynas ni wedi'i seilio ar gerddoriaeth hardd, cerddoriaeth gefndir... bydden ni'n sgwrsio, yn chware, yn sgrifennu caneuon newydd ac yn caru," meddai Meic am y cyfnod dreuliodd yng nghartre Lleuwen ym Mhenmon yn edrych dros y Fenai.

Tra gweithiai Meic ar albwm o ganeuon Saesneg, cafodd Lleuwen wahoddiadau i fynd i Fecsico ac i Lydaw i berfformio. Roedd hi'n artist rhyngwladol ac ar ei phrifiant fel cerddor. Rhoddodd hynny ddigon o gyfle i Meic ystyried ei feidroldeb a'i rywioldeb ei hun.

> Welwn i fawr o ddyfodol i'n perthynas ni, er 'mod i'n caru Lleuwen. Pwy na fyddai'n ei charu, yn enwedig dyn chwe deg pump oed? Roedd gen i ddigonedd o gariadon, ond mae rhywioldeb rhywun yn newid gydag amser, yn fwy dramatig mewn rhai pobol na'i gilydd. Mae rhai, yn enwedig merched ar ôl rhyw oed arbennig, yn colli blas ar ryw yn llwyr. Dwi'n nabod merched oedd yn hollol rhemp cyn hynny – unrhyw bryd, unrhyw le, unrhyw ffordd, gydag unrhyw un! – ac wedyn, yn sydyn, maen nhw'n diffodd, ffwt!

> Mae dynion hefyd yn gallu bod yn ddidaro iawn am 'ny – colli diddordeb rhyfedd mewn merched a dwi'n nabod lot o fois nad y'n nhw'n becso dam am ferched. Mae rhai hyd yn oed, dyrned pitw bach, diolch i Dduw, yn mynd i gasáu menywod.
>
> Ond ro'n i dan draed; roedd hi isie i fi fod yno a doedd hi ddim, a do'n i ddim wir isie bod yno, er 'mod i mewn cariad â hi. Anamal iawn y mae perthynas rhwng cariadon hen ac ifanc yn gweithio, ac yn y pen draw ro'n i'n falch o wbod y bydden ni, ryw ddydd, yn rhydd o'r teimladau dirdynnol hyn. Mae Lleu a fi'n debyg iawn, a basen ni'n siwtio'n gilydd i'r dim oni bai am y gwahaniaeth oedran mawr. Doedd neb ar fai, dim ond amser, a dyna'r gwir.

Er bod y garwriaeth danbaid ar ben, doedd y berthynas, fel y cyfryw, ddim ar ben. Wedi i Lleuwen setlo yn Llydaw bu Meic draw yn ei gweld droeon. Roedd ei dylanwad i'w glywed ar y gryno-ddisg Saesneg *Love Songs* a gyhoeddwyd yn 2010 gan Gwmni Sain. Yn wir, cafwyd noson i'w chofio mewn cyngerdd Celtaidd i hyrwyddo twristiaeth yng Nghanolfan y Mileniwm Caerdydd yr un flwyddyn, pan wahoddwyd Meic i'r llwyfan i gyd-ganu 'Cân Walter' gyda Lleuwen a'r gantores o Lydaw, Nolwenn Korbell. Cytuna Lleuwen â'r dadansoddiad o eiddo Meic am eu perthynas yn y ddwy frawddeg olaf yn y dyfyniad uchod. Ond mwy na hynny nid yw'n awyddus i draethu'n gyhoeddus am faterion sy'n breifat iddi.

O ran y gryno-ddisg *Love Songs,* a welodd olau dydd yn 2010, mae'n debyg mai honno sydd wedi gwerthu leiaf o holl gynnyrch Meic. Prin iddi gyrraedd gwerthiant o 500 o gopïau. Serch hynny, cafodd ei chymeradwyo mewn adolygiadau yn y cylchgronau *Mojo* ac *Uncut*. Ond rhaid cofio iddi gael ei chyhoeddi mewn cyfnod pan oedd trai ar brynu cryno-ddisgiau, a'r arfer wedi'i ddisodli i raddau helaeth gan lawrlwytho. Amcangyfrifir fod holl gynnyrch Meic Stevens dros y blynyddoedd wedi gwerthu tua 40,000 ar y mwyaf. Prin y byddai caneuon serch, o wybod am gefndir Meic, yn apelio at farchnad y wraig tŷ, ganol y ffordd ei thast, fel y byddai caneuon serch Chris de Burgh neu John Denver yn ei wneud, beth bynnag.

Digwyddodd yr annisgwyl eto ym mywyd carwriaethol

Meic. Yn 2008 cyfarfu â dynes nad oedd wedi'i gweld ers dyddiau Coleg Celf Caerdydd. Roedd Elizabeth Sheehan wedi treulio'r rhan fwyaf o'i hoes yn rhedeg busnes llwyddiannus yn cynaeafu coedwigoedd yng Nghanada. Roedd yn ddynes drwsiadus a deallus, yn gwrtais a boneddigaidd. O fewn dim o dro penderfynodd Meic dderbyn ei gwahoddiad i ymfudo i British Columbia. Ei fwriad oedd ffarwelio â Chymru'n barhaol, rhoi'r gorau i ganu a chanolbwyntio ar arlunio, crefft roedd wedi'i hesgeuluso dros y blynyddoedd. Daeth Liz i Gymru drachefn i'w gyrchu.

> Dyna'r cynllun, felly, ac o gael ffydd, gobaith, gweledigaeth esthetig ac o weithio'n galed, bydd popeth yn dwyn ffrwyth. Mae Liz yma'n awr. Hedfanodd drwy'r eira a chael mwy fyth ohono fe ar ôl glanio yng Nghymru! Dyma gyfarfyddiad cariadon ifanc, ond sy dipyn yn hŷn, wedi deugain mlynedd ar wahan, ac mae'n teimlade at ein gilydd yn syndod diderfyn i ni'n dau.

Pan ddeallwyd beth oedd ei fwriad, trefnwyd nifer o gyngherddau ffarwél ledled Cymru ar ddiwedd 2009 yn ogystal â nifer o raglenni radio a theledu arbennig. Cynhaliwyd un o'r cyngherddau hynny ym Maenclochog – ffarwél Sir Benfro i un o'i meibion enwocaf. Dewch i flasu'r awyrgylch ar y noson honno ym mis Rhagfyr.

Roedd y lle dan ei sang wrth i'r tocynnau werthu fel slecs, a phobl o bob rhan o siroedd y gorllewin yn heidio yno gan gredu na fyddai yna gyfle fyth eto i glywed eu harwr yn perfformio'n fyw. Teg dweud iddi fod yn noson wefreiddiol wrth i Meic gyflwyno set acwstig o'i ganeuon gan wahodd ceisiadau o'r llawr. Wrth reswm, roedd yna ddrachtio helaeth o'r gwin coch rhwng y caneuon, ond ni chafwyd encôr na pharti. Roedd hi'n noson syber yn ôl safonau Meic Stevens o gofio fod yna slochian yn medru para tan yr oriau mân. Cyflwynwyd darn o garreg las y Preselau i'r swynwr yn atgof o'i gynefin. Fe'i gwelwyd yng nghwmni'r ddynes oedd wedi'i ddenu i Ynys Vancouver. Onid oedd Elizabeth a Mihangel yn dal dwylo fel petaen nhw'n gariadon yn eu harddegau?

O ran hynny, roedden nhw wedi bod yn gariadon yn eu harddegau hwyr pan oedden nhw'n fyfyrwyr yng Ngholeg Celf Caerdydd. Ond collwyd cysylltiad yn llwyr ers y cyfnod hwnnw tan iddyn nhw ddod ar draws ei gilydd ar hap ryw hanner can mlynedd yn ddiweddarach. Yn y cyfamser ni fu Meic yn brin o gariadon. Tymhestlog fu bron pob perthynas, gan orffen mewn dagrau hallt ond gan adael gwaddol o ambell gân ryfeddol, megis 'Môr o Gariad' a ddeilliodd o'r berthynas â Gwenllïan Daniel.

Wrth iddi ddynesu at hanner nos ym Maenclochog ym mis Rhagfyr dymunwyd yn dda i'r ddau gan ryfeddu at y stori dylwyth teg oedd ynghlwm wrth y garwriaeth yn hwyrddydd eu dyddiau. Dyfalwyd a fyddai yna ganeuon o'r newydd yn deillio o'r berthynas gan ei bod yn ymddangos fod y ffynnon wedi rhedeg yn sych o ran cyfansoddi caneuon. Y clasuron cynnar a'i cynhaliai bellach, a hynny ynddo'i hun yn ddigon i ddenu gwahoddiadau cyson i berfformio mewn gwyliau, tafarndai a neuaddau ar hyd a lled y wlad.

Y noson honno cafodd Meic gip ar ei anfarwoldeb cyn iddo farw. Canfu beth oedd y genedl yn ei feddwl ohono. A doedd yntau ddim yn fyr o ddweud beth oedd e'n ei feddwl o'r Cymry a'r byd roc Cymraeg yn benodol. Roedd wedi diflasu ar y sîn roc Gymraeg, meddai mewn cyfweliad yn y cylchgrawn *Golwg* ym mis Chwefor 2011.

"Mae adloniant Cymraeg yn warthus. Mae BBC Radio Cymru yn chwarae rhyw ddarnau o ganeuon, a siarad siarad siarad achos so nhw eisiau talu *royalties* i artistiaid. Tydi pobol ddim eisiau clywed malu cachu ar yr awyr… os ydi hi'n rhaglen gerddorol, maen nhw eisiau clywed cerddoriaeth. Does dim cefnogaeth yna.

"Sdim sîn roc Gymraeg dim mwy, o achos dy'n nhw ddim yn cefnogi roc Cymraeg, yn enwedig y BBC a S4C. Mae hi'n marw ar ei thraed ar hyn o bryd. Does dim lot o ddiddordeb gan y cyhoedd mewn roc Cymraeg. Dwi'n ocê; mae gen i *fan base* go iawn a phobol yn troi lan pan dwi'n canu, ond mae hi'n bechod i'r grwpiau yma sy'n dechrau, a rhai sy ddim mor enwog â fi. Does dim bywoliaeth yna. Ry'n ni'n edrych ar farwnad roc Cymraeg achos y driniaeth y mae hi wedi'i chael gan y *powers that be*. Maen nhw'n fodlon gwario ffortiwn ar ddrama ac ar ffycin rygbi, ond bygyr ôl ar roc Cymraeg! Mae hi'n bechod," meddai.

Cred llawer ar y pryd oedd na chlywid Meic Stevens yn canu'n fyw yng Nghymru byth wedyn, ac roedden nhw am dafoli a thrysori'r profiad trwy fod yn un o'r cyngherddau ffarwél. Ond cafwyd ar ddeall y byddai'n dychwelyd i gadw addewid i berfformio yn yr Eisteddfod Genedlaethol, ac i gynnal arddangosfa o'i waith arlunio oedd eisoes wedi'i threfnu yn Oriel Plas Glyn-y-Weddw ger Pwllheli i ddathlu ei ben-blwydd yn 70 yn 2012.

Roedd yr arddangosfa'n cynnwys nifer o luniau a beintiwyd yn Nyffryn Comox, yn ogystal â llawer o luniau o gyfnodau cynharach yn cynnwys portreadau a lluniau'n ymwneud â Solfach. Barn y beirniaid oedd bod yr arddangosfa'n llawn o luniau gan arlunydd heb fireinio'i grefft am nad oedd wedi dal ati ar hyd y blynyddoedd. Arddangosfa o waith gan arlunydd achlysurol a welwyd, lawer ohono mewn arddull a elwir yn pwyntilio.

Barn Karen Owen yn *Y Cymro* oedd mai hiraeth oedd i'w weld amlycaf yn ei gelfyddyd ac mai ei bortreadau oedd ei gryfder. Dyna ei gryfder fel cyfansoddwr caneuon hefyd. Hudwyd Karen gan y llun o Edith Beryl Davies ar bwys ei ffon yn un o dafarndai Brains yng Nghaerdydd.

> Nid ei harddwch sy'n denu rhywun i bwyso i mewn a syllu arni, ond yn hytrach rhyw stori sy'n dawnsio yn ei llygaid crynion tu ôl i wydrau tew. Mae Meic Stevens yn well am bortreadu pobl na llefydd. Mae melyn ac oren a du Sir Benfro yn brifo'r llygad; mae geometreg rhai o ddarluniau Canada yn rhy simplistig; ac mae arbrawf smotiog 1989 yn ddiddorol o ddi-hid, rywsut.
>
> Ond mae'r cerddor jazz, Wyn Lodwick, yn suo gyda'i glarinet ar gefndir o ddüwch tew; mae Tich Gwilym yn fychan o fyw eto a'r gitâr yn ei law; ac mae straeon yn wyneb Daryl, y logiwr o Powell River. A'r ffefrynnau gen i? Yr hunanbortread o 1959 sy'n syml

a dwfn ar yr un pryd. Casgliad o ddarluniau Cnwc yr Esgob, lle mae Meic yn mwynhau peint yn lifrai'r eglwyswr ei hun. A hoffais 'Er Cof am Blant y Cwm', sy'n mynd a ni 'nôl i Solfach – ac mae'r darlun hwnnw'n ddyddiedig 1960.

Doedd dim prinder prynwyr i'r lluniau ac yn yr ystyr fasnachol fe fu'r arddangosfa'n llwyddiant. Ond doedd y garwriaeth ddelfrydol draw yng Nghanada ddim mor llwyddiannus â hynny wedi'r cwbl. Dychwelyd i Gymru, a Chaerdydd a Solfach, a wnaeth Meic Stevens wedi cwta dri mis cyn diwedd 2011. Teg dweud i Elizabeth ei ddilyn 'nôl ar sawl achlysur ond diferu'n sych a wnaeth y môr o gariad drachefn. Crynhoa Elizabeth y berthynas o'i safbwynt hi.

"Roedd natur artistig Meic yn gwneud y berthynas yn ansicr a ffrwydrol. Roedd yna adege da ac adege nad oedden nhw ddim cystal. Pan oedd Meic ar ei ore roedd yn bleser bod yn ei gwmni. Roedd ganddo'r gallu i wneud i'r byd ymddangos yn hudol ond pan nad oedd mewn hwylie da roedd yn hunanmyfïol ac yn dywyll iawn; hynny oedd yn gwneud byw yn ei gwmni yn hynod o anodd.

"Ond cefais fy ailgysylltu â'm gwreiddie yn Sir Benfro trwy Meic, a dwi'n ddiolchgar am hynny. Roedd Meic yn rhan o fy ieuenctid ac mae gen i atgofion cynnes ohono o'r cyfnod hwnnw. Dwi'n cofio'r ddau ohonom yn ffawdheglu i lawr i Solfach pan oeddwn i'n 16 oed a threulio ychydig wythnose yng nghartref ei fam. Bydden ni'n mynd i gerdded yn gynnar yn y bore a chasglu madarch gwyllt ar hyd y perci uwchben y clogwyni i gyfeiriad Tyddewi. Bydde Meic wedyn yn treulio peth amser yn peintio'r murlun mawr yma yn un o dafarndai Tyddewi ac yn cael ei gwrw am wneud.

"Dwi'n cofio galw mewn siop groser bitw yn Solfach wedyn a phrynu tun o domatos a tun o gig er mwyn i Meic goginio cyri blasus, ac mae e'n dal yn gogydd o fri – enghraifft arall o'i greadigrwydd. Ond un o'r pleserau pennaf i mi wrth ddod i ail adnabod Meic yn ddiweddar oedd mynd yn ei gwmni i Lydaw. Ar ôl croesi ar y llong o Plymouth roeddwn wedi trefnu i logi

Alpha Romeo bach twt. Roedd nifer o gigs wedi'u trefnu ar gyfer Meic ac roedd yn agoriad llygad i weld y parch oedd iddo ymhob man. Roedd yna hen ffrindiau iddo ymhob man.

"Cawsom wahoddiad gan Byn Walters i ymuno ag ef ac eraill am bryd o fwyd drannoeth un gìg mewn tafarn ym mherfeddion y wlad. Ar ôl dod o hyd iddo cafodd Meic groeso tywysogaidd dros bryd o fwyd pum cwrs. Eisteddai pawb o amgylch ford enfawr wrth i'r Derwydd Llydewig weinyddu pob dim. Cawsom ein trin fel un teulu mawr. Roedd yn ddigwyddiad unigryw y byddaf yn ei drysori.

"Roedd ailymweld â'r gorffennol yn daith annisgwyl ar hyd llwybr y cof ond roedd realiti cyfoes a'r llwybrau gwahanol a gymerwyd gennym dros y blynyddoedd yn ei gwneud yn anodd cynnal serch. Roedd Canada yn rhy daleithiol i Meic. Yng Nghymru mae ei gartref. Ond roedd wrth ei fodd fel plentyn bach yn mynd lawr i'r traeth i gasglu wystrys fel y mynnai. Treuliodd oriau'n symud tunnelli o dywod yn chwilio am gregyn bylchog er mwyn eu berwi i wneud cawl cregyn. Mae'r ddau ohonom yn hoff o fwyd da ac wrth ein bodd yn chwilota am y deunyddiau.

"Bydd yna wastad le cynnes i Meic yn fy nghalon. Dwi wastad wedi mwynhau ei ddeallusrwydd a'i feddwl chwim. Mae'r ddau ohonom yn ddarllenwyr brwd ac yn rhannu'r un diddordeb mewn llenyddiaeth," meddai Elizabeth.

Y tro annisgwyl nesaf yng ngyrfa Meic Stevens oedd cael ar ddeall fod ganddo dyfiant yn ei wddf a fyddai'n amharu ar ei lais oni châi driniaeth. Gwaredwyd tyfiant maint pêl golff o'i wddf. Gwrthododd lawdriniaeth a allai olygu colli rhan helaeth o'i dafod a gorfod rhoi'r gorau i ganu. Cafodd gefnogaeth a chymorth teulu a chylch helaeth o ffrindiau pan ddechreuodd y triniaethau ar ddiwedd 2012. Wedi cryfhau, ailgydiodd yn y canu. Concrodd yr aflwydd blin. Deil i ganu.

18

Y bwci bo a chysgod Dylan

MAE YNA LAWER o drigolion hŷn Solfach nad ydyn nhw'n hidio ffeuen am Meic Stevens. Gwell ganddyn nhw droi'r sgwrs neu gerdded i ffwrdd na sgwrsio amdano. Hynny yw, does ganddyn nhw ddim da i'w ddweud amdano na'r un llefeleth o'i ddawn. Diffodd y teledu neu newid y sianel a wnânt os gwelant ef ar ryw raglen neu'i gilydd. Bron y byddan nhw'n croesi'r stryd os gwelant ef yn cerdded tuag atynt ar hyd y palmant. Ni fynnant gyfarch gwell iddo. Mae'r ddelwedd o'r gwallt hir a'r wisg anghonfensiynol wedi'i serio yn eu hymwybod. Fedran nhw ddim goddef y dyn.

Mae yna eraill yr un modd ledled Cymru yn rhannu'r rhagfarn gan gredu mai'r unig ganu gwerth chweil yw emyn lleddf neu gân fach siwgraidd ffwrdd â hi nad yw ei geiriau'n cynnig yr un her i'r gwrandäwr. Ni chredant y dylid cymryd Meic Stevens o ddifrif. Mae'r hanesion amdano yn ei feddwdod a'i helyntion tragywydd yn gorbwyso'r tynerwch, yr ymbiliad neu'r hiraeth a glywir yn rhai o'i ganeuon hyfrytaf.

Wrth gwrs, ymhen hanner can mlynedd, y caneuon fydd yn cael eu cofio ac nid ei ffordd o fyw. Ail law fydd yr hanesion am na fydd neb ar ôl i dystio i union gywirdeb yr un stori. Fydd neb yn medru gwadu hirhoedledd nifer helaeth o ganeuon Meic Stevens na'u harwyddocâd oesol diamser.

Yn ffodus mae yna rai yn Solfach a'r cyffiniau sydd yn gwerthfawrogi dawn eu mab enwocaf. Parhaodd nifer o'i gyfoedion yn driw iddo er gwaethaf ei fisdimanars achlysurol. Byddant bob amser yn chwennych ei gwmni pan ddaw adref. Ac ni wnaeth erioed droi ei gefn ar y pentref glan môr. Yno mae ei wreiddiau a'i gartref ysbrydol. 'I wreiddiau'r gorllewin rwy'n llifo 'nôl' meddai yn un o'i ganeuon.

Yn ffodus mae eraill hefyd y tu hwnt i Solfach a thu hwnt i Gymru yn gwerthfawrogi ei ddawn. Pan glywyd am fwriad Meic i symud i Ganada cyffrowyd Terry James o Brentwood yn Essex, sydd â'i wreiddiau yn Sir Benfro, i anfon llythyr at y *Western Mail* yn tafoli union gyfraniad Meic Stevens i fywyd y genedl.

> He has written so many classic songs with a common theme of the struggle for freedom and respect for Wales and her people over the ages, including his hauntingly beautiful ballad 'Ysbryd Solva' on the tragedy of his home village in North Pembrokeshire. The song laments the gradual death of the Welsh community in the valley under the relentless onslaught of foreign in-movers while more and more locals are forced to move away to find work!
>
> Sadly Solva's fate is all too synonymous with that of Wales generally over the past half century and great folk singers like Meic remind us of the serial betrayal of our culture by generations of spineless politicians in Westminster for whom our country is rarely more than an afterthought!

Pan gyhoeddwyd yr LP *Outlander* yn America yn 2003 roedd yna edmygwyr parod ymhlith *aficionados* cerddoriaeth seicedelig y 1970au cynnar. Yn eu plith Mike Shannon o Iowa, a gyfrannodd ei adolygiad ar wefan *Rate Your Music*.

> 'Rowena', the opener, is an urgent, rocking piece with some nice psych touches (trippy guitar sound) and Stevens contributing some wild screams – sometimes sounding like, for lack of a better description, an enraged raven (Mmmm, there's a name for an imaginary amateur metal band). 'Love Owed' shows the opposite side of the Stevens spectrum. It's a beautiful love song – sweeping, elegant and moving. Lovely stuff indeed. I agree with another reviewer who says that Stevens should have listened back to

some of the recordings for these sessions and eased back on the Bob Dylan impersonations that swallow up his own distinctive personality here and there.

'Left Over Time' and 'Lying To Myself' (a somewhat appropriate title really) are, quite literally, Stevens doing Rich Little-like impersonations, right down to the Dylan inflection and phrasing. It's too bad, because lyrically they are typically excellent but his own personality is lost in the role playing. He was sometimes called the 'Welsh Dylan' but it seems the title, occasionally, was taken way too literally by Stevens. It is too bad and completely unnecessary, as his own voice and sound are far more interesting and powerful than much Dylan anyway. Maybe it was label pressure to record a couple of songs in this style and not his choice. Hell, maybe it's one of the reasons he walked away from his contract – who knows.

'The Sailor And Madonna' is probably the best song on the album, with pleasing sitar and tabla blending with Western instrumentation real nicely. It's a driving, insistent and addicting song and has an internal energy that is palpable. Sitar and tabla also highlight 'Yorric', blending perfectly with Stevens' assured acoustic guitar and some tasteful flute from one Chris Taylor. Again, the fusion of psych, Indian music and Welsh folk blends into an intoxicating audial brew. Nice evocative lyrics too. This and 'The Sailor And Madonna' are probably the two best tracks on the record. Both show Stevens' own voice is more than able to carry his own words. And when you have words like, 'Ox blood make you feel good, it's the only thing that could' (from 'Oxblood'), sung to music from some weird hoedown, well, there's no reason to be anything but yourself!

Elsewhere, 'Midnight Comes', is another gentle acoustic backed number that has a great and memorable melody, while 'Ghost Town' lurches on by with some trippy lyrics and some chugging Western acoustic guitar (as in the American West, cowboy), piano and organ backing. Some more wild Stevens screams punctuate it. Kinda reminds this listener of a Welsh David Byron when he hits those piercing upper notes. A hint at things to come appears on 'Dau Rhosyn Coch', where Stevens sings in his native Welsh and it's an enchanting, pastoral excursion.

In short, this is a real fine album which hits some spectacular highs and only stumbles when Stevens resorts to imitation. A guy this talented didn't need to do that and by all accounts, with his future focus on recording in his native Welsh, he would never again subsume his own personality in that of another. I look forward to delving into his small label releases and am happy to have found this album. It's cool that Stevens wasn't a casualty of his era but still 'records and performs regularly, telling tall stories, confronting and lambasting audiences, joking, drinking voluminously but singing with undiminished intensity' (according to the liner notes of a recent cd reissue). The world needs more artists who boldly and purposefully take the road less travelled. And it is a groovy road, to be sure.

Ochr yn ochr â gwerthfawrogiad y gŵr o Iowa, teg nodi gwerthfawrogiad gŵr o Gaernarfon, Dafydd Iwan, sydd mor gymwys â neb i fwrw ei linyn mesur dros ei gyd-berfformiwr, fel y gwna ar lawes y cryno-ddisgiau *Disgwyl rhywbeth gwell i ddod* a gyhoeddwyd yn 2002.

Mae ceisio disgrifio Meic Stevens fel ceisio disgrifio'r tonnau yn taro yn erbyn creigiau Sir Benfro neu'r haul trwy ddail y dderwen; mae'n amhosib. Ac y mae gan y rhan fwyaf ohonom olwg wahanol arno. Rhyw un perfformiad gwefreiddiol yn rhywle rhywbryd, rhyw sgwrs ffantasïol yng nghornel dywyll rhyw dafarn bellennig, chwerthiniad heintus brenin y tylwyth teg, llifeiriant o regfeydd blodeuog gan un rhy feddw i ganu, geiriau tyner y gân serch na chlywsom ei thebyg o'r blaen, raligamps offerynnol gan y rocarolar gwreiddiol, a chamdreigliad sy'n ailddiffinio rheolau gramadeg yr iaith Gymraeg, gyda thafodiaith Solfach yn ychwanegu at yr hud. Nid un Meic Stevens sydd yna, ond miloedd, caleidosgop o artist na ellir ei roi mewn unrhyw fath o gategori na bocs.

Caneuon protest (yn erbyn boddi Cwm Tryweryn ac yn erbyn rhyfel), caneuon am fro ei febyd, caneuon serch, baledi teimladwy, rocars ffantasi seicedelig, caneuon hwyl a hiraeth, caneuon y bardd rhamantus a'r dychanwr – mae'r cwbl yma a rhagor. Cyn gynted ag y tybiwch eich bod wedi deall gwaith Meic, mae rhywbeth newydd yn eich taro yn eich talcen o hyd. Yn pefrio drwy'r cyfan mae'r cyfeiliant gitâr di-gymar, y llais unigryw, yr hiwmor direidus, a dawn Meic i weld y byd mewn ffordd wahanol, ac i roi i bob un ohonom gipolwg amgen ar ein gwlad a'n byd a'n hoes.

Synno'r canmol hwn yn golygu nad oedd Meic ar yr un pryd yn dreth ar amynedd ei gyd-gerddorion ac aml i gynulleidfa o bryd i'w gilydd wrth i bethau fynd dros ben llestri. Cafodd Lyn Phillips ei ddwrdio'n go hegar yn gyhoeddus am wneud dim mwy na chwarae rhyw un nodyn yn anghywir yn y noson parti pen-blwydd oed yr addewid yn y Royal George yn Solfach.

"A dim ond treial helpu o'n i, byt. Ma rhywbeth fel 'na'n galler bod yn embaras. O'n i'n teimlo fel rhyw grwt drwg wedi cambihafio yn y dosbarth. Ond fel 'na ma Stevens. Cofiwch, ma fy adnabyddiaeth i ohono'n mynd 'nôl i ddiwedd y 1960au pan fentres i a fy myti lawr i Gaerforiog i weld beth o'dd yn digwydd yno. Clywon ni am y lle trwy griw'r clwb gwerin yng Nghaerdydd. Fe fuon ni yno am ddau ddiwrnod yn bwyta'r holl fwyd iachus 'ma doedden ni ddim wedi'i weld o'r blân. Do'dd dim ffagots a chips a phys i ga'l yno, byt. Dwi'n cofio gweld Stevens am y tro cynta yn dod lan trwy'r feidr ar gefn sgwter. Ro'dd hi'n amlwg nad o'dd ei olwg e'n dda. Ro'dd e'n gyrru fel bat.

"Ond dwi wedi ca'l llawer o hwyl yn ei gwmni dros y blynydde. Odi, ma fe'n gallu bod yn anodd. Ma 'na ochor anghynnes yn perthyn iddo. Ond ma fe'n gallu bod yn hael a charedig dros ben. Pan fydde fe'n dod i aros gyda ni fel teulu yn y Bontfaen fe fydde ganddo anrhegion i'r plant bob amser ac i Jacqui, fy ngwraig, er ei fod yn ei galw'n hen ddraig yn ei hunangofiant! Ond wedyn, fyddwn ni wastad yn cwmpo mas – fe a fi. Dwi'n cofio troi lan yn ei dŷ yng Nghaerdydd i ymarfer ar gyfer gìg yn Steddfod Bro Morgannwg 2012. 'Na gyd o'dd yr ymarfer o'dd glased o win neu ddou. Ar y ffordd draw wedyn o'dd e'n dannod i fi'r ffordd o'n i'n dreifio. Rhy glou, medde fe. Fe? Ma fe mor ddall â bat, byt. Wnelon ni'n siŵr ei fod e'n mynd adre mewn tacsi.

"Ond wedyn dwi'n trysori'r nosweithie hynny ar lwyfan, p'un a oedden nhw'n shambls neu yn wych. Ma clywed Meic yn canu 'Gwin, a mwg a merched drwg' yn ddigon i fi. Bydde sawl un yn fodlon rhoi ei fraich am ga'l cyfansoddi cân fel'na. Dwi ddim yn synnu bod rhyw Ianc wedi cynnig arian mowr am y gân er mwyn ei haddasu'n deyrnged i Charlie Parker. Gwrthododd Meic y cynnig. Dyna'r math o beth wnele Meic. Cân i Victor Parker yw hi a dim unrhyw Parker arall. Alli di ddim dadle â hynny, byt. Fe goda i wydred o win i gofio Meic unrhyw amser, byt," meddai Lyn yn llawn emosiwn.

Os yw Lyn Phillips, y Cymro di-Gymraeg dosbarth gweithiol o'r Cymoedd, yn llawn edmygedd o Meic Stevens, felly hefyd Bryn Fôn, y Cymro Cymraeg dosbarth gweithiol o ardal y chwareli.

"Ma gin i lot o amsar i Meic Stevens. Dwi'n fythol ddiolchgar iddo am fy nghastio fel Lewsyn yr Heliwr yn yr opera roc *Dic Penderyn*. Dyna o'dd dechra fy ngyrfa fel actor proffesiynol. Mi fydda fo'n ymwelydd cyson â'n cartra ni yn Nasareth, Dyffryn Nantlla, yn y 1980au wedyn. Yr hyn o'dd yn rhyfadd bydde fo'n treulio mwy o amser yng nghwmni'r plant, Cadi a Sion, allan yn y caeau efo'r ceffyla na fydda fo efo Anna a minna.

"Dwi'n cofio ca'l ei gwmni fo wedyn dros frecwast hwyr mewn gwesty yn Nolgella adag Steddfod y Bala 2009. Dyma'r ddau ohonon ni'n cwyno am ein byd – pa mor anodd oedd hi i gerddorion proffesiynol wneud bywoliaeth yng Nghymru ac yn bwrw ati i feirniadu'r cwmnïau recordio a'r cyfrynga ac ati'n ddidrugaradd. Ew, brecwast da. Mae'n ddigon hawdd i'r cerddorion rhan amsar yma fath â'r Moniars i gael gìg, yn tydi, pan nad ydan nhw'n codi mwy na phres pocad o ryw £150 hwyrach. Ma'r trefnwyr yn fwy tebyg o'u llogi nhw na thalu pris go iawn i artist sydd angan cyflog ar ben ei dreulia a thalu aeloda'r grŵp ac ati, on'd ydy? Ma rhwbath gan yr hen Feic, on'd oes, pan mae o'n beirniadu Cyngor y Celfyddyda ac ati?

"Ta waeth, daeth yn amsar deud hwrê'r bora hwnnw. Er bod y ddau ohonon ni'n mynd i'r Maes doedd Meic ddim am ddod yn y tacsi o'dd wedi'i drefnu ar fy nghyfar i. Ro'dd yn well ganddo fynd ar fws. Iawn. Hwrê. Pan oeddwn i'n mynd am dro ar hyd sgwâr Dolgella yn ddiweddarach ro'dd Meic yn dal yno. Bws heb ddŵad. Duw, mynta fi, mi anghofia inna am y tacsi hefyd a chymryd bws. Wel, dyna'r peth rhyfeddaf erioed. Dim ond ni'n dau o'dd ar y bws dybl decar mawr yma. Roeddan ni'n ista ar y llofft. Golygfa hollol swreal wrth i ni ddal ati i ladd ar y cyrff yma sy'n mynnu'n ripio ni off. Bydd Meic yn dal i gysylltu â mi bob hyn a hyn i holi faint ddylsa fo godi am hyn a'r llall. Er ei holl brofiad mae'n dal yn ansicr wrth drafod cytundeba. Ond, wedi'r cyfan, perfformiwr ydi o, yntê?

"Ond 'na fo, nid am betha felly fyddwn ni'n cofio Meic, wrth gwrs, ond am ei holl ganeuon. Mae gan bawb ei ffefryn, mae'n siŵr. A llawar ohonan ni'n medru eu cydganu nhw efo fo. Dwi'n dal i gofio clywad 'Y Brawd Houdini' yn cael ei chanu ar *Disc a Dawn* a mynd yn unswydd i Port trannoeth ar y bws i'w phrynu hi yn Recordia'r Cob," meddai Bryn.

Prin fod yr un cerddor yn nabod Meic yn well na Marc 'Cŵn' Jones, y gitarydd bas a fagwyd yn Nefyn ac sydd wedi cyfeilio iddo'n gyson ers tua deng mlynedd ar hugain. Cyfaddefa Marc ei fod yn fwy na ffrindiau bellach â'r gŵr a oedd yn arwr ac eilun iddo pan oedd yn ei arddegau, a hynny er na fyddan nhw ar y ffôn yn sgwrsio â'i gilydd byth a hefyd chwaith. Perthynas glòs rhwng dau berfformiwr ydi hi. Dyw Marc erioed wedi ystyried peidio â chyfeilio i Meic Stevens.

"Dros y blynyddoedd dwi'n siŵr bod 'mhell dros hannar y gigs wedi bod dim ond y fo a finna. Does dim angan rhyw lwyth o gerddorion i gyfeilio i Meic. Stafall fach, a fo a finna, ac mae o'n gneud cyfiawndar â'i ganeuon. Dwi ddim yn deud, cofiwch, mewn gìg go fawr ma isio llwyth o gerddorion, a hynny er mwyn boddi sŵn y gynulleidfa'n amal iawn. 'Radag honno mae o'n licio chwara caneuon roc a *blues*. Ond baswn i'n deud ei fod o ar ei ora ar ei ben ei hun, dim ond y fo a'i gitâr, yntê.

"Gan amlaf, matar o alwad ffôn fydd hi. Mi ydw i'n gyrru ac mi fydd y PA gen i. Does ond isio iddo fo ddal bws neu drên wedyn. Mi fydda i'n reit flin hefo'r rheiny fydd yn fy ffonio i os oes yna gìg gennym o gwmpas y gogladd yma yn gofyn fydd o'n troi i fyny. Dwi'n credu bod yr enw yma sy ganddo fo am beidio troi i fyny'n annheg. Mi fedra i gyfri ar fy nwy law pa mor aml ma hynny wedi digwydd. A gan amlaf ma 'na reswm teg dros hynny.

"Er deud hynny, dwi'n cofio un gìg mewn tafarn ger Crymych yn Sir Benfro pan na wnaeth o droi i fyny. Roedd y lle'n llawn. Finna a Mark Williams wedi teithio i lawr o'r gogladd a Maxi Cole wedi ymuno â ni o Benfro. Bu raid i ni berfformio hebddo a chael hwyl arni. Dwi'n cofio rhywun yn torri llun pen Meic oddi ar boster a'i ddodi ar wynab rhywun oedd yn ista ar y llwyfan. Dwn i ddim be oedd wedi'i rwystro'r noson honno. Dechra yfad yn rhywla a cholli trên neu fws, yn ôl pob tebyg.

"Tua'r un cyfnod roeddan ni'n perfformio rhyw bnawn Sul dwi'n meddwl yn Abergwaun ac mi aeth yn flêr yn sydyn. Mi oeddwn i wedi mynd allan am smôc tra oedden ni'n paratoi. Dyma Maxi yn rhedag allan ac yn deud, 'Come quick, there's been an incident'. Pan euthum i mewn dyna lle'r oedd Meic wedi tynnu ei grys, yn edrach fel gorila mawr blewog, ac yn bytheirio ar ryw ddynas. Tipyn o *incident*. Dwn i ddim be oedd wedi tarfu arno. Ond cafwyd hwyl ar Meic i wisgo'i grys ac fe gariwyd ymlaen â'r gìg fel tase yna ddim wedi digwydd. Dyna i chi Meic," meddai Marc 'Cŵn'.

A'r ddynes yn yr *incident* hwnnw oedd Siw Shelley. Fe gofia'r digwyddiad yn dda. Gall chwerthin am ben yr achlysur erbyn hyn, ond ar y pryd roedd hi'n flin fel tincer ac am gyfnod hir wedi hynny. Dyma ei fersiwn hi o'r stori am yr hyn ddigwyddodd yn Nhafarn y Globe.

"Roeddwn i'n chware'r drymie mewn band o'r enw Lunar Cycles ac yn edrych mlân i gael fy nghyflwyno i Meic am fy mod yn ei edmygu. Popeth yn iawn. Dyma ni'n sgwrsio. Dyma fe'n dweud y buase'n hoffi clywed y band yn whare. Dywedais mai yn Llanfair Clydogau o'dd ein gìg nesa ni ond na fedre fe ddod, mwy nag y medrai fy ngŵr, am ei fod yn gìg ar gyfer merched yn unig. Dyma fe'n ffrwydro'n sydyn ac yn gweiddi bod ei wraig wedi rhedeg bant gyda lesbian o Lanfair Clydogau. Y peth nesaf, roedd ei beint wedi'i dowlu dros fy wyneb a dyma fe'n poeri yn fy wyneb ddwywaith.

"Ieffach, roeddwn i'n wyllt. Fe gydies ynddo a rhwygo ei grys-t oddi arno. Dyma fe'n gweiddi fy mod i'n wrach ac yn gosod swyn arno. Fe ddaeth rhywrai i'n gwahanu a fynte'n dweud mai fi o'dd wedi towlu diod drosto fe ac wedi ymosod arno. Diflannodd i gyfeiriad y llwyfan. Wrth i finne fynd mas fe godes fy mhastwn a bygwth ei daro yn ei geillie. A'r hyn sy'n rhyfedd, geson ni ein bwcio i berfformio yn yr un dafarn sbel wedi hynny. Doedden ni ddim yn gwybod pwy o'dd yr artist arall nes i ni gyrraedd. Wel, pan welais mai Meic o'dd e fe edryches trwyddo. Ymhen tipyn fe dda'th y landledi aton ni a gofyn a allen ni berfformio am dipyn hirach na'r arfer. Pam? 'O, am fod Meic a'r band wedi jengyd am fod arnyn nhw eich ofon chi,' meddai'r landledi. Dwi ddim yn siŵr a wdw i wedi madde iddo o hyd, cofiwch.

"Pan glywais ei fod yn perfformio mewn cyngerdd ffarwél ym Maenclochog cyn symud i Ganada roedd yn fy mwriad i fynd yno, i fartsio ar y llwyfan a, wel, dwi ddim yn siŵr beth fydde wedi digwydd wedyn. A dweud y gwir euthum mor bell â drws y neuadd cyn i fi gael fy mherswadio i droi 'nôl. Mae gen i gerdd fydda i'n ei darllen yn gyhoeddus weithie sy'n disgrifio'r *incident*," meddai Siw sydd, er ei phrofiad, yn fodlon cydnabod bod Meic wedi cyfansoddi caneuon a fydd byw byth.

A synno Marc 'Cŵn' yn gwadu bod Meic yn medru colli ei limpin yn ddisymwth sydyn.

"Yn sicr ma tempar arno. Dwi wedi'i weld o droeon yn myllio. Ond dim ond unwaith hefo fi. Roeddan ni'n dau yn chwara gìg yn y Cŵps rhywbryd a dyma fo'n stopio ar ganol cân ac yn deud, 'Come on Cŵn, sort the tuning out', er falla ddim mor gwrtais â hynny. Dyma fi'n deud wrtho, 'Listen, there is only two of us here and I'm not the one who's out of tune'. Ches i ddim traffarth efo fo wedyn. Ia, Susnag fyddwn ni'n siarad gan amlaf, am wn i am ei fod o wedi arfar â hogia heb Gymraeg yn y band.

"Dwi'n meddwl bod Susnag yn dod yn haws i Meic wrth sgwrsio beth bynnag, fel mae o i mi. Susnag o'dd Mam yn siarad a phan euthum i'r ysgol yn Nefyn prin fy mod i'n deud dim yn ystod y tymor cyntaf. Roeddan nhw'n dechra meddwl fy mod i'n blentyn araf, am wn i. Roedd pawb arall yn medru'r

Gymraeg yn naturiol ond erbyn yr ail dymor dwi'n meddwl fy mod inna hefyd cystal â phawb arall.

"Ta waeth, dwi'n cofio Meic yn dangos i dempar yn Llydaw rywbryd. Roeddan ni'n chwara mewn rhyw ganolfan go barchus lle'r oedd pawb yn ista lawr, yn deuluoedd a phlant, yn eu dillad gora. Tra oedd Meic ar y llwyfan mae'n rhaid ei fod o wedi camglywad rhywbath ddywedodd rhywun yn y gynulleidfa. Yr unig air oedd o wedi'i glywad oedd 'shit'. Dyma fo'n lluchio'r gitâr at y gŵr hwnnw ac yn deud 'Shit in that, then!'

"Ond, ar y cyfan, baswn i'n deud bod mwy o barch iddo yn Llydaw nag oes yng Nghymru. Pan na fyddai gennym gìg draw yno am ddiwrnod neu ddau mi fyddan ni'n ista mewn tafarn ac yn chwara i blesio'n hunen. Perfformio'n anffurfiol ac mi fydda'r cwsmeriaid yn pasio'r het o gwmpas wedyn. Chewch chi ddim o hynny yng Nghymru, na chewch.

"Wel ia, tydi bod yn ddiplomatig ddim yn rhan o bersonoliaeth Meic. Mae'r tempar yma'n cael y gora ohono fo. Ond bydd yn tawelu wedyn yr un mor sydyn. Mae o bob amsar am ddeud y gwir plaen p'un a ydi fo'n brifo rhywun neu beidio. Mae o'n rhy onast. Mi fydda'r rhan fwyaf ohonan ni'n gwneud rhyw esgus yn hytrach na bytheirio. Ond na, mae pawb yn ei chael hi ganddo yn eu tro. Dyna sut mae o, yntê.

"Na, faswn i ddim am roi'r gora i chwara efo fo. Er yr anawstera, dwi wedi cael y fath blesar dros y blynyddoedd. Heblaw am y tempar dydi o ddim yn hawdd i chwara efo fo fel cerddor chwaith. Ma 'na strwythur anarferol i lawar o'i faledi. Bydd un bar yn llai mewn ambell bennill a bydd yn newid cyweirnod yn sydyn wedyn. Dyna sy'n gwneud rhai o'r caneuon mor arbennig, hwyrach. Ma rhaid bod yn effro i'w ddilyn. Mae o'n symud y capo ar ei gitâr ac am nad yw'n gweld yn dda tydi o ddim yn gwybod lle mae'r capo ei hun yn aml iawn. Dwi'n gorfod newid y tanna yn aml iawn pan fyddan nhw wedi torri.

"Ond wyddoch chi, yr hyn sy wedi rhoi'r plesar mwya i fi yw bod yn ei gwmni pan fydd yn ymlacio ar ôl gìg, hwyrach adra fa'ma yn y gegin. Mi fydd yn cydio yn y gitâr a dechra chwara beth bynnag sy'n cymryd ei ffansi. Dyna pryd mae o ar ei wirioneddol ora. Mae ei ben o fel jiwcbocs. Bydd o'n chwara caneuon Leadbelly neu Guthrie a llawar o rai nad ydw i erioed wedi'u clywad o'r blaen. Dyna'r stwff roedd o wedi'i glywad a'i ddysgu pan oedd o'n ifanc, yntê. Gall chwara am oria pan fydda rhywun arall yn falch o roi'r gitâr yn ei chês wedi gìg.

"Dwi ddim yn meddwl ei fod o wedi cael y clod haeddiannol fel offerynnwr yng Nghymru. Dwi'n siŵr ei fod o'n cydio yn y gitâr sawl gwaith y dydd. Mae o'n feistr ar ei thrin. Ydi, mae o wedi cael clod am gyfansoddi caneuon. Ond gwyliwch y bysedd yna'n trin tanna'r gitâr hefyd. Ac ma'r llais yn arbennig fel y mae o'n medru ei newid i gyfleu naws. Fydd o byth yn canu'r un gân 'run fath drosodd a drosodd, na fydd? Mae o fel petai wedi'i chyfansoddi o'r newydd bob tro, on'd ydy?" meddai Marc 'Cŵn'.

Un sydd wedi bod yn gefnogol i Meic drwy'r tew a'r tenau ers dyddiau Bara Menyn yw Heather Jones. Prin bod yna berfformiad teledu neu gyngerdd o bwys gan Meic heb fod y ferch o Gaerdydd yno'n canu llais cefndir. Byddai'r ddau fel dwy faneg ar y llwyfan. Ond ers recordio'r gryno-ddisg *Icarus* dyw hi ddim wedi canu gyda'r swynwr. Yn wir, mae'r swynwr wedi colli ychydig o'i swyn yn ei golwg hi. Fe ddigwyddodd rhywbeth, a dyw hi ddim yn siŵr beth achosodd y ffrwgwd.

"Ers cyfnod *Icarus* dwi ddim wedi siarad â Meic. Dwi ddim wedi clywed ganddo. Dim galwad ffôn. Dim gwahoddiad i berfformio yn unman. Rhyfedd iawn. Dwi ddim yn siŵr beth sydd wedi digwydd. Ai rhywbeth dwi wedi'i ddweud yn fy hunangofiant *Gwrando ar fy Nghân* falle? Sneb yn gwybod. Dwi'n cyfaddef fy mod i wedi newid fel person ers i fi gyrraedd tua hanner cant a phump oed. Dwi bellach yn fwy parod i ddweud fy nweud. Dwi wedi heneiddio, a gyda henaint fe ddaw hyder i beidio ag ofni dweud fy meddwl.

"Roeddwn i'n ddiniwed iawn pan oeddwn i'n fam ifanc. Roeddwn i'n ofni dynion, yn ofni dweud fy meddwl. Dyna sut cafodd fy nghenhedlaeth i ei magu dwi'n meddwl. Ond, na, erbyn hyn, dwi'n meddwl, beth yw'r ots, dwi ddim yn mynd i gadw'n dawel. Dwi wedi gorfod derbyn popeth ma Meic yn dweud dros y blynydde. Ma pawb, wrth gwrs, yn gorfod ymdopi â sefyllfa Meic. Falle nad yw Meic yn hoffi hynny. Falle 'mod i wedi dweud 'No, I'm not doing it anymore' ynglŷn â rhywbeth. Dwi'n dal i ddisgwyl esboniad ynghylch y blip yn ein cyfeillgarwch.

"Wrth gwrs, dwi wedi dioddef anwadalwch Meic dros y blynydde. Dwi'n cofio mis Medi 2000 pan oedd Meic wedi gofyn i mi ganu efo fo yn Aberdaron. Dwi bob amser wrth fy modd yn mynd i lefydd felly. Cytunais gan wrthod gwahoddiade eraill fydde'n ymyrryd â hynny. Dyma ni'n dod 'nôl o wylie teuluol yn yr Iseldiroedd er mwyn i fi gadw fy addewid i Meic. Ond ar ôl dod 'nôl doedd e ddim eisiau i fi fynd i Ben Llŷn. Roeddwn i'n gandryll. Doedd y tâl a gynigiwyd ddim yn ddigon i fy nhynnu i'r gogledd, medde fe.

"Dwi'n cyfaddef fod Meic yn fy nghyfareddu pan oeddwn i'n ifanc a dwi'n dal i'w edmygu. Ond roedd yna straen yn y berthynas ar adege. Dwi'n cofio iddo addo ddod i warchod Lisa rywbryd pan oedd Geraint a minne yn bwriadu mynd mas am noson. Roedd wedi addo dod draw erbyn saith o'r gloch. Ond chyrhaeddodd e ddim tan tua tri o'r gloch y bore, yn feddw, wrth gwrs, a merch ddieithr ar ei fraich. Fe wylltiais. Dwi'n cofio gweiddi arno o'r ffenestr llofft nes bod pawb yn y stryd yn clywed, mae'n siŵr. Naddo, ni chafodd ddod i mewn i'r tŷ. Ond roeddwn yn madde iddo ymhen peth amser.

"Mae rhaid i mi chwerthin wedyn o gofio amdanon yn hedfan i Iwerddon rywbryd. Roedd ofn hedfan ar Meic. Roedd wedi cymryd llwnc o frandi o leiaf i geisio setlo'r nerfau. Ond fe ddechreuodd chwerthin yn afreolus ar y daith a dechre gweiddi 'Mae'r awyren yn mynd i grashio, mae'r awyren yn mynd i grashio'. Wedyn mewn sbel dyma fe'n gweiddi, 'Rydyn i gyd am farw' a wedyn 'Dwi ddim yn barod i farw'.

"Wel, roeddwn i'n gyfarwydd ag ymddygiad o'r fath ond yn anffodus fe gymerodd un fenyw ef ar ei air a dechrau sgrechian dros bob man. Fe dorrodd hynny'r garw gyda gweddill y teithwyr. Wrth weld Meic yn fan'no'n hanner chwerthin, hanner gweiddi, a'r fenyw yma'n panico'n llwyr, dechreuodd pawb arall chwerthin. Roedd y teithwyr eraill wrth eu bodd gyda'r gŵr gwyllt a gwalltog hwn, a'r tro hwn, diolch byth, llwyddodd cymeriad hoffus Meic i ddiddanu pawb.

"Ond cofiwch, er gwaethaf popeth, dwi yn caru Meic ac ydw, dwi'n ei wirioneddol garu fo. Dwi'n dal i ganu ei ganeuon, dwi'n ei edmygu a dwi'n poeni amdano. Wrth gwrs, mi anfonais nodyn pan glywais am ei salwch er ni chysylltodd â mi. Dwi wedi cadw mewn cysylltiad â'i ferched er mwyn clywed sut y mae'n dod mlân.

"Ni fyddaf fyth yn anghofio am Meic. Dwi'n cofio adeg recordio *Icarus* roedd Meic mewn cariad â Lleuwen Steffan. Wel, gallaf ddeall bod llais rhywun sydd o dan ddeg ar hugain yn apelio'n fwy na llais rhywun sydd dros hanner cant. Dyw hynny ddim yn fy mhoeni, er na wn beth sydd wedi achosi anghydfod rhyngom. Mae Meic yn berson annwyl ac anodd. Fel llawer o bobl eraill dwi'n credu ei fod wedi cyfansoddi rhai o'r caneuon gorau sydd wedi'u cyfansoddi erioed yn Gymraeg," meddai Heather.

Pan oedd Meic Stevens yn recordio caneuon ar gyfer y gyfres deledu *Nodyn* y fas i'r Tafarn Sinc, ym mhentre Rhos-y-bwlch yn ardal y Preselau ryw dro, fe synnwyd y rhai oedd yn bresennol gan y modd roedd Meic yn arthio ar y drymiwr i newid ei arddull o chwarae i fod yn ysgafnach. Ond doedd hynny'n mennu dim ar Mark Williams, yr hogyn o Fangor sy wedi bod yn rhan o'r 'Brodyr Marx', chwedl Meic, ers blynyddoedd lawer.

"Mi ydw i'n dallt ei ffordd o'n iawn. A fo oedd yn iawn ar y pryd. Roeddwn i wedi bod yn taro'r crwyn yn go galad. A fiw i chi wneud hynny wrth recordio ar gyfer teledu. Prin bod angen clywad y drymie yn y cymysgwr sain. Dwi wedi'i chael hi'n go hegar gan Meic ddegau o weithie. Dyna'i ffordd blaen o ddeud rhywbath. Ac ma hynny'n iawn gen i. Faswn i ddim isio rhoi'r gore i chwara iddo fo am y byd.

"Dwi'n meddwl mai yn Noson Gwobrau *Sgrech* yng Nghorwen y chwareais i efo fo gyntaf. A trwy ddamwain oedd hynny. Roeddan ni – Marc Cŵn a Meredydd a finna – yn chwara efo band Rhiannon Tomos. Mi o'dd hitha wedi ennill gwobr Cantores y Flwyddyn a Meic wedi ennill gwobr Canwr y Flwyddyn. Ond doedd ganddo fo ddim band a dyma fo'n gofyn i Rhiannon a fydde hi'n fodlon i ni chwara iddo fo. Popeth yn iawn. 'Radag hynny roeddan ni'n cael ein talu fesul cân fyddai'n cael eu darlledu yn hytrach nag un cytundeb fel ma hi rŵan. Bydda chwara dwy gân hefo Meic yn golygu mwy o bres i mi, oni fydda. Dyna sut oeddwn i'n ei gweld hi ar y pryd.

"Toeddwn i erioed wedi clywad am y dyn. Ond roedd Cŵn yn gwybod amdano a Meredydd wedi gwirioni ar ei ganeuon ac yn gwrando arnyn nhw yn ei stafall byth a beunydd. Ar ddiwadd y noson dyma Meic yn deud ei fod o am i ni chwara ar ei record nesa. 'Yeah, yeah,' meddwn i. Doeddwn i ddim yn ei goelio. Wrth reswm, doedd o ddim yn sobor ar y pryd. Mi anghofiais i bob dim am hynny, yn do, nes iddo ddod mewn i'r dafarn lle ro'n i'n gweithio ym Mangor a gofyn lle'r oeddwn i'r bore hwnnw. Roeddwn i wedi addo bod yn y stiwdio, medda fo. Mi gefais i ganiatâd fy nghyflogwr i fynd i'r stiwdio trannoeth.

"Dyna sut dechreuodd ein perthynas. A dwi'n fythol ddiolchgar i Meic am y profiade cerddorol dwi wedi'u cael. Bues i'n recordio *Gitâr yn y Twll dan Star* a *Lapis Lazuli* a chael cyfla i chwara efo rhai o'm harwyr cerddorol fel Tony Lambert, oedd wedi chwarae efo llawar o grwpie enwog fel y Saw Doctors, a Graham Williams oedd yn cael ei ystyried yn gystal gitarydd â Tich Gwilym. Roedd Meic yn mynd am y 'teimlad' wrth recordio caneuon. Mi oedd o'n gwybod beth oedd o isio.

"Dwi'n cofio rhywbryd ro'dd o wedi cael gafael ar chwaraewr banjo ro'dd o'n ei hoffi. Ond doedd y chwaraewr banjo ddim yn cael hwyl arni ac yn gofyn am gael clywad y trac yn ei glust. Dyma Meic yn ei cholli hi'n llwyr ac yn gweiddi arno mai'r unig beth o'dd isio iddo'i wneud o'dd gwrando ar y drymiwr. Roedd hynny'n rhyw fath o gompliment i mi, dwi'n tybio. Ond roedd Meic am gael y teimlad byw hwnnw.

"Felly fydda fo ar y llwyfan. O'r deg ar hugain o ganeuon fyddan ni'n eu chwara'n rheolaidd fydda'r un perfformiad fyth yr un fath. Mi gollais i ryw wyth mlynedd o chwara efo fo yn y nawdega ond does dim teimlad tebyg pan fydd 'Cân Walter', 'Môr o Gariad' neu 'Victor Parker' yn mynd yn dda. Dwi'n parchu Meic Stevens yn fawr am ei fod wedi gwrthod gwerthu'r gân 'Victor Parker'. Mae'n dangos fod ganddo egwyddorion, on'd ydy? Doedd o ddim yn barod i gymryd pob dim ar delera Warner Brothers chwaith er yr holl arian roeddan nhw'n ei gynnig iddo.

"Wyddoch chi ei fod o'n hynod o hael? Gallai fod yn ddyn cyfoethog oni bai am ei haelioni. Pan anwyd fy mab, Michael, aeth Meic i'r draffarth i brynu anrheg iddo wedi'i lapio'n ddestlus a chyrraedd draw mewn tacsi. Ac roedd hynny cyn i'n rhieni ni brynu anrhegion hyd yn oed. Bydde llawer ddim yn disgwyl iddo i wneud hynny. Ond mae o'n gyson gyda'i gardie Nadolig hefyd. Na, tydi Meic ddim yn barod i gyfaddawdu o ran ei gerddoriaeth. I mi, mae'r holl gysgu yng nghefn fania a dioddef brath tafod Meic dros y blynydde yn werth pob munud pan fydd pob dim yn mynd yn dda ar lwyfan," meddai Marc.

Un sydd wedi dilyn gyrfa Meic gydag awch ac sy'n ei ystyried ar yr un gwastad â Bob Dylan, neu'n ystyried Bob Dylan ar yr un gwastad â Meic, yw Lyn Ebenezer. Ystyria'r ddau ddiwrnod hwnnw a dreuliodd yn crwydro ar hyd tafarndai dociau Caerdydd yn holi Meic am ei ganeuon ar gyfer y gyfrol *I Adrodd yr Hanes, 51 o Ganeuon Meic Stevens,* a gyhoeddwyd gan Wasg Carreg Gwalch yn 1993, yn ddau o ddiwrnodau mawr ei fywyd.

"O bori drwy *I Adrodd yr Hanes* medrwch weld sut y dirywiodd pethe wrth i ni fynd ymlaen o gân i gân, o dafarn i dafarn. Mae'r esboniad ar 'Yr Eryr a'r Golomen' a 'Tryweryn' yn cymryd hanner tudalen. Felly hefyd 'Cân Walter' a 'Ddaeth Neb yn Ôl'. Ond wrth i'r seidir gydio, byrhau wnaeth yr esboniadau ac erbyn i ni gyrraedd y ddwy gân olaf does ond ugain llinell o esboniad.

"Dydi Meic ddim yn un sy'n hoffi dadansoddi ei ganeuon. Yn aml yn y Cŵps (yn Aberystwyth) pan wnawn ei holi am y gân hon a'r gân acw byddai'n colli ei amynedd. 'Lyn bach, ti'n waeth na T. Glynne Davies (cyflwynydd rhaglen radio adnabyddus). O'dd hwnnw fel ti yn fy holi byth a hefyd am ystyr gwahanol eirie neu linelle. Ond diawl, dim pethe i'w dadansoddi yw caneuon, ond pethe i wrando arnyn nhw, i'w mwynhau.'

"A Meic, wrth gwrs, sy'n iawn. Yn ei faes does neb sy'n dod yn agos ato fel canwr a chyfansoddwr. Mae'n gerddor a bardd wrth reddf. Gall gyfleu mwy mewn un gair nag a all rhai mewn cân gyfan. Meddyliwch am 'Diwedd y Gân', a gyfansoddodd i'w gariad ar y pryd, Suzy Slade. Roedd hi wedi gofyn iddo gyfansoddi cân iddi. Ond roedd hi wedi gadael cyn i Meic gwblhau'r gân. Mae'n gorffen pob cytgan gyda'r geiriau 'Dyma dy gân addewais i ti'. ('Addewid i ti' geir yn y gyfrol). Ond ar ddiwedd y gytgan olaf mae'n newid i 'dyma y gân adewais i ti'. Mae'r weithred syml o newid 'addewais' i 'adewais' yn dweud y stori'n gyfan.

"Cymharwyd ef droeon â Bob Dylan. Ac mae yna debygrwydd. Ond mae yna wahaniaethau hefyd. Y mwyaf yw agwedd y ddau at fenywod a fu yn eu bywyd. Mae caneuon Bob yn llawn surni a chasineb yn aml. Mae rhai Meic yn gariadus ac yn atgofus," meddai Lyn yn ei gyflwyniad i *Y Crwydryn a Mi*, yr ail gyfrol o hunangofiant Meic.

Mewn gwirionedd, afraid cymharu Meic Stevens â Bob Dylan byth a beunydd. Ydyn, maen nhw'n perthyn i'r un genhedlaeth. Mae'r ddau'n trin geiriau gyda dawn bardd. Ond prin fod ystod llais yr Americanwr yn caniatáu iddo fynegi'r un amrywiaeth o emosiynau ag a wna llais y Cymro. Does bosib nad yw caneuon Meic yn golygu llawer iawn mwy i'r Cymro na chaneuon Bob. Gellir gwerthfawrogi a chydymdeimlo â neges nifer o ganeuon Bob fel anthemau cyffredinol ei genhedlaeth, ond gellir teimlo'n rhan o nifer o ganeuon Meic am y medrwn rannu ei brofiadau ac uniaethu â'i wewyr.

Nid yw nac yma nac acw p'un a gafodd Meic ei ganmol neu beidio gan Bob Dylan yn sgil presenoldeb y ddau yng Ngŵyl Ynys Wyth 1969. A yw Bob wedi cael clod a chanmoliaeth gan Meic? Do, o bryd i'w gilydd, a'r un modd wedi dioddef llach ei dafod hefyd. Nid oes yno eilun addoliaeth. Dyw hi'n ddim i

Meic ddynwared Bob ar ei fwyaf cryg. Nid yw hynny i ddweud nad yw'n gwadu ei ddylanwad arno mwy nag yw'n gwadu dylanwad cymesur nifer o gantorion y felan a chantorion gwerin o America.

Clywir hwn a'r llall yn dweud y gallai Meic Stevens fod wedi llwyddo cystal â Bob Dylan a'i fod yn fethiant am na wnaeth ei efelychu. Tish baw. Scersli bilîf. Diolchwn na wnaeth ddatblygu'n rhyw fath o glôn gwanllyd o'r arwr Americanaidd. Clywir eraill yn dweud y gallai fod wedi gwneud cystal â Donovan a'i fod yn fethiant am na lwyddodd yn hynny o beth. Ond edrycher ar yrfa Donovan. Do, recordiodd ganeuon a fu ar frig y siartiau yn Lloegr ac America; 'Catch the Wind', 'Colours' a 'Sunshine Superman'. Ond ydyn nhw'n cael eu canu heddiw?

Y gwir amdani mai tegan yn nwylo'r cynhyrchydd Mickie Most oedd y Sgotyn. Yr un modd, teganau Mickie Most oedd grwpiau ac unigolion fel Herman's Hermits a Lulu. Creu fformiwla a gwneud arian oedd y nod. Aed ati i sgwennu caneuon yn bwrpasol ar eu cyfer a defnyddio holl rym marchnata i'w hyrwyddo. Ychydig fu'r sôn am Donovan wedi iddo gefnu ar Mickie Most yn 1969.

Ni ellir gwneud yr un sylwadau'n union am Robert Zimmerman, wrth gwrs. Roedd e'n sgrifennu ei ganeuon ei hun ac yn ei gynnig ei hun fel lladmerydd ei genhedlaeth. Cyfansoddai ganeuon o bwys. America oedd ei gynefin. Medrai ieuenctid y wlad enfawr eu huniaethu eu hunain â'i safbwynt tuag at ryfel a thuag at geidwadaeth cenhedlaeth eu rhieni. Ni fyddai'n gwneud synnwyr i Meic Stevens o Solfach ei gynnig ei hun yn lladmerydd cyffelyb. Er byddai'n ddiddorol petai 'Old Joe Blind' â'i chyfeiriad at Texas wedi cael cyfle ar orsafoedd radio'r wlad fawr.

Yng nghanol y mynd a dod hwn ar ddiwedd y 1960au, pan oedd Meic yn cael ei dynnu oddi wrth ei wreiddiau ac at ymylon byd y sêr pop y sylweddolodd o'r newydd ei fod yn hanu o deulu Defisiaid, Llanfyrnach. Roedd awen Gymreig Dewi Myrnach, ap Myrnach a Brynach yn ystwyrian yna rywle. Mynna'r dringwr a'r llenor, Jim Perrin, na ddaeth Meic o hyd i'w draed na'i lais mewn gwirionedd nes iddo ddechrau canu yn Gymraeg. Oherwydd ei edmygedd o Meic dros y blynyddoedd y dewisodd un o'i ganeuon fel un o'i bedwar dewis ar gyfer rhyw fath o raglen *Beti a'i Phobol* a ddarlledwyd ar Radio'r Alban.

"Dewisais 'Tryweryn' er mwyn rhoi cyfle i mi rhefru am yr hyn y mae Lloegr wedi'i wneud i dirlun Cymru dros y canrifoedd. Mae gen i dapie cynnar o Meic yn chwarae deunydd gan y Brodyr Clancy a Bert Jansch a'u tebyg. Maen nhw'n efelychiade da o ran y gwaith gitâr a'r lleisio. Ond efelychiade oedden nhw. Ond pan ddechreuodd Meic gyfansoddi a chanu ei ganeuon ei hun doedd dim angen iddo efelychu neb, nag oedd? Ac roedd e'n canu am byncie na fydde cyfansoddwyr yn Lloegr neu America yn ymdrin â nhw. Fydden nhw ddim yn sgrifennu am Gwm Tryweryn a hanes boddi cymuned Gymraeg nawr, na fydden nhw?

"Mae gen i gryn edmygedd o Meic. Mae ganddo gryn ddewrder, gonestrwydd ac argyhoeddiad, a mwy nag ychydig o athrylith. Mae pobl debyg iddo bob amser yn denu'r hyn sy'n cael ei alw'n Eiddigedd Kleinian gan y seicdreiddwyr, sef awydd fyrbwyll i ddinistrio'r hyn na ellir ei feddiannu. Cofiaf iddo ddweud wrthyf sawl tro fel yr arferai weld ei fam yn gorwedd o dan rhyw forwr mewn fest rhwyllog pan ddeuai adre. Mae profiade felly yn ogystal â'r gamdriniaeth a gafodd gan ei lystad wedi effeithio arno, wrth reswm. Ond ma llawer o sylwade annheg wedi cael eu dweud amdano dros y blynyddoedd.

"Mae Meic yn hen greadur iawn, ac yn ffrind da i mi. Byddwn yn barod i wneud unrhyw beth drosto. Ond, yn fwy na hynny, mae'n sefydliad Cymreig ynddo'i hun. Mae'n drysor cenedlaethol. A pheidied neb ag anghofio hynny. Wrth gwrs ei fod yn gwneud datganiadau carlamus weithiau. Nid yw'n cymryd carcharorion, yn arbennig pan fydd y ddiod wedi cael y gorau arno. Ma 'na rai sy wedi pwdu oherwydd hynny am eu bod yn methu cymryd yr hyn a ddywedir gyda phinsiad o halen. Doedd y sylwadau beirniadol ac eithafol ddim yn mennu ar y sawl oedd yn medru rhoi'n ôl gymaint ag oedden nhw'n ei gymryd, wrth gwrs.

"Cofier bod yna ochr hollol wahanol i Meic hefyd. Mae o'n medru bod yn fregus, yn addfwyn, yn gariadus, yn ysbrydoledig ac yn gwmni aruthrol o dda. Mae o bob amser yn feddyliol mor llym â rasel, ac mae ffyliaid yn siŵr o gael eu clwyfo ganddo. Dyna'r portread safonol o'r artist mewn unrhyw gyfrwng. A dwi'n gwybod. Dwi wedi treulio digon o amser yn ei gwmni," meddai Jim.

Os oedd Lyn Ebenezer wedi cael modd i fyw pan dreuliodd ddeuddydd yng nghwmni Meic yn crwydro tafarndai'r dociau, cafodd hefyd fodd i fyw pan dreuliodd noson yn ei gwmni yng Nghlwb Ifor Bach yn y brifddinas, a hynny mewn modd na fyddai wedi digwydd pe bai yng nghwmni Bob Dylan hyd yn oed.

"Ar 21 Rhagfyr 1989 rown i yng Nghaerdydd yn dathlu dau achlysur – parti Nadolig *Hel Straeon* (un o gyfresi mwyaf llwyddiannus S4C) a'm pen-blwydd yn hanner cant oed. Y noson honno roedd Meic wedi trefnu i ganu yng Nghlwb Ifor Bach. Euthum yno. Ond roedd y gìg wedi'i chanslo ar y funud olaf. Dim ond Meic a ffrind iddo oedd yn y bar.

"Digwyddais grybwyll wrtho 'mod i'n dathlu'r hanner cant. Teimlai'n ddrwg am nad oedd ganddo bresant i mi. Dywedais wrtho mai'r presant gorau posib fyddai iddo ganu cân i mi. Cytunodd. Gofynnais am 'Mynd i Ffwrdd Fel Hyn'. Fe'i canodd i mi ar y llwyfan i far gwag. A dyna'r presant pen-blwydd gorau i mi ei gael erioed," meddai Lyn.

Yn ogystal â thystio i haelioni Meic gall Lyn hefyd dystio i'w hiwmor, ei gadernid a'i eirwiredd.

"Dwi'n ei gofio'n canu yn Aberystwyth rywbryd. Dwi'n meddwl mai noson i godi arian i Ysbyty Bronglais oedd hi. Yn digwydd bod roedd Meic yn gwisgo siwmper liwgar wlân hyfryd. Ma fe'n penderfynu ei rhoi hi i'r ocsiwn. Pwy brynodd hi am £25 wrth gwrs ond fi. Wel, rown i wrth fy modd. Ffindio mas wedyn nad Meic oedd perchen y siwmper beth bynnag.

Dim ond wedi'i benthyg oedd e. Roedd hynny'n jôc fawr ganddo wedyn.

"Dro arall dwi'n ei gofio'n canu mewn noson wedi'i threfnu gan Gymdeithas yr Iaith yn y Cwps yn y dref. Doedd dim llawer yno yn yr ystafell lan llofft. Wedi gorffen daeth Meic lawr i'r bar a dechre ymlacio trwy chwarae caneuon Woody Guthrie. Pwy ddaeth i mewn ond rhai o hoelion wyth y Gymdeithas nad oedden nhw wedi trafferthu dod i'r gìg ei hun a dechrau dannod i Meic ei fod yn canu yn Saesneg. Os do, fe gollodd ei dymer, a chodi ei gitâr uwch ei ben, a chyfarch y cewri hyn, wna i ddim eu henwi, trwy ddweud 'Listen mate, I'd smash your brains in, that is, assuming you've got some brains'. Aeth y lle'n dawel fel y bedd. Ond wedyn yffach o gymeradwyaeth i Meic. Fe oedd yn iawn, wrth gwrs.

"Wedyn, dwi'n cofio Meic yn galw yn y tŷ ryw ddiwrnod neu ddau cyn y Nadolig ac yn gofyn am fenthyg arian i dalu am ei docyn bws 'nôl i Gaerdydd. Doedd dim arian ganddo i'w wario dros y Nadolig. Wel, dyma fi'n rhoi gymaint ag oedd gen i ar y pryd iddo – rhyw £40 dwi'n meddwl. Bant ag e i ddal y bws Traws Cambria wedyn. Chlywes i ddim byd ganddo am sbel. Ond ymhen ryw chwe mis dyma fi'n cael y £40 'nôl.

"Na, sdim gair croes wedi bod rhyngddon ni erioed. Ma fe wedi llofnodi un o'i recordiau i mi gyda'r geiriau 'Diolch Lyn bach am fod'. Ma fe'n fachan hoffus iawn. Dyma fe'n dweud wedyn wrth i ni baratoi'r gyfrol *I Adrodd yr Hanes*', 'Jiw, Lyn bach, gallu di fod yn ysgrifennwr ysbrydol i fi'. A ma rhywbeth yn hynny. Am ryw reswm mae gen i'r copi gwreiddiol o'r Farnham Tapes a fu ar goll am flynyddoedd. Pan ddywedes i wrtho a fynte wedyn yn awyddus i'w cyhoeddi, yn hytrach na defnyddio'r gwreiddiol dyma fe'n gwneud copi ohono a dweud wrtha i am gadw'r gwreiddiol.

"Dwi'n cofio Meic wedyn pan oedd Elfed yn cadw'r Skinners yn Aberystwyth, a'r lle'n llawn, dyma Meic yn dod mewn i'r bar trwy'r *hatch.* A dyna brofiad cyfoethog oedd ffilmio lawr yn Solfach a chlywed Meic a'i fam, Betty, yn canu 'Georgia on my mind' a hithe'n cyfeilio ar y piano. Ma'r gân 'Er Cof am

Blant y Cwm' yn deyrnged i'w fam, wrth gwrs. Ma llawer yn dweud fod Meic yn anwadal ac na ellir dibynnu arno. Am ryw reswm ma rhai pobl yn poeni am bethe felly. Ond, wrth gwrs, os byddech chi'n gallu dibynnu ar Meic Stevens, wel, nid Meic Stevens fydde fe," meddai Lyn.

19

Y sgadenyn a'r athrylith

Gŵr o gyffelyb anian i Meic yw René Griffiths o Batagonia. Cafodd ei fagu ar y paith, ac o'r herwydd dyw cadw at amser a threfn ddim yn flaenllaw ar ei restr o flaenoriaethau. Mae'n ddigon parod i ddilyn y *duende* – yr ysbryd sy'n cyffroi – o ran cwrs ei fywyd. Treuliodd René y rhan helaethaf o'i oes yng Nghymru a bu'n byw yn Nhyddewi am gyfnod.

"Ni fedraf ddweud fy mod yn ffrind agos i Meic. Ond dwi wedi treulio oriau ac oriau yn ei gwmni mewn tafarndai dros y blynyddoedd. Wedi cael llawer o hwyl yn ei gwmni yn siarad am bob dim dan haul. Fyddwn i'n gadael ei gwmni weithiau hefyd. Os oedd o mewn hwylie drwg ac yn rhegi ac ati. Er roeddwn i'n ddigon parod i'w regi 'nôl. Ond os na fyddai hynny'n ei dawelu, wel, gwell oedd codi pac.

"Rhaid dweud fy mod yn meddwl weithiau ei fod o'n byw ar y lleuad. Llawn ffantasïe. Ydi, mae o'n gymeriad – fel ei fam, Betty. A'r straeon amdano! Wel, os yw eu hanner yn wir... ond dwi'n gwybod sut mae bois Tyddewi yn medru mystyn ambell stori. Does ganddyn nhw ddim byd arall i'w wneud lawr fan'na, nag oes, dim ond chwedleua.

"Ond dwi'n gallu tystio i'r stori honno am Lyn Ebenezer yn prynu siwmper liwgar Meic mewn gìg codi arian yn Aberystwyth. Ie, siwmper fenthyg oedd hi. Roeddwn i, Meic a Clive Waldron yn teithio i lawr o'r gogledd i Dyddewi a Clive wedi prynu'r siwmper yn anrheg i'w gariad. Ond fe roes ei benthyg i Meic, yn do. Ac mae'n dal i edliw i Meic am ei gwerthu.

"Wrth gwrs, dwi wedi bod yng nghwmni Meic mewn tafarn lawer gwaith pan fydd o'n chwarae'r gitâr, yn siarad a chwerthin a chael hwyl ac yn cofio'n sydyn ei fod wedi addo perfformio rywle arall – falle yn y dafarn drws nesaf. Ond dyna Meic. Mae o wedi sgwennu caneuon mor ffantastig. Ydw, dwi'n caru Meic ac eto dwi'n ei gasáu. Mae o mor onest, on'd ydy?

"A wyddoch chi be sy'n fy synnu i yw nad ydi o'n cael ei daro gan rywun pan mae o mewn hwylie drwg. Dwi'n siŵr pe bawn i neu chi'n rhegi rhywun i'r cymyle yn gyhoeddus mi fydden ni wedi cael pelten gan rywun. Ond dydi hynny ddim yn digwydd i Meic. Ma hynny'n ddiddorol. Ma 'na rywbath o'i gwmpas o sy'n ei alluogi i osgoi hynny. Pam tybed? Ma 'na ambell berson gwallgo felly, on'd oes, sydd fel petaen nhw wedi cael eu diogelu rhag cael eu dyrnu.

"Ond, ta beth, ma rhaid i mi chwerthin wedyn. Dwi'n cofio Meic yn Abertawe rywbryd ac yn dechra tiwnio'i gitâr ac yn y diwadd yn deud 'Oh, blydi hel, *man*, dwi wedi anghofio'r *words*' ac mi gerddodd i ffwrdd! Ond ydw, ydw, dwi wedi'i weld o ar ei ore hefyd pan fydd o'n medru llenwi'r gynulleidfa ag ysbryd o lawenydd a phawb wrth eu bodde yn ei gwmni," meddai René.

Tebyg yw safbwynt ac edmygedd y ffotograffydd, Gerallt Llywelyn, ar sail cyfeillgarwch hir.

"Dwi'n nabod Meic ers y dyddiau fyddwn i'n galw yn nhafarn y Stag and Pheasant ym Mhontarsais ger Caerfyrddin pan fyddwn yn torri'r siwrna i'r de. Roedd hynny yn y 1960au hwyr. Mi fyddwn i'n aros yno dros nos weithiau pan fyddai Meic yno ac ynte'n gyfeillgar ag Enfys, merch y dafarn. Dwi ddim yn siŵr pam ei fod yn dweud yn ei hunangofiant ein bod wedi cyfarfod yn Eisteddfod Rhydaman yn 1970 oherwydd roeddem yn sicr yn nabod ein gilydd cyn hynny. Ond tydi hynny ddim o bwys mewn gwirionedd am fod mawredd Meic y tu hwnt i gywirdeb ffeithiau.

"Dros y blynyddoedd mi dynnais lwythi o luniau ohono ar

gyfer cloriau eu recordiau ac ohono'n perfformio ar lwyfan ar gyfer gwahanol gyhoeddiada. Mi welais y gwaethaf ohono droeon, bron yn methu â pherfformio ar lwyfan ac yn hynod ystyfnig mewn stiwdio deledu wedyn yn gyndyn i wrando ar gyfarwyddiadau'r rheolwr llawr i symud i'r fan a'r fan. Ond yr un fath mae gen i barch mawr iddo a chefais i erioed draffarth efo fo wrth drefnu i dynnu lluniau.

"Yr hyn roddodd bleser mawr i mi oedd ei barodrwydd i berfformio set acwstig yn neithior priodas ein merch, Bethan. Roeddan ni'n bryderus a fydda fo'n troi i fyny oherwydd y tywydd garw ac ym mha gyflwr fydda fo wedyn. Roeddan ni'n bryderus y byddai pob dim yn rhemp. Ond doedd dim rhaid poeni. Cafwyd tri chwarter awr ohono'n canu ar ei orau ac yn ymuno yn yr hwyl wedyn gyda gwydraid o win yn ei law. Bendigedig. Fedrem ni ddim dymuno gwell. Roedd yn bleser gen i wedyn baratoi casgliad o luniau iddo i fynd efo fo i Ganada pan glywais ei fod am ymfudo.

"Mae rhai'n dweud y medra fo fod wedi cyflawni llawer mwy petai wedi'i ddisgyblu'i hun yn fwy. Hwyrach wir. Hwyrach ddim. Pwy a ŵyr? Gwn ei fod yn dioddef o ddiogi arlunio. Pan oedd yn byw yn ardal Llithfaen mi oedd o'n peintio lluniau bendigedig. Ond ta waeth, rhaid inni fod yn ddiolchgar ei fod wedi cyfansoddi cymaint ag y gwnaeth o ganeuon bendigedig," meddai Gerallt.

Mentrodd Ffred a Meinir Ffransis, perchnogion Cwmni Cadwyn yn Llanfihangel-ar-arth, wahodd Meic i berfformio ym mhriodasau dwy o'u merched, a hynny yn y gwasanaeth capel ar un achlysur.

"I'r merched, mae Meic yn eicon a maen nhw'n dwli ar ei gerddorieth a'i ddelwedd. Roedd Lleucu yn dwli ar 'Môr o gariad' ond heb ystyried yn llawn arwyddocâd y geirie i gyd! Mae sôn am fôr o gariad yn grêt, ond dim cyment am fod yn unig ac ati! Ond mae'r miwsig yn hudol ac yn cyfleu naws priodas i'r dim. Des i i gysylltiad â Meic gynta ganol y chwedege a ma Ffred wedi trefnu llwyth o gigs gyda Meic, felly r'yn ni'n gyfarwydd â'i anghenion.

"Ro'dd Lleucu yn awyddus i'w gael yn rhan o'r seremoni yn y capel ac ro'n i'n synnu pan wedodd e nad oedd e wedi cymryd rhan mewn dim byd mewn capel o'r blaen. A'r hyn oedd yn rhyfedd ar y pryd oedd datganiad y gweinidog, y Parch Rheinallt Davies, ei fod ynte, pan oedd yn athro yn Llunden, wedi cyfarfod â Bob Dylan 'fyd. Pan briododd Angharad a Llyr roedden nhw am gael Meic yn y parti nos a buodd hi'n noson wych. Pan fydd Meic ar ei ore does neb i gymharu ag e," meddai Meinir.

Disgrifa Ffred Ffransis ei hun fel gyrrwr fan o ran ei alwedigaeth ond, wrth gwrs, fe uniaethir ei enw, fwy na heb, â Chymdeithas yr Iaith Gymraeg. Yn ei faes mae'n gymaint o athrylith â Meic Stevens.

"Ers chwarter canrif, wrth edrych ar gigs at y Steddfod, y cwestiwn cyntaf i drefnwyr yw 'Pa noson nawn ni ofyn i Meic ganu?' Byddai bwlch mawr hebddo; byddai pawb yn holi pam nad oedd Meic yn canu; amhosib dychmygu cyfres o gigs heb Meic. Mae'n amhosib dychmygu'r sîn hebddo, profiad real i o leiaf tair cenhadlaeth o fynychwyr gigs Cymraeg.

"Ac nid i fynychwyr gigs arferol yn unig. Mae'r Gymdeithas wedi gweld ein dyletswydd ers blynyddoedd mawr i drefnu gigs yn y gymuned lle mae'r Steddfod, yn hytrach na bod popeth yn digwydd mewn cae. O ganlyniad, rydyn ni'n gweithio gyda llawer o berchnogion clybiau a phwyllgorau clybiau rygbi ac ati nad ydyn nhw'n gwybod fawr ddim am y sîn Gymraeg, a Meic bob amser yw'r artist sy'n creu argraff mawr arnynt. Cofio perchennog y Faenol Fawr yn Steddfod Abergele 1995 yn dweud 'Wasn't the guy in the hat great?' am Meic. Yn Steddfod Casnewydd 2004, 'nes i wahodd rhai crefftwyr o'r cymoedd i gìg y Gymdeithas, a nhwythau'n gwirioni ar set uniaith Gymraeg Meic.

"A dyna'r pwynt – byddai Meic wedi llwyddo mewn unrhyw fan ac mewn unrhyw iaith ac o flaen bron unrhyw gynulleidfa. Ond fe ddewisodd ganu yn Gymraeg yng Nghymru, tra'n mynegi profiadau cyffredin pobl byd-eang. Yn hyn mae'n gwbl unigryw. Alawon cofiadwy, angerdd a phrofiad personol, triniaeth dyner o rai caneuon, triw i'w wreiddiau, ond hefyd roc a meistr ar bob cyfrwng. Cwbl unigryw," meddai Ffred sydd ei hun wedi gwirioni ar Elvis Presley.

Un o'r cerddorion hynny sydd wedi para'n driw i Meic er y strach fu rhyngddynt o bryd i'w gilydd yw Anthony Griffiths. Nid oedd yn ddim i Anthony adael llwyfan neu stiwdio recordio pe bai'n teimlo nad oedd yn cael chware teg gan Meic. Yn un o'r aduniadau diweddar hynny yn y Royal George yn Solfach bu'n rhaid iddo ddioddef blas tafod y maestro tra oedd yn perfformio. Doedd e ddim wedi gwneud dim mwy na chwarae'r cyweirnod anghywir.

"Mae'n rhaid bod ar flaenau eich traed wrth gyfeilio i Meic. Does ddal pa gân wnaiff e chware nesaf. Bydd yn tynnu rhestr o ganeuon ar gyfer eu hymarfer ond prin y bydd yn cadw at y drefn. Pan oeddwn yn cyfeilio iddo mewn cyngerdd rhyng-golegol yn Aberystwyth ar ddiwedd 2012 fe ddechreuodd trwy chware 'Dic Penderyn' yn ddisymwyth a doedd honno ddim ar y rhestr o ganeuon roedden ni wedi'u hymarfer cyn y gìg.

"Ond ma fe'n synhwyro hwyl y gynulleidfa ac yn dethol a dewis ei ganeuon yng ngoleuni hynny. Bydd y gynulleidfa'n gweiddi am glywed caneuon wedyn wrth gwrs ac fe fydd pawb yn cyd-ganu'r geiriau wedyn. Nid pob artist sy'n medru mwynhau dilyniant fel hynny, wrth gwrs. Ma'n rhaid i chi fod yn hyblyg wrth chwarae gyda Meic ac ma hynny'n rhywbeth ma fe'n ei ddisgwyl.

"Dwi'n gwerthfawrogi erbyn hyn, wrth gwrs, pe bai Meic yn hynod o drefnus ymhob dim nid Meic fydde fe. Ma rhaid derbyn hynny a gweithio o gwmpas hynny. Sdim dwywaith fel cerddor ma fe lan fan'na gyda Bob Dylan a Tim Hardin. Ma fe wedi bod yn doreithiog o ran ei gynnyrch, a hynny ar ei delere ei hun yn llawn o'r hiraeth Celtaidd yna sydd i'w glywed yn ei felodïau. Ma fe'n greadur emosiynol ac yn aml yn ffrwydro'n annisgwyl. A rhaid cadw'ch pellter wedyn.

"Dwi'n cofio lletya mewn hen dafarn gwag yn y Rhyl rywbryd a ganol nos, wedi'r sesiwn, dyma fi'n clywed sŵn traed ar y grisie a sŵn chwibanu. Od iawn, meddwn i. Oedd yna ysbryd yn y lle? Rhaid oedd mynd i weld. Beth welwn i ond Meic yn gwbl borcyn yn y tywyllwch wedi bod yn y toiled ac yn chwibanu fel petai'n ystlum i gyfeiriad y waliau i wneud yn siŵr fod yna waliau o'i amgylch. Dyna ichi Meic, yn hollol ecsentrig ond yn y ffordd orau bosib, wrth gwrs," meddai Anthony.

Arwydd o'r parch sydd gan y genhedlaeth iau o gerddorion tuag at Meic Stevens yw'r ffaith eu bod yn cynnwys rhai o'i ganeuon yn eu perfformiadau'n gyson. Bydd Euros Childs a Gruff Rhys yn cyflwyno 'Brawd Houdini' i gynulleidfa ehangach. Aeth Al Lewis, y cerddor o Bwllheli sydd wedi ymsefydlu yn Llundain, gam ymhellach trwy wahodd Meic i ganu ar un o'i gryno-ddisgiau.

"Roedd gen i gân o'r enw 'Gwenwyn' roeddwn i'n credu y dyle rhywun hŷn ei chanu er mwyn gwneud cyfiawnder â hi. Dyma ni'n meddwl am Meic Stevens ond wyddwn i ddim sut i gael gafael arno fo. Mi gawson ni ei rif ffôn gan Sain a rhaid deud fy mod yn nerfus iawn yn ei ffonio. Doeddwn i ddim yn meddwl y bydda ganddo fo ddiddordeb. Ond roedd o'n gyfeillgar iawn ac fe gydsyniodd wedi i ni anfon y gân ato. Ond fe ddigwyddodd rhywbeth Meicaidd wedyn, os ca i ei roid o felly.

"Roeddwn i wedi trefnu i recordio'i lais ar noson oer iawn ym mis Ionawr. Roedd yr offerynne wedi'u recordio'n barod, a dyma ni'n disgwyl Meic i gyrraedd. Dim golwg ohono. Dyma fi'n ei ffonio a chael ar ddeall ei fod yn Solfach ac nid yng Nghaerdydd. Mi oedd o wedi anghofio pob dim am y sesiwn. Dyma ni'n aildrefnu ar gyfer trannoeth ac yn mynd lawr i'r orsaf i'w godi oddi ar y trên. Fuon ni fawr o dro yn recordio. Falla fod Meic wedi canu'r gân deirgwaith. I ffwrdd â fo wedyn i ddüwch y nos i dafarn y Conway.

"Roeddwn i mor ddiolchgar ei fod yn barod i roi o'i amser i artist ifanc fel fi nad oedd fawr neb wedi clywed amdana i. Mi fyddai wedi bod yn ddigon hawdd iddo beidio. Mi oedd o'n gweld ongl wahanol i'r geiria ac mae gwrando ar y gân ar y gryno-ddisg *Sawl Ffordd Allan* yn gwneud i lawer gredu mai cân Meic ei hun ydi hi. Doeddwn i ddim wedi breuddwydio y buasa fo'n cydsynio a dwi'n dragwyddol ddiolchgar iddo am wneud. Dwi'n cofio'i glywed yn canu am y tro cyntaf pan gefais y tri disg hynny o'i ganeuon cynnar yn anrheg Nadolig.

"Roeddwn i'n licio naws yr holl ganeuon ac yn teimlo'u bod yn debyg i'r hyn oeddwn i'n gwrando arno yn Saesneg ar y pryd gan Bob Dylan a Simon and Garfunkel a'u tebyg. Roedd yna rinwedda tebyg i arddull Meic o ganu a'i ddull o gyfansoddi. Dechreuis i ymchwilio i'w waith a'i gefndir wedyn a dod yn ffan mawr. Mewn ffordd mi roddodd o hyder i mi i symud i Lundain i geisio gwneud gyrfa o ganu. Am ei fod o wedi gwneud hynny ei hun pan oedd yn iau doeddwn i ddim mor ofnus wrth fentro wedyn," meddai Al.

Ers hynny mae gyrfa Al Lewis wedi mynd o nerth i nerth. Trefnwyd sawl taith iddo fel prif artist a bu'n recordio yn Nashville gyda rhai o'r cerddorion gorau yn y maes. Ond deil yn ymwybodol o wreiddiau canu roc a gwerin cyfoes Cymraeg.

Wrth dafoli cyfranaid Meic Stevens rhaid cymryd y brygowthan cyson a hallt yn erbyn y sefydliadau Cymreig – hynny yw, y cyrff sy'n cynrychioli'r celfyddydau, y cyfryngau a'r cwmnïau recordiau – gyda phinsiaid os nad bwcedaid o halen. Er rhaid cyfaddef nad yw'r rant heb o leiaf ryw fymryn o wirionedd. Ond mae'r eithafiaeth yn ei gwneud yn anodd ei gymryd yn gwbl o ddifrif. Mae fel cawod o geser o'i enau bob hyn a hyn sydd wedyn yn toddi a diflannu.

Ni fu erioed waharddiad ar chwarae caneuon Meic ar y radio. Prin fyddai yna ddiwrnod pan na fyddai o leiaf un rhaglen yn chwarae cân oddi ar un o'i recordiau. Yn amlach na pheidio fe glywid tair neu bedair o'i ganeuon mewn diwrnod. Pan arferai'r taliadau fod tua £7 y funud byddai hynny'n darparu incwm deche mewn wythnos heb iddo orfod gwneud dim ond disgwyl am yr arian. Gwnâi hynny rywfaint o iawn am y prinder breindaliadau am werthiant recordiau na fyddai fawr o ffon gynhaliaeth i artist Cymraeg proffesiynol.

Doedd hynny ddim yn ei rwystro rhag beirniadu Radio Cymru yn hallt, wrth gwrs, fel y gwnaeth yn y cyfweliad rhyfeddol hwnnw gyda Kate Crockett yn *Golwg* ym mis Ionawr

1998, a oedd yn cynnwys rhibidirês o regfeydd na fyddai'r cylchgrawn yn eu caniatáu fel rheol:

"Maen nhw'n whare CRAP ar Radio Cymru. Yn lle whare stwff da – ma recordiau Saesneg da i gael – maen nhw'n chwarae Abba! A'r Spice Girls! Ar Radio Cymru! A'r crap fel 'na! Fydd Barry Manilow gyda nhw cyn hir! The showbiz factions versus the real people, the real musicians. Fe glywes i hyn ar y radio – 'brenhines canu gwlad Cymru' – Doreen rhywbeth neu'i gilydd. A nawr ma Iona ac Andy yn 'frenin a brenhines canu gwlad Cymru' – mae'n jôc. Beth dwi'n parchu a beth dwi i'n leicio clywed ydi straight from the shoulder. Stwff naturiol. Ddim blydi showbiz fel ffycin Eden. Beth fydd Caryl Parry Jones yn ei dynnu allan o'r het nesa?"

Os dweud, ei dweud hi, glei.

Dros y blynyddoedd lluniwyd aml i raglen deledu am yrfa Meic i ddathlu cerrig milltir penodol.

Offrwm o wrogaeth wedyn oedd yr albwm amlgyfrannog *Y Brawd Hwdini* a gyhoeddwyd gan Sain yn 2003. Gofynnwyd i nifer o artistiaid ddewis cân o waith Meic er mwyn recordio'u fersiynau nhw ohonynt fel teyrnged i'r maestro. Bodlonodd Mim Twm Llai ('Merch o'r Ffatri Wlân'), Alcatraz ('Bibopalwla'r Delyn Aur'), Celt ('Ddaeth Neb yn Ôl'), Melys ('Mwg'), Heather Jones ('Capel Bronwen'), Anweledig ('Y Crymych Trip'), Estella ('Dim ond Cysgodion'), Llwybr Llaethog ('Blodau Gwyllt y Tân'), Siân James ('Erwan'), Maharishi ('Ware'n Noeth'), Gwenno ('Tryweryn'), Mangre ('Môr o Gariad'), Bryn Fôn ('Mynd i Ffwrdd Fel Hyn'), Neil Rosser ('Gwely Gwag') a Dafydd Iwan ('Er Cof am Blant y Cwm') i gyflawni'r dasg.

Ond gellir cydymdeimlo na ddaeth mwy o gyfleoedd i ran Meic ar hyd ei yrfa i ddefnyddio'r cyfryngau'n greadigol. Beth petai prosiect *Hirdaith a Chraith y Garreg Ddu* wedi gweld golau dydd? Pe bai'n llwyddiannus mae'n siŵr y byddai comisiynau eraill wedi deillio o hynny. Ond o ran y comisiynwyr a'r cynhyrchwyr, tebyg bod yna bryder na fyddai prosiectau a gynigid i Meic Stevens yn cael eu cwpla o fewn amser ac o fewn cyllideb. Roedden nhw'n atebol i bobl mewn swyddi uwch a chyfrifwyr na fydden nhw'n nodedig am eu gallu i werthfawrogi celfyddyd, rhagor na chyflawni'r hyn fyddai wedi'i nodi ar gontract.

I gynhyrchwyr anfentrus roedd Meic yn greadur rhy oriog. Ac o ran Meic ei hun doedd e ddim yn greadur i gowtowio na maldodi'r un cynhyrchydd. Ond wedi'r cwbl, cerddor a dim arall oedd Meic. Ni fedrai fod yn forwr fel nifer o'i dylwyth am fod ei lygaid yn rhy wan. Am yr un rheswm ni fedrai yrru fan hufen iâ, dyweder, ar y tir mawr. Ni fedrai fod yn dafarnwr, debyg iawn, am y byddai'n rhy chwannog i fwynhau ei hun yn ormodol heb hidio a fyddai neb yn talu am ddiodydd. Na, cerddor, a cherddor o doriad ei fogel yw Meic Stevens.

Cofier ein bod fel Cymry pan ddown at ein gilydd yn dal i ganu 'Cân yr Ehedydd'. Perthyn y gân werin honno i'r bymthegfed ganrif. Cyfeiria at frwydrau Owain Glyndŵr. Petai'r Gymraeg yn goroesi am bum canrif arall a Chymry'n dal i ddod ynghyd i ganu, yna tebyg y byddai 'Cân Walter' yn dal i gael ei chanu, ynghyd â 'Merch o'r Ffatri Wlân' ac eraill o eiddo Meic Stevens. Cyfeirio at golli Cymro mewn rhyfel a wna 'Cân Walter', fel y mae 'Cân yr Ehedydd' yn cyfeirio at golli un o filwyr Glyndŵr mewn brwydr. Ni wyddom pwy oedd awdur y gân honno ond gwyddom pwy yw awdur y caneuon gwerin cyfoes hyn sydd yr un mor oesol eu naws.

Ni wyddom i sicrwydd pwy oedd awduron caneuon megis 'Ffarwél i Blwy Llangywer' a 'Ffarwél i Langyfelach Lon' neu'r 'Ferch o Blwy Penderyn'. Ac os oedd baledwr megis Siemsyn Twrbwl o ardal Trelái o Gaerdydd ymhlith yr awduron, ni wyddom y nesa peth i ddim am ei fywyd. Cyfansoddwyd mwyafrif y caneuon hynny yn y cyfnod cyn i Biwritaniaeth afael fel feis a thaflu'r delyn o'r dafarn gan sefydlu emynau fel yr unig gyfansoddiadau gweddus i'w canu. Ond yn y cyswllt hwn gwyddom yn helaeth am fuchedd y cyfansoddwr a'r amgylchiadau y tu ôl i'r cyfansoddi.

Gadawodd Meic Stevens Solfach, do, ond ni wnaeth

Solfach adael Meic Stevens erioed. 'Nôl y daeth yn gyson o'i grwydriadau. Daeth 'nôl i ddathlu ei ben-blwydd yn un ar hugain oed er iddo wneud hynny flwyddyn yn hwyr, wrth gwrs. Ond fe ddaeth 'nôl. Y môr a'r tirlun ffurfiodd ei lais ac yn ei dro rhoddodd yntau lais i'r môr. Clywir rhythm y tonnau yn ei ganeuon, a hynny pan fyddan nhw'n llyfn a phan fyddan nhw'n gynddeiriog. Cadwodd ei falchder wrth ystyried ei hun yn un o fechgyn Solfach.

Ei gyfraniad i ni yw nid yn unig ei gerddoriaeth, er cymaint yw hynny, ond yr amgyffred sy'n ein galluogi i'n gweld ein hunain mewn goleuni newydd trwy ei ganeuon ac i'n profi ein hunain o'r newydd, i ddeall ein hunain o'r newydd yn rhydd o hualau Anghydffurfiaeth a chulni Piwritaniaeth, os nad hefyd egwyddorion cenedlaetholdeb, ac i fyw o fewn ein rhyddid wrth wrando ar ei ganeuon.

Wrth fwrw'i linyn mesur dros *Caneuon Cynnar Meic Stevens,* a gyhoeddwyd ar label Tic Toc yn y cylchgrawn *Sgrech* ym mis Hydref 1979, manteisiodd Denver Morgan ar y cyfle i leisio gwirionedd a ddeuai'n fwyfwy amlwg wedyn ynghylch statws Meic Stevens.

"Ef, yn anad neb, oedd yn gyfrifol am ddymchwel yn gyfan gwbl unrhyw weddillion o'r gwerthoedd piwritanaidd a allai fod yn rhwystr i ddatblygiad is-ddiwylliant modern yr ieuenctid Cymraeg," meddai. Wel, doedd Meic byth wedi mynychu gwersylloedd yr Urdd a doedd mynychwyr gwersylloedd yr Urdd ddim yn smygu dôp. Neu a oedden nhw, yn dawel bach, maes o law?

Lleisio sylw cyffelyb wnaeth Iwan Llwyd, yn yr un cylchgrawn ym mis Awst 1982, wrth ddatgan fod Meic Stevens yn perthyn i'r pantheon roc rhyngwladol.

"O'r cychwyn bu roc yn wrth-sefydliadol yn ei hanfod. Deilliodd o ddiflastod yr ifanc â gwerthoedd darfodedig y to hŷn. Y rhieni yn ofni i'w plant gael eu dylanwadu gan y Stones. Llais gwrthryfelgar, llais protest oedd llais Dylan, Jagger, Lennon a Townshend. Yng Nghymru yr un modd. Roedd y Meic Stevens ifanc, hirwalltog, yn dychryn y Gymru anghydffurfiol, sidêt. Â'i sbectol dywyll, a'i gitâr, roedd yn herio holl werthoedd darfodedig y ganrif ddiwetha, a dyna pam yr oedd o'n cynhyrfu'r ifanc."

Ni ddefnyddiodd Meic Stevens sat nav cerdd dafod wrth farddoni. Ni hidiai am hyd llinellau. Nid ofnai symlrwydd ochr yn ochr â delweddau sydd ar adegau'n ein taro yn ein talcen a bryd arall yn astrus. Ni chyfansoddai o fewn y traddodiad Cymraeg. Nid oedd o dan ddylanwad Euros Bowen, Alan Llwyd na Dic Jones. Nid yr un oedd gwrthrychau ei ganeuon teyrnged ag eiddo'r beirdd traddodiadol. Ni chanai am yr arwyr arferol Cymreig a arddelai'r 'pethe' ac y rheffid englynion i'w coffáu.

Ond roedd Vic Parker yn Gymro Caribî; Erwan, y Llydäwr, yn Gymro anrhydeddus; Dic Penderyn yn cynrychioli'r werin o dan ormes, a Joshua Slocum yn ysbryd rhydd a deilyngai deyrnged; roedd Bobby Sands yn haeddu ei gydnabod fel aelod o'r ddynoliaeth a gyflawnodd yr aberth eithaf yn erbyn yr hyn a ystyriai'n ormes gwladwriaeth estron. Na, ni chanodd i'r gwladgarwyr, y gwleidyddion a'r cenedlaetholwyr Cymreig arferol. Ond bydd ei ganeuon byw pan fydd y 'gwerthoedd darfodedig' yn hen angof.

Hwyrach nad yw caneuon Meic Stevens wedi'u cynnwys mewn blodeugerddi o farddoniaeth fel y cyfryw, ond mae'r gerdd 'Ddaeth Neb yn Ôl' wedi'i chynnwys yn netholiad Mererid Hopwood o *Gerddi Sir Benfro*. Haedda'r gydnabyddiaeth.

Ddaeth Neb yn Ôl

Roedd pawb ar y cei yn Aberdaugleddau
yn oer ac yn wlyb yn y gwynt a'r glaw mân;
fe lusgodd y llynges i ffwrdd fel cysgodion
i'r cefnfor mawr o'u blân.

Cytgan
Ddaeth neb yn ôl i adrodd yr hanes,
neb ond y gwynt a ganodd ei gân,
dim ond gwylanod a llygad y gelyn
a welodd y morwyr yn llosgi mewn tân.

Morgi o ddur yn cuddio mewn dyfnder,
ei arfau yn gas fel dant yn ei ben;
deffrodd o'i gwsg a chododd o'r gwaelod
i aros am aberth dan leuad y nen.

Yng nghanol y môr, daeth y daran a'r fflamau,
torpidos gwyllt yn rhuthro drwy'r dŵr,
a thrist oedd y lladdfa gyfrwys mewn tywyllwch
a thrist oedd y byd mewn rhyfel a'i stŵr.

Rhy hwyr, ger yr harbwr, mae'r mamau'n aros,
mae'r gwragedd yn aros heb wybod y gwir,
ond ymhell oddi yno dan fôr y gorllewin,
gorweddant yn farw ym medd gwyrdd y dŵr.

Amddifaid bychain, lle gewch chi ddillad?
Lle yn y byd gewch chi arian i fyw?
O'r llywodraeth fe gewch chi geiniogau cysurus
i dalu am eich tadau sydd nawr gyda Duw.

(*Cerddi Sir Benfro* gol. Mererid Hopwood, Gwasg Gomer 2002)

Tebyg na ellir rhagori ar werthfawrogiad Dylan Iorwerth o ddawn ac athrylith Meic Stevens wrth iddo'i osod ymysg pantheon y beirdd yn ei golofn yn y *Western Mail* ym mis Mawrth 2002 pan oedd Meic yn drigain oed.

Yng Nghymru, fo yn fwy na neb arall, sy'n cynrychioli hanes canu roc a gwerin modern, o'r gwreiddiau i'r oes aur... Rhyw ddiwrnod, pan fydd myfyrwyr yn astudio barddoniaeth Gymraeg yr ugeinfed ganrif, gobeithio y byddan nhw'n darllen barddoniaeth Meic Stevens – y farddoniaeth sydd yn ei ganeuon. Mae yna linellau i'w cofio – 'Cyllell trwy'r galon yw hiraeth / Pladur trwy wenith yr enaid' – ond mae yna hefyd ganeuon cyfan sy'n crisialu profiadau pobol yn well na'r un Gerdd Fawr.

Mae'n ddigon posib mai 'Cân Walter' a 'Ddaeth neb yn ôl' ydi'r cerddi gorau sydd ganddon ni am yr Ail Ryfel Byd. A hynny ar waetha, neu oherwydd, eu tôn amrwd a'r sgwennu syml. Mae 'Erwan' a 'Gwin, a Mwg a Merched Drwg' yn farwnadau i'w rhoi ochr yn ochr â rhai o'r marwnadau mawr, ac mae 'Môr o Gariad' a'u tebyg yn brydferth yn yr un ffordd ag y mae cerddi Emyr Lewis

> yn brydferth y tu hwnt i'r geiriau. Eironi hollol Gymraeg ydi fod caneuon gorau Meic Stevens yn aml yn codi allan o dristwch, ei fod yn tynnu harddwch o'r profiadau mwya chwerw. Yr angel a'r diafol gyda'i gilydd.

Gwneir tegwch â'i ddawn wrth ei ddisgrifio fel 'canwr a bardd' yn y gyfrol *Cydymaith i Lenyddiaeth Cymru,* sy'n cofnodi cyfraniad unigolion i fywyd y genedl. Nodir bod y dylanwadau a fu arno yn deillio o'r tu hwnt i Gymru gan fwyaf.

> Gwelwn yn ei waith barodrwydd i adael i'r caneuon ddramateiddio profiad personol: ceir caneuon serch a chaneuon am garwriaethau aflwyddiannus; marwnadau i berthnasau a theyrngedau tyner i ffrindiau, caneuon am effaith y mewnlifiad Saesneg a phortreadau teimladwy o bobl megis Vincent Van Gogh a Sylvia Plath. Chwaraea ardal Solfach a Llydaw (lle y bu'n ymwelydd cyson) ran amlwg yn ei ganeuon. Y mae ei gerddi yn gyfuniad o symlder didwyll a dawn farddonol soffistigedig.

Defnyddiai Meic stiwdio recordio mewn dull gwahanol i'r rhelyw o artistiaid Cymreig. Nid mater o ymarfer caneuon yn drylwyr cyn mynd i'r stiwdio oedd hi. Yn wir, hwyrach na fyddai'r caneuon wedi'u cyfansoddi. Ond gwyddai beth oedd ei fwriad. Dewisai gerddorion fyddai'n gweddu i'r bwriad hwnnw. A chan eu bod gan amlaf yn gerddorion proffesiynol hyfedr, doedd yr elfen o ymarfer am oriau benbwygilydd rhag blaen ddim yn angenrheidiol. Roedd, wrth gwrs, yn gyfarwydd â stiwdios recordio a thechnegau stiwdios ers y dyddiau cynnar pan ddechreuwyd sefydlu stiwdios yn y 1960au. Gan amlaf, Eryl Davies oedd y peiriannydd yn stiwdio Sain.

"Roedd gweithio gyda Meic fel cerdded Eryri. Roedd rhaid mynd i fyny ac i lawr. Chwilio am deimlad ffres gan y cerddorion oedd nod Meic bob tro ac os oedd yr awen yn dod yn rhwydd, wel, roedd pob dim yn iawn. Ond pe na bai'r cerddorion yn cyflawni wrth ei fodd byddai'n mynd yn rhwystredig. Byddai amser yn cael ei golli wedyn. Medrai fod yn drafferthus iawn wrth recordio yn y dyddiau cynnar. Dwi'n cofio ar un achlysur byddai bob amser yn hwyr yn dod i mewn i'r stiwdio. Mi oedd o'n dod i mewn yn hwyrach ac yn hwyrach bob dydd. Ar ôl disgwyl am tua pump i chwe awr un diwrnod dyma fi'n mynd adre. Mi ddoth o'n well o ran cadw amser wedi hynny.

"Wrth gwrs, y digwyddiad nodedig oedd hwnnw adeg recordio *Nos Du, Nos Da* pan benderfynodd y gitarydd, Anthony Griffiths, fynd adre ar ganol recordio. Doeddwn i ddim yn ei feio chwaith ar ôl ffrae fawr wrth i Meic ei gyhuddo ar gam o anghofio'r trefnianne. Ond wedyn pan oedd y teimlad yn iawn medrai Meic gyfansoddi cân newydd mewn fawr o dro yno yn y stiwdio a chael y cerddorion i chwarae'r alaw a bwrw ati i recordio," meddai Eryl.

Mae Pete Hurley wedyn, er gyda'r cyntaf i adrodd am yr helyntion yng nghwmni Meic yn Llydaw ac yn y stiwdio ac ar lwyfan, yn fwy na pharod i dalu gwrogaeth.

"Mae'r dyddie hynny yn Llydaw pan na chawsom ein talu wedi mynd yn angof erbyn hyn. Dim ond arian a gollwyd beth bynnag er cymaint oedd ei angen arnom ar y pryd. Dŵr o dan y bont yw hynny erbyn hyn. Cawsom brofiade cyfoethog a chyfarfod â chymeriade rhyfedd. Fel bois o'r de-ddwyrain wydden ni ddim am y cysylltiad rhwng Cymru a Llydaw, a rhyfeddod yn gymysg a chywilydd i ni oedd cyfarfod â Llydawyr a fedrai siarad Cymraeg. Yn sicr roedd y profiad wedi cyfoethogi ein dealltwriaeth diwylliannol rhwng y ddwy wlad," meddai Pete, sydd wedi chwarae gyda cherddorion megis Van Morrison a Jerry Lee Lewis yn ei ddydd.

Mae gan bawb o ddilynwyr Meic Stevens atgofion am y nosweithiau gwych a'r nosweithiau gwachul. Un o'r rhai gorau a gofia Dylan Iorwerth oedd ym Mhontrhydfendigaid ym mis Mehefin 2002, fel y tystiodd yn ei golofn yn y *Western Mail*.

> Ar adegau felly, mi allwch weld y gerddoriaeth yn ei feddiannu yntau, y bysedd trwsgl yr olwg yn chwyrlïo tros y tonnau a'r llais melfedaidd o gras yn symud o'r caled i'r breuddwydiol. Dydi caneuon fyth yr un peth bob tro pan fydd Meic Stevens ar y llwyfan; mae 'Gwely Gwag' yn ddwsin o ganeuon gwahanol, gan

ddibynnu ar yr hwyl, a 'Douarnenez' weithiau'n ddawns wyllt mewn fest noz neu'n ddiogi yn yr haul wrth y cei. Dydi'r band ddim yr un peth bob tro chwaith, ac yn y Bont, roedd yna efaciwî o Galiffornia wedi ymuno ar y gitâr ddur, gan ddod ag elfen o Nashville i Geredigion. Er mwyn y Gwladgarwyr tra mad.

Gŵr hoffus ac adnabyddus yn y byd roc yn Ne Cymru ers y 1960au yw Mike Monk, o Ben-y-graig yn y Rhondda, a Chaerdydd. Fyddai'r un grŵp o bwys heb elwa o'i ddawn fel cymysgydd sain dros y blynyddoedd. Yn nyddiau anterth tafarn y Royal Oak yn ardal y Rhath yn y brifddinas, o dan stiwardiaeth Mike a Kitty Flynn, byddai'n trefnu'r bandiau a berfformiai yno bron yn feunosol.

Yr hyn sy'n rhyfedd o ystyried ei waith yw iddo fod yn llwyrymwrthodwr gydol ei yrfa. Serch hynny, ni wna hynny ei atal rhag cael ei ystyried yn glamp o gymeriad ynddo'i hun. Adwaena bawb, a phan fydd e a'i debyg yn cyfarfod i chwedleua adroddir y straeon hynny sydd wedi tyfu'n rhan o'r chwedloniaeth a berthyn bellach i Meic Stevens.

"Dwi'n hoff o bobl sy'n gymeriade, a sdim dwywaith nad yw Stevens yn un o'r rheiny. Cofiwch, fe gawson ni ein helbulon dros y blynydde. Ma hynny i'w ddisgwyl. A dwi wedi delio â phobol fel Ozzy Osbourne ac anoddach. Pan dwi'n gweithio dwi'n canolbwyntio ar y gwaith. Gall y dwli a'r nonsens ddigwydd wedyn. Dwi'n cofio gwneud y gwiriad sain yn y coleg yn Aberystwyth rywbryd ar gyfer Jarman a haid o grwpie eraill. Popeth yn iawn. Dyma haid o hogia'n cyrraedd o Fethesda. Roeddwn i'n nabod rhai ohonyn nhw.

"Doedden nhw ddim wedi dod i wrando ar Jarman y noson honno. Roedden nhw ar eu ffordd i westy yn y dre lle'r oedd Meic Stevens yn perfformio. Ond symudon nhw ddim o'r fan. Daeth neges na fydde Stevens yn perfformio wedi'r cwbl. Mae'n debyg bod dau fownsar cydnerth wedi gwrthod mynediad i Meic am nad oedd wedi gwisgo'n weddus ac am ei fod yn amlwg wedi bod mewn parti. Fe aeth hi'n gwffas wedyn, yn do. Dyna ichi Meic.

"Dwi'n cofio bod mewn noson yn hen gapel Soar, Pen-y-graig wedyn gyda fy myti mawr, Tich Gwilym. Roedd Meic yn perfformio set acwstig yng nghwmni cynulleidfa fechan ddethol. Doedd dim bar yno. Popeth yn iawn. Roedd y gynulleidfa'n werthfawrogol. Yn sydyn dyma gnoc ar y drws. Pwy ddaeth i mewn ond Gwenllïan a martsio tuag at Meic gan roi llond pen iddo yn ogystal â chwifio'i breichie o gwmpas ei ben. Dyma fynte'n pledio 'Gad lonydd i fi, paid â bwrw fi'. Roedd Gwenllïan yn amlwg wedi bod yn chwilio amdano ac wedi dod o hyd iddo ac roedd rhyw fater roedd angen ei drafod.

"Dyma Tich a finne'n edrych ar ein gilydd gan wenu a sylweddoli ein bod yn dystion i'r hyn y gellid ei alw'n *domestic*. Un arall o'r straeon hynny i'w hychwanegu at ein portffolio o straeon Meic Stevens. Ond wyddoch chi beth oedd yn rhyfedd? Wrth i'r ddau fynd mas i 'drafod' fe gododd y gynulleidfa ar ei thraed a chymeradwyo. Dwi ddim yn siŵr a oedden nhw'n credu bod yr hyn a welwyd yn rhan o ddrama neu'n gysylltiedig ag un o'r caneuon roedd e newydd eu canu neu beidio. Ond roedd y digwyddiad yn sicr wedi argyhoeddi.

"Cofiwch, wedi dweud hynny dwi'n caru'r dyn, ei gerddoriaeth a'i neges. Oes unrhyw un arall sy mor dalentog, gwedwch? Ar hyn o bryd mae'r straeon amdano yn dallu llawer o bobol rhag gwerthfawrogi ei allu fel cerddor a bardd. Fe gymer hi ddeg neu ugain mlynedd wedi ei ddyddie, pan fydd y llwch wedi setlo ar y straeon am ei anwadalwch, cyn y bydd pobol yn ei werthfawrogi. Dim ond y caneuon fydd ar ôl erbyn hynny. Bydd pobol yn gallu canolbwyntio ar y rheiny wedyn. Sdim llawer o bobol sy'n gallu bod yn sicr yn ystod ei hoes y bydd eu caneuon byw wedi'u dyddie nhw. Ma Meic Stevens yn un o'r rheiny," meddai Mike.

Gyda llaw, mae Meic yn gwadu'n llwyr ei fod erioed wedi perfformio yn y Rhondda, a does gan Gwenllïan ddim cof o'r digwyddiad honedig ym Mhen-y-graig, er na all wadu'n llwyr y posibilrwydd fod yna rywfaint o wirionedd yn perthyn i stori Mike Monk.

"Doedd gen i ddim rhithyn o gof am y digwyddiad. Peth

cynta feddyliais oedd 'Blydi hel, rhaid bo fi wedi meddwi go iawn'. Ffoniais Meic. Mae o'n cofio pob *venue* lle mae e wedi chware, ond dydi o ddim yn cofio capel Soar, Pen-y-graig. Dwi wedi bihafio'n wirion ar lawer o adegau pan oedd Meic ar lwyfan, fel arfer gan ddringo ar y llwyfan i ddawnsio nes i fi gael fy hel oddi yno gan aelod o'r band. Tydi Meic ddim yn cofio fi yn ymyrryd â'i ganu yn y ffordd a ddisgrifiwyd. Felly, dwi jyst ddim yn gwybod!" meddai Gwenllïan.

Ym mis Gorffennaf 2007 mentrodd cwmni Sunbeam Records recordio Meic yn perfformio'n fyw mewn lleoliad adnabyddus yn Llundain er mwyn cyhoeddi DVD o'r achlysur. Dyma ddywed y blyrb: "... the man they call 'the Welsh Dylan' played his first London gig in over three decades, at the world famous Half Moon. Backed by his long-time band, he treated the audience to classics from the much-loved late 60s EPs and legendary *Outlander* and *Gwymon* LPs, as well as more recent material. Ranging from fragile ballads to out-and-out psychedelic rock, the set is issued on DVD here for the first time and captures a master singer-songwriter at the top of his game."

Mae broliant yn medru bod yn gamarweiniol, wrth gwrs, o gofio bod angen priodi'r gwirionedd gydag awydd i werthu cynnyrch wrth lunio geiriau priodol. Un o Gymry Llundain oedd yno'r noson honno, yn rhannol o ran chwilfrydedd ac yn rhannol o ran edmygedd, oedd Martin Wilding Davies. Fe gafodd ei siomi gan y perfformiad.

"Mae'n bosib eu bod nhw'n ei alw yn 'Bob Dylan Cymru' ond i mi mae Dylan mewn cynghrair cwbl wahanol. Roedd e yn yr adran gyntaf. Roedd gormodiaith eithafol y label yn nodweddiadol o genedl fechan, meddyliais, sy'n brin o arwyr ac yn ceisio sefydlu ei diwylliant poblogaidd modern ei hun ar adeg pan oedd hynny'n fater o bwys. Ond fedrwch chi ddim creu duw o drwbadŵr meddw oni bai iddo fod yn aelod o Pink Floyd.

"Dwi'n derbyn i Meic fod yn ddylanwad ar SFA a'r Gorky's a dwi'n hoff o'i faledi gwerin megis 'Ysbryd Solva', 'Môr o

Gariad' a 'Gwenllïan'. Ma rhywbeth yn sŵn y Gymraeg sy'n fy nharo yn fy ymysgaroedd. Ond am nad wyf yn medru siarad yr iaith yn rhugl mae'n siŵr taw'r melodïau sy'n cydio ynof yn bennaf. Ac ma hyn yn rhywbeth rhyfedd i'w ddweud ond dyw ei ganeuon Saesneg ddim yn golygu llawer i mi. Ac yn sicr nid yw'n cymharu â Dylan yn hynny o beth.

"Dwi'n ymddiddori yn niwylliant fy nhadau. Dyna pam euthum i weld Meic yn Putney. Roedd e'n cynrychioli rhyw fath o eicon chwedlonol i mi. Serch hynny, roedd y gìg yn anniben tost. Doedd e ddim i'w weld fel tase fe mewn llwyr reolaeth o'r sefyllfa. Oedd e'n feddw? Roedd e'n gyndyn i ganu yn Gymraeg er i nifer o'r gynulledifa weiddi arno i wneud hynny.

"Fe oedodd o leiaf ddwywaith ar ganol cân i roi pryd o dafod i'r cerddorion am fisdimanars cerddorol nad oedd neb yn y gynulleidfa wedi sylwi arnyn nhw, mae'n siŵr. Roedd hyn yn embaras i bawb wrth i Meic Stevens wneud ffŵl ecsentrig ohono'i hun. Yr hyn aeth trwy fy meddwl i oedd, pwy ddiawl ma fe'n feddwl yw e, Bob Dylan Cymru?" meddai Martin.

A rhaid derbyn o wylio'r DVD na lwyddodd Meic i swyno'r gynulleidfa. Rhyw obeithio'n ofer y deuai yna fflach o rywle oedd profiad y ffyddloniaid, a fyddai'n fwy cartrefol, bid siŵr, pe clywid rhibidirês o ganeuon Cymraeg. Dirywio wnaeth y perfformiad wrth i'r dyn camera gymryd mwy o ddiddordeb ym modiau traed noeth Lleuwen Steffan nag ymdrechion Meic ei hun. Eisteddai Lleuwen ar y llwyfan gydol y perfformiad heb gyfrannu ei llais ar fwy na dyrnaid o'r caneuon a hynny am fod Meic yn cyfarth arni hi a Marc Cŵn o bryd i'w gilydd nad oedd yn deisyf eu mewnbwn.

Bid a fo am hynny, fyddai hi ddim yn anghymarus i sôn am y DVD ar yr un gwynt â'r DVD o Leonard Cohen, a recordiwyd yn arena enfawr O2 Llundain yng Ngorffennaf 2008 pan oedd yr Iddew o Ganada yn 73 oed. Er yr adnoddau a'r cerddorion a neilltuwyd at ei ddefnydd ni ellir dweud fod ei berfformiad yn ddim amgen nag eiddo corff wedi'i ddadebru a wnâi i Lee Marvin swnio fel canwr opera. Prin bod yr aruthrol 'Hallelujah' yn glywadwy. Ond wedyn, tebyg y dibynna ar ganeuon pa un o'r ddau sy'n rhan o ymwybod y gwrandawr.

Teg nodi bod Sunbeam Records wedi cyhoeddi casgliadau o ganeuon cynnar Meic ynghyd â'r record hir *Gwymon*, ond gan nodi hyd at syrffed ei fod yn cael ei gydnabod fel y 'Bob Dylan Cymreig'. Ni chydnabyddir bod gan Meic Stevens ei lais ei hun ac nad perfformio fel cysgod o Bob Dylan a wna pan berfformia yn Gymraeg. Ni chynhwysir adolygiad o'r un o'r casgliadau ar wefan y cwmni. Does dim gwadu dylanwad Dylan, wrth gwrs. Tystia cyfansoddwr hyfedr arall, Emyr Huws Jones, i hynny yn un o rifynnau'r cylchgrawn *Curiad* yn 1983. Ems, wrth gwrs, oedd wedi bodio i Solfach yng nghwmni Sbardun i weld Meic yn ystod yr haf hwnnw yn 1970.

"Dwi'n sicr fod Meic yn ymwybodol o ddatblygiad gyrfa Bob Dylan. Ac ma hynny'n naturiol oherwydd pwy na chafodd ei ddylanwadu gan Dylan? Dyw hynny ddim i ddweud fod Meic yn ei efelychu. Ma Meic yn berfformiwr ac yn gyfansoddwr yn ei hawl ei hun a tebyg na fedrai Dylan fod wedi sgwennu rhai o'i ganeuon gorau byth bythoedd. Ar ôl dweud hynny dwi'n siŵr fod yr arddull a'r naws ar ddwy o ganeuon *Gitâr yn y Twll dan Stâr* yn adleisio caneuon cyfnod *Street Legal* Dylan.

"Ac ma cân grefyddol ddychanol hwyrach ar y record *Nos Du, Nos Da* sydd o bosib yn cyfeirio at ddwy record grefyddol Dylan. Ond i mi does neb tebyg i Meic am gyfansoddi, nid yn unig yng Nghymru ond ym Mhrydain gyfan. Mae arddull ei ganeuon yr un mor unigryw â'i ffordd o fyw. Medr gyfansoddi caneuon ysgafn i blant sydd yr un mor gofiadwy â chaneuon dwys sy'n dweud rhyw wirionedd oesol," meddai Ems.

Ond doedd yr aeddfedrwydd hwnnw ddim yn cael ei gynnal ymhob perfformiad ac roedd hi'n dipyn gwaeth nag oedd hi yn yr Half Moon yng Nghlwb Ifor Bach ar nos Sadwrn olaf Eisteddfod Caerdydd 2008. Eisteddai nifer, a oedd o'r un genhedlaeth â Meic, yn ddisgwylgar yn y cilfachau. Doedd ganddyn nhw'r un rhithyn o ddiddordeb yn y gyfeddach a'r dwndwr o amgylch y bar. Roedden nhw yno i fwynhau perfformiad y swynwr fel uchafbwynt eu heisteddfod. Roedden nhw wedi penderfynu hynny ymlaen llaw. Ond och ac aw. Brensiach annwyl. Trethwyd eu hamynedd. Gwelwyd y drymiwr a'r gitarydd bas yn paratoi, a pharatoi, a pharatoi. Ond doedd dim golwg o Meic.

Bois bach, roedd y trwbadŵr ei hun ddwy awr yn hwyr yn cyrraedd, a'r gorau y gellir ei ddweud am ei ymddygiad ar ôl cydio mewn gitâr, am hanner nos, yw nad oedd rywsut yn gwerthfawrogi arwyddocâd yr achlysur fel penllanw wythnos o eisteddfota brwd. Ai blinder y blynyddoedd oedd wedi'i daro? Wedi gorfod disgwyl dros ddwy awr i dacsi ei godi, medde fe. Wedi syrthio i gysgu, medd eraill.

Waeth beth oedd yr helbul, doedd gan Meic yr un gair da i'w ddweud am y cymysgwyr sain a dirywio'n gyflym a wnâi ei ymdrechion i gyfleu naws canu'r felan trwy fyrfyfyrio nes cyrraedd y gwaelodion eithaf. Cafwyd y rhubanu arferol yn erbyn y cyfryngau. Nid pawb oedd yn barod i faddau iddo ond, o leiaf, gellid nawr ychwanegu at y nifer cynyddol o bobl a fedrai frolio, mewn blynyddoedd i ddod, iddyn nhw hefyd weld yr artist chwedlonol ar ei orau ac ar ei waethaf.

A'r ddau gerddor ar yr achlysur cofiadwy, am y rhesymau anghywir, oedd y ddau a fu'n chwarae'n gyson gyda Meic ers chwarter canrif a mwy, Mark Williams ar y drymiau a Marc Cŵn Jones ar y gitâr fas. Doedd yr un ohonyn nhw'n rhyw foddog iawn i ateb ymholiadau'r pynters. Cofia Marc yr achlysur yn dda.

"Ew, roeddan ni wedi cael ein galw i'r lle yn andros o gynnar i osod y gêr. 'Be wnawn ni?' medda fi. Doeddwn i ddim isio mynd i yfad yn wirion. Dyma'r tri ohonom yn mynd i gael rhwbath i'w fwyta gerllaw. 'Dwi'n mynd i ista yn fy ngherbyd' medda fi wedyn. Mi a'th Meic adra yn do, a ma rhaid bod Mark wedi mynd i yfad ar ei ben ei hun. Ew, prin fedra Mark ista heb syrthio y tu ôl i'r cit. Pan ddaeth Meic o rywla roedd o mewn tempar, yn flin fel tincar, ac wedi anghofio'i gitâr. Cael benthyg un drydan iddo wedyn a fynta'n methu ei chwara hi. Dim ond rhyw chwartar awr o'dd ar ôl o'r noson erbyn hynny beth bynnag. Doedd yna ddim gobaith, nag oedd?" medda Cŵn.

Doedd yr awyrgylch ddim yn annhebyg i'r hyn ddigwyddodd

ar achlysur pen-blwydd Meic yn drigain a phump oed yn y Gyfnewidfa Lo yn nociau'r brifddinas ym mis Mawrth y flwyddyn flaenorol. Mae'n rhaid mai fi oedd yr unig un yn y gynulleidfa oedd yn gwisgo crys-t Hiraeth. Roeddwn yn barod am ddos o *nostalgia*. Cefais fy siomi. Doedd yna ddim strwythur i'r noson. Doedd yna ddim cyflwynydd/arweinydd ac felly doedd dim angor. Roedd enw Hywel Gwynfryn, y darpar gyflwynydd, wedi'i dduo ar y tocynnau.

Er ein bod yn dathlu pen-blwydd cawr o berfformiwr yn 65 oed rhoddwyd yr argraff nad oedd iddo hanes gwerth sôn amdano. Pan gyrhaeddodd y dyn ei hun y llwyfan yn hwyr y nos bu bron i'r Sgowser, Billy Thompson, a chwaraeai'r ffidil, greu cynnwrf gyda'i gyffyrddiadau ar ganeuon megis 'Tryweryn' a 'Dic Penderyn', ond ni chydiodd y pabwyryn. Wnaeth Meic ei hun ddim i helpu'r achos trwy ddechrau cynhenna â'r gŵr oedd yn cymysgu'r sain nes i'r pŵr dab ildio'i le. Doedd y perfformwyr blaenorol ddim wedi cwyno. Yn hytrach na chanolbwyntio ar greu perthynas â'r gynulleidfa penderfynodd Meic wneud y cymysgwr sain yn gocyn hitio, a rhwng hynny a mynych oedi i newid gitarau a chymryd llwnc o siampaen roedd y noson wedi'i cholli.

Beth oedd ar ôl i'w wneud ond cymryd cip ar bwy arall oedd yn y gynulleidfa wedi teithio o bob rhan o Gymru i ddisgwyl rhywbeth gwell. Roedd Megan Tudur yno, y newyddiadurwraig gyntaf i roi sylw teilwng i alluoedd Meic, a hynny ar dudalennau *Hamdden*, cylchgrawn Urdd Gobaith Cymru, 'nôl yn 1969. Yr un mor awyddus i dalu gwrogaeth oedd aelodau o'r Genod Droog hip hop; yr hynafgwr mwyn, Roy Saer a wnaeth gymaint â neb i groniclo hanes ein canu gwerin; Mike Santos, a anfarwolwyd ar fideo'r gân 'Loudon Square'; y troellwr Richard Rees a oedd yno yn y dyddiau cynnar ac sydd wedi cael ail wynt ar foreau Sadwrn ar Radio Cymru, yn ogystal â Gari Melville, René Griffiths a Heini Gruffudd a chrugyn o *chic lits* Caerdydd.

Wrth i Wyn Lodwig a'r Harlem Swingers berfformio disgwylid i Meic ymuno â nhw ar ambell gân. Cyd-ganu 'Georgia' oedd y sibrydion ymlaen llaw. Gwelwyd enw Gruff

Rhys wedi'i dduo ar y tocynnau ond nid felly enwau Twm Morys a Gai Toms, ond nis gwelwyd. Byddai clywed Meic yn perfformio gyda'r artistiaid iau wedi bod yn hanesyddol. Llwyddodd Lyn Phillips a'r Boogeymen i glatsho arni gyda chwarae tyn o ganeuon Saesneg cyfarwydd, wrth i Lyn ymdebygu i gyfuniad o George Melly a Van Morrison.

Cafwyd perfformiad yn gynnar yn y noson gan y triawd Bara Menyn ond heb fawr o gyffro, a chafwyd set ddymunol gan y bythol ddibynadwy a bythol wyrdd Heather Jones. Ond am y dyn ei hun, roedd ganddo gerddorion yn mynd a dod oddi ar y llwyfan na ddylen nhw fod yno, a hynny am eu bod yn ymdrybaeddu yn eu gorchestion personol eu hunain yn hytrach na chefnogi'r gŵr y daeth pawb i dalu teyrnged iddo. Nid rhyfedd bod golwg ddwys ddifrifol, ddywedwst ar wyneb y trefnydd, Eurof Williams. Doedd dim rheolaeth ar y noson.

Os oedd Neil Young, gŵr o gyffelyb allu â Meic, yn medru trefnu cyngerdd mawreddog yn Nashville, gan wahodd cerddorion a fu'n rhannu ei yrfa i gymryd rhan, pan oedd yntau wedi cyrraedd ei drigeinfed pen-blwydd, pam na fedren ni gael profiad tebyg yn y Gyfnewidfa Lo pan oedd ein Meic Stevens ni yn drigain a phump? Mae *Heart of Gold* yn ffilm sy'n croniclo gyrfa gerddorol y gŵr o Ganada. Er bod yna gamerâu yn y Gyfnewidfa Lo, prin fod yna ddim o werth parhaol wedi'i ffilmio. Collwyd cyfle'n garlibwns.

Teg dweud i Meic wneud iawn am y ddwy noson drychinebus pan gafodd ei wahodd i berfformio gerbron cynulleidfa ddethol yn y Drwm yn y Llyfrgell Genedlaethol, Aberystwyth ym mis Mai 2011. Roedd Meic ar ei wefreiddiol orau ar ei ben ei hun gyda'i gitâr acwstig. Recordiwyd y noson ar gyfer yr oesoedd a ddêl. Os bu adnodd gwerthfawr erioed, wel, dyna fe, a mawr glod i'r Llyfrgell am drefnu'r noson. Jociodd Meic ei fod yn disgwyl gweld Dafydd ap Gwilym yn codi o lwch yr oesoedd yn y llyfrgell er mwyn jamio ar ei delyn ar y cyd. Chafodd neb ei siomi y noson honno.

Gwelwyd rhwystredigaeth cyfiawn Meic Stevens mewn

perfformiad yn Llangrannog ar noson olaf mis Mehefin 2012. Beth yr ots os oedd Tom Jones yn perfformio yn yr Hammersmith Apollo yn Llundain yr un noson? A beth yr ots chwaith os oedd Gruff Rhys yn perfformio yng Ngŵyl Dinefwr ar yr un nos Sadwrn? Roedd yr athrylith a'r eicon yn perfformio ar y cilcyn cyfyng rhwng tafarn y Llong a'r Pentre Arms o fewn ychydig lathenni i'r traeth a'r môr.

Wrth ddrachtio'r awyrgylch yng ngwynt tyner yr heli a machlud mwyn yr haul cofiem am arferiad Bois y Cilie o grynhoi yn y Pentre i drafod cerdd dafod a chlecian y gynghanedd ar nos Sadyrnau mewn oes a fu. Ar Ben Rhip gerllaw safai'r hyn a oedd yn debyg i ffarmwr lleol yn dal pastwn yn ei ddwrn. Safai'n ddisymud. Edmygid y modd y daliai ei osgo. Ond wedyn tyfodd amheuon a bu rhaid holi ei hynt, a chafwyd ar ddeall nad amaethwr mohono, nac yn wir ŵr o'r oes hon. Yr hyn a ddaliodd sylw'r mwyafrif oedd cerflun efydd o Grannog ap Corun ap Caredig ap Cunedda.

Creadigaeth un o'r trigolion lleol, Sebastien Boyersen, oedd y ffigwr trawiadol a osodwyd mewn man trawiadol. Wrth bensynnu am hynt y sant o'r chweched ganrif, ynghyd â'r traddodiad barddol lleol, roedd yna ymdeimlad o hanes mor dew â'r niwl môr yn Nyffryn Hawen y noson honno. Onid oedd hyn yn gefnlen briodol ar gyfer gwrando ar artist cyfoes sy'n ei chael yn hawdd taflu cip 'nôl dros ysgwydd y canrifoedd ac sydd yn un â'r canrifoedd?

Talwyd gwrogaeth i'r traddodiad cerddorol Cymreig, yn ogystal â thalp o'n hanes, wrth i'r grŵp roc trwm lleol Y Blaidd gyflwyno fersiwn o'r gân 'Dic Penderyn'. Denwyd Meic Stevens o'r cyrion i'r tu blaen i wrando ar Al Lewis a'r Band. Talodd Al Lewis wrogaeth iddo.

Fe'u holynwyd gan Y Niwl yn llawn naws y West Coast chwedlonol yn codi o awelon arfordir gorllewin Cymru. Roedd diniweidrwydd y Shadows, cynhesrwydd hafaidd y Beachboys a'r Eagles a phob esblygiad a ddeilliodd ohonyn nhw dros y blynyddoedd wedi'u hymgorffori yn sŵn y bechgyn a chwaraeai tair gitâr mewn unsain heb fod angen geiriau i addurno'u cyfansoddiadau. Paratoad na ellid ei well, mi dybiech, gan y gorau o blith yr artistiaid roc Cymraeg cyfoes a ddatblygodd yn sgil y gwaith braenaru a wnaed gan yr eicon a'i debyg. Fe dybiech y byddai'r gynulleidfa'n gwerthfawrogi'r arwyddocâd ac yn parchu'r foment. Ond och ac aw. Myn asen i.

Daeth Meic Stevens i'r llwyfan i berfformio ar ei ben ei hun. Wedi'r hir gyfnod anochel o baratoi'r sain ar gyfer dim ond un gitâr, lansiwyd 'Rue St Michel' i fonllefau o gymeradwyaeth. Cafwyd rhibidirês o'r clasuron oll yn cael eu dehongli o'r newydd. Clywid ffyrnigrwydd yn 'Dic Penderyn', tynerwch yn 'Rhosyn o'r Anialwch', tristwch yn 'Gwely Gwag', dwyster yn 'Cân Walter', hiraeth yn 'Vic Parker' a'r emosiynau yn clymu'n gwlwm yn 'Môr o Gariad'.

Ond roedd hi'n frwydr rhwng yr eicon a thraean o'r gynulleidfa yn erbyn y gweddill, na ellir ond eu disgrifio fel haid o gywion newydd ddeor yn swnian yn ddi-baid. Nid rhyfedd fod y cerddor 70 oed yn difyrio'r Cymry o bryd i'w gilydd pan ddangosant y fath amarch. Er hynny, doedd penderfyniad y perfformiwr i aildiwnio'i gitâr o bryd i'w gilydd o ddim help i ddenu a dal sylw. Byddai cerddor Saesneg o gyffelyb ddawn, wrth gwrs, wedi sicrhau gwasanaeth cynorthwy-ydd i gyfnewid gitarau wedi'u tiwnio'n barod i gyfateb â'r gofynion. Ni ellid ei feio am daro nodau'r anthem genedlaethol gan felltithio'r gynulleidfa a'r trefnwyr wedi dwsin o ganeuon a'i throi hi oddi ar y llwyfan. Mater o ddenu mwg i sach oedd hi erbyn hynny.

Byddai rhai o blith y pyntars hŷn yn y gynulleidfa yn fythol ddiolchgar eu bod wedi clywed rhai o gewri'r pulpud Cymraeg megis y Parch'ion Joseph James, Llandysilio a John Thomas, Blaenwaun, Llandudoch. Clywsant athrylith y pulpud Cymreig ar ei orau. Doedd fiw i chi sibrwd mewn capel, wrth gwrs. Roedd yn ddiwedd cyfnod ac yn fachlud. Anodd deall y sawl na fanteisia ar gyfle i werthfawrogi artistri gŵr a wna i'w gitâr siarad, ac sydd wedi cyfansoddi cymaint o ganeuon sy'n gefnlen i'n byw a'n bod, ac sy'n addurn i'w oes er nad yn disgleirio fel swllt yn ddi-baid.

Doedd dweud fod pob dim am ddim yng Ngŵyl 'Nôl a Mlân a bod y babell yno i gysgodi ynddi a pharhau i glebran yn gymaint ag i wrando ar berfformwyr, pe dymunid, ddim yn esgus. Synno gwneud hwyl am ben eicon sy'n arllwys gwin coch i wydr peint i'w lowcio bob hyn a hyn yn gydnaws â gwerthfawrogi'r athrylith sydd yn y bysedd a'r llais. Dylai'r gyrwyr lorïe a bois y tractors fod wedi gwneud yn fawr o'r cyfle i wrando ar athrylith tra oedd hynny'n bosib. Pa genedl arall fyddai'n dangos y fath ddiffyg parch i drysor cenedlaethol ac yntau yno yn olyniaeth Crannog a Bois y Cilie?

Ganwyd John Lee Hooker i ganu caneuon y felan. Ni fedrai'r gŵr o Mississippi fod wedi gwneud dim arall. Ganwyd Meic Stevens i ganu a chyfansoddi caneuon gwerin Cymraeg. Ni fedrai fod wedi gwneud dim arall.

Trwbadŵr a fyddai'n ddedwydd yn clera yn yr Oesoedd Canol yw Meic Stevens, yn crwydro o lys i lys gyda chariad ymhob llan heb orfod plygu i ofynion teledu a chwmnïau recordio. Y daith yw'r gân. Byddai'n gydymaith prion i Ddafydd ap Gwilym, y mwyaf o ddiddanwyr y cyfnod hwnnw. Gwrandewch ar Meic yn ei ddiffinio'i hun wrth dynnu ei yrfa i ben:

> Ond gyda'r trwbadŵr r'yn ni o hyd, yn ei jîns rhacs, ei fŵts â'u hen sodle wedi treulio, ei gitâr dolciog a'i rywioldeb. Ond rhoswch funud – beth sy'n rhywiol am ganu gwerin? Doedd cantorion gwerin ddim i fod yn secsi; pobol mewn oed o'n nhw, yn cofio rhyw hen ganeuon a glywon nhw gan hen bobol pan o'n nhw'n ifanc. Ond na. Drychwch 'nôl ar oes serch llys, Trystan ac Esyllt, a chwedlau'r Brenin Arthur.
>
> Os o'ch chi am fyw bywyd trwbadŵr yn y pumdege, y chwedege a'r saithdege roedd rhaid i chi fodio liffts yn amal iawn, myn uffarn i! Bachu pasys, neidio ar drenau, cychod ac awyrenne, heb docyn fel arfer – ni i gyd wedi neud 'ny! Bysgio yn Ewrop ac America, chware mewn caffis a barre. Fel'na mae hi wedi bod o hyd, ac fel'na bydd hi byth, mae'n debyg! Dim ond cael rhywbeth i fwyta, joch neu ddau, a llawr i gysgu arno pan fyddwch chi wedi blino gormod i chware rhagor. Fel'na mae hi a dyna ni!
>
> Weithie does 'da chi ddim banjo na gitâr na hyd yn oed organ

geg. Rhaid benthyg offeryn am eich bod chi mor llwglyd fel bod rhaid gwerthu'ch un chi i brynu bwyd neu docyn trên i fynd adre am fod eich mam neu'ch brawd neu'ch cariad yn sâl ac am i chi fod yno. Dwi wedi gwerthu gitâr i rywun ac wedyn gorfod ei phrynu'n ôl er mwyn gwneud gìg gannoedd o filltiroedd i ffwrdd am dâl o ugain punt! Fel'na mae bywyd trwbadŵr a fentra i ei fod heb newid fawr ddim gydag amser. Y'ch chi'n credu bod hynny'n galed, yr holl gigio yma, a'r tlodi, yn chwil o hyd, heb ddime, yn ddigartre? Pan fyddwch chi'n pwyso a mesur y daith gyfan, mae'n gythrel o ffordd o fyw – ac yn ffordd o farw ambell waith.

Fe welwch chi lefydd anhygoel, cwrdd â phobol anhygoel – yn y diwedd r'ych chi'n dueddol o anghofio am gysuron corfforol, eiddo, ffasiwn, cartre, arian, ceir, anifeiliaid anwes, y gwragedd, y gwŷr a'r teulu, pethe y mae pobol yn eu cymryd yn ganiataol. Yr hewl agored, y môr mawr, y trac rheilffordd, y gorsafoedd bysys, y meysydd awyr, y meddwl agored sy'n cadw'r trwbadŵr i fynd. Mae ffordd o fyw'r trwbadŵr yn hollol wahanol i ffordd o fyw'r rhai sy'n meddwl ei bod yn galed ac yn ofer. Antur yw bywyd y trwbadŵr, mae'n ysbrydoliaeth, yn gynhaliaeth ac yn risg. Mae'r trwbadŵr yn ddifyr, mae'n *maestro*, yn arloeswr, yn torri cwys newydd, yn torri tir newydd, heb unrhyw gyfrifoldebe, ac mae ganddo awch afreolus i ddiddanu (cofiwch daith ddiddiwedd Dylan). Ewch â'r canu at y bobol, eu difyrru, gwneud iddyn nhw deimlo'n dda ac i feddwl am fywyd, am farwolaeth ac am y byd a ddaw.

Ie, trwbadŵr a ddibynnai ar drenau a bysus a thrugaredd cyfeillion i'w alluogi i deithio i'r fan a'r fan. Ni fu erioed yn berchen ar ei gerbyd ei hun. Oherwydd cyflwr gwantan ei lygaid ni fyddai wedi pasio'r prawf gyrru. Mae'r storïau amdano yn syrthio oddi ar ei sgwter ar ddiwedd y 1960au yn lleng. Treuliodd dipyn o'i amser yn anwesu'r cloddiau. Y dybiaeth oedd mai'r ddiod oedd yn gyfrifol am hynny ond, yn amlach na pheidio, roedd y ffaith ei fod yn fyr ei olwg yn gymaint o ffactor yn yr helbulon.

Gellir dychmygu y byddai Meic Stevens yn ei elfen ymhlith yr hobos adeg y dirwasgiad yn America yn nhridegau'r ganrif ddiwethaf, yn teithio'r rheilffyrdd, yn creu cerddoriaeth, yn cofnodi profiadau ac yn gwrando ar gerddoriaeth o bob math, yn sugno'r cwbl i'w gyfansoddiad. Ei ddymuniad oedd cyfansoddi cân cystal â 'Bugeilio'r Gwenith Gwyn'. Llwyddodd Meic Stevens yn hynny o beth, a gellid dadlau iddo gyfansoddi mwy nag un sydd cystal.

20

Y bennod olaf

NI CHAFODD MEIC Stevens addysg gerddorol ffurfiol erioed ond dysgodd lawer yn academi profiad ar hyd palmentydd dinasoedd Ewrop ac ym merw clybiau gwerin Llundain a Manceinion. Roedd ei feddwl yn agored i awelon a chorwyntoedd syniadaeth ei oes o wledydd y gorllewin a'r dwyrain yn union fel trwbadwriaid pob oes. Hidlodd ei brofiadau ar sail ei Gymreictod cynhenid i greu cerddoriaeth heintus a hudolus a datganiadau cywrain ac oesol. Pe bai wedi canolbwyntio'n llwyr ar y byd Saesneg ni fyddid wedi'i weld ar raglen boblogaidd fel *Top of the Pops* ond yn fwy tebygol ar raglen fel *The Old Grey Whistle Test* a roddai driniaeth o ddifrif i'r cyfrwng roc.

Pan ddaw'n amser i rywun lunio drama neu ffilm ddogfen am fywyd Meic Stevens y llinyn cysylltiol cryfaf fydd y cariad rhyngddo a Gwenllïan Daniel, er y gwahanu mynych. Roedd ganddi'r cefndir diwylliannol i adnabod ac i ddeall Meic ac i gredu ynddo fel cyfansoddwr a pherfformiwr. Trwythwyd ei theulu mewn Cymreictod a rhoddwyd pwys ar gynnal a hyrwyddo Cymreictod. Tebyg bod ei natur radlon a'i hanwyldeb hefyd o gymorth, er efallai nad oedd hynny'n ddigonol bob amser i reoli tymer ac eithafrwydd Meic. Edrydd Peter Swales hanesyn dadlennol am y berthynas danllyd.

"Tua diwedd y 1970au oedd hi. Roeddwn wedi dod i adnabod Gwenllïan yn eitha da ac wedi ymserchu ynddi fel y ddynes Gymreiciaf roeddwn i erioed wedi'i chyfarfod. Felly roedd yn torri fy nghalon pan welwn Meic yn ei ddiod yn ymddwyn nid yn unig yn ddifaners tuag ati ond yn amhosib o ormesol. Roedd yn ymddwyn fel teyrn. Dwi'n cofio gyrru'r ddau rywbryd i Aberteifi a finne ddim yn siŵr ble'n union roedden nhw am fynd na chwaith ble roedden nhw'n mynd i dreulio'r nos.

"Ond deallais fod ganddyn nhw babell ymhlith yr holl fagiau a'u bod yn bwriadu gwersylla'r noson honno mewn cae rywle cyn parhau ar eu siwrnai i'r gogledd trannoeth. Yr oll dwi'n ei gofio nawr yw cweryl anferth rhwng y ddau tua un o'r gloch y bore ynghylch ble'n union i godi'r babell. Roedd rhaid i mi eu gadael yn cweryla rywle yng nghanol y wlad yng nghyffiniau Aberteifi," meddai Peter.

Ni chofia Gwenllïan ddim am yr achlysur, ond nid yw hynny'n golygu ei bod yn gwadu iddo ddigwydd. Wrth edrych 'nôl dros ysgwydd y blynyddoedd cyfaddefa fod y digwyddiad yn nodweddiadol o'u perthynas.

"Roedd yna gymaint o gweryla a bron o hyd o ganlyniad i'r yfed mawr. Roeddwn i lawn cynddrwg â Meic, ond wrth gwrs yn methu yfed gymaint â fe ond nid o ddiffyg ymdrech, mae gennyf gywilydd deud. I mi roedd bod efo Meic yn hwyl enfawr ar y pryd.

"Roedd yr yfed gyda'r mêts yn nhafarndai Caerdydd – y ganja, y tripiau lawr i'r docie i'r clybie i ddawnsio – y canu gitâr – fe ac eraill, pwy bynnag oedd o gwmpas. Wedyn y daith wyllt i Solfach a Thyddewi lle'r oedd ei gynefin. Ei ffrindia – digon ohonynt yn fwy gwyllt na fe a phob un ohonynt yn barod am hwyl a sbri a bron pob un yn gweithio'n galed i ennill cyflog hefyd. Yn aml iawn roedd y ddau ohonom heb ddime goch erbyn diwedd rhyw sesh enfawr. Roedd hyn yn fater o embaras mawr i fi ond roedd Meic bron bob amser yn llwyddo cael ychydig bunnau i gadw i fynd.

"Yn y diwedd, ar ôl saith mlynedd, roedd rhaid i fi fynd. Mae yna derfyn i ba mor hir rwyt ti'n gallu goroesi bywyd ansicr fel yr oeddem yn ei arwain. Doeddwn i ddim yn gweld y pwynt o hongian mlân ac yn fwy na hynny doeddwn i ddim mewn cariad â fo bellach. Roedd y cweryla, y cwffio, y nosweithia heb gwsg oherwydd y partïo diddiwedd yn ein fflat un ystafell, a'r ansicrwydd ariannol, wedi mynd yn drech na mi. Roedd bywyd yn ddiflas a finne eisiau mynd adre.

"Dwi'n cofio gofyn i Meic flynyddoedd wedi diwedd y berthynas pam oedd o mor frwnt tuag ataf, a dyma fo'n deud 'Achos fy mod yn dy gymryd yn ganiataol'. Wel, ma hyd yn oed y gwannaf yn medru gwingo. Mae Meic a finne yn dal yn ffrindia ond mae lot o deimlade clwyfus o dan yr wyneb ar fy rhan i a dydi o ddim yn cymryd llawer i ddod â'r holl deimlada poenus yn ôl. Felly, mi ydw i'n troedio'n ysgafn yn ei gwmni.

"Ond eto, ar ôl dweud hynny, rhaid i mi gyfaddef ein bod, o bosib, yn fwy clòs rŵan nag y buon ni ers blynyddoedd maith, yn sicr, ers iddo gael triniaeth. Mi ydan ni wedi treulio llawar o amsar yng nghwmni ein gilydd. Bydd yn dod i aros gyda mi bob hyn a hyn. Efo fi fydd o pan mae'n gigio yn y gogledd. Dwi inna wedyn wedi bod efo fo gryn dipyn yng Nghaerdydd. Ma 'na rywbath yn reit braf yn ein perthynas wedi'r cyfan.

"Fedra i ddim pwyso a mesur ei yrfa fel cerddor. Dwi'n hoffi 'Môr o Gariad' fel cân a hefyd 'Gwenllïan' ond wastad yn gofyn y cwestiwn i fi fy hun, os dyna oedd ei deimlada fo, pam yn y byd mawr oedd o'n gymaint o gachwr? Fy hoff gân o'r cyfnod hwnnw ydy 'Mynd i Ffwrdd fel Hyn' am ei fod o wedi creu'r union sefyllfa a oedd yn bodoli ar y pryd trwy ychydig eiriau dethol mewn tri phennill. Mae dicter i'w glywed yn ei lais ac yn anffodus mae hynny'n fwy real i fi na'r caneuon serch.

"Ond rhaid cyfaddef fy mod mewn cariad mawr â Meic am flynyddoedd. Byddaf yn ddiolchgar iddo am byth am fynd â fi i Solfach, cartref fy mam-gu ar ochr fy mam a'i chyndeidiau, ac am fy nghyflwyno i'w holl ffrindiau gwyllt a diwylliedig, heb sôn am ei fam ffeind a llawn hwyl. O edrych 'nôl dwi'n credu mai rhai o'r amseroedd hapusaf oedd pan oeddem heb ddimau. Ar adegau felly yn Solfach byddem yn cydio mewn map O.S. ac yn cerdded ar hyd Ffordd y Pererinion yn y gobaith o ddarganfod ysgerbwd mewn cist garreg neu rywbeth llawn mor gyffrous.

"Wedyn byddem yn mynd i gasglu cregyn gleision tew a'u rhoi mewn crochan efo gwin gwyn – diolch i Betty – a nionyn a garlleg a wedyn gwledda. Hyfryd. Ym Methesda roedd llyfrgell fach y dref yn ein cadw'n weddol gall ar nosweithiau hir y gaeaf am fod yna ddewis eclectig o lyfrau yno. Ac yng Nghaerdydd roedd Pete Meazey yn barod iawn i roi benthyg llyfrau o'i gasgliad anferth. Pan oeddem yn dlawd doedd dim meddwi ac felly dim dadlau gwyllt a hyll.

"A gyda llaw, mi ydw i wedi cofio erbyn hyn be ddaru ddigwydd yn y gìg hwnnw ym Mhen-y-graig. Do, mi dorrais ar draws perfformiad Meic a hynny am fy mod newydd gael hanes o bàs gan rywun. Ond roedd o'n mynd yn reit fuan a finna ddim isio ein bod ni'n styc yn y Rhondda. Dwi ddim yn siŵr chwaith ai i Gaerdydd neu Lanelli oeddan ni'n bwriadu mynd ar y pryd," meddai Gwenllïan, sydd bellach wedi ymgartrefu yng Nghaeathro ger Caernarfon ac a fu ei hun yn briod am gyfnod, er yn ddi-blant.

Tebyg mai teg dweud nad oedd gan y merched eraill ym mywyd Meic yr un cymwysterau ar gyfer ei ddofi a'i hybu ag oedd gan Gwenllïan. Tebyg mai gradd o lwyddiant fu ei phrofiad hithau yn hynny o beth. Nid ein lle ni yw beirniadu natur ei berthynas ag amrywiol ferched. Rhoddwyd cyfle yn y gyfrol hon i'r merched hynny y sonnir amdanynt yn helaeth yn hunangofiant Meic i fwrw eu bustl os dymunent, neu o leiaf i leisio'u hochor nhw o'r stori.

Cyfaddefa Tessa Bulman, yr unig ddynes y bu Meic yn briod â hi, iddi ei erlid o'i chartref yn Solfach ar achlysur priodas gyntaf eu merch hynaf, Wizz, trwy anelu gwn i'r awyr a'i ergydio nes i Meic orfod ffoi fel cath i gythraul o olwg y tŷ. Teimlai Tessa ar y pryd fod ei chyn-ŵr wedi tramgwyddo'i rhieni ar achlysur teuluol ac na fedrai ganiatáu hynny. Does dim angen tanlinellu fod perthynas y ddau wedi para'n dymhestlog am flynyddoedd wedi'r gwahanu.

Cyfaddefa Suzy Slade – Stoner erbyn hyn – fod ei pherthynas hi a Meic wedi bod yn stormus ond nad yw'n dal dig fel y cyfryw.

"Tydi fy nghof i a chof Meic am ein perthynas ddim cweit yr un fath, rywsut. Ond tydw i ddim am sôn am unrhyw fanylion. Cofiwch, pan ddaru ni gyfarfod roedd y ddau ohonom wedi'n clwyfo gan gariad. Roedd o'n dal mewn cariad â Gwenllïan ac yn yfed dipyn ar y pryd. Ers gwahanu mi ydan ni wedi cadw mewn cysylltiad. Bues i yn ei barti pen-blwydd yn 50 a 60 ac wedi methu mynd i'w barti pen-blwydd yn 70 oed. Dwi wedi bod yn Llydaw yn ei gwmni fwy nag unwaith dros y blynydda – unwaith ar fws yng nghwmni 30 o bobl eraill. Felly, tydi ein perthynas ddim wedi diffodd yn llwyr," meddai Suzy.

Bu yna garfan nad oes angen eu galw'n ffeministiaid, ond yn hytrach yn wragedd consyrnol, yn gresynu at y modd y cyfeirir at bartneriaid yn yr hunangofiant heb fawr ddim hunanfeirniadaeth a heb y cyfle iddyn nhw ymateb. Ond wedyn, rhaid cofio bod Dafydd ap Gwilym yn cofnodi ei helyntion carwriaethol ac yn ei chael yn anodd dewis rhwng Dyddgu a Morfudd.

Am y plant, wel, digon yw dweud eu bod yn deyrngar i'w tad. Ni holwyd yr un ohonyn nhw ar gyfer y gyfrol hon. Bydded i'r Brawd Houdini daflu ei gysgod drostyn nhw a'r wyrion a'r gor-wyrion. Llwyddodd Robin Gwyn, yn ei adolygiad teledu yn y *Western Mail* ym mis Ebrill 1997, i ddangos sut y plannwyd ymwybod eu tad, tad-cu a hen dad-cu ym mhrofiad sawl cenhedlaeth o ieuenctid:

> Ers y 60au bellach, mae yna genedlaethau o blant dosbarth canol Cymraeg neis wedi mynd i golegau Cymru gyda'r bwriad o ddryllio holl gadwyni Anghydffurfiaeth. O'r Normal, Bangor ac Aber i lawr i Lambed, y Drindod, Abertawe a Chaerdydd, yr un yw'r ddefod oesol. Rhyw, alcohol a miwsig – ond nid o reidrwydd yn y drefn yna. Efallai bod cyfeiliant cerddorol rhan gynta'r traddodiad wedi esblygu o Gymreictod di-gwestiwn disgos Hywel Gwynfryn a Mici Plwm, Edward H, Jarman, Y Trwynau a Maffia Mr Huws, i ddwyieithrwydd 'goleuedig' Tynal Tywyll, Beganifs, Catatonia, Gorky's a'r Super Furries.
>
> Ond mae'r epilog wedi aros yn ddigyfnewid. Fel arfer, mae'n digwydd tua thri o'r gloch y bore, ar ôl yr 'ail waith' a phan fod un o'r ddau sydd yn y gwely yn dechrau sobri. Y foment dyngedfennol yw'r ymgais ofer a phathetig i gofio enwau: Gwenan? Gwenno? Gwerfyl? Gwawr? Neu, wrth gwrs, Dafydd? Dei? Dylan? Daniel?

Yna, fflach o ysbrydoliaeth – rhoi un o recordiau tawel Meic Stevens ymlaen i lenwi'r distawrwydd annifyr gan roi mwy o amser i feddwl. Wedyn, y dal dwylo tyner a nofio'n ysgafn ar wyneb môr o gariad.

Y patrwm oesol hwn a roddodd arwyddocâd angerddol i'r rhaglen *Meic* (nos Lun y Pasg). Trwy gyflwyno pigion cyngerdd arbennig yng Nghaernarfon wedi eu plethu gydag atgofion y dyn ei hun am gefndir rhai o'i glasuron, fe Iwyddodd y cynhyrchwyr i agor y llifddorau ar atgofion melys i rai ond chwerw i eraill. I bobol pedwardegrhywbeth, cenhedlaeth yr LP arloesol *Gwymon,* roedd clywed 'Yr Eryr a'r Golomen', 'Cân Walter' a 'Merch o'r Ffatri Wlân' fel camu'n ôl i ganrif arall pan oedd hi'n bosib newid y byd er gwell, neu o leia beintio'r byd yn wyrdd.

I genhedlaeth y record hir *Gôg,* roedd 'Rue St Michel' yn eu hatgoffa o ble y cafodd Twm Morys yr ysbrydoliaeth i feithrin ei obsesiwn gyda Llydaw, a byw bywyd bohemaidd gan wrthod gwerthoedd gwyrdroëdig y clic breintiedig Cymraeg. Hyd yn oed yn yr 80au a'r 90au, mae Meic Stevens wedi parhau i gynhyrchu baledi sy'n tyfu yn eu statws, fel 'Bobby Sands' ac 'Erwan'. Fel rhyw fath o Van Morrison Cymraeg, mae wedi ennill edmygedd, os nad parch, byddin o ffyddloniaid o sawl cefndir ac oedran.

Roedd 1962 – tynged yr iaith, sefydlu Cymdeithas yr laith – yn drobwynt i bobol ifanc a oedd am weld y syniad o Gymru yn cael ei wireddu ac mae Meic Stevens wedi darparu *soundtrack* y golygfeydd tyngedfennol wrth i obeithion gael eu codi a chwalu am yn ail. Ar wahân i Dafydd Iwan, Dewi Pws a Geraint Jarman efallai, mae'n anodd meddwl am unigolyn arall sydd wedi cael cymaint o ddylanwad parhaus dros gyfnod mor faith ar ddatblygiad diwylliant ieuenctid Cymraeg gwirioneddol gyfoes a phoblogaidd. Efallai bod rhai yn licio Mynediad am Ddim ac eraill yn licio Oasis – ond mae pawb yn gwrando'n astud pan fydd Meic yn cyflwyno 'Môr o Gariad'.

Derbyniwn fod ac y bydd perfformiadau Meic Stevens, boed wych neu wachul, yn berfformiadau i'w trysori. Soniwyd amdano yn yr un gwynt â Bob Dylan, John Lee Hooker, Van Morrison a Leonard Cohen droeon. Yn union fel y rheini, torrodd Meic Stevens ei gŵys ei hun a gadael ei ôl mewn modd yr un mor dyngedfennol ar ein safbwynt ni'r Cymry. Crisialwyd hynny gan Dylan Iorwerth yn y llith hwnnw yn y *Western Mail* ar achlysur pen-blwydd Meic yn drigain oed, ac roedd yr un mor wir ar achlysur pen-blwydd Meic yn ddeg a thrigain a phob pen-blwydd arall ers hynny:

> Mae yna fwy nag un Meic Stevens. Yr un sy'n strymio gitârs yn wyllt nes bod y llinynnau'n torri fel lastig nicyrs mewn orji, neu'r un sy'n gallu tynnu ar y tannau fel cariad yn anwesu gwallt. Ar ei orau, pan fydd dim ond y gerddoriaeth yn cyfri, does neb gwell. Mi fydd y mwynhad yn pefrio ohono a'r nodau fel petaen nhw'n tyfu eu bywyd eu hunain ac yn magu adenydd.
>
> Mae yna rai caneuon sy'n gras ac anesmwyth, eraill yn delynegol fel gwawn a rhagor eto yn mynd efo swing y caneuon blws a jazz y mae o'n giamstar ar eu canu. Yng Nghymru, fo yn fwy na neb arall sy'n cynrychioli hanes canu roc a gwerin modern, o'r gwreiddiau i'r oes aur. Fo hefyd ydi tua'r unig ganwr Cymraeg sydd wedi byw fel rocar go iawn. Roedd y rhan fwya o gantorion pop Cymraeg y math y byddech chi'n hapus i fynd â nhw adre i weld eich rhieni. Mi fyddai gofyn ichi gael rhieni reit agored eu meddwl i fentro hynny efo'r Meic.
>
> Ond nid rocar gwneud ydi Meic Stevens chwaith. Dal i ganu y mae o yn 60 oed, nid posio a chyfri'i arian fel Jagger a'r lleill. Mae o'n fwy o Bob Dylan rŵan nag a fuodd Robert Zimmerman erioed. Mae hynny'n golygu ei fod wedi mynd dros ben llestri sawl tro. Mae'n anodd dychmygu ei fod yn greadur hawdd i fyw efo fo ond, o ran ei ganeuon gorau, mae o'n ymylu ar fod yn sant. A'r llais garw yn tanlinellu'r tynerwch.

Cofiwn am sylw ei bartner bore oes, John Lloyd, Treglemais fod hwyliau Meic yn dibynnu a oes yna flas cas yn ei thin hi neu beidio, a phan fydd yn dda, wel, mae'n wych a phan fydd yn wael, wel, mae'n ffantastig. Pan dderfydd hynny, gwrandewch ar burdeb y llais ar y recordiau cynnar. Anwylwn Meic Stevens fel sgadenyn hallt unigryw gan gofio mai anodd yw tynnu dyn oddi wrth ei gynefin a'r dylanwadau cynnar.

> Creadigrwydd fu wrth wraidd y rhan fwya o 'mywyd. Daeth cerddoriaeth i fi yn gynnar a dwi wedi bod wrth fy modd yn canu i bobol erioed; yn gynta i fy nheulu pan o'n i'n ddim o beth yn

> Harbour House yn Solfach, wedyn yng nghôr yr eglwys yn bump oed a hefyd yng ngwasanaethe Capel y Bedyddwyr lle byddwn yn mynd yn lle Tad-cu a Mam-gu. Doedd Tad-cu ddim yn ddyn crefyddol. Cyn-forwr oedd William Henry, a weithiai fel saer llong yn ystod oes aur hwylio, Rhyfel y Boer a'r Rhyfel Byd Cyntaf. Roedd ganddo ei gredoau ysbrydol ei hun, heb deimlo angen crefydd gyfundrefnol (ddidrefen) a'i holl gachu rwtsh a ffydd ddall.
>
> Magodd ei feibion a'i ferch, fy mam, yn yr un ffordd, i barchu unrhyw beth oedd yn haeddu parch. Doedd dim nonsens, breuddwydion gwrach, eilunod na duwie, dim ond synnwyr cyffredin, doethineb mawr, llymder, cariad, diwydrwydd, parch aruthrol tuag at natur a gwybodaeth drylwyr amdani, a ffydd yng ngallu dyn i oresgyn unrhyw rwystr neu anhawster.
>
> Gwraig symlach o lawer oedd Mam-gu, a'i byd hi'n troi o fewn i'r triongl rhwng hewl Tyddewi i Abergwaun, hewl Abergwaun i Hwlffordd, a hewl Hwlffordd i Dyddewi. Er bod ei thad yn hanu o Lanfyrnach ym mynyddoedd y Preseli, roedd Llanfyrnach mewn byd arall. Ond roedd hi'n credu'n gryf yn Nuw, Iesu Grist a'r byd a ddaw, a hynny'n effeithio dim ar ei chariad tuag at ei gŵr.
>
> Fe'm ganed i mewn tŷ cynnes ar lan y môr mewn rhan ddiarffordd o Gymru, i deulu cynnes, o ddynion a gwragedd parchus oedd yn gweithio'n galed. Doedd dim pwyse ar neb i gyflawni gorchest, dim pwyslais ar gyfoeth na hyd yn oed dyheu amdano. Ro'n ni'n deulu hapus mewn pentre bach anghysbell yng ngorllewin Cymru lle roedd pawb yn rhoi help llaw i'w gilydd, lle heb drosedd nac anhrefn na thrais disynnwyr, a rhaid i mi ddiolch am byth i bobol Solfach am yr hyn ydw i.

Rhaid peidio ag anghofio am ddylanwad ei fam, Betty, chwaith. Perthynai'r un anian i'r ddau. Medrai hithau hefyd fod yn anwadal ac yn danllyd ar adegau. Adroddir stori amdani yn gosod Americanwr o soldiwr, a wasanaethai yng ngwersyll milwrol Breudeth gerllaw, yn ei le'n ddigon didorreth rywbryd. Roedd gan hwnnw'r eofndra i ddweud bod "Coeden fawr wedi syrthio ar fy nhŷ" y noson gynt. Os do, cafodd wybod yn ebrwydd nad ei dŷ ef mohono ac nad oedd yr un darn o dir yn yr ardal, yr un darn o etifeddiaeth na thraddodiadau'r ardal yn eiddo iddo chwaith. Rhyfyg ar ei ran oedd hawlio'r un dim fel ei eiddo yn ardal Solfach, meddai'r Betty danllyd.

Peidiodd y storm yr un mor ddisymwyth ag y cododd. Efallai, cyn pen dim, byddai Betty'n chwarae rhan o etifeddiaeth yr Ianc, sef 'Georgia', ar y piano yn y gornel. A does dim golygfa anwylach na honno o Meic a'i fam yn morio canu'r gân. Mae'r ddau ar yr un donfedd gerddorol ac yn asio i'r blewyn mewn modd na all neb ond mam a'i mab ei wneud pan fydd yr harmoni rhyngddynt yn gyflawn ar bob gwastad. A diolch byth, fe gipiwyd yr olygfa ar ffilm. Oedd, roedd blas y cyw yn y cawl, glei.

A gwrandawn ninnau ar rythmau môr glas Solfach yng nghaneuon Meic Stevens. Gall y tonnau fod yn llyfn a thyner, yn stormus a chynddeiriog yn eu tro, yn union fel caneuon a pherfformiadau Meic. Llifa'r llafariaid oddi ar ei dafod wrth iddo eu hymestyn. Bratha'r cytseiniaid yn ôl y gofyn er mwyn lliwio'r profiad, a hynny, efallai, am y milfed tro. Dweud stori ar gân, cyfleu teimlad ac emosiwn am gyneddfau oesol a wna Meic Stevens, nid canu cân bop siwgraidd a fyddai'n dal dychymyg fel seren wib o beth am getyn byr.

Cynigia ei hun fel dolen gyswllt â'r hen faledwyr ffair, a chenhedlaeth Woody Guthrie a John Lee Hooker yn canu am drafferthion ac ing y dyn gwyn cyffredin a'r dyn du ar hyd taleithiau'r de yn America. Guthrie oedd lladmerydd tlodion dirwasgiad y 1930au wrth iddo deithio'r wlad benbaladr cyn iddo setlo yn Efrog Newydd a chael ei ystyried yn ganwr gwleidyddol yn yr ystyr ei fod am wella cyflwr y dyn cyffredin a'r difreintiedig.

Roedd John 'Boogie Man' Hooker yn lladmerydd holl ddioddefaint pobl dduon ers dyddiau caethwasiaeth. Byddai anifeiliaid yn cael eu trin yn well na'i gyndeidiau a brynwyd yn Affrica a'u gorfodi i weithio ar y planhigfeydd cotwm. Bu raid iddyn nhw oroesi trwy fyw oddi fewn iddyn nhw eu hunain a hynny trwy eu caneuon, oherwydd y gân yw mynegiant croyw'r galon a'r enaid ers dyddiau'r salmydd.

Dyn anllythrennog oedd Hooker ond roedd ei ganeuon yn profi na ellid dinistrio dynoliaeth hyd yn oed pan fyddai dyn wedi'i amddifadu o'i urddas a'i falchder. Roedd gan y duon eu *blues* yn brawf o fywyn enaid na ellid ei ddryllio. Pe na bai ganddyn nhw eu caneuon yn y caeau cotwm fe fydden nhw wedi peidio â bod fel pobl. Yr un modd roedd eu caneuon gyda'r nos yn mynegi eu tristwch a'u gobeithion. Er yr holl sôn am galedu, roedd caneuon y felan yn eu hanfod yn cyfleu gobaith.

Trwy'r plethwaith hwn o ddylanwadau rhoddodd Meic Stevens lais i wayw Cymru yng nghanol yr ugeinfed ganrif. Fe lwyddodd, o dan y dylanwadau uchod, i dorri ei gŵys Cymreig ei hun heb hidio'r un ffeuen am y sentiment a'r caneuon serch afreal o enau'r triawdau a'r hogiau a glywai yn nyddiau ei ieuenctid, a'r rheiny'n aml wedi'u hysgrifennu gan feirdd talcen slip hŷn na wydden nhw ddim am brofiadau eirias serch. Ond wedyn, nid cyfansoddi caneuon a wnâi Meic ond eu darganfod fel y gwna'r mwynwr wrth ridyllu am aur.

A'r hyn sy'n gwahanu'r grawn wrth y mân us yn y cyswllt hwn yw'r gallu i gyfathrebu'r hunan yn llwyr; y gallu i fod yn gyfrwng i gyfleu holl ystod yr emosiynau dynol ac i'w cyflwyno â'r fath angerdd a dwyster nes cyffwrdd â'r gwrandawyr mewn mannau na wydden nhw eu bod ganddyn nhw. Mae gan Meic y gallu i wneud hynny pan fydd ar ei orau. Pan nad yw ar ei orau mae'n stori arall, wrth gwrs. Ond un peth yw medru diddanu cynulleidfa, a pheth arall yw cyfleu dyfnder a chymhlethdod yr hunan mewn perfformiad.

Medrai Meic ei gyflwyno'i hun yn ei noethni emosiynol nes ein syfrdanu. Medrai ein tynnu i mewn i'w brofiad nes ein galluogi i werthfawrogi'r eiliad fel emosiwn y tu hwnt i ni'n hunain. Dyna yw gwir fawredd. Gweithreda fel trosglwyddydd emosiynau. Gweithreda ar wastad ymhell uwchlaw'r diddanydd. Diddanwyr oedd artistiaid y nosweithiau llawen traddodiadol. Doedd neb yn cyfleu ei wir hunan. Ond roedd hwn yn wahanol, yn aderyn drycin ac yn golomen ddof am yn ail.

Mae cân werin yn eiddo i bawb ohonom fel y mae pob agwedd ar ddiwylliant gwerin. Mae straeon y Mabinogi yn eiddo i bawb ohonom. Medrwn oll eu hadrodd. Fe'u rhoddwyd i ni gan grugyn o awduron anhysbys. Mireiniwyd y dweud yn ystod y canrifoedd llafar cyn eu rhoi ar femrwn. Yr un modd mae caneuon gorau Meic Stevens yn eiddo i bawb ohonom, nid dim ond i Meic ei hun. Mae Meic wedi'u rhoi nhw i ni am iddo yntau eu cael nhw o rywle. Ni cheidw ef nhw yn eiddo preifat. Fe'u rhoddwyd i fod yn rhan o'r traddodiad llafar.

Mae pob perfformiad o gân gan Meic yn greadigaeth o'r newydd. Nid ail-greu'r perfformiad cynt a wna ond creu o'r newydd; ail-fyw'r profiad o'r newydd. Dyna pam mae'r cyffyrddiadau byrfyfyr, boed yn ddim ond 'Wa, wa, be, be' neu 'Yeah, yeah' yn ein cyffroi a'n cyfoethogi a hyd yn oed anghofio ambell linell. Dyna sy'n rhoi'r sbeis i'r gân a dyna pam rydyn ni am ei chlywed eto am yr ugeinfed tro. Mae'n eiddo i ni. Dyna pam fyddwn ni'n canu'r caneuon am flynyddoedd maith i ddod tra pery'r Gymraeg. Ond, wrth gwrs, fydd neb yn medru eu canu fel Meic ei hun.

A bu bron i ni golli Meic Stevens i'r traddodiad oni bai am bobol fel Euryn Ogwen Williams a Ruth Price yn gweld yr angen am ei ddawn i gyflenwi anghenion rhaglenni adloniant Cymraeg ar y teledu ar ddiwedd y 1960au. Roedd y Gymraeg eisoes wedi peidio fel iaith gyfathrebu naturiol ymhlith y mwyafrif o'i genhedlaeth yn Solfach. Prin ei bod wedi'i hadfer yn eu plith chwaith. Ond daeth Meic Stevens yn ôl o Fanceinion, Paris a Llundain gan egino a blodeuo fel cyfansoddwr a pherfformiwr unigryw. Daeth yn ôl o borth marwolaeth.

Hwyrach bod ganddo un droed yn y byd adloniant Cymraeg ac un droed yn y byd adloniant Eingl-Americanaidd gydol ei yrfa ond roedd y ddwy droed wastad yn solet ar dir a môr Solfach gydol ei fywyd.

Cwm y Pren Helyg

Aros yn y cysgod hir sy'n wylo dagrau'r moroedd,
Ffenestri dall dan lenni tlawd
Machlud haul.
Fe gladdes i fy nghyfoeth,
Adleisiais sŵn yr hen iaith
Yn taflu'r hewl garedig tua'r dwyrain gwael.

Cytgan
Ond roedd y gigfran a'r golomen las yn cysgu
Mewn tyllau muriau'r ddinas ger y lli.
Rwy'n mynd 'nôl i Cwm y Pren Helyg
Codiad haul ar fy nghefn, troed ar ôl troed
Fel rhed dŵr yr afon
I wreiddiau'r gorllewin dwi'n llifo 'nôl.

Rown i'n falch fy mod mor dwym
Mewn esmwyth plu y gwely.
Nid fel amser maith yn ôl rhwng waliau'r cwymp,
Gyda'r alltud hen a'r crwydryn,
Yr heliwr a'r cardotyn
I wasgu eu poteli gwag mewn gwatwar gwynt.

Gan ambell un lai o gysgod,
Gan yr esgob lai o bysgod.
A pwy sy'n adeiladu yn ein dolau noeth?
Rhyw gawr a'i fysedd trwm
Sy'n rheibio maes pob cwm,
Ac yn ei ben diofal does dim syniad doeth.

"Ma Meic yn gallu bod yn dipyn o bwrsyn ond wedyn ma fe'n eitha glew, glei, o ystyried rhai o'r caneuon ma fe wedi'u cyfansoddi dros y blynydde," oedd dyfarniad jycôs un o'i gydnabod o dir ei gynefin rywdro. Ni ellir anghytuno. Dyfarniad un arall oedd "'Twll dy din di, Pharo, ma'r Môr Coch wedi cau' yw hi gyda Meic, ch'wel. Ond wedyn, pan fydd e ar ei ore, wel, mae'n oedfa pen y mynydd, os gwedo'r hen bobol." Ni ellir anghytuno.

Trysora Gari Melville yr achlysur hwnnw pan alwodd Meic yng nghartre'r teulu yn 25, Lôn Heddwch, Craig-cefn-parc, a chyd-ganu 'Bugeilio'r Gwenith Gwyn' gyda'i fam-gu, Rachel Jones. Mae'r recordiad ganddo ar dâp.

"'Na be sy'n dda am Meic, ma fe'n lico canu yng nghartrefi pobol. Ar y pryd 'ny roeddwn i wedi trefnu iddo wneud gìg yng Nghlydach gyda'r Trwynau Coch. Un o hen deip y Band of Hope o'dd Mam-gu, heb erioed yfed diferyn o alcohol. Ond roedd clywed y ddau'n canu un o hen ganeuon gwerin y Cymry yn fendigedig. Wedi hynny des i i nabod Meic a Gwenllïan yn dda. Bues yn aros yn Heol Conwy sawl gwaith. Y peth rhyfedd o'dd fy mod i wedi cwrdd â Gwenllïan pan oedd gen i swydd Cynllun Creu Gwaith gydag Ymddiriedolaeth Archeolegol Morgannwg Gwent yn cloddio ar safle ger Coety. Ro'dd hi'n beth od iawn i gloddio am hen olion yng nghwmni wejen Meic Stevens.

"Y peth obothdi Meic i fi yw ei fod e'n driw i'w ffordd o fyw. Beth wyt ti'n ei weld yw beth wyt ti'n ei ga'l. Sdim byd yn ffals obothdi fe. O'dd hynny'n dod drosodd yn y gyfres *Meic ar y Meic* ar Radio Cymru pan oedd e'n adrodd hanes canu pop Cymrâg fel o'dd e'n ei weld e. Dwi'n cofio bod mewn gìg yn Clwb Ifor Bach rywbryd a rhai o'r gynulleidfa yn dechre ei heclo. Fy mhen-blwydd i o'dd hi a dyma fe'n gweiddi, 'Hei Gari, beth wyt ti moyn i fi ganu i ti?' 'Ma fi'n gweud 'Rhyddid Ffug'. Fe ganodd hi'n berffeth er nad o'dd hi'n gân y bydde fe'n ei chanu yn aml.

"Pan ma Meic yn perfformio, ch'wel, ma fe'n dishgwl i'r gynulleidfa ei werthfawrogi. Ro'dd e'n hollol wych wedyn yn Noson Gwobre *Sgrech* yng Nghaerfyrddin gyda'r Cadillacs. Dwi'n trysori ei gyfeillgarwch ac yn gwerthfawrogi ei ddawn i'r cymyle," meddai Gari.

Un arall o gryts Cwm Tawe sy wedi gweithio ar nifer o raglenni radio a theledu gyda Meic yw'r cynhyrchydd Eurof Williams o'r Allt-wen. O ofyn iddo grisialu dawn ei gyfaill, ei ateb cryno wedi eiliad neu ddwy o ddistawrwydd oedd "Bydde disgrifio dawn Meic fel ceisio disgrifio'r enfys i ddyn dall". Gwelwyd yr enfys honno yn Neuadd Maenclochog nos Wener, 8 Gorffennaf 2011 mewn Cyngerdd Croeso 'Nôl, ryw saith mis wedi'r Cyngerdd Ffarwél yn yr un fangre. Daeth Meic 'nôl o Ganada i adrodd yr hanes. Dewch i flasu'r achlysur.

Nid yn annisgwyl, roedd llai na thraean y dorf o 150 a ddenwyd cynt yn bresennol. Oedden nhw'n credu mai ystryw oedd cyhoeddusrwydd y cyngerdd cynt i ddenu cynulleidfa? Hwyrach na wyddai Meic ei hun beth yn union oedd ei fwriad o ran ymfudo neu beidio. Beth bynnag, yn hytrach na pherfformio yn y neuadd fawr, lle nad oedd yr acwstics yn ffafrio'r un artist pan oedd yn hanner gwag, penderfynwyd symud, ar anogaeth Meic ei hun, i'r oriel gelf fechan a gynigiai ei hun ar gyfer noson gartrefol yng nghwmni perfformiwr a'i gitâr gyda'r mymryn lleiaf o offer sain.

Er nad yn fawr o ran nifer, yn ôl yr arfer denwyd cynulleidfa eclectig gan gynnwys ffotograffwraig broffesiynol o'r Almaen, Margarete Fuchs a fu'n tynnu lluniau fyth dragywydd o bob math o onglau. Roedd yn noson ryngwladol yng nghefn gwlad Sir Benfro yng nghesail y Preselau.

Rhyfeddai Jim Ashe, y Gweriniaethwr o Wyddel, a dreuliodd gyfnod yng ngharchardai Lloegr am yr hyn a ystyriai'n droseddau treisgar gwleidyddol, at ddawn fyseddu Meic wrth iddo greu sŵn rhaeadrau dŵr am yn ail â thynerwch awyrgylch gwehyddu.

Byddai'r groten ysgol uwchradd, Naomi Seren Nicholas, yn sicr o drysori'r profiad weddill ei bywyd, yn union fel y medr ambell un o'r to hŷn ddweud iddyn nhw glywed Bob Tai'r Felin neu Ben Bach, Lochtwrffin yn perfformio.

Dyfarniad Euros Childs, y cerddor roc rhyngwladol, oedd na chlywsai gystal set acwstig gan y maestro erioed. Yn ôl Siôn 'Dom' Williams, y dyn sain, roedd perfformiad Meic Stevens y noson honno mor loyw â phwrs milgi. Prin fod yna glod uwch yn bosib.

Beth felly oedd wedi denu llygad a hudo clust y criw dethol yn ystod y ddwy awr honno?

Cafwyd datganiad ymosodol o'r gân am y merthyr o Ferthyr, 'Dic Penderyn' ac yna datganiad chwareus o'r gân hafaidd, 'Douarnenez', a ddeilliai o gyfnod y canwr yn byw yn Llydaw. Alaw telyn oedd 'Bwlch Llanberis' wrth i Meic diwnio'r gitâr i'r cyweirnod cywir a chân arall nad oedd mor gyfarwydd o'i repertoire helaeth oedd 'Bronwen', yn seiliedig ar chwedl hanesyddol.

Cynigiodd Meic gyflwyniadau lled gyflawn i'r caneuon yn Saesneg er budd yr Almaenes am getyn nes iddo anghofio am ei phresenoldeb. Ar adegau roedd yr addurno cerddorol yn rhyfeddol. Gellid yn hawdd wrando ar berfformiad offerynnol o'i eiddo. I rai, byddai'r byseddu cywrain yn dwyn i gof allu'r mawrion megis Bert Jansch a Django Reinhardt. Medrai Meic ddal ei dir gyda'r ddau, ac eraill o'r un anian, mewn sesiynau byrfyfyr. Gall ddynwared eu harddulliau.

Ni chafwyd tynerach datganiad o 'Merch o'r Ffatri Wlân' wrth i'r llais a'r nodau beintio darlun yr awyrgylch ddiamser o'r gwehyddion yn trin y gwlân i sŵn grwndi'r troellau. Ac roedd ei fam yn eu plith. Hiraeth pur a theyrnged i ffordd o fyw sydd wedi hen ddiflannu. 'Cwm y Pren Helyg' wedyn yn sôn am y dynfa nerthol 'nôl i Solfach, ac yna 'Ysbryd Solva' sy'n farwnad leddf i dranc ei bentref genedigol. Tair cân sy'n mynegi perthynas Meic â'i gynefin, a honno ar adegau yn medru bod yn berthynas sgitsoffrenig, yn deillio o'r newid a welodd yn ystod ei oes o gymuned naturiol Gymreig a Chymraeg yn troi'n gymuned sy'n cael ei thymheru gan dwristiaeth a'r byd Cymraeg yn cael ei neilltuo i'r cyrion wrth iddo chwalu'n chwilfriw.

Ond nid canu am ei gynefin yn unig a wna Meic Stevens, fel y gwna cynifer o feirdd Cymraeg. Mae ei rychwant yn ehangach. Mae ei fydolwg yn cynnwys digwyddiadau ar draws y byd. Cafwyd 'Yr Eryr a'r Golomen', a gyfansoddwyd gyda chymorth Hywel Gwynfryn, sy'n gondemniad o ryfel ble bynnag a phryd bynnag y digwydd. Rhoddir sylw i'r themâu oesol.

Cafwyd y farwnad 'Bobby Sands' i'r merthyr Gwyddelig a 'Gwely Gwag', y gân a ddangosodd ei bod yn bosib canu'r felan yn Gymraeg, ac a orfododd lawer i wrando ar ganu roc Cymraeg am y tro cyntaf erioed, a pheidio â'i gondemnio'n ddidrugaredd fel ffenomen cwbl eilradd i'w gymar Eingl-Americanaidd. Ar ben hyn cafwyd 'Y Brawd Houdini' hefyd cyn y toriad, un o'r ychydig ganeuon Cymraeg y gellir ei chymharu o ran ei hysbryd ag ysbryd caneuon cynnar Chuck Berry sy'n cyfleu nwyd ac asbri dilyffethair ieuenctid.

Ymneilltuwyd i'r brif neuadd ac at y bar am sgwrs a diod a chyfle i ymlacio wedi'r canolbwyntio dwys wrth wrando ar ddawn mor gyfoethog ag amlochrog. Amgylchynwyd Meic gan griw o rocesi ifanc yn gwrando ar ei ddoethinebu a'i straeon am ei brofiadau hynod os nad llamsachus. Yn sydyn gwelwyd rhai o'r merched yn cymryd cam sha 'nôl. Roedd Meic wedi torri gwynt a hynny'n go eithafol o ddrewllyd. Ceisiodd droi'r sefyllfa i'w fantais: "Be sy 'ma bois? Ma rhyw wynt rhyfedd 'ma. Odi Caryl Parry Jones 'ma? Falle bod holl griw'r BBC 'ma!" gan chwerthin yn harti.

Roedd perfformiad yr ail hanner yn fwy rhydd wrth i'r gynulleidfa wrando ar sylwadau sgiwiff Meic rhwng y caneuon am bob dim o dan haul. Cafwyd hanes ei helyntion yn lletya gyda'r digrifwr Ronnie Williams pan oedd yn cadw gwesty yng Ngherrigydrudion, yr yfed di-ben-draw a'r trafferth i gael mynediad i'r garafan lle'r oedd ei wely. Roedd yr iaith yn fras ar adegau.

Condemniodd Canadiaid ei gynefin newydd yn Nyffryn Comox fel pobl nad oedden nhw'n dda i ddim. Ond wedyn roedd Joni Mitchell yn byw 'rownd y gornel'. Soniodd fel roedd teulu ei gariad, Elizabeth Sheehan, ar un adeg yn berchen ar y rhan fwyaf o Gwm Gwaun wedi iddyn nhw dderbyn tiroedd yno yn gyfnewid am eu cefnogaeth yn ystod Brwydr Hastings yn 1066.

Problem y Cymry oedd fod eu rhywioldeb wedi'i gondemnio a'i lethu gan Anghydffurfiaeth, meddai. Canmolodd y mudiad iaith Diwan yn Llydaw, a chafwyd disgrifiad o gefndir aristocrataidd Erwan, gwrthrych un o'i farwnadau. Cafwyd rhibidirês o ddatganiadau eithafol ymysg disgrifiadau o ddigwyddiadau yr un mor bisâr.

Cafwyd yr hen gneuen nad oedd Cyngor Celfyddydau Cymru yn gwneud dim oll i hybu'r celfyddydau. Doedd dim achubiaeth i'r sefydliad Cymreig, wrth gwrs. Condemniwyd gwleidyddion amlwg megis yr Arglwydd Dafydd Elis-Thomas. Tarai'r sylwadau digyswllt yr ymennydd fel llif o hoelion am yn ail â staplau'n cael eu pwnio gan forthwyl.

Rhoddodd gynnig ar ganu'r faled am y 'Crymych Trip' mewn ymateb i gais o'r gynulleidfa ond ni ddeuai'r geiriau'n gyflawn. Wel, wedi'r cyfan, mae'r teitl llawn yn lond pen ynddo'i hun – 'Yr Incredibyl Seicedelic Silseibyn Trip i Grymych' – heb sôn am y tri phennill deuddeng llinell yr un. Rhoddodd gynnig ar y faled weriniaethol Wyddelig, 'Kevin Barry', ond ni ddeuai'r geiriau. Rhoddodd y gorau iddi. Ni hidiai. Cymerodd lwnc arall o'r botel win.

Cawsom wybod yng nghanol rhialtwch disgrifio amgylchiadau recordio rhyw gân neu'i gilydd nad oedd yn credu mewn treulio oriau'n ymarfer ar gyfer yr un dim. Roedd yr 'ymylon rwff' a'r 'jagged ends' yn bwysig iddo, meddai. Yn ddiau, ni chafwyd ymarfer penodol ar gyfer yr hyn a gafwyd nesaf. Penderfynodd ddynwared Bob Dylan gyda'i sbectol dywyll a choler ei got wedi ei throi i fyny. Chwerthin braf wedyn.

Cyn pen dim roedd yn dynwared Leonard Cohen ac yn ei lambastio am ei Iddewaeth. Mae Meic ar yr un gwastad â'r ddau ac nid ffwlbri yw dweud petai wedi dewis llwybr gwahanol yn gynnar yn ei yrfa y gallai fod wedi cyrraedd yr un uchelfannau, os uchelfannau hefyd. Ein hennill ni yw na ddilynodd Meic lwybr enwogrwydd a *showbiz* ar gyfandir arall.

Ond doedd enwogion y byd canu pop Cymraeg ddim y tu hwnt i'w lach chwaith. Aeth ati i ddynwared Dafydd Iwan yn canu 'Carlo' a'r Tebot Piws yn canu 'Blaenau Ffestiniog' gan awgrymu nad oedd yna fawr o soffistigeiddrwydd yn perthyn i'r alawon na fawr o gamp yn perthyn i'r geiriau.

Cawsom ein sbario rhag clywed ei ddynwarediad o Huw Jones yn canu 'Dŵr' am fod y cyweirnod yn rhy uchel i'w lais, meddai. Rhaid cofio bod gan Meic gyfraniad allweddol i'r recordiad o'r gân honno fel cyfeilydd a chynhyrchydd, waeth beth oedd ei farn ohoni bellach ym mhantheon traddodiad y canu Cymraeg modern.

Clywid digon o frygowthan i sylweddoli nad deuoliaeth yn unig sy'n perthyn i Meic Stevens ond tairoliaeth os nad pedairoliaeth.

Fe'i perswadiwyd i ganolbwyntio ar ganu rhai caneuon drachefn. Cafwyd 'Dau Rosyn Coch' ac 'Ar Lan y Môr' fel enghreifftiau o'r ychydig ganeuon Cymraeg y mae'n eu canu nad ydyn nhw'n gyfansoddiadau o'i law ei hun. Rhyw ddiwrnod, wrth gwrs, os nad yw hynny'n wir eisoes, bydd nifer o'i ganeuon ei hun yn cael eu hystyried yn yr un gwynt fel caneuon gwerin Cymraeg i ymfalchïo ynddyn nhw.

Do, fe gafwyd 'Vic Parker', y gân yr honnir i Meic wrthod ei gwerthu i'r canwr gwlad o America, Kenny Rogers, am ffortiwn, ac yna, hwyrach y mwyaf dirdynnol a theimladwy o'i holl arlwy, 'Ddaeth Neb yn Ôl' a 'Cân Walter' yn seiliedig ar brofiad teuluol. Roedd clywed y rheini yn ddigon o gyfiawnhad dros fod yn bresennol ym marn rhai, gan anwybyddu'r hanesion am brancio'n byrcs mewn rhyw dafarn ym mherfeddion Llydaw sy'n cael ei gadw gan Gymro o Ferthyr, a'r cellwair ei fod bron â thynnu sbliff o'i boced drwy gamgymeriad pan oedd yn chwilio am blectrwm.

Byddai dieithryn efallai yn condemnio Meic Stevens am sarnu'r noson â'i frygowthan yn hytrach na chanolbwyntio ar y canu. Hwyrach ei fod yn dreth ar amynedd rhai o'r selogion. Oedd y mynych gyfeiriadau di-wardd yn bygwth suro'r noson? Pam rydyn ni'n caniatáu'r fath ymddygiad? Un funud mae ar frych a'r funud nesaf mae'n chwerthin yn aflywodraethus. Un funud rhydd ei olwg yr argraff ei fod wedi'i dynnu drwy'r drain a'r funud nesaf mae ei wyneb yn tywynnu. Mae ambell berl o ddatganiad o blith ei glasuron yn ein tynnu 'nôl dro ar ôl tro fel gwyfyn at olau.

Yn hynny o beth, ac er mwyn cwpla'r ciplun hwn, roedd y nosweithiau dilynol wedi'r perfformiad yn Neuadd Maenclochog ym mis Gorffennaf yn ddrych o yrfa Meic Stevens. Trefnodd gìg yn Nhafarn y Bush yn Llandysilio nad yw'n adnabyddus am gynnal digwyddiadau o'r fath, a hynny gyda gitarydd bas a drymiwr yn ei gefnogi. Cafwyd cythrwfl. Doedd y cerddorion ddim yn chwarae wrth ei fodd. Pwdodd. Chwaraeodd hebddyn nhw am getyn cyn eu gwahodd 'nôl i'r llwyfan.

Trefnodd gìg pnawn Sul yn Nhafarn y Bont yn Llanglydwen gerllaw i gyd-fynd â rhostio mochyn. Cafodd wrandawiad da. Yn gwmni iddo roedd canwr croenwyn o Dde Affrica. Troi eu cefnau a wnâi mwyafrif y gynulleidfa pan oedd yr Affricanwr yn canu. Mae'r annisgwyl yn sicr o ddigwydd pan fydd Meic Stevens yn trefnu a chynnal gìg.

Gydol ei yrfa mynnodd Meic ddal gafael ar y gwaith trefnu a hyrwyddo er y byddai'n rheitiach o lawer i gerddor o'i faintioli adael i reolwyr wneud hynny gan sicrhau cyfres o gyngherddau mewn neuaddau cymwys. Eto, hwyrach mai dyna'r allwedd i ddeall y cymhlethdod sydd ar ryw olwg wedi llethu ei yrfa ond sydd ar y llaw arall wedi diogelu ei unigrywiaeth.

Er y pryder y byddai'n colli ei lais wedi'r driniaeth i waredu'r canser yn ei wddf, llwyddodd i ddal ati'n rhyfeddol a bwrw ati i gigio'n rheolaidd. Ar nos Sul cyntaf mis Gorffennaf 2014 daeth cynulleidfa werthfawrogol i wrando arno yng ngoruwch-ystafell Canolfan Chapter Caerdydd. Gwisgai ddillad denim glas y chwedegau ac, yn anarferol, perfformiodd heb na chapan, na hat, na beret na chap Tomi Shanto ar ei ben, er bod hat wellt wen yn gorwedd ar y llawr wrth ei ymyl.

Ar ei gyfaddefiad ei hun, cael a chael oedd hi ei fod yn medru perfformio o gwbwl am nad oedd ganddo lais yn ystod yr ymarferiad sain yn gynharach. Yn wir, bregus oedd y llais yn ystod yr ymdrechion cyntaf nes iddo ganu 'The Spirit of Solva'. Ymddangosai fod yr hanner cyntaf wedi'i neilltuo i blesio hen gariad iddo o Lundain a oedd yn y gynulleidfa. Am ei bod yn ofynnol i Angela ddal tren 'nôl i'r brifddinas tua naw o'r gloch cadwai lygad barcud ar ei oriawr rhwng pob cân. Roedd yn amlwg y teimlai gyfrifoldeb dros ei dychweliad diogel.

Yn gymysg â rhai o'r caneuon Cymraeg cynnar cafwyd 'Careless Love' o eiddo Bessie Smith o ddyddiau'r Moulders; fersiwn Saesneg o'r farwnad i Vic Parker; un o ganeuon Jackson C Frank, 'Blues Run the Game' gyda chyflwyniad helaeth i'w cyfnod yn Llundain yng nghwmni Bert Jansch a'i debyg yn creu'r canu gwerin modern ond prin yn cael eu talu'r un ddime goch y delyn; ei gyfansoddiad ei hun 'Clown in the Alley' i gofio am Charlie Bethel a fynnai geisio canu'r gân fyth dragywydd, er mai clust fyddar oedd ganddo o ran cerddoriaeth a bod ei ymdrech i strymio'r gitâr yn gwbl wachul. Cafwyd toriad er mwyn ffarwelio ag Angela. Hi, gyda llaw, yw'r ddynes y cyfeiria Meic ati ym mhennod gyntaf trydedd cyfrol ei hunangofiant *'Mâs O 'Mâ'*.

Yn ystod yr egwyl sgyrsiai'r gynulleidfa'n rhydd ac yn rhwydd gan gyfnewid atgofion am berfformiadau Meic yn y gorffennol. Doedd rhai ddim wedi ei glywed yn canu'n fyw ers tua ugain mlynedd. Doedd eraill erioed wedi'i glywed yn canu yn Saesneg o'r blaen. Teimlai eraill, o blith y gynulleidfa iau, ei bod yn fraint cael bod yn bresennol i wrando ar y fath eicon, waeth beth a ddigwyddai.

Ymddangosai fod gan Meic fwy o afael ar bethau yn yr ail hanner wrth iddo gyflwyno 'Bobby Sands' ac 'Erwan' a hynny'n ymosodol hyderus. Fe'n hysbysodd nad yw cof byth yn marw. Dim ond y corff sy'n marw ac mae'r cof yn para'n fyw. Does dim angof. Cafwyd 'Love Owed' oddi ar yr LP *Outlander*. Yn annisgwyl, rhoddodd gynnig ar y 'Crymych Trip' gyda chyflwyniad yn cyfeirio at fywyd rhywiol ei roces hynaf a'i sboner o ardal Crymych. Doedd y geiriau ddim yn dod, a rhaid oedd cyfansoddi'n fyrfyfyr. Pan sylwodd fod ei ail ferch, Bethan, yn y gynulleidfa, wedi teithio o Solfach i wrando 'ar yr hen groc', mentrodd ganu'r hwiangerdd 'Bethan Mewn Cwsg', ond ni ddeuai'r geiriau hynny chwaith yn eu cyfanrwydd.

Dechreuodd y tiwnio a'r aildiwnio a'r pwslo beth i'w ganu nesa fynd yn dreth ac yn fwrn. Roedd Meic yn colli gafael. Am ryw reswm cyhoeddodd ei fod yn cwpla trwy ganu un o ganeuon Christy Moore. Ond bu rhaid iddo roi'r gorau iddi a bwrw mewn i 'Brawd Houdini' gan fyrfyfyrio a gwneud synau cath. Roedd yn amlwg erbyn hyn fod blinder yn drech, a'r straen ar y llais yn ormodol, y gwaith gitâr yn ansicr ac yn ffwndrus. Gofynnodd am gymorth y dyn sain i gryfhau'r gitâr ond yn hytrach na'i ddwrdio i'r cymyle, fel y byddai wedi gwneud yn yr hen ddyddiau, diolchodd iddo'n foesgar. Er y mynych yfed o botel o ddiod cynnal egni dialcohol gydol y perfformiad, roedd y corff yn llesgáu.

Mynnodd rhywrai ei alw 'nôl i ganu drachefn. "Peidiwch â

bod yn greulon," meddai llais arall o'r cysgodion. Ond daeth yn ôl i roi cynnig ar 'Môr o Gariad' ond heb argyhoeddiad na theimlad. Roedd wedi ymlâdd. Wrth gynnau'r radio yn y car ar y ffordd adre i wrando ar raglen John ac Alun, y gân gyntaf a glywais oedd 'Mynd i Ffwrdd Fel Hyn' o eiddo Meic yn cael ei chanu'n sionc gyda chymorth band. Digon hawdd dwrdio Meic am beidio â chynllunio'i set yn ofalus i adlewyrchu ei yrfa gyfansoddi gyfoethog a thoreithiog. Pe bai ganddo reolwr neu asiant yn cymryd cyfrifoldeb am faterion o'r fath ni fyddai'n gwrando arnyn nhw, siawns. Penderfyniad yr eiliad oedd pa gân a ganai nesaf gan obeithio'r gorau.

Gesum i'r ymdeimlad fy mod wedi gweld a chlywed Meic yn perfformio'n fyw am y tro olaf. Roedd mwy o arwyddocâd nag a feddyliwn i'r awyrgylch dywyll lle'r roedd pawb, hyd yn oed ar y bwrdd nesaf, yn ymddangos fel cysgodion. Doedd dim goleuni yn yr ystafell, dim hyd yn oed adeg yr egwyl, heblaw am yr hyn a ddeuai i mewn trwy'r drws agored. Roeddem fel petaem mewn ogof fawr ddiamser nad oedd terfyn iddi. Roeddem yng nghegin dawdd y cythraul, gwlei.

Roedd cyflwyniadau Meic yr un mor bisâr ag ambell ymdrech o'i eiddo i ail-greu naws ei gyfansoddiadau. Fe'n hysbysodd iddo gael gwyliau rhad yng Nghyprus yn ddiweddar ar draul y PRS (Publishing Rights Society) am ei fod yn un o'r 'hen lags' ac iddo fwrw mewn i'r piña coladas wedi iddo sylweddoli fod y gwesty'n llawn gwragedd pedair stôn ar bymtheg mewn bicinis. Chwerthin yn harti na fyddai byth yn mynd 'nôl yno. Doedd y sylw ddim wedi plesio Mari Fawr Dre-lech o ddynes a eisteddai yn fy ymyl. Ond wedyn, synno Meic erioed wedi plesio pawb. Sôn am ei brofiad yn cael ei alw lawr i Solfach wedyn i gymryd rhan yn ffilm Keith Allen *Dan y Wenallt*. Gorfod gwisgo pyjamas ar gyfer rhyw olygfa, a llond fan o bobl pyrcs yn cyrraedd wedyn i gymysgu â phawb oedd yn eu dillad nos. "Drychid mlân i weld y ffilm," medde fe.

Yn ystod ei yrfa profodd Meic Stevens yn aderyn drycin ac yn sgadenyn hallt a hynny am nad oedd yn barod i blygu i'r drefn. Hwyrach bod gan athrylith yr hawl i ymddwyn yn ots i bobl eraill. Roedd y nos Wener honno ym mis Gorffennaf ym Maenclochog a'r nos Sul honno yng Nghaerdydd yn gyforiog o'r gwych a'r gwachul a'r unigryw.

Hwyrach nad yw Meic Stevens yn ddim mwy na throednodyn yn hanes canu poblogaidd y byd Eingl-Americanaidd ond, i ni'r Cymry mae Meic Stevens yn rhan allweddol o'n stori. Ac wedi'r cyfan, trist a thlawd yw'r genedl nad oes ganddi stori i'w hadrodd a'r stori honno'n cael ei hymestyn o genhedlaeth i genhedlaeth gan artistiaid o amrywiol anian. Fe'i dyfarnwyd yn Brif Ganwr Unigol Gwobrau *Sgrech* ar bedwar achlysur yn olynol rhwng 1981 a 1984.

Yn union fel y bydd llawer ohonom yn yngan ambell linell o farddoniaeth Waldo Williams bron yn ddiarwybod, daw llinellau o ganeuon Meic Stevens i'r cof hefyd ynghyd â'r dull llyfn hudolus yna o'u hynganu. Ond rhown y gair olaf i Meic ei hun wrth iddo dafoli ei fywyd ar ôl iddo gael triniaeth i ddelio â'r canser a ddarganfuwyd yn ei wddf. Doedd e ddim wedi bwyta bwyd solet ers tua chwe mis nac wedi yfed diferyn o win coch. Mewn tafarn yng nghanol y brifddinas oeddem ar brynhawn cynnes o wanwyn. Yfai beint a oedd yn gymysgedd cyfartal o seidir a dŵr tap. Yfwn innau beint o seidir pêr fel petawn ar barc cynhaea gwair.

"Synna i'n ofni marw. Sdim cred 'da fi. Mynd 'nôl i'r pridd a rhoi cyfle i rywun arall i wneud rhywbeth o fywyd. Dyna fydd yn digwydd i fi. Ma'r unig gred sy 'da fi mas fan'na ar y stryd lle ma bywyd yn digwydd. Celwy yw popeth arall. A sneb yn wa'th na'r Pabyddion am gredu celwydde. Ma fe'n hala ofon arnyn nhw – y busnes cred 'ma. Na, synna i byth yn canu emyne na dim byd fel'na.

"Synna i'n credu mewn duw na diafol ond wedyn dwi'n meddwl bod yna egni tywyll i gael yn y byd 'ma; ma pŵer da a gwael i ga'l. Bues i'n potsian gyda'r *occult* unwaith. Gwell cadw draw o bethe fel'na. Maen nhw'n gallu cymryd drosodd. Ma'n well 'da fi fod yn greadigol a sefyll yn y goleuni," meddai.

Pan fentrais dorri ar ei draws i'w hysbysu fod Raymond

'Togo' John, un o'i gyfeillion bore oes, a fu o flaen ei well am feddwi dros gant o droeon, wedi ein gadael, roedd ei ymateb yn ddiflewyn ar dafod o galed.

"Hen bryd. 'Na'r newyddion gore dwi wedi'i glywed ers slawer dydd. Wast o amser wedd e eriôd. Fydden i ddim yn boddran ag e yn yr ysgol. Diflasu pawb wedyn yn nhafarne Tyddewi a rhaffu celwydde wrth fisitors ei fod yn gweithio yn yr Eglwys Gadeiriol. Chas e ddim gwaith 'da'r un esgob eriôd. Da iawn," meddai yn gwbl ddiedifar.

Un arall o'r un genhedlaeth oedd y cyn-Archdderwydd, Jâms Niclas, crwt o Dyddewi a Bedyddiwr pybyr, ac roedd hi'n syndod i lawer fod yna gyfeillgarwch rhyngddo a Meic. Pan gynhaliwyd arwyl Jâms yng Nghapel Seion yn y ddinas, ym mis Hydref 2013, pwy sleifiodd i mewn i'r gwt gyda'i gitâr wedi i'r oedfa ddechrau ond Meic. Cafwyd cyfraniadau gan hoelion wyth yr Eisteddfod Genedlaethol megis R. Alun Evans a John Gwilym Jones. Ond i gwpla'r oedfa goffa daeth Meic i'r Sêt Fawr i ganu fersiwn dyner o 'Cân Walter'. Crëwyd awyrgylch lesmeiriol. Diflannodd Meic mor sydyn ag y cyrhaeddodd. Ond roedd wedi talu'i deyrnged i gyfaill.

A beth yw trefniadau Meic o ran ei arwyl ei hun?

"Pan fydda i'n mynd, ca'l fy llosgi fydd fy hanes. Synna i'n moyn unrhyw ffwdan, dim angla' na dim byd fel'na. Bydda i wedi dibennu. A 'na fe, 'na'r diwedd. Bydda i'n gadel fy nghaneuon ar ôl, wsgwrs. Ac os bydd y bois yn moyn tancad 'nôl yn Solfach, wel, popeth yn iawn."

A thebyg y bydd Meic, hyd y diwedd, yn dannod pobol y cyfryngau sydd, yn ei dŷb e, yn pluo'u nythod eu hunain ar draul creu celfyddyd a bod yn wirioneddol greadigol. Ac yn benodol, meibion y Mans – fel finne – sydd o dan y lach.

"Wedd rhywun yn cynnig £500 i fi i wneud rhaglen deledu beth amser 'nôl. £500. A faint o'dd yr holl bobol oedd yn gysylltiedig â'r rhaglen yn ei gael? Do'dd dim ishe'u hanner nhw, beth bynnag. Dim ond £500 i un o'r cerddorion gore ma Cymru wedi'u gweld. A ma'r cyfrynge'n llawn pobol y capeli, beth bynnag. Meibion y Mans sy'n rhedeg popeth. Maen nhw wedi gweld eu cyfle. Ma'r capeli wedi bennu a maen nhw wedi symud i'r cyfrynge."

Bydd y rant a'r feirniadaeth yn para tan y diwedd, mae'n siŵr. Ond ers y salwch mae Meic hefyd wedi ailasesu ei fydolwg i raddau.

"Synna i'n mynd i hala'r holl orie 'na mewn tafarne fel oe'n i cynt rhagor. Sdim pwynt i'r peth. Ma fe'n wastraff amser. Mae'n well 'da fi ddarllen llyfre. Dwi'n darllen llyfr cyfan bob dydd bron. Ma tri ar y gweill 'da fi nawr. Llyfr am Charles Manson, un arall am gogydd enwog a nofel hanesyddol am frenhiniaeth Lloegr. Synna i'n meddwl y bydda i'n cwpla'r nofel chwaith. Dwi'n gwbod y stori a synno arddull yr awdur yn apelio ata i. Ma lot o'r sgwenwyr 'ma'n defnyddio padin, llenwi'r tudalenne er mwyn cyrraedd y 60,000 neu faint bynnag o eirie ma'r cyhoeddwyr yn moyn. Na, synna i'n darllen fowr ddim o lyfre Cymrâg. Synna i'n siarad lot o'r iaith fan hyn yng Nghaerdydd. A ma'r iaith yn marw mas yn Solfach. Mae'n drist iawn."

Os oes yna goel fod nodweddion teuluol yn eu hamlygu eu hunain yn y genynnau o bryd i'w gilydd, er yn hepgor ambell genhedlaeth efallai, mae'n deg tynnu cymhariaeth rhwng Meic a Brynach, nai ei hen-dadcu, Walter.

Roedd Brynach hefyd yn ddarllenwr brwd (*omniverous* oedd y gair a ddefnyddiwyd mewn un deyrnged iddo) ac yn meddu ar gof eithriadol. Daeth yntau hefyd i fri trwy ei ddawn greadigol fel enillydd cadeiriau a thlysau mewn steddfodau pell ac agos, gan gynnwys Llundain, Corwen, Aberdâr, Llandysul, Tonyrefail a Chymer yn ogystal â'r genedlaethol yn Llanelli. Ond roedd hefyd yn bregethwr mynych ei gyhoeddiadau, yn ddarlithydd, yn olygydd colofnau papurau newydd, yn gyfrannwr i gyfnodolion y cyfnod, yn arweinydd a beirniad steddfodau, yn ysgrifennydd cangen o Gymdeithas yr Iforiaid ac yn flaenor ac ysgrifennydd ei gapel. A doedd e ddim yn brin o hiwmor chwaith. Roedd hi, wrth gwrs, yn gyfnod gwahanol. Dwy o'i ddarlithoedd mwyaf poblogaidd oedd 'Dic Shôn Dafyddiaeth' ac 'Awr gyda Gurnos'. Gweinidog, bardd a chymeriad o'r bedwaredd ganrif ar bymtheg oedd y Parch Evan

Gurnos Jones. Pan oedd yn holi'r Gymanfa Bwnc yng Nghapel Rhydwilym trafodwyd yr adnod 'a da fyddai pe crogid maen melin am ei wddf a'i foddi yn eigion y môr'. Fe'i goleuwyd gan y rhyfeddol Wil Canän y gallai maen o unrhyw liw wneud y tro i gyflawni'r dasg. Ymateb Gurnos oedd symud mlân i'r adnod nesaf.

O dan feirniadaeth yr Archdderwydd Elfed, enillodd y Parch E. Curig Davies, Cydweli erbyn hynny, ond un o gyfeillion Brynach o'r fro, Gadair Eisteddfod Clunderwen 1923 am farwnad iddo ychydig fisoedd wedi'i farwolaeth.

O ran Meic mae'n ymwybodol fod yna straeon yn cael eu brodio amdano.

"'Na chi'r storie 'na sy'n cael eu hadrodd amdana i wedyn. Ma nhw'n gelwydde. Dwi'n mynd i rywle a ma rhywun yn gweud rhyw stori am Meic Stevens a ma nhw'n gelwydde. 'Na'r Cadillacs nawr yn gweud eu bod nhw heb gael eu talu yn Llydaw ar ôl i ni ennill rhyw gystadleuaeth. Wel, fe a'th y bois getre ar ddydd Sul a doeddwn i ddim yn ca'l yr arian nes bod hi ddydd Llun. Ma fe'n digwydd trwy'r amser 'mod i'n gorfod cwrso am arian," meddai.

Serch hynny, yn wreiddiol, doedd e ddim am weld cynnwys y gyfrol hon cyn ei chyhoeddi er mwyn chwynnu'r 'celwydde'. Ond fe'i gwelodd, gan ei gwneud yn amlwg y byddai'n difyrio'i hochor hi pe cyhoeddid straeon camarweiniol amdano. Bygythiwyd celanedd a gwaeth. Ond, yr un pryd, defnyddiodd grib fân i gywiro unrhyw gamsillafu enwau ac i ychwanegu gwybodaeth. Rhaid diolch iddo am ei drafferth.

Ond wedyn, beth yw'r gwirionedd ond fersiwn yr unigolyn o gelwydd? A beth sydd o'i le ar gelwydd os yw e'n gelwydd da neu'n gelwydd golau da, minno? Hwyrach bod llawer o'r celwydd sydd yn y gyfrol hon yn wirionedd piwr bellach.

Gellir addasu'r geiriau a ddefnyddiwyd gan Bob Dylan i ddisgrifio'i brofiad cyntaf o glywed Elvis Presley i ddisgrifio profiad aml i gerddor o Gymro wrth glywed Meic Stevens am y tro cyntaf; roedd fel cael fy ngollwng yn rhydd o garchar a finnau ddim hyd yn oed yn sylweddoli fy mod yn y carchar.

Gwenallt, yr ysgolhaig, ddywedodd am Ddafydd ap Gwilym ei fod wedi gwrthryfela yn erbyn mynachaeth, lleianaeth ac asgetiaeth ei gyfnod gan gofleidio llawenydd a diddanwch a'r greddfau naturiol. Derbyniodd ddylanwadau Ffrengig-Normanaidd ei gyfnod. Gellir dweud yr un peth am Meic Stevens gan iddo yntau hefyd gyfansoddi a pherfformio heb gael ei ffrwyno gan hualau Piwritaniaeth. Ysbryd rhydd dyneiddiol. Derbyniodd yntau ddylanwadau Eingl-Americanaidd ei gyfnod.

Athrylith o sgadenyn. Athrylith o sgadenyn hallt. Ac i'r sawl sy'n ansicr beth yw sgadenyn hallt, wel, un cyfieithiad i gyfleu ystyr yr ymadrodd fyddai 'boogie man'. A beth yn gwmws yw ystyr yr ymadrodd hwnnw? Wel, sgadenyn hallt, wrth gwrs. A thipyn bach o'r bwci bo hefyd, gwlei.

Ond fe droes y sgadenyn yn dipyn o golomen ddof erbyn iddo ymddangos yn Neuadd Solfach ar achlysur Edge Festival y pentref ym mis Awst 2015. Dychwelodd adref yn groeniach gan gyhoeddi iddo gael sicrwydd fod yr aflwydd a'i poenai wedi diflannu. Er hynny roedd y driniaeth a gafodd yn golygu na fedrai ymestyn ei lais rhagor a bod ei wddf yn crefu am ddiod yn barhaus. Rhaid oedd sipian peint o gwrw rhwng pob cân yn ystod yr awr o berfformiad. A rhaid dweud mai sipian a wnâi, am fod y gwydr ymhell o fod yn wag ar y terfyn.

Profodd y noson honno pam ei fod yn gymaint o drysor cenedlaethol. Sgwrsiodd yn rhydd a rhwydd wrth gyflwyno ei ganeuon gan sôn am hanes eu cyfansoddi. Diarhebodd y gitaryddion hynny sydd byth a hefyd yn tiwnio rhwng pob cân, gan gydnabod iddo yntau fod yn euog o hynny ar un adeg. Chwerthin mawr yn y gynulleidfa. Roedd ei galon ar ei lawes. Cyfaddefodd hefyd iddo ei gor-wneud hi o ran y cyffuriau a'r yfed a'i fod yn gwerthfawrogi bywyd nawr yn fwy nag erioed. Roedd y ddiod a'r spliffs, meddai, yn gweithredu fel llen rhyngddo â realiti. Roedd wedi difaru dibynnu ar y llen am gyfnod mor hir.

Dywedodd mai cariad oedd wedi'i ysgogi i sgrifennu ei ganeuon gorau ond nad oedd cariad yn bod iddo ef mwyach.

"Does dim cariad yn bod i hen ddyn," meddai. "Rhaid towlu hwnnw trwy'r ffenest. Ma cariad yn rhywbeth i chi'n ei deimlo yn yr awyr ac yn cydio ynddo fe yn yr awyr. Synno hynny'n bosib rhagor."

Cawsom wybod mai 'Beti' oedd e'n galw'r gitâr oedd ganddo, er cof am ei fam. Ond y gitâr orau oedd ganddo, meddai, oedd 'Blodwen', wedi'i henwi ar ôl ei fam-gu a'i magodd ym mhen ucha'r pentref. Gwnaed y gitâr honno yn benodol ar ei gyfer.

Doedd ganddo ddim diddordeb mewn anrhydeddau. Pe bai'n cael cynnig Gwobr Nobel byddai'n ei gwrthod. Rhyfeddai nad oedd Bob Dylan – bardd gorau ei gyfnod – wedi derbyn y fath anrhydedd. Pwysleisiodd mai cyfrwng cyfathrebu oedd ei ganeuon, a'i fwriad oedd eu cynnig i gynulleidfaoedd i fynegi hanfod ei bersonoliaeth.

Ac am ganeuon a gafwyd! Roedden nhw'n cynrychioli pantheon y canu modern a gysylltir â'r canu gwerin a'r falen. Cafwyd caneuon Cyril Tawney, Jackson C Frank a Big Bill Broonzy yn ogystal â'i glasuron ei hun. A wyddoch chi beth? Roedd 'Ar Lan y Môr', waeth pwy a'i cyfansoddodd, yn swnio'n gyffyrddus yng nghanol y cwbwl. Yn eironig, canodd ei fersiwn Saesneg o 'Ysbryd Solva'. Roedd hynny'n cynnig cip o'r hen bentref slawer dydd yng nghanol gŵyl nad oedd arlliw o Gymraeg ar ei chyfyl.

Prin iddo gael yr un penwythnos segur dros gyfnod gwyliau cerddorol haf 2015. Bu'n brysurach nag erioed yn diddanu ac yn cyflwyno ei fydolwg ei hun trwy gyfrwng ei gitâr a'i ganeuon. Ymddengys fod ei yrfa ond megis dechrau. Wrth i Meic Stevens, y sgadenyn hallt a'r golomen ddof, werthfawrogi bywyd o'r newydd yn ei sobrwydd, gobeithio y gall barhau i'n diddanu am getyn go lew eto, a ninnau'r un modd, i'w werthfawrogi yntau – yr anfarwol swynwr o Solfach.

Discograffeg

Recordiau byrion

Senglau feinyl

Did I Dream / In a Field (Decca F12174) 1965

Nid Oes Gwydr Ffenestr / Rhywbeth Gwell i Ddod (Dryw WSP 2005) 1970

Old Joe Blind / Blue Sleep (Warner Bros WB 8007) 1970

Brenin y Nos / Shw' Mae, Shw' Mae (Disques Festival SPX 177) 1974

Bach Bach / Cân Nana (Theatr Yr Ymylon YM SP 01) 1978

Pe Medrwn / Llygad Am Lygad (Theatr yr Ymylon YM SP 02) 1978

EPs feinyl

Mike Stevens (Dryw WRE 1045) 1968

Mike Stevens Rhif 2 (Dryw WRE 1053) 1968: Yr Eryr a'r Golomen / Ble Mae'r Bore? / Ond Dof Yn Ôl / Tryweryn

Mwg (Dryw WRE 1073) 1969: Cân Walter / Hwiangerdd Mihangel / Glaw yn y Dail / Lan a Lawr

Bara Menyn (Dryw WRE 1065) 1969: Mwg / Rhedaf i'r Mynydd / Myfi yw'r Dechreuad / Tyrd i Lawr Trwy'r Ogof

Rhagor o'r Bara Menyn (Dryw WRE 1072) 1969:Caru Cymru / Disgwyl am dy Gariad / Dewch ar y Trên / Rhywbeth Gwell i Ddod

Y Brawd Houdini (Sain SAIN 004) 1970: Dihunwch Lan / Yfo / Mynd i Laca Li / Yr Wylan

Y Brawd Houdini / Nid i Fi, Mr M.P / Rhyddid Ffug / Jam Poeth (Newyddion Da ND1) 1970

Diolch Yn Fawr (Sain SAIN 013) 1971: Mynd i Bala ar y Cwch Banana / Nid y Fi Yw'r Un i Ofyn Pam / Mae Gennyf i Gariad / Dim Ond Heddiw Ddoe A Fory / Cân Mam-gu

Byw yn y Wlad (Dryw WRE 1107) 1971: Pe Cawn Dy Gwmni Di / Bryn Unigrwydd / Breuddwyd / Diolch yn Fawr

Meic Stevens (Fflach RFAS Meisym) 1986: Byw yn y Wlad / Sachliain a Lludw y Misoedd / O, Rwy'n Crwydro y Byd *

* Ar y cyd gydag Ail Symudiad

Recordiau hir

Feinyl

Outlander (Warner Bros WS 3005) 1970

Gwymon (Dryw WRL 536) 1972

Gôg (Sain 1065M) 1977

Caneuon Cynnar Rhif 1 (Tic Toc TTL P01) 1979

Nos Du, Nos Da (Sain 1239M) 1982

Gitâr yn y Twll Dan Stâr (Sain 1273M) 1983

Lapis Lazuli (Sain 1312M) 1985

Bywyd ac Angau (Fflach CO52D) 1989 *

Ghost Town (Tenth Planet TP 028) 1997

September 1965: The Tony Pike Sessions (Tenth Planet TP 056) 2002

Rain In The Leaves: The EPs Volume 1 (Sunbeam SBRLP 5021) 2007

Gwymon (Sunbeam SBRLP 5046) 2008

Outlander (Timeless TIME 705LP) 2008

* Rhyddhawyd nifer cyfyngedig heb gloriau i DJs yn unig.

Cryno-ddisgiau hir

Ware'n Noeth (Bibopalwla'r Delyn Aur) (Sain SCD 4088) 1991
Y Baledi: Dim Ond Cysgodion (Sain SCD 2001) 1992
Er Cof am Blant y Cwm (Crai CD036) 1993
Voodoo Blues: 1979–92 (Bluetit MS1) 1994
Mihangel (Crai CD059) 1997
Disgwyl Rhywbeth Gwell i Ddod 3 CD (Sain SCD 2345) 2002
Ysbryd Solva (Sain SCD 2364) 2002
Outlander (Rhino Handmade RHM2 7839) 2003
Meic a'r Gerddorfa (Sain SCD 2499) 2005
Icarws (Sain SCD 2516) 2007
An Evening with Meic Stevens (Sunbeam SBRCD 5039) 2007
Rain In The Leaves: The EPs Volume 1 (Sunbeam SBRCD 5021) 2006
Sackcloth and Ashes: The EPs Volume 2 (Sunbeam SBRCD 5033) 2007
Outlander (Water WATER 198CD) 2007
Gwymon (Sunbeam SBRCD 5046) 2008
Love Songs (Sain SCD 2571) 2010
Dyma'r Ffordd i Fyw – pum albwm o'r 1980au a *Gwymon* (Sain SCD 2692) 2013

Detholiad o gasetiau hir

Meic Stevens (Dryw WRC 536) 1973
Meic a'r Bara Menyn (Dryw WRC 702) 1973
Cider Glider (The Farnham Sessions) (Tic Toc 002) 1981 *
Gwin a Mwg a Merched Drwg (Sain C608N) 1987
Bywyd ac Angau (Fflach C052D) 1989
Ware'n Noeth (cyhoeddwyd gan yr artist) 1991
Meic Stevens yn Fyw (Sain C2121N) 1995

* Rhyddhawyd 500 yn unig i gyd-fynd â'r daith i Lydaw.

Detholiad o ganeuon ar recordiau hir amlgyfrannog

Disc a Dawn L.P [B.B.C. REC 65M] 1970: Nid y Fi yw'r Un i Ofyn Pam / Dwyn y Lein

Lleisiau (Adfer ADF1) 1975: Santiana / Dic Penderyn

Twrw Tanllyd (Sain 1201H) 1981: Y Crwydryn a Mi

Gorau Sgrech, Sgrechian Corwen (Tŷ Gwyn TG001S) 1982: Rue San Michel

Penroc 1 (GP 002 CD) 1989: Dic Penderyn *

Hei! Mr. D.J. (Label 1 CD007) 1990: Tywyllwch

Cân i Gymru 91 [Sain C469A] C. 1991: Rhosyn yr Anialwch *

Cân i Gymru 93 (Sain C2045A) 1993: Yr Eglwys ar y Cei *

Ram Jam Sadwrn 2 (Crai CD058) 1997: Troi y Cylchau

Symffoni'r Sêr (Sain SCD 2436) 2003: Lan a Lawr / Mwg / Dim ond cysgodion

The Music of Wales: Y Casgliad Gwerin (Sain SCD2459) 2004: Ysbryd Solva

Sawl Ffordd Allan (ALM) 2009 a 2014: Gwenwyn

Patagonia (Original Motion Picture Soundtrack) (Decca 5332969) 2011: Tyrd i'r Ogof

* Casét yn unig

DVD

An Evening With Meic Stevens (Sunbeam SUNB5039DVD) 2008

Llyfryddiaeth

Awelon Oes, Cofiant a Barddoniaeth Brynach, E. Curig Davies a J. Tegryn Phillips (Golygyddion), Hughes a'i Fab, Wrecsam (1925)

The History of Solva, F. W. Warburton M.A. (London 1944)

Gwreiddiau Canu Roc Cymraeg, Cyhoeddiadau Mei (1981)

I Adrodd yr Hanes 51 o Ganeuon Meic Stevens gyda cherddoriaeth, Gwasg Carreg Gwalch, Llanrwst (1993)

Sain: Camau'r Chwarter Canrif, Elena Morus (gol.*),* Gwasg Carreg Gwalch, Llanrwst (1994)

A History of Solva, Trevor Brown, (Bristol 1995)

Solva – An introduction to village life and guide to the walks, Paul Raggett (4th edition 1996)

Llydaw, ei llên a'i llwybrau, Gwyn Griffiths, Gwasg Gomer (2000)

Be Bop a Lula'r Delyn Aur, Hanes Canu Poblogaidd Cymraeg, Hefin Wyn, Y Lolfa (2002)

Hunangofiant y Brawd Houdini, Meic Stevens, Y Lolfa (2003)

Ble Wyt Ti Rhwng? Hanes Canu Poblogaidd Cymraeg 1980–2000, Hefin Wyn, Y Lolfa (2006)

Gwrando ar fy nghân, Heather Jones, Dref Wen (2007)

'An Evening with Meic Stevens' (recordiwyd yn yr Half Moon, Llundain) Sunbeam Records (DVD), (2007)

Y Crwydryn a Mi, Meic Stevens, Y Lolfa (2009)

'Mâs o 'mâ', Meic Stevens, Y Lolfa (2011)

Twrw Jarman, Geraint Jarman, Gwasg Gomer (2011)

Mynegai

Hefin Wyn

Dyma'r ail gyfrol mewn trioleg y bwriada'r awdur eu cyhoeddi am dri o wŷr amlwg Sir Benfro. Cyhoeddwyd *Ar drywydd Waldo ar gewn beic* yn 2012 Y drydedd fydd *Ar drywydd Niclas y Glais, y comiwnydd rhonc*. Cyhoeddodd hefyd ddwy gyfrol swmpus am hanes canu roc a phop Cymraeg, *Be Bop a Lula'r Delyn Aur* (2002) a gyrhaeddodd Rhestr Fer Llyfr y Flwyddyn a *Ble Wyt Ti Rhwng?* (2006).

Cyhoeddodd dri llyfr taith hefyd, sef *Lle Mynno'r Gwynt* (1992) am ei brofiadau ym Molifia, De America, *Pwy Biau'r Ddeilen?* (1994) am ei brofiadau yng Nghanada a *Pentigily* (2008) am ei brofiadau'n cerdded ar hyd llwybr arfordir Sir Benfro a osodwyd ar Restr Fer Llyfr y Flwyddyn.

Hefyd gan yr awdur:

£14.95

"Gonest a brwdfrydig – ardderchog" – Gareth Potter

BLE WYT TI RHWNG?

Hanes
canu poblogaidd
Cymraeg
1980–2000

HEFIN WYN

y Lolfa

£14.95

y Lolfa
ar drywydd
Waldo
ar gewn beic
Trotting Horse
Hefin Wyn

£14.95

Dilyn Llwybr Arfordir Sir Benfro
PENTIGILY
HEFIN WYN
"Cyfrol anhepgor i bawb sydd am ddysgu am hanes, cymeriadau a threftadaeth hynod Sir Benfro"
y Lolfa

£14.95

Hefyd o'r Lolfa:

£9.95

£9.95

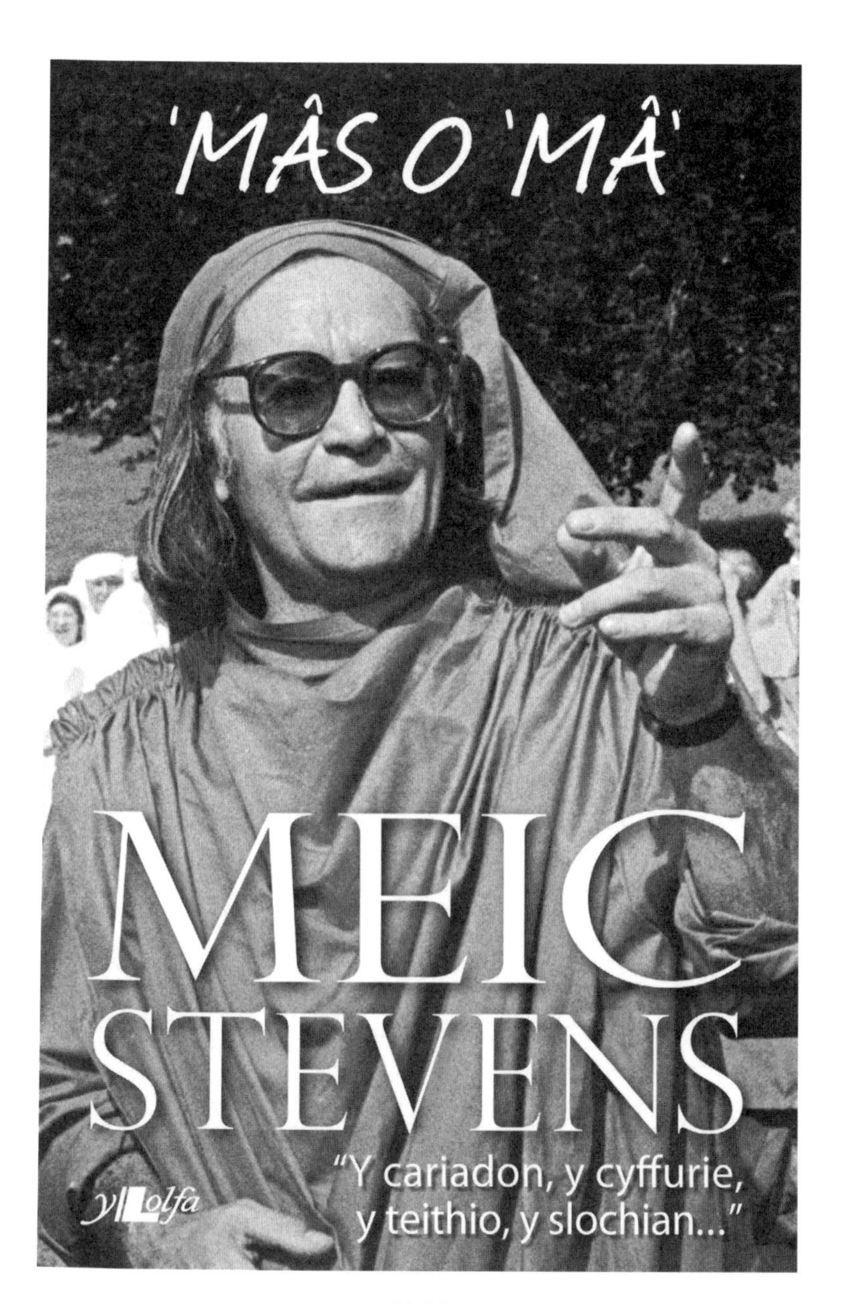
'MÂS O 'MÂ'
MEIC
STEVENS
"Y cariadon, y cyffurie,
y teithio, y slochian..."
y Lolfa

£9.95

Am restr gyflawn o lyfrau'r Lolfa, mynnwch
gopi am ddim o'n catalog
neu hwyliwch i mewn i'n gwefan

www.ylolfa.com

lle gallwch archebu llyfrau ar-lein.

TALYBONT CEREDIGION CYMRU SY24 5HE
ebost ylolfa@ylolfa.com
gwefan www.ylolfa.com
ffôn 01970 832 304
ffacs 832 782